U0880415

权威·前沿·原创

皮书系列为
“十二五”国家重点图书出版规划项目

BLUE BOOK

中国社会科学院创新工程学术出版资助项目

经济蓝皮书

BLUE BOOK OF CHINA'S ECONOMY

2016年中国经济形势分析与预测

ECONOMY OF CHINA ANALYSIS AND FORECAST (2016)

主　编／李　扬
副主编／李　平　李雪松　张　平

社会科学文献出版社
SOCIAL SCIENCES ACADEMIC PRESS (CHINA)

图书在版编目（CIP）数据

2016年中国经济形势分析与预测/李扬主编. —北京：社会科学文献出版社，2015.12
（经济蓝皮书）
ISBN 978-7-5097-8489-1

Ⅰ.①2… Ⅱ.①李… Ⅲ.①中国经济-经济分析-2015 ②中国经济-经济预测-2016 Ⅳ.①F123.2

中国版本图书馆CIP数据核字（2015）第282684号

经济蓝皮书
2016年中国经济形势分析与预测

主　　编／李　扬
副 主 编／李　平　李雪松　张　平

出 版 人／谢寿光
项目统筹／邓泳红
责任编辑／任文武　张丽丽　彭　战

出　　版／社会科学文献出版社·皮书出版分社（010）59367127
地址：北京市北三环中路甲29号院华龙大厦　邮编：100029
网址：www.ssap.com.cn
发　　行／市场营销中心（010）59367081　59367090
读者服务中心（010）59367028
印　　装／北京季蜂印刷有限公司

规　　格／开 本：787mm×1092mm　1/16
印 张：25.25　字 数：323千字
版　　次／2015年12月第1版　2015年12月第1次印刷
书　　号／ISBN 978-7-5097-8489-1
定　　价／79.00元

皮书序列号／B-1996-001

本书如有破损、缺页、装订错误，请与本社读者服务中心联系更换

版权所有 翻印必究

中国经济形势分析与预测
学术委员会

主　　任　李　扬

副 主 任　刘树成　吕　政

委　　员　（按姓氏笔画排序）

王国刚　田雪原　朱　玲　张　平　张车伟
张卓元　张晓山　张晓晶　李　平　李　周
李雪松　杨圣明　汪同三　周叔莲　金　碚
殷剑峰　高培勇　黄群慧　蔡　昉　裴长洪
潘家华　魏后凯

经济蓝皮书编委会

主　　编　李　扬

副 主 编　李　平　李雪松　张　平

撰 稿 人　（以文序排列）

李　扬　李雪松　张　涛　李　军
樊明太　娄　峰　王文波　彭　战
刘树成　张立群　赵　琨　王宝林
原　磊　金　碚　解三明　祝宝良
李泊溪　郑超愚　陈　磊　隋占林
孟勇刚　蔡　进　武　威　阎先东
胡新杰　张汉亚　金柏松　刘建颖
杨宜勇　黄燕东　付广军　朱平芳
张冠华　熊俊莉　彭素玲　陈馨蕙
陈李蔼伦　陈燕武

编辑组组长　李金华

副 组 长　彭　战

成　　员　韩胜军　张　杰　陈星星　王喜峰
焦云霞

主要编撰者简介

李　扬　1981 年、1984 年、1989 年分别于安徽大学、复旦大学、中国人民大学获经济学学士、硕士、博士学位。1998 ~ 1999 年，美国哥伦比亚大学访问学者。

现任中国社会科学院前副院长。中国社会科学院首批学部委员。研究员，博士生导师。十二届全国人大代表，全国人大财经委员会委员。中国博士后科学基金会副理事长。第三任中国人民银行货币政策委员会委员。2011 年被评为国际欧亚科学院院士。

中国金融学会副会长。中国财政学会副会长。中国国际金融学会副会长。中国城市金融学会副会长。中国海洋研究会副理事长。

曾五次获得“孙冶方经济科学奖”著作奖和论文奖。已出版专著、译著 23 部，发表论文 400 余篇，主编大型金融工具书 6 部。主持国际合作、国家及部委以上研究项目 40 余项。

李　平　中国社会科学院数量经济与技术经济研究所所长、研究员，中国社会科学院重点学科技术经济学学科负责人和学科带头人。中国社会科学院研究生院教授、博士生导师，中国数量经济学会理事长、中国技术经济学会副理事长、中国区域经济学会副理事长。长期从事技术经济、产业经济等领域研究工作，主持参与多项国家重大经济问题研究和宏观经济预测，包括“我国未来各阶段经济发展特征与支柱产业选择（1996 ~ 2050）”“中国能源发展战略（2000 ~ 2050）”等项目研究；参加“三峡工程”“南水北调工程”“京沪高速铁路工程”等国家跨世纪重大工程的可行性研究和项目论证。国家南水北调工程审查委员会专家，起草南水北调综合审查报告，国家京沪高速铁路评估专家组专家，代表作有《特大型投资项目的区域和宏观经济影响分析》《中国工业绿色转型》《“十二五”时期工业结构调整和优化升级研究》等。

李雪松 经济学博士，中国社会科学院数量经济与技术经济研究所副所长、研究员，中国社会科学院研究生院教授、博士生导师，中国数量经济学会副理事长。曾在荷兰经济政策分析局、美国芝加哥大学经济系做访问研究。主要研究领域为经济形势分析与预测、经济政策的宏观与微观效应评价。在《中国社会科学》《经济研究》《数量经济技术经济研究》《人民日报（理论版）》等报刊发表论文百余篇。编著及合作编著有《加入WTO与中国经济前景》《宏观经济效应及前景分析》《经济政策与模拟研究报告》《高级经济计量学》《数量经济学研究及应用》《数量经济前沿方法与实证研究》等。曾获中国社会科学院研究生院“优秀教学奖”、中国社会科学院优秀科研成果奖、中国社会科学院优秀对策信息奖、孙冶方经济科学奖，入选“新世纪百千万人才工程”国家级人选、国务院政府特殊津贴专家。

张　平 中国社会科学院科研局副局长，研究员，中国社会科学院研究生院教授，博士生导师。1988年在中国社会科学院经济研究所从事研究工作至今，曾经参加和主持与世界银行、亚洲开发银行、世界劳工组织等多项国际合作；多次主持社科基金重大招标课题、社科院重大课题和国家交办的课题。在理论研究和调查的基础上写出了很多文章和论著，主要涉及的研究领域为中国经济增长、宏观政策和收入分配。合作三次获得孙冶方经济科学奖，独立完成《增长与分享》和合作完成《中国经济增长前沿》的均获得中国社会科学院专著二等奖。

2009年入选人力资源与社会保障部百千万人才工程国家级候选人。2011年获得国务院颁发的表彰为发展我国社会科学研究事业做出突出贡献专家的政府特殊津贴（政府特殊津贴第2010-293-001号）。

摘　要

2015 年全球经济总体温和复苏，各主要经济体经济增速放缓，全球贸易增速依然处于金融危机以来的较低水平。中国经济在新常态下运行在合理区间，就业、物价保持基本稳定。面对下行压力加大，及复杂变化的国内外形势挑战，预计 2015 年中国经济增长 7% 左右，消费增速总体平稳，进出口增速下降，贸易顺差持续扩大，CPI 与 PPI 背离的剪刀差扩大，居民收入稳定增长。

“十三五”时期是全面建成小康社会的决胜阶段。2016 年是我国“十三五”规划的第一年，我国经济发展进入新常态，政府应把“稳增长、增效益”作为积极财政政策的重心，适当加大政府投资力度，适度扩大财政赤字规模，加快构建新的地方税体系，认真防范地方政府债务风险。2015 ~2016 年中国经济增长将在新常态下运行在合理区间，就业、物价保持基本稳定，中国经济不会出现硬着陆。

当前我国的宏观调控坚持稳中求进的工作基调，积极引领经济发展新常态，着力推进改革开放，加强和创新宏观调控，有效化解各种风险，保持了经济平稳较快发展和社会和谐稳定。我国发展既面临大有作为的重要战略机遇，也面临诸多矛盾叠加、风险隐患增多的严峻挑战。要以发展方式转变推动发展质量和效益提升，调整优化产业结构，推动创新驱动发展，保障和改善民生，加快完善各方面体制机制，深化全方位对外开放，妥善应对外部环境变化，促进我国经济长期稳定健康发展。

目 录

Ⅱ 经济增长与产业发展篇

Ⅲ 宏观经济政策与宏观调控篇

Ⅳ 消费、投资与进出口形势分析篇

Ⅴ 市场价格与收入分配篇

Ⅵ 台港澳经济篇

Ⅶ 附录

皮书数据库阅读使用指南

引领新常态　创造新辉煌（代前言）[*]

李　扬

引　言

“新常态”一词最早于21世纪初见诸西方报端，它指的是互联网泡沫破灭后，发达经济体虽然出现了经济复苏，却无就业增长相随。这种较少出现的怪异格局，隐约地透露出不祥消息。2010年，太平洋投资管理公司CEO埃里安在题为《驾驭工业化国家的新常态》的著名报告中，正式用新常态来诠释危机后世界经济低增长、高失业以及投资低回报的新特征。自那以后，大量国外媒体和知名学者开始使用这一概念，其蕴含的共识是：危机过后，全球经济将经历长期、深度、全方位的调整。2014年10月，国际货币基金组织总裁拉加德对这一概念加以引申，她指出，全球新常态可以更贴切地被表述为全球发展的“新平庸”，其基本表现是：主要国家的经济呈现弱复苏、慢增长、低就业、高风险特征。2015年4月10日，拉加德进一步警告道：各国应尽快共同采取措施，否则，“新平庸”将变为“新现实”。无穷忧虑，溢于言表。可见，在国际上，新常态主要被用来刻画全球经济之长周

---

* 本文系作者于2015年7月在全国人大常委会集体学习会议上讲稿的修订稿。

期的阶段转换，其内涵的倾向，有几分悲观，加几分无可奈何。

中国则不然，新常态概念的提出和阐发，是中国经济迈向更高级发展阶段的明确宣示。

2014 年 5 月，习近平主席在河南考察时首次指出：中国经济发展已经进入一个新常态。7 月 29 日，在中南海党外人士座谈会上，习近平进一步指出："要正确认识我国经济发展的阶段性特征，进一步增强信心，适应新常态，共同推动经济持续健康发展。" 11 月 10 日，在北京召开的 APEC 工商领导人峰会上，习近平集中阐述了我国经济发展新常态下速度变化、结构优化、动力转化等三大特点，并表达了新常态将给中国带来发展新机遇的乐观预期。到了 2014 年 12 月 9 日的中央经济工作会议上，新常态进一步上升为国家战略。在这个重要会议上，习主席从消费需求、投资需求、出口和国际收支、生产能力和产业组织方式、生产要素相对优势、市场竞争特点、资源环境约束、经济风险积累和化解、资源配置模式和宏观调控方式等九个方面，详尽分析了中国经济新常态的表现、成因及发展方向，并且明确指出："我国经济发展进入新常态，是我国经济发展阶段性特征的必然反映，是不以人的意志为转移的。认识新常态，适应新常态，引领新常态，是当前和今后一个时期我国经济发展的大逻辑。"

循名责实，国外和国内的新常态概念虽有相通之处，其本质却大异其趣。其相通处，在于国内经济新常态显然受到全球经济新常态的强烈影响。其不同处在于，国外的新常态充满了对经济长期停滞的无奈，甚至是对各种矛盾集中爆发的恐惧；而国内的新常态则宣示了中国经济转型的决心，并指出了中国经济长期发展的美好前景以及实现美好愿景的现实路径。

一　作为长周期现象的全球经济危机

在 2014 年中央经济工作会议上，习近平主席就敏锐地指出："这次国际金融危机，实质上是世界经济长周期变动的反映，是资本主义各种矛盾激化到一定程度的必然产物，是全球经济结构深刻调整的历史结果。”这就明确告诉我们，必须从长周期的角度来理解仍由发达经济体主导的全球经济的运行及其变化；同时，在全球化的背景下，中国经济的新常态也须从世界长周期的视角加以分析。

长周期理论肇始于20世纪初苏联经济学家尼古拉·康德拉季耶夫（1925）的开创性研究。他对主要发达国家数百年的时间序列数据进行实证研究后发现：在资本主义发展进程中，存在着长度为50年左右的周期性波动，而驱动长周期波动的主要动力，则是重大科技革命和由其引致的固定资本的全面更新。

康氏之后，大量优秀的经济学家对长周期理论进行了深入研究，并对理论架构和实践应用进行了拓展。熊彼特（1975）强调了技术创新与产业结构转换升级在长周期中的作用。他认为：以50年左右为一个循环的长周期，源于那些影响巨大、延续时间较长的创新活动，即以产业革命为代表的技术创新活动。科技革命引发创新，创新则带动经济发展。本质上说，创新是“对生产要素的重新组合”，是“创造性破坏”。其后，罗斯托（1978）提出了相对价格长周期论。他认为，初级产品与工业品的相对价格高低，是制动世界经济长期波动的杠杆，其中，粮食和原料等初级产品的相对丰裕和匮乏，以及由其引致的价格暴涨暴跌，是长期波动的主导因素。范·杜因（1991）在熊彼特技术创新长周期理论的基础上，提出了创新生命长周期理论。他指出，任何一项基本创新活动，都要经历引进、增长、成熟、下降四个过程。这四个过程分别对应经济长周期运行的复苏、繁荣、衰退和萧条四个阶段。其中，复苏和繁荣一起构成长周期的上升阶段，衰退和萧条则共同构成长周期的下降阶段。

经济周期是工业化社会的现象。从工业革命开始，世界已经历了五轮长周期。

第一轮长周期的上升期出现在1795~1825年。这轮上升期的主要动力，是发端于英国以蒸汽机为代表的基础技术创新以及纺织技术的发展，其主要表现是“运河狂热”以及英国经济的“大跃进”。

第二轮长周期的上升期出现在1850~1873年，这主要归功于钢铁、煤炭和铁路诸领域的革新。发生在英国和广大欧洲大陆国家中的“铁路狂潮”以及英国的“维多利亚繁荣”，是此间最令人难忘的经济现象。

第三轮长周期的上升期出现在1890~1913年。电气、汽车制造等技术的发明使用，使得电气、汽车和化学工业快速发展，并最终把汽车工业培育成支柱产业。欧洲的“美好时代”、美国的“狂飙突进年代”等，是最具代表性的现象。

第四轮长周期的上升期发生在1945~1971年。这一时期的科技创新来源于更多的领域，包括电子计算机、生物、航天和新材料等广泛领域的革命性变化。这一上升期对应着发达经济体二战后增长的黄金时代。20世纪70年代初爆发的石油危机与美国经济陷入滞胀，结束了这一“黄金年代”。

第五轮长周期的上升期发生在1980~2007年。这正是国际经济学界如今仍啧啧称道的“大稳定时期”，如今已成笑柄的“历史终结论”①，便出现在这一时期。支撑这一上升期的科技创新堪称百花齐放、层出不穷，它们共同成就了以信息技术和高端生产性服务业为核心的“新经济”。

以上我们以上升期为标识，鸟瞰了工业社会迄今所发生的五轮长

① 以美籍日裔政治学者福山为代表的一些学者认为，1980~2007年前所未有的黄金发展，得益于自由资本主义市场经济的全球发展，得益于集中体现这些原则的“华盛顿共识”的推广。他们片面认为：在这样的制度基础上，大规模的经济危机将永久消失，在一定意义上，人类历史将终结于此一美好时期。此即“历史终结论”的由来。随着发端于美国的全球金融危机爆发，“历史终结论”不攻自破。

周期。在关注那一段段凯歌行进的科技创新、产业革命和经济腾飞的同时，我们切不能忘记紧随其后反复出现的冷酷事实——在一段较长的繁荣期之后，必有一段较长的下行期相伴。更不能掉以轻心的是，长周期的下行阶段，短则近十年，长则延续三十余年。如今，我们正处在第五轮长周期的下行阶段，对于经济下行期延续时间之长，恢复过程之曲折艰难，我们不可不察。

二　全球经济："新常态""新平庸"与"长期停滞"

当今世界经济，恰如IMF总裁拉加德所言，已经从新常态恶化为新平庸，并陷入长期停滞的泥沼。其主要表现有五。

（一）全球经济仍未见复苏的明显迹象

经历了7年多危机的全球经济，如今仍深陷于弱复苏、低增长、高失业、低通胀、高负债、高风险的泥沼中。作此判断的根据有二：其一，导致危机发生的主要因素，即主要国家的经济发展方式、经济结构、财政结构和金融结构的严重扭曲，依然故我；其二，在救助危机的过程中各国相继推出的超常规调控措施，在防止危机产生多米诺骨牌死亡效应的同时，正逐渐显现出巨大的副作用。低迷的投资回报率、居高不下的债务率和杠杆率、过度的货币供应、徘徊于悬崖边的财政赤字、松懈的市场纪律以及社会动荡愈演愈烈，是其中最显著的表现。因此，美国的财政、债务及经济危机，欧洲的债务和经济危机，日本的政府债务和经济危机，以及新兴经济体的"双缺口"[①] 困境等，都将长期持续。我们判断，这种状况，至少还要延续5年以

① 广大新兴经济体普遍同时存在国内储蓄不足和对外储备短缺的状况。

上。2015 年 6 月 12 日，世界银行再次将全球经济增长预测由 3% 调低到 2.8%。6 月 17 日，美国中央银行将美国经济增长率的中心趋势预测值由 2.3% ~2.7% 调降为 1.8% ~2.0%。如此等等，足见形势之严峻，足见经济复苏道路的困难、曲折与漫长。

（二）各国经济运行非同步、大宗商品价格变动不居、利率水平悬殊、汇率变动不居、国际游资肆虐，致使息差交易盛行

在经济全球化的正常状况下，不仅各国经济增长基本同步，宏观经济政策也保持大致相同的步调。然而，这种全球经济的同步性自 2007 年开始受到冲击并发生转变。危机发生不久，人们首先看到了发达经济体与新兴经济体之间的经济增长速度“双轨脱钩”①。自 2012 年始，各国经济失联现象进一步在全世界蔓延：新兴经济体内部（例如“金砖国家”）和发达经济体内部（例如美英和欧元区、日本）各主要国家（地区）的经济走势均出现了高度的非同步性。

由于各类国家或处于危机后的不同复苏阶段，或处于不同的发展阶段，其政策倾向便南辕北辙。当下，美、英等国央行正缓步退出量化宽松，欧元区和日本的量化宽松却正在进行中。如此明显的国际政策周期“失联”，不仅使政策实施国难以达成其预期的宏观目标，更会在国际上触发“以邻为壑”的恶性竞争，形成“零和”甚至“负和”博弈。

经济周期错位及其导致的政策周期相悖，自然会引致各国宏观经济变量出现差异；各国宏观经济变量差异的长期化和无序化，为国际投机资本创造出从事“息差交易”的温床，从而，国际游资大规模跨境流动并引发国际金融市场动荡，已经成为全球新常态的主要特征之一。

---

① 发达经济体与新兴经济体增长速度之间出现巨大差异且彼此间存在较少关联。

（三）各国宏观经济政策均程度不同地陷入“去杠杆化”和“修复资产负债表”两难，致使经济恢复逡巡不前

此次危机作为金融危机，主要是由各类经济主体负债率和杠杆率过高引发的。危机前，发达经济体中的居民、企业乃至政府都大规模举债，以“加杠杆”的方式来提升其当前的消费、生产和投资能力；正是杠杆率的全面、迅速、大规模提升，使得发生在住房金融领域中的一个产品问题（次贷），轻易地蔓延到整个金融体系，进而传染到整个经济系统，终至祸害全球。

病因既然在杠杆率飙升，危机的恢复显然就要以“去杠杆化”为必要条件。然而，去杠杆化至少涉及两大难题。其一，从根本上去杠杆化，需要不断提高储蓄率并积累大量储蓄。但是，对绝大多数国家来说，储蓄率不易提高，储蓄急切难得。其二，去杠杆化作为经济恢复的前提条件，将全面引发“修复资产负债表”过程。在这个过程中，各经济主体获得新增资金后，其优先选择将不是从事消费、生产和投资等宏观调控当局希望产生的“正常”经济活动，而是将之用于充实资本，减少债务，“修复”资产负债表，甚至投入股市等资产市场。换言之，去杠杆化过程会导致大量企业在一个相当长时期内改变经营目标，从“利润最大化”转向“负债最小化”，从而导致整个社会形成一种不事生产和投资，专事还债的“合成谬误”，进而引致“资产负债表式衰退”。全社会的信用紧缩局面，就此形成。简言之，这里的两难境遇在于：危机的恢复取决于去杠杆成功，但去杠杆过程引发的经济收缩却阻滞了危机的恢复。

（四）贸易保护主义抬头，地缘政治紧张，局部战争频仍

在经济普遍放缓、失业率攀升的背景下，以保护本国产业和就业为名推行贸易保护，自然成为各国政府的第一选择。这就造成全球贸

易的增长率在危机中陡降，并进一步危及经济全球化自身。更值得警惕的是，由于经济复苏乏力，各国苦无良策，一个危险迹象由微而著——历史的经验证明，危机严重到一定程度，非有战争不能摆脱。19 世纪之前的世界动荡不安，自不待言；在 20 世纪，30 年代危机和 70 年代危机，也都伴随着规模不等、连续不断的战争；21 世纪以来，传统甚至非传统的世界“火药库”烽烟四起，中国周边也不安宁。在分析当前全球经济形势并制定国策时，我们必须认清并牢记这一事实。

（五）全球治理出现真空

二战以来，国际社会在几乎所有领域中都建立了专门的治理机构，并相应制定和形成了专业化的治理规则、最佳实践和惯例。这些机构及其运行规则，在各个领域中形成了完备的治理机制。这些机构、规则和机制一向运转有效，但显然未能经受住本轮危机的冲击。2007 年以来，现行的全球治理机制，既不能有效应对传统挑战，更无法对日趋复杂的非传统挑战适时应变，几乎所有的国际治理机构和治理机制都已失灵。可以认为，二战以来建立的以美国为主导的国际治理体系已经礼崩乐坏，大国间就重要问题进行协商并展开合作的有效机制已不复存在。近年来，全球举行双边、多边峰会的次数虽远远超过历史上任何一个时期，但世界仍不安宁，麻烦不断发生，便是明证。

我们认为，上述状况将长期存在。这是因为，处于全球经济“长周期”的下行阶段，主要经济体均陷入了“长期停滞”。造成长期停滞的原因，从供给端分析，主要是技术进步缓慢、人口结构恶化以及真实利率水平下降至负值区间；从需求端看，主要表现是持续存在“产出缺口”，即实际增长率在较长时期内低于其长期潜在趋势；从宏观政策角度看，主要体现为均衡利率为负值状态下的货币政策失效（流动性陷阱）；从收入分配看，日趋恶化的收入分配格局，进一步撕裂了社会，抑制了经济社会的活力与增长潜力。

三 中国经济新常态

如果说全球新常态主要归因于长期停滞，那么，中国经济新常态的主要特征则是结构性减速。不过，这种因“三期叠加”导致的经济增长速度由高速向中高速的下落，同时伴随着中国经济的总体质量、效益、生态及可持续性向中高端水平迈进。换言之，中国经济新常态包含着经济朝向形态更高级、分工更细致、结构更合理的高级阶段演化的积极内容。这些趋势性变化，既是新常态的外在特征，又是其内在动因。

（一）中国经济的结构性减速

如果剔除2009年财政强刺激政策引致的2010年经济增长率“异动”，中国经济增速的缓慢下滑是自2008年始的，而且，下行的压力至今并未消减。对未来潜在增长率的预测，进一步佐证了我国的结构性减速趋势。中国社会科学院宏观经济运行与政策模拟实验室的预测结果显示，在2011～2015年、2016～2020年和2021～2030年三个时间段内，中国潜在增长率区间分别为7.8%～8.7%、5.7%～6.6%和5.4%～6.3%，增速递减的趋势甚为明显。

导致我国经济出现结构性减速的原因主要有四。

一是要素供给效率变化。人口、资本和技术进步，构成支撑一国经济增长的三大要素供给。从人口供给看，过去30余年中，每年数以千万计的劳动力从闲置、半闲置状态转移到制造业，构成支撑我国高速增长的主要因素。但是，从几年前开始的人口参与率下降、继以总人口下降的趋势，使得支撑中国经济长期发展的“人口红利”逐渐消失，迎来了“刘易斯转折点”。从资本形成看，在高储蓄率支撑下，过去30余年，中国的资本形成率一直保持在相当高的水平上。然而，人口红利消失、传统工业化结束、消费率缓慢提高、资本边际收益率下降等，已使得无通货膨胀的资本投入呈逐渐下降之势，固定资产投资增长率从过去30余年的平均26%直落到2014年的16%左右，可为明证。技术进步的动态仍然令我们失望：资本回报率低、技术进步缓慢，是我们面临的长期挑战。要言之，劳动力和资本投入增长率下降，技术进步缓慢，三因素叠加，在经济增长的要素层面，合成了未来我国经济增长率下降的趋势。

二是资源配置效率变化。过去30余年我国的经济增长，主要依靠的是大量资源从农业部门转移到工业部门，从效率低的第一产业转移到效率高的第二产业。长期、大规模地进行这种资源重新配置，带来了劳动生产率的大幅提高。如今，中国的制造业份额（占GDP比重）已近饱和①，人口等资源开始向以服务业为主的第三产业转移。然而，作为世界普遍规律，服务业的劳动生产率显著低于制造业；在中国，由于服务业多处于低端，这种生产率差距尤为显著。基于这样的差距，当越来越多的人口和资源从制造业转移到劳动生产率相对较低的服务业时，中国经济整体的劳动生产率必将下降，并累及经济增长速度下滑。

三是创新能力不足。根据汤森路透的研究报告，2012年，以专利为主要指标的全球创新企业百强排名中，中国企业无一上榜，以知名商标为主要指标的世界品牌100强中，中国仅有4个。制成品出口创造的国内增加值占出口额的比重，也在一定程度上反映了各国之间的技术水平差异。根据经合组织对全球价值链（GVC）最新测算结

① 这并不意味着制造业不要发展。当前中国的制造业面临着升级和做强的问题，《中国制造2025》就是要解决这一问题。

果，我国出口包含的国内增加值比例只有67%，而美国、德国和日本则分别为89%、85%和73%。应当清醒地看到，当我们基本完成了以赶超为目标、以进口为主要渠道的“学习课程”，并接近国际科技前沿时，或者，国外已没有系统的东西可供学习；或者，面对中国的崛起，发达经济体已经开始对我进行全面技术封锁。面对此状，我们必须从依赖技术进口转向全面自主创新。但，这一转变殊非易事。举例来说，我国专利申请量2014年已居世界第一位，学术论文发表亦列世界前茅，但专利转化率却居世界中游。诚如习主席最近尖锐指出的那样：创新不是发表论文、申请到专利就大功告成了，创新必须落实到创造新的增长点上，把创新变成实实在在的产业活动。习主席的这段话，清晰地指明了我国创新能力不足的关键所在。

四是资源环境约束增强。浪费资源，曾经是我国粗放式经济发展的典型现象。21世纪以来，能源价格和其他大宗产品价格相继飙升，随后又剧烈波动，终于使我国资源消耗型增长方式遇到强硬的约束。同样，环境曾经被我们认为是可以粗暴“忽视”的外在要素，然而，雾霾挥之不去，食品中重金属超标，饮用水被污染等，已经使得发达国家发展一两百年后方才出现的环境问题，集中在我们这里显现出来。当我们着手解决环境污染问题时，中国的经济增长函数就会内生地增添了资源环境约束的负要素。

（二）认识中国经济新常态

我们说中国经济进入新常态，绝不意味着我国经济已经进入某种新的稳态，更不是说中国目前的现状便是新常态——如果把现状认作新常态，新常态就变成了对现状的消极默认，从而失去了中国新常态蕴含的积极进取精神。在我们看来，目前中国经济的状态只是一个起始点，它正引领我国经济进入一种动态优化过程：某些特征正在生成、发展、壮大，另一些特征则在弱化、改变或者消失。简言之，中国经济新常态是一个有着确定美好愿景、随实践不断发展变化的动态优化过程。

就经济运行而言，它指向的是“中高速增长、质量效益提高、生态效应改善、可持续性增强”的更高级、更科学的经济发展方式；就社会经济制度而言，它指向的是关键环节、重点领域的改革取得决定性胜利，中国特色社会主义制度基本定型、更加成熟。

新常态之所“新”，指的是中国社会经济发展开始呈现若干新的特征，不仅包括新的战略方针和指导思想，而且包括新的制度条件，还包含新的思想方法和新的工作理念。

新的战略方针的突出体现，就是在坚持以经济建设为中心的前提下，强调不以 GDP 论英雄的价值取向。应当清醒地看到，转方式、调结构，是我们迈上更高级发展征程必须越过的坎，如果资源、资金、市场等各种关系如过去那样绷得很紧，经济发展方式就转不过来、经济结构就调不过去，中国经济转型的目标就会落空。因此，我们组织经济活动，既要看发展，也要看基础，既要看显绩，又要看潜绩，应当把 GDP 增长和民生改善、社会进步、生态效益提高等置于同等重要的地位，综合考量。

新的制度条件的集中体现，就是确定了市场在资源配置中的决定性作用、政府在经济发展中的关键作用以及依法治国的定鼎作用。三者内洽地结合在一起，构成社会主义市场经济体制的完整内容。强调市场与政府各安其位、各司其职、分工配合、协调共进，是建设现代市场经济的要义；强调依法治国，则是坚持和发展中国特色社会主义的本质要求，是实现国家治理体系和治理能力现代化的必然道路。

新的思想方法的集中表现，就是强烈的问题意识。以重大问题为导向，抓住关键问题深入研究思考，着力推动解决我国发展面临的一系列突出矛盾和问题，是新常态下普遍适用的方法论。强调问题意识、坚持问题导向，其哲学的意蕴，就是承认矛盾的普遍性、客观性，就是要善于把认识和化解矛盾作为打开工作局面的突破口。十八届三中全会《决定》和十八届四中全会《决定》，就是这种以问题为导向来部署中国改革发展路线图和时间表的经典范例。

新的工作理念集中体现在锲而不舍的钉子精神上。它强调的是敢于担当的精神、坚忍不拔的意志、攻坚克难的力量以及“一分部署，九分落实”的辩证法。应当看到，在过去相当长的时期内，我们也曾提出过很好的发展目标，但是，由于缺乏“钉子”精神，实践中却未能有效地将它们落实。相比而言，新常态的一个突出特点，就是我们正锲而不舍地将过去和现在确定的一系列宏伟目标稳步付诸实践。

2014 年的中国经济，已经全面展示出新常态的多维特征。这些特征通过三个维度展现在世人面前：一是数量、规模维度，如经济增长速度、物价水平、财政收支、货币供求等经济运行的数量侧面，均如期而下；二是经济运行结构、效益和质量维度，诸如劳动生产率、三次产业结构、各种能源消耗和环境污染数据的变化等反映经济运行的质量和效益指标，正稳步改善；三是改革的进展和增长动力的转换维度，诸如商事制度、财税体制、金融制度、投资融资、企业组织结构、商业模式、产品结构等经济运行的体制机制正在发生变化，大众创业、万众创新的态势初步形成，一些新的增长点破茧而出，新的增长动力正在形成之中。如此等等的实践成果虽然只是“小荷才露尖尖角”，但已显示出旺盛的生命力。

四　引领新常态：改革与创新

经济增长速度由高速降至中高速，当然是中国经济新常态的主要特征之一。不过，如果我们被减速“一叶障目”，看不到其背后发生的质量和效益的提高，便难以全面理解中国经济的新常态。我们已反复指出，在中国，新常态标志着中国经济迈上了新的台阶：意味着我们对投资驱动和出口驱动增长方式的摆脱，意味着对质量、效益、创新、生态文明和可持续发展的追求。简言之，新常态意味着中国经济“浴火重生”。

然而，新常态所寓示的中华民族的伟大复兴愿景绝非唾手可得。当我们说新常态开拓了通往新繁荣的康庄大道时，那也指的是，它为我们创造了新的战略机遇，为我们的新飞跃提供了新的要素、条件、方法和环境——机遇要变成现实，还有待我们以壮士断腕的决心积极推进各个领域的改革，切实完成转方式、调结构、谋创新的历史任务。因此，所谓“引领新常态”，改革和创新之谓也。

（一）发挥投资的关键作用

在新常态下，稳增长依然是我们的目标之一。分析各类要素对经济增长的贡献率，我们必须清醒地看到，在今后一个不短的时期内，稳增长的动力，仍然主要来自投资。我们体会，这正是中央反复强调要发挥投资的关键作用的深意。

但是，在中国，投资又是造成产能过剩的渊薮。换言之，中国严重存在着投资—增长—过剩的悖论——增长高度依赖投资，而投资经常会造成产能过剩。显然，在稳增长的同时，加速经济结构调整和转变经济发展方式，必须消弭产能过剩。于是，以改革的精神来安排投资，是“发挥投资关键性作用”的关键。其要点，是要处理好投什么、怎样投和谁来投的问题。

首先是投什么。经过长达 30 余年高强度的工业化，在传统商业环境下可创造较大商业利润的工业投资项目已基本被挖掘殆尽。基础设施中的经济基础类设施，经过 2009 年以来财政刺激计划的横扫，也已没剩下多少有利可图的空间。因此，启用投资引擎，不仅需要寻找新的投资领域，还须创造条件，让这些投资具有商业可持续性。分析起来，有三个领域值得关注：一是促进消费长期增长的社会基础设施，主要包括教育、文化、医疗保健、健康服务业等；二是有利于技术进步的更新改造和创新投资；三是有利于可持续发展的节能环保、大气和水污染治理、生态修复以及资源循环利用等产业。

其次是怎样投。中国是当今世界上少有的高储蓄率国家，因此并不缺少投资资金来源。在投资领域中长期存在的问题，是缺少长期资本的动员和筹集机制以及缺乏解决“期限错配”的有效机制。我国金融体系以间接融资为主，这种金融结构内在地就有提高债务率的弊端。我们必须下决心改变这种状况。概言之，改革的方向有四：其一，采取切实措施，将“发展多层次资本市场”的目标落在实处；其二，放开国家对信用的统治，创造有利于资本形成的机制，特别是鼓励社会资本进入各类投资领域，为大众创业、万众创新提供合适的金融环境；其三，鼓励各种将债务性资金转变为股权性资金的金融创新；其四，充分发挥类如国家开发银行等长期信用机构的作用，同时，逐步放松对商业银行从事投资的限制，从根本上解决债务融资比重过高的问题。

最后是谁来投。传统上，基础设施和公共服务领域突出地存在着自然垄断性、公共性和外部性，这就从技术上摒社会资本于基础设施投资领域之外。然而，近几十年来，随着管理能力的提高和现代科技尤其是信息技术的发展，那些影响社会资本进入的技术障碍，或者渐次消失，或者可通过一定的制度安排予以克服。这就为在这些领域中引入社会资本开辟了广阔空间。目前采取的公私合营（即 PPP）或者有管制的民间投资主体，都是国际上普遍采用的方式，应当大力推行。当然，从实践上看，关键还是要从思想上、制度上彻底摈弃对社会资本的歧视和限制。

（二）打造创新驱动新引擎

经济发展到今天，我们已经不可能依靠要素规模驱动来支撑我国越过中等收入陷阱。要想百尺竿头更进一步，必须不断提高要素质量，更多依靠提高人力资本的质量和技术进步，让创新成为驱动发展的新引擎。

毫无疑问，实行创新驱动战略和建设国家创新体系，应当确立以市场机制为基础、以企业为主导的明确方向。要达此目的，当然涉及大量体制机制改革和政策调整，其涉及面之广，遇到问题之繁杂，难以备述。然而，在中国的实践中，充分发挥市场和企业在创新过程中主导作用的障碍，主要来自政府的过多干预，因此，建立市场驱动的创新机制的要义，在于切实转变政府功能，这便是十八届三中全会明确指出的，要“着力解决市场体系不完善、政府干预过多和监管不到位问题”。

克服政府干预过多现象，绝不意味着政府可以袖手旁观，相反，在新常态下，我们应当更好地发挥政府的引擎作用，要根据经济发展的不同阶段，与时俱进地改变政府发挥作用的重点和方式。

在经济发展的早期阶段，技术跟随是经济发展的要义，引进和模仿则是“赶超”的捷径。此时，政府可充分发挥“后发”优势，以较低成本搜寻国际前沿技术和新兴产业的各种信息，确定有效的技术路线和国家发展战略，并据此在全国范围内大规模动员资源、组织攻关和推动技术发明的产业化。在这一阶段，以政府主导为特征的“选择性产业政策”的成功概率很大。然而，当一国经济跃过“起飞”阶段，后发优势逐渐缩小，前沿领域技术创新的不确定性增大之时，政府掌握信息和做出正确决策的能力显著降低，政府主导的选择性产业政策的失败概率也越来越高。在市场经济体制下，我们必须彻底摒弃政府比市场、比企业聪明的观念。在经济发展的“学习”阶段过去之后，尤其如此。

总体而言，在新常态下，除了极少数类如“两弹一星”等关乎国家命运和整个工业发展基础的战略平台外，政府不宜直接参与投资过程，其政策亦不宜有特别的企业指向性、技术指向性和市场指向性。

在市场经济条件下，为打造创新驱动新引擎，政府的功能，一要创造并维护有利于企业创新的社会经济环境和政策体系；二要在具有外部性、垄断性领域中，发挥主导作用（“双引擎”中的公共引擎），着力打造互联互通网络和各类公共平台，构建面向全体企业，服务和支撑中国制造与科技创新的基础设施和服务平台，如国家工程研究中心、国家科技基础条件平台、公共研发平台、产业共性技术服务平台、产业公地、技术转移转化服务平台等；三是从社会舆论、收入、待遇等方面，全方位提升工人和广大劳动者的社会地位，大力培养技术技能型人才；四是致力于建立技术标准，争取制造业领域的国际话语权；五是充分发挥小企业在创新和创业方面的关键作用，政府应大力培育发展为创业者提供财务、法务、人事及与风险投资、天使资本嫁接的新型孵化器，搭建服务于中小企业创新创业的信息平台、实验与检测平台，创造条件，让中小企业参与商业化潜力较大的公共科技项目；六是改变传统的“定项目、分资金”的产业政策模式，以投资银行家的方式来实施产业政策，其要义是，通过市场信号的引领来配置自己的资金和政策资源。

（三）构筑全面对外开放新格局

新常态意味着要开创全面对外开放新格局。两年多来，围绕“构建开放型经济新体制”的战略目标，我们已经展开了一系列意义深远的战略安排，其中，推动自由贸易区建设和推行“一带一路”战略，无疑居于中心位置。

发展自由贸易区，是全球金融危机以来的国际新潮流。虽然自由贸易区古已有之，但是，本轮危机以来兴起的由美国主导、以“跨太平洋伙伴关系协定”（TPP）和“跨大西洋贸易与投资伙伴协定”

（TTIP）为代表的自贸区建设，俨然是全球经贸治理体系的 2.0 版。这意味着，鉴于二战后建立起的全球经贸治理体制已经“礼崩乐坏”，发达经济体正试图利用其传统优势，重塑全球化模式和治理规则。建设自由贸易区便是其集中体现。较之一般的自由贸易区，TPP、TTIP 显然代表了全球经贸发展的更高阶段，它们是包括所有商品、服务和投资在内的无例外的综合性自由贸易协议，是经济和非经济因素的混合体；关注知识产权保护、环境保护、竞争政策（国有企业条款，强调竞争中立）和劳工标准，是其显著特色；而规则的透明度则构成其优先关注点。

显然，美国等发达经济体推行新自贸区战略，对中国形成了新的压力和挑战。在对外加快同各类国家建立自贸区的同时，积极推动国内自贸区建设，正是我们主动应对挑战，积极适应全球治理体系新变化而推行的新战略。

在这个背景下，中国积极推进了以我为中心的自贸区建设谈判。

国际上，中国已与十余个国家和地区签署了自由贸易协定；中韩、中澳的自贸区谈判也已结束；中美、中欧、中日韩谈判，与海合会、以色列等的谈判，均在进行之中；中国－东盟自贸区升级谈判和区域全面经济伙伴关系协定谈判也有了新进展。同时，我们还将努力建设“亚太自贸区”（FTAAP）。

在国内，从上海自贸区试点到广东、天津、福建等地跟进，中国的自贸区建设步伐正在加快。及时总结经验，适时向全国推广，无疑有利于我们积极应对 TPP、TTIP 等国际新规的挑战，同时，通过推进国内贸易一体化进程，我们也将获得应对全球贸易增速回落的新手段。更长远看，自贸规则的由点到面的推广，将为“市场在资源配置中发挥决定性作用”的社会主义市场经济体制奠定坚实基础。

在“自贸”纷呈的情势下，我们必须清醒地认识到，此自贸、彼自贸，虽名称不同，但规矩则一。因此，统筹安排我国的自由贸易战略就有了绝对的必要性。我们以为，密切关注国际自贸区发展动向，全面协调国内自贸区、我国与其他国家共建的自贸区以及国内近年来推进的以放松管制为主要趋向的市场化经济体制改革，是应对新挑战之老成之举。

推进“一带一路”建设，是新形势下我国对外开放的大战略和总抓手。其一，它有助于促进区域协调发展。“一带一路”战略的实施，将为我国区域协调发展提供新的驱动力。“一带一路”建设对东、中、西部而言都是发展机遇，特别是西部一些地区，过去是边缘，而一旦同周边国家实现了互联互通，就会成为辐射中心，发展机遇更大。其二，助推产业转移和转型升级。“一带一路”为我国东部地区产业转移和化解过剩产能，提供了广阔的战略迂回空间。“一带一路”战略的重点是实现互联互通。基础设施建设是互联互通的基础和优先领域。加大基础设施建设力度，将有助于我们实现“一带一路”各国联动发展。另外，通过“一带一路”建设，还可以为我国的产业转移和转型升级留出必要的发展空间。扩大内陆和沿边开放，当能进一步促进经济技术开发区创新发展，提高边境经济合作区、跨境经济合作区发展水平。其三，冲破束缚，实现全方位对外开放。“一带一路”是中国形成全方位对外开放格局、实现东西部均衡协调发展的关键一环。它将通过沿线国家基础设施的互联互通，对域内贸易和生产要素进行优化配置，促进区域经济一体化。借由初期的大规模基础设施建设，紧接着资源能源开发利用，随后的全方位贸易服务往来，“一带一路”战略势将成为新常态下我国经济发展的新增长点。同时，考虑到美国等发达经济体正以 TPP、TTIP 和 TISA 等为中心，构建国际经济新秩序，“一带一路”战略还有利于冲破它们的“包围圈”，寻求更大范围的资源与市场合作。质言之，“一带一路”建设势将加快形成以我为主的国际经济新格局，进而对经济区域化和全球化产生深远影响。

促成自贸区建设与“一带一路”战略的对接也同样重要。从地理位置来看，四大自贸区中，上海、广东、福建三地的自贸区与21世纪海上丝绸之路的关系最为密切，而天津作为北方的国际航运中心、经济中心以及新亚欧大陆桥东端起点，对“一带一路”的国内核心区域和相关国家均具有较强的经济辐射与联动作用。从深化对外开放战略角度看，如果说“一带一路”的出发点是构建对外开放新格局，那么，自贸区的发展则旨在投资自由化、贸易便利化、竞争中立化等方面先行先试，为中国参与国际贸易谈判积累经验，为进一步倒逼国内改革提供动力。

近来，习近平总书记针对“一带一路”提出了“五通”（即政策沟通、道路联通、贸易畅通、货币流通和民心相通），对上海自贸试验区提出了“四化”（即投资自由化、贸易市场化、金融国际化、行政法治化），这“五通”和“四化”在精神上互通款曲，充分说明了自贸区建设和“一带一路”建设构成了新常态下我国全球战略的主要支柱。

（四）向生态环境改善求增长

过去30余年，中国经济取得了高速增长的奇迹，但与此同时，我国能源资源、生态环境问题也日益突出。据相关机构测算，20世纪80年代至90年代，生态退化和环境污染带来的经济损失约相当于GDP的8%，2005年以来这一数字虽有所降低，但仍达4%左右。[①]如果扣除生态退化与环境污染造成的此类经济损失，我们的真实经济

① 以上分析的数据来源如下。一是世界银行1997年数据：按照支付意愿方法测算，中国污染损失相当于当年GDP的7.7%。二是根据国家环境规划院国家绿色核算试点运用绿色核算方法的测算：2004年当年环境污染损失为5118.2亿元，约占当年GDP的3.8%。三是根据国家环保部2009年环境核算方法得出的数据：2009年环境退化成本和生态破坏损失成本合计13916.2亿元，较上年增加9.2%，约相当于当年GDP的3.8%。

增长速度只有5%左右。不讲生态保护的增长，直接减少了人类的福祉，这样的经济增长当然要大打折扣。

关于经济增长与生态环境的关系，一直有“先发展后治理”，或“边发展边治理”的说法。2013年5月，习近平总书记在中央政治局第六次集体学习时，就针对这些“旧工业革命”时期形成的概念指出，“要正确处理好经济发展同生态环境保护的关系，牢固树立保护生态环境就是保护生产力、改善生态环境就是发展生产力的理念”。2014年在福建视察时，习近平主席进一步指出：“我们既要绿水青山，也要金山银山。宁要绿水青山，不要金山银山，而且绿水青山就是金山银山。”这些指示，突出强调了良好生态环境是人和社会持续发展的根本基础，是最普惠的民生福祉，也是经济发展的题中应有之义，体现了尊重经济规律与尊重自然规律的科学精神。

要克服把保护生态与发展生产力对立起来的传统思维，必须下大决心、花大气力改变不合理的产业结构、资源利用方式、能源结构、空间布局、生活方式等，更加自觉地推动绿色发展、循环发展、低碳发展，绝不以牺牲环境、浪费资源为代价换取一时的经济增长，绝不走“先污染后治理”的老路。

在目前的经济架构下，绝大多数环保、治污、生态修复活动都被视为经济运行的“成本”，是增长绩效的“扣除”。在这一框架下，绝大多数生态文明建设的行为都成为企业负担。为从根本上解决生态文明建设中的“负向激励”问题，我们建议修改统计方法，其基本方向是，将企业在环保、治污、生态修复等领域的投入计为固定资产投资，并相应统计为国民产出。

此外，我们还要从制度上保障生态红线，优化国土空间开发格局，科学布局生产空间、生活空间、生态空间，给自然留下更多修复空间；加大生态环境保护力度，实行最严格的生态环境保护制度，建立健全自然资源资产产权制度和用途管制制度，国土空间开发保护制度，能源、水、土地节约集约使用制度，水、大气、土壤等污染防治制度，反映市场供求和资源稀缺程度、体现生态价值和代际补偿的资源有偿使用制度和生态补偿制度。

（五）实现包容性增长

提高经济增长包容性，是经济新常态不可或缺的重要方面。提高增长包容性的核心内容之一，是降低居民之间收入分配的不平等程度。

本轮金融危机以来，我国的基尼系数有所回落；2014 年，中国居民收入基尼系数为 0.469。这是基尼系数自 2009 年来连续第六年下降，表明收入分配状况趋向好转。然而，恶化的趋向固然有所阻滞，但收入分配不公的问题依然严重存在，我们必须认真对待。

解决包容性不足问题，“实现发展成果更多更公平惠及全体人民”的目标，理所当然地成为十八届三中全会《决定》中深化改革的重要组成部分。教育、就业、社保、收入分配等领域的改革都已经开始破题。不过，在制度设计和实施过程中，提高增长的包容性仍有许多工作要做。第一，要保障起点公平。这就需要政府在教育、营养和医疗卫生方面做出足够的努力，保障全社会居民享受义务教育、膳食营养、基本医疗的权利。第二，大力排除或改革劳动力自由迁移的制度障碍，那些以户籍制度为首的阻碍了劳动力自由流动的医疗保障制度、养老保险制度、土地制度等，必须尽快改革。第三，采取措施，切实缩小居民收入差距。而未来缩小收入差距的重点，可能还应置于打破行业垄断、完善公共资源出让制度和收益分享制度等体制变革方面。

应当清醒地认识到，解决经济增长的包容性问题，关键在于处理好资本和劳动的关系。在相当长时期内，片面追求速度并因而高度依赖投资，造成了资本所有者在经济中长期占据主导地位的状况，进而引致党中央多次指出的“初次分配中劳动收入占比过低”局面出现。由此衍生的问题，便是劳动者社会流动性不足、社会阶层和利益格局固化。鉴于此，无论有多少障碍和困难，调整收入分配结构，都必须坚定不移地做下去。

结　语

新常态是一个全球性长周期现象。要走出长期停滞，必须义无反顾、持之以恒地进行全方位改革。我们看到，经历了金融危机的7年冲击后，如今世界各国均在致力于进行深刻的体制机制改革。可以认为：全球正进入一个“改革竞争期”。这意味着，对改革的紧迫性、艰巨性及其多样化内容认识得最深刻、策略最完备、决心最大、效果最明显的国家，将会在未来的全球竞争中抢占先机。

毫无疑问，在这一轮长周期中，中国将走在世界前列：党的十八届三中、四中全会分别通过的全面深化改革和依法治国的决定，以及其他治国理政的新战略，已为我们制定了进行新一轮改革的完备纲领。沿着这条道路坚定前行，我们一定能实现中华民族伟大复兴的中国梦。

总 报 告

General Report

B.1

中国经济形势分析与预测

——2015 年秋季报告

"中国经济形势分析与预测"课题组 *

要点提示

2015 年初以来，全球经济总体保持了温和复苏态势，但经济增速不及此前预期，2015 年全球贸易增速处于国际金融危机以来的较低水平。

预计 2015 年中国经济增长 7% 左右，继续保持在经济增长的合理区间。预计产业结构继续优化，投资逐步向更加可持续的增速水平回归，消费增速总体平稳，进出口增速下降，贸易顺差持

* 课题总负责：李扬；执行负责人：李平、李雪松、张平；执笔：李雪松、张涛、李军、樊明太、娄峰、王文波；参加起草的还有：李文军、刘强、张延群、胡洁、刘生龙、蒋金荷、万相昱等。

续扩大，CPI 与 PPI 背离的剪刀差扩大，居民收入稳定增长。

预计 2016 年中国经济增长 6.6% ~6.8%，主要考虑是：中国经济已进入新常态，结构调整在加快，潜在增长率趋于下降；全球贸易低速增长，外部需求疲弱态势仍将持续；国内投资基数已经很大，投资增速将回归常态；消费总体仍将保持平稳。预计 2016 年居民消费价格上涨 2.1%，工业品出厂价格下降 3.7%，扣除食品和能源价格的核心 CPI 上涨 1.9%。

2015 ~2016 年中国经济增长将在新常态下运行在合理区间，就业、物价保持基本稳定，中国经济不会出现硬着陆。

当前，我国经济下行压力持续加剧。在此形势下，2016 年加大积极财政政策的实施力度十分必要。当前应把“稳增长、增效益”作为积极财政政策的重心，加强积极财政政策在扩大需求方面的直接作用；适当加大政府投资力度，充分发挥财政资金在基建投资方面的先导作用和对民间投资的带动作用；适度扩大财政赤字规模；加快构建新的地方税体系，适度扩大地方财政税源；做好地方政府债券置换工作，认真防范地方政府债务风险。

为了应对经济下行压力，2016 年应继续实施结构宽松的货币政策，引导货币信贷及社会融资规模增长合理适度加速。推动有利于实体经济发展和结构调整的金融改革，加快利率传导机制和资金市场化定价机制建设，完善人民币汇率形成机制，加强对跨境资本的有效监管。推进多层次资本市场发展，建立健康有序的资本市场，改善金融结构，优化金融资源配置。加快金融机构治理体制改革，改善金融宏观审慎风险管理，防范系统性金融风险。

2016 年是我国“十三五”规划的第一年，“十三五”时期是全面建成小康社会的决胜阶段。在经济发展进入新常态的背景下，我国既面临大有作为的重要战略机遇，也面临诸多矛盾叠加、风险隐患增多的严峻挑战。要以发展方式转变推动发展质量和效益提升，调整优化产业结构，推动创新驱动发展，保障和改善民生，加快完善各方面体制机制，深化全方位对外开放，妥善应对外部环境变化，促进我国经济长期稳定健康发展。

一 当前国际经济贸易环境及2015～2016年中国经济预测

（一）当前国际经济贸易环境分析

2015 年初以来，全球经济总体保持了温和复苏态势，但经济增速不及此前预期。世界各国为摆脱经济危机的持续不利影响，不断采取各种刺激手段，努力寻求经济的再平衡。然而，经济增长引擎的频繁易位、局部经济波动的反复加剧、各国经济政策的不同步和不透明、地缘政治对经济发展的持续冲击，这一切都使全球经济的复苏进程面临极大的不确定性，并呈现极度的不均衡性。世界经济贸易格局仍在酝酿着结构性的演变，在这样的大背景下，全球经济疲软的复苏态势很可能将持续更长的时间。

自全球经济危机以来，美国通过信息科技和能源技术革命，旨在重塑其核心竞争优势。国际大宗商品价格的持续低迷间接地形成了对消费的有效支撑，削弱了通胀压力。美元的持续走强，提供了资金回流的动力。尽管此前美联储多次暗示 2015 年或加息 25 个基点，但加息时点却不断推迟。事实上，美联储加息计划的实施主要取决于“就业”与“通胀”两大目标。然而受石油等大宗商品价格下滑影响，美国通货膨胀率仍然处于较低水平。而美元走强尽管有利于资本回流，但同样会重挫美国出口，进而影响相关产业就业表现，且美国劳动参与率自2008年以来持续下降，处于历史低位，统计失业率数据无法真实反映美国劳动力市场的真实状态。结合目前的全球经济形势，美国必然会提高警惕并采取必要措施，防范货币政策回归正常化后给全球金融系统带来的巨震。

欧元区经济逐步摆脱了持续的负增长态势，但投资疲软和实体经济空心化依然是困扰欧洲大部分国家的经济顽疾，同时各国间经济发展的严重不平衡及由此不断引发的地缘性冲突也将给欧元区经济带来较大风险。尽管量化宽松政策具有稳定市场的功能，但由于欧元区的制度缺陷、各国经济和金融结构异质、政治因素的干扰，欧洲央行的非常规货币政策及欧盟经济刺激计划的效果将受到制约。欧元区未来复苏之路应更多地依靠结构性改革措施，促进欧元区经济的均衡复苏和合理化结构调整。欧洲难民危机将引发一系列社会和经济问题，加剧欧元区国家财政和社会就业压力。

日本自2012年起便掀起了量化宽松的大潮，试图通过宽松的货币政策来提高经济增长率和通胀率，这使日本经济呈现复苏态势，通缩压力有所缓解，日元的大幅贬值提高了出口水平，制造业呈现稳定恢复态势。但考虑日本消费支出的疲软和出口市场环境的恶化，日本目前采用的宽松货币政策和紧缩财政政策将相互掣肘，问题将难以得到根本解决。

新兴市场国家经济增速放缓，且内部分化进一步加剧。2015年印度有望实现较高的经济增速，俄罗斯受能源产品价格重挫及地缘政治的双重影响而经济增速大幅下滑，巴西面临着经济衰退和通胀高企的滞涨风险，南非经济增速进一步放缓。美元走强、发达国家外需不足以及国际大宗商品价格低迷，导致资源型国家和新兴市场国家资本外流，经济增长潜力下降。着力促进内需、积极推进体制改革、加快技术创新步伐并适时加强国际合作，是新兴市场国家和发展中经济体摆脱经济困境的有效途径。

2015 年全球贸易增速处于国际金融危机以来的较低水平，发达经济体外需疲软和新兴经济体经济增长减速是此次全球范围贸易萎缩的直接原因。2015 年 10 月 5 日，美国、日本、澳大利亚等 12 国完成了“跨太平洋伙伴关系协定”（TPP）谈判，达成基本协议。贸易协定涉及面广、规格高，不仅包括贸易和投资自由化，还涉及企业竞争中性、环境保护、知识产权等问题，这将对亚太地区未来的贸易和竞争格局产生深远影响。

（二）2015～2016年中国经济主要指标预测

2015 年以来，面对国内外形势的深刻复杂变化特别是经济下行压力加大的挑战，我国的宏观调控坚持了稳中求进的工作总基调，积极引领经济发展新常态，着力推进改革开放，加强和创新宏观调控，有效化解各种风险和挑战，保持了经济平稳较快发展和社会和谐稳定。

经济增速处于合理区间。在经济新常态下，经济结构调整加快，经济增长新动力不断积聚。但经济增长新旧动力在时间、空间以及力度上存在错配、分化和差异，导致政策调控在稳增长、降杠杆与去产能之间的协调平衡难度加大、挑战增强。预计 2015 年中国经济增长 7% 左右，继续保持在经济增长的合理区间。

产业结构继续优化。2015 年第三产业增速将继续快于第二产业。预计三次产业增加值将分别增长 3.9%、6.0% 和 8.4%，其中第一和第二产业增速分别比上年回落 0.2 个和 1.3 个百分点，第三产业增速比上年提高 0.6 个百分点；第三产业增加值占国内生产总值的比重为 49.3%，比“十二五”规划中提出的第三产业增加值占 GDP 比重从 2010 年的 43% 提升到 2015 年的 47% 的发展目标高出 2.3 个百分点；三次产业分别拉动 GDP 增长 0.3 个、3.0 个和 3.6 个百分点；三次产业对 GDP 增长的贡献率分别为 4.5%、43.0% 和 52.5%，其中第一产业贡献率与上年基本持平，第二产业贡献率出现回落，第三产业贡献率进一步提高，第三产业贡献率已连续五年提高。

投资逐步向更加可持续的增速水平回归。2014 年以来国家已多次放松房地产调控政策，商品房销售面积和销售金额持续回暖，但因房地产库存较多以及我国人口结构性变化的影响，房地产投资告别了过去持续多年的超高增速。同时，由于实体经济利润下降，投资积极性受到制约，制造业投资增速亦有所回落。但部分新兴产业和服务业投资增长较快。预计 2015 年全社会固定资产投资将达到 56.7 万亿元，名义增长 10.5%，实际增长 11.8%，固定资产投资逐步回归到 10% 左右的更加可持续的新的增速平台上。

消费增速总体平稳。2015 年，网络购物、绿色消费、旅游休闲消费、个性化消费蓬勃发展，同时在中央坚定、持续地反对公款吃喝等因素影响下，高端餐饮娱乐场所进一步向大众型消费场所转变，需求结构孕育新的变化，消费结构不断改善。预计 2015 年社会消费品零售额总额将达到 30.1 万亿元，名义增长 10.7%；扣除价格因素，实际增长 10.2%，总体继续保持平稳增长态势。从内需结构看，预计 2015 年最终消费支出对国内生产总值增长的贡献率为 60.0%，比上年同期提高 5.7 个百分点，其贡献率将达到 2012 年以来的最高水平。

进出口增速下降，贸易顺差持续扩大。美联储的加息预期使美元持续走强，大宗商品价格低迷，2015 年以美元计价的世界贸易额陷入负增长，WTO 数据显示，2015 年前 7 个月全球出口值同比下降 10.9%，其中欧盟、美国和日本出口分别下降 14.3%、5.4% 和 8.4%。外需不振是影响我国出口的主要因素，此外，我国劳动力成本持续上涨、部分低端产业向国外转移、人民币有效汇率相对强势也对我国出口产生了一定负面影响。预计 2015 年我国出口和进口（以美元计价）分别下降 2.3% 和 9.5%，考虑到 2015 年美元和人民币较强、欧元和日元疲软的大环境，我国贸易增速的下降仍处于可接受的范围内，全年货物贸易顺差大幅增加到5180亿美元左右。

CPI与PPI背离的剪刀差扩大。2012年3月以来，我国工业品出厂价格指数（PPI）持续下降。一方面，由于我国劳动年龄人口已经出现拐点，劳动力成本不断上升，劳动密集型的农产品如蔬菜水果价格呈现持续上涨态势，而农产品在我国CPI中的权重较大；另一方面，服务类产品价格也因劳动力成本上升而保持上涨，因此本轮PPI持续近4年的负增长并未导致CPI出现负增长。近期，PPI受国际大宗商品价格低迷的输入性影响，降幅较大，而CPI受国内猪肉价格上涨等因素影响，小幅回升，从而导致CPI与PPI背离的剪刀差不断扩大，并创下1997年以来的最大背离幅度。预计2015年居民消费价格上涨1.6%，涨幅比上年回落0.4个百分点；工业品出厂价格下降4.3%，降幅比上年扩大2.4个百分点；预计2015年扣除食品和能源价格的核心CPI上涨1.6%。

居民收入稳定增长。由于我国劳动力市场的结构性变化，居民收入增速持续高于GDP增速。预计2015年农村居民人均纯收入和城镇居民人均可支配收入实际增长率分别为8.1%和6.5%，农村居民人均纯收入实际增速持续六年高于城镇居民人均可支配收入实际增速。

预计2016年中国经济增长6.6%~6.8%，主要考虑是：中国经济已进入新常态，结构调整在加快，潜在增长率趋于下降；全球贸易低速增长，外部需求疲弱态势仍将持续；国内投资基数已经很大，投资增速将回归常态；消费总体仍将保持平稳。

预计2016年固定资产投资将达62.1万亿元，名义增长9.7%，实际增长10.5%，保持基本平稳的增长；预计2016年社会消费品零售总额名义增长率和实际增长率分别为10.1%和9.4%，保持总体稳定的增长；综合考虑到国内外需求、大宗商品价格、强势美元及翘尾因素影响，预计2016年出口和进口分别下降0.6%和3.0%，降幅有所收窄。

预计2016年居民消费价格上涨2.1%；工业品出厂价格下降3.7%；扣除食品和能源价格的核心CPI上涨1.9%。

总之，2015~2016年中国经济增长将在新常态下运行在合理区间，就业、物价保持基本稳定，中国经济不会出现硬着陆。表1列出了2015~2016年国民经济主要指标的预测结果。

表1　2015~2016年国民经济主要指标预测

指标名称	2015年预测值	2016年预测值
1. 总量		
GDP增长率(%)	7.0	6.6~6.8
2. 产业		
第一产业增加值增长率(%)	3.9	3.8
第二产业增加值增长率(%)	6.0	5.6
第三产业增加值增长率(%)	8.4	8.2
第一产业对GDP增长的拉动(个百分点)	0.3	0.3
第二产业对GDP增长的拉动(个百分点)	3.0	2.7
第三产业对GDP增长的拉动(个百分点)	3.6	3.6
第一产业贡献率(%)	4.5	4.5
第二产业贡献率(%)	43.0	40.5
第三产业贡献率(%)	52.5	55.0
3. 投资		
全社会固定资产投资(亿元)	566710	621680
名义增长率(%)	10.5	9.7
实际增长率(%)	11.8	10.5
支出法投资率(%)	44.9	44.0
4. 消费		
社会消费品零售总额(亿元)	300990	331390
名义增长率(%)	10.7	10.1
实际增长率(%)	10.2	9.4

续表

指标名称	2015 年预测值	2016 年预测值
5. 外贸		
出口总额(亿美元)	22910	22770
出口增长率(%)	-2.3	-0.6
进口总额(亿美元)	17730	17200
进口增长率(%)	-9.5	-3.0
外贸顺差(亿美元)	5180	5570
6. 价格		
居民消费价格指数上涨率(%)	1.6	2.1
工业品出厂价格指数上涨率(%)	-4.3	-3.7
投资品价格指数上涨率(%)	-1.1	-0.7
GDP 平减指数(%)	-0.4	0.1
核心 CPI(%)	1.6	1.9
7. 居民收入		
城镇居民人均可支配收入实际增长率(%)	6.5	6.0
农村居民人均纯收入实际增长率(%)	8.1	7.1
8. 财政收支		
财政收入(亿元)	150720	160970
财政收入增长率(%)	7.4	6.8
财政支出(亿元)	167220	182630
财政支出增长率(%)	10.3	9.2
9. 货币金融		
新增贷款(亿元)	125030	133950
新增货币发行(亿元)	1560	1630
居民储蓄存款余额(亿元)	548000	598970
居民储蓄存款余额增长率(%)	10.1	9.3
M2(亿元)	1389310	1564370
M2 增长率(%)	13.1	12.6
各项贷款余额(亿元)	941830	1075780
各项贷款余额增长率(%)	15.3	14.2
社会融资总额(亿元)	154630	153940

二　加大积极财政政策实施力度，把“稳增长、增效益”作为积极财政政策的重心，积极扩大国内需求

当前，我国经济下行压力持续加剧。在此形势下，2016 年加大积极财政政策的实施力度十分必要。当前应把“稳增长、增效益”作为积极财政政策的重心，加强积极财政政策在扩大需求方面的直接作用；适当加大政府投资力度，充分发挥财政资金在基建投资方面的先导作用和对民间投资的带动作用；适度扩大财政赤字规模；加快构建新的地方税体系，适度扩大地方财政税源；做好地方政府债券置换工作，认真防范地方政府债务风险。

（一）财政收入增速创新低，积极财政政策面临新挑战

受我国经济增速放缓、结构性减税以及价格总水平回落等多方面因素的影响，2015 年以来我国财政收入增速继续下降。1 ~9 月累计，全国一般公共预算收入 114412 亿元，比上年同期增长 7.6%，同口径增长 5.4%，创同期财政收入增速历史新低；全国一般公共预算支出 120663 亿元，比上年同期增长 16.4%，同口径增长 15.1%。

在财政收入增速处于低位的情况下，财政担负的“保民生”责任进一步加大。

1 ~9 月累计，全国财政支出中教育支出 17372 亿元，增长 16.5%；医疗卫生与计划生育支出 8390 亿元，增长 20.1%；社会保障和就业支出 14641 亿元，增长 22.4%；城乡社区支出 11676 亿元，增长 27.5%；农林水利支出 10751 亿元，增长 18.9%；节能环保支出 2721 亿元，增长 29.3%；交通运输支出 8915 亿元，增长 22.3%。可见，与民生有关的财政项目支出的增速，均显著高于财政一般公共

预算支出的平均增速，体现出当前积极财政政策在保民生方面确实具有较大的保障力度。

当前财政收入增速放缓，并非一种短期、暂时的现象，而是同我国经济进入转型阶段有密切的关系。在历经 30 多年的长足发展后，当前我国的资源、环境、生态对发展的约束性空前加大，以往粗放式发展方式不可持续，转变发展方式成为必然。而中国庞大且复杂的经济要实现转型必然要付出巨大的转型成本，财政收入增长受到较大影响是难以避免的。在当前国内外错综复杂的形势下，客观上对实施积极财政政策的迫切性进一步加强。财政收入增速显著下降，意味着实施积极财政政策的难度在增加，因此积极财政政策正面临着新的挑战。

（二）把“稳增长、增效益”作为积极财政政策的重心，加强积极财政政策在扩大需求方面的直接作用

在当前我国经济下行压力进一步增大的形势下，如何实现“稳增长”是关键性的问题。要把“稳增长、增效益”作为积极财政政策的重心，加强积极财政政策在扩大需求方面的直接作用。

要实现稳增长，一个至关重要的问题是扩大内需。以“营改增”为主要核心内容的结构性减税政策是当前积极财政政策的实施重点之一。“营改增”具有降低企业成本、增强企业活力及增加员工收入等多方面的积极效应，这些效应主要体现在供给方面。未来一段时期，为了稳增长、增效益、防风险，要把供给侧管理与需求侧管理更好地结合起来，特别要进一步加强积极财政政策在扩大需求方面的直接作用。

为了加强积极财政政策在扩大需求方面的作用，重点可放在加强积极财政政策对投资、收入和消费等领域的影响上，以引导、启动和扩大相关的市场需求。在投资领域，加大以基础设施建设为主的公共产品投资。当前我国区域经济发展很不平衡，城镇化进程、新型城镇

化与新农村建设远没有完成，因此公共基础设施和社会公共服务需求是巨大的。这些需求是促进我国经济增长的重要潜力。在收入领域，重点要加强财政在国民收入再分配中的重要作用。如通过必要的减税、调整支出结构、加强转移支付等方式，直接或间接地加快中低收入者的收入增长。在消费领域，财政要在改善消费市场相关基础设施、降低相关交易成本、打通有关流通环节等方面发挥重要的作用。必要时可采取降低消费税的措施，适度调低与百姓生活密切相关的必需消费品的消费税率。

（三）适当加大政府投资力度，充分发挥财政资金在基建投资方面的先导作用和对民间投资的带动作用

2015 年以来，鉴于地方政府杠杆率较高，为了发挥投资在稳增长中的关键作用，PPP 模式被寄予厚望，当前全国各地纷纷将 PPP 模式作为扩大基础设施投资、解决融资缺口的重要着力点。大力推广 PPP 模式是正确的改革决策，是应该被给予充分肯定的重大改革探索，已取得了许多积极的成果。但由于公共基础设施项目具有收益率低、周期长的特点，且我国法制环境不完善，因此当前 PPP 项目的发展依然面临诸多制约。今后，要进一步发挥财政资金在基础设施建设方面的先导作用和对民间投资的带动作用。

一要充分发挥财政资金在基础设施建设方面的先导作用。当前我国基础设施投资的需求和潜力巨大。无论是在过去的经济高速增长期还是现在的增长速度换挡期，政府的宏观调控都可以有效地弥补市场失灵，政府投资对于经济的稳定、可持续增长都有着重要作用。以加快重点领域建设和促进重点区域投资为抓手，加快推进丝绸之路经济带和海上丝绸之路建设，加快长江经济带建设，加强京津冀协同发展，积极推进重大基础设施区域一体化建设，加快城镇化基础设施建设，促进交通、能源、信息等基础设施互联互通。

二要充分发挥财政资金对民间投资的带动作用，鼓励和引导民间投资快速增长。一方面，政府通过在基础设施领域的投资形成生产性的公共成本，从而有效地改善投资环境，降低民间投资成本，刺激民间投资的积极性；另一方面，公共投资领域往往具有很强的关联性和延展性，公共服务产业自身的发展能够带动相关生产要素和产业的发展，并提供和创造新的、有利的投资机会，从而增加这些领域的民间投资。当前，民间投资占全国固定资产投资比重约为65%。在加强政府投资的基础上，应进一步完善投融资体制机制，营造权利平等、机会平等、规则平等、竞争平等的投资环境，充分调动各类投资主体尤其是民间投资主体的积极性。尝试不同领域引进民间资本的路径模式，包括BOT、TOT、BOO、PPP、股权基金、资产证券化等，建立和完善相关法律制度。

（四）适度扩大财政赤字规模是当前必要且可行的选择

经济理论表明，财政赤字在短期内有提高总需求水平、防止经济衰退的效应。因此，通过财政赤字刺激经济增长是世界各国政府经常采用的一种扩张性财政政策的手段。在当前我国经济形势下，适度扩大财政赤字规模已非常必要且可行。首先，我国目前仍有相对高的储蓄率，而居民消费需求和民间投资需求相对不足，在此情况下适度扩大财政赤字对扩大内需将有积极的作用。其次，我国财政收入经历过多年的高速增长，以往财政收入总体上处于“超收”状态，积累了坚实的财政实力，如中央财政已建立了预算稳定调节基金。最后，我国的财政赤字规模总体处于可控范围内。

2011～2014年我国财政赤字规模分别为8500亿元、8000亿元、12000亿元及13500亿元，与当年国内生产总值的比率分别为1.8%、1.5%、2.1%及2.1%，均处于国际公认的警戒线（3%）之内。2015年计划财政赤字规模为16200亿元，与国内生产总值的比率约为2.4%。为加大积极财政政策力度，建议2016年财政赤字规模可扩大至21200亿元，比2015年增加5000亿元，财政赤字规模与国内生产总值的比率仍可控制在3%以内。其中，中央财政赤字11200亿元，比2015年增加1000亿元；地方财政赤字10000亿元，比2015年增加4000亿元。

总的看，针对当前中国经济与财政形势，保持财政有适度的赤字与债务具有一定的合理性，也是可行的。虽然关于赤字财政的利弊一直广受争议，但是只要将其控制在可控的范围内，实践经验表明，赤字财政仍是推动经济增长的一种有效方式。当然，赤字财政不能作为刺激经济的常态方法采用，以长期、大规模赤字财政的方式刺激经济，对未来长期经济的发展是极为不利的，会为未来经济发展留下严重的隐患。

（五）加快构建新的地方税体系，适度扩大地方财政税源

传统分税制财政体制下的中央与地方财政关系，决定了以“营改增”为主体内容的结构性减税政策，必然会严重削弱地方财政收入增长能力。虽然通过中央对地方税收返还和转移支付的方式，可在一定程度上缓解地方财政收入处于不利的状况，但终究还是需要从税制上解决问题，为此，需要建立新的地方税体系。当前应按照《深化财税体制改革总体方案》要求，在保持中央和地方财力格局总体稳定的前提下，适度扩大地方财政税源。处理好中央财政与地方财政的关系，这是财税体制改革的一个核心问题。

一是在现行税收架构内适度提高地方税分享比例。营业税退出舞台已为时不远，因此如何确立新的地方税主体税种是一项重要而迫切的现实问题。在现行税收结构中，增值税、企业所得税、消费税及个人所得税税收占总税收的70%以上，因此适度扩大这些税收中地方财政分享比例是必要的选择。

二是将消费税作为中央财政与地方财政共享税进行改革试点。目前消费税为中央财政独享税。将消费税按一定比例划分给地方财政，可在一定程度上弥补减少的地方税源。同时调整消费税的有关税目及税率。消费税调整的政策原则应为：有利于限制高耗能、高污染及部分高档消费品和服务等的消费，鼓励节能、环保消费品的消费；降低中低收入群体的消费税负，适度增加高收入群体的消费税负；适当后移消费税征收环节，更好地发挥税收对消费的引导与调解作用。

（六）做好地方政府债券置换工作，认真防范地方政府债务风险

为了缓解地方政府债务风险，目前国务院已赋予地方政府依法适度举债融资的权限。2015 年度已获批 3.8 万亿元地方债券发行额度，其中包括 3.2 万亿元地方政府债券置换存量债务额度和 6000 亿元新增地方政府债券，确定 2015 年地方政府债务限额为 16 万亿元。至此，2015 年地方债置换总体额度和地方债总体存量规模均已明确。此番发行地方政府债券置换存量债务，是规范地方政府债务管理的具体举措，对于缓解地方财政压力、降低地方政府举债成本、改善债务可持续性、保障政府在建项目资金链不断裂都具有十分重要的意义。由于银行及其他机构是置换债券的主要购买者，因此需要加强财政部门与银行及相关金融机构的协调，使地方政府债券置换工作有效落实到位。

同时要清醒地认识到，防范地方政府债务风险的任务还很艰巨。虽然按国际标准我国债务率尚处于国际安全线之内，但是由于存在大量难以统计的隐性的、间接的政府债务，债务风险始终是需要高度关注的重要问题。当前的地方政府债券置换措施，主要是为缓解当前地方政府负有偿还责任的存量债务中到期需要偿还的债务压力。当前的

地方政府债券置换本质上是借新债还旧债，而债务最终是要偿还的。不能因为有了政府债务置换的机制，就期盼地方政府债务可以无限扩大下去。债务不能像滚雪球那样越来越大，否则终有崩溃的时刻。政府投资的许多建设项目具有公益性，建设周期长、投资收益低甚至根本就没有经济效益。防范地方政府债务风险的根本出路还在于搞好实体经济的发展，真正加强财政实力，建立财政与经济发展相协调的良好关系，遵循量财力而行的基本原则。因此，未来地方政府债券置换工作的开展及规模设定，需要基于地方政府债务与财政的实际情况而定。同时，切实采取有效激励措施，吸引民间投资参与基础设施及公共服务领域项目建设，以减轻财政负担。

三　实施结构宽松的货币政策，推动有利于实体经济发展和结构调整的金融改革，防范系统性金融风险

为了应对经济下行压力，2016 年应继续实施结构宽松的货币政策，引导货币信贷及社会融资规模增长合理适度加速。推动有利于实体经济发展和结构调整的金融改革，加快利率传导机制和资金市场化定价机制建设，完善人民币汇率形成机制，加强对跨境资本的有效监管。推进多层次资本市场发展，建立健康有序的资本市场，改善金融结构，优化金融资源配置。加快金融机构治理体制改革，改善金融宏观审慎风险管理，防范系统性金融风险。

（一）实施结构宽松的货币政策，引导货币信贷及社会融资规模增长合理适度加速

加强流动性管理，是国际金融危机后国际社会的共识。过去几年，我国央行曾持续加强对过度流动性的管理。但是，我国很多金

融指标的动态轨迹表明，当前流动性局部趋紧与我国的金融结构以间接融资为主有关，与货币政策传导机制不畅有关。事实上，这种间接融资体系（再加上产能过剩企业沉淀资金）要求高度的流动性。在金融结构以资本市场为主导的直接融资体制下，货币政策传导快，银行流动性要求相对低。如何通过货币政策工具促进银行流动性、改善货币流通速度、缓解社会融资难、有效支持实体经济，是我们金融调控面临的一个挑战。随着人民币汇率的双向波动和美联储加息周期的趋近，我国央行通过外汇占款投放基础性货币的渠道受到一定的抑制，这也促使中国央行创新货币政策工具，缓解银行体系的流动性。

根据货币当局和存款性银行的资产负债表分析，通过资产组合数量工具影响实体经济的机制日益复杂化，也制约了现行货币政策的有效性。因此，必须寓改革创新于货币政策调控中，继续创新并优化货币政策工具组合，实施结构宽松的货币政策。继续适时有效运用货币政策工具，包括公开市场工具、准备金率、常备和中期借贷便利、抵押补充贷款（PSL）等，并结合宏观审慎管理框架发挥差别准备金动态调整机制的功能，引导和改善银行体系流动性，促进货币信贷和社会融资规模增长合理适度加速。目前我国 CPI 低位运行，PPI 持续下降了近 4 年，2015 年前 3 季度 GDP 平减指数为 -0.3%，由于我国消费占 GDP 比重显著低于发达国家平均水平，工业增加值在 GDP 中所占比重显著高于主要发达国家，因此我国货币政策不仅要考虑 CPI 的变化，也要考虑 PPI 的变化，并应参考 GDP 平减指数的变化，以防止实体经济面临的通货紧缩风险加大。在 2015 年央行调整存款准备金率和利率基础上，要继续结构性地下调存款准备金率；要利用 PSL 工具创新基础货币投放补充渠道并对商业银行定向提供流动性，进一步引导央行对商业银行定向抵押贷款的中期政策利率。

（二）加快利率传导机制和资金市场化定价机制建设，完善人民币汇率形成机制，加强对跨境资本的有效监管

近期，央行放开了我国存款利率上限，这标志着我国利率管制基本放开。今后要建立有效的利率传导机制和资金市场化定价机制，通过不断鼓励非银行金融机构发展壮大，用市场中的利率来扩大利率市场化的广度和深度。围绕利率市场化，需要建立一整套有效的短、中、长期基准利率体系，引导市场定价，并改善相应的配套条件，建立竞争性的银行和金融机构体系，培育银行间市场，培育债券市场，使市场主体能够对价格信号做出灵敏反应。

汇改 10 年来，人民币汇率逐步趋向于均衡水平，显著地改善了国际收支失衡的状况，优化了资源在国内外之间以及国内部门之间的配置；同时贸易条件得到了显著改善，有力地促进了我国的货物与服务进口以及对外直接投资，并极大地促进了人民币国际化。但长期保持人民币汇率与美元汇率的挂钩制度，会丧失货币政策的独立性，也难以充分反映经济形势的变化，并需付出较高的金融成本。2015 年 8 月人民币汇率中间价的调整是我国汇率市场化的进一步举措，主要目的是解决中间价与市场汇率持续偏离的问题，有利于提高人民币汇率中间价的市场化程度。

未来人民币汇率形成机制的改革重点，一是要进一步发挥市场汇率的作用，完善以市场供求为基础、有管理的浮动汇率制度，降低央行对每日汇率中间价的干预程度，增强人民币汇率双向浮动弹性，保持人民币汇率在合理均衡水平上的基本稳定；二是要避免人民币汇率可能发生的超调，可考虑引入波幅较宽的汇率目标区间制度；三是要逐步推进资本项下可兑换，在人民币汇率形成机制改革尚未结束之前，资本账户开放仍然应该小心谨慎。

目前我国人民币汇率在相对均衡水平开始双向浮动、汇率弹性明

显增强。但在我国经济下行压力进一步显现、美元加息周期趋近条件下，必须考虑人民币与美元的利差影响，要避免人民币汇率过快贬值所隐含的外汇储备成本和风险。因此要密切跟踪预警并稳定人民币汇率市场预期，加强对跨境资本的有效监管。

（三）推进多层次资本市场发展，建立健康有序的资本市场，改善金融结构，优化金融资源配置

推进多层次资本市场发展，是优化金融结构、疏通货币政策传导机制的一个必然选择。2015 年夏天的股市异常波动，表明我国证券市场存在制度性机制缺失，如证券市场投资者主体不对等、交易熔断机制缺失等。从居民财富效应和实体企业资产负债表效应角度看，这次股市异常波动对我国的居民消费和企业投资产生了一定的影响。这次股市异常波动意味着中国货币政策调控在实践中也必须兼顾资产价格。央行参与救市的合理性在于股市异常波动显著波及了实体经济。

当前，我国的上市制度过度依赖审批制，发债和上市审批过严，一些优质企业另谋境外，中小企业上市难度更大。上市审批制一方面推高了公司市盈率，另一方面把权力集中在单个部门，容易套现，股市难以发挥正常功能。退市制度缺乏，难以发挥市场优胜劣汰的作用。法律制度不完善，对于内幕消息和操纵市场的违法违规行为查处力度过小，高回报低风险导致庄股泛滥，正常市场秩序难以确立。建立一个健康有序的资本市场，首先要理顺政府与市场的关系，政府提供基础设施、制定规则和监督规则，而不是市场的直接参与者；其次要完善资本市场制度建设，尽快改革上市制度、建立退出制度，尽快推动 IPO 注册制，完善相关法律法规，用法治思维来培育良好的市场环境，用法治力量来维护市场各参与方的合法权益，用法治手段来激发各类市场主体的活力；最后要完善监管公共基础设施，完善交易系

统、支付清算、会计准则、信用评价标准、对外数据接口等方面，避免企业因为面对的规则不一致而产生不当竞争。

（四）加快金融机构治理体制改革，改善金融宏观审慎风险管理，防范系统性金融风险

本次股市异常波动的背景是银行、信托、证券、配资公司、P2P公司混业经营，融资受限的居民部门曲线获得银行等部门资金，导致居民部门在股市过度加杠杆。前期在监管不足的情况下，参与者的竞相逐利驱动股市风险快速聚集，后期监管层意识到泡沫加剧而对市场进行强力干预，市场出现踩踏性退出，导致交易需要的流动性“休克枯竭”，股市动荡迅速蔓延扩散，随之债券、大宗商品、离岸汇率等金融资产价格均出现大跌。股市异常波动导致财富缩水，威胁券商、银行的资产负债表。由于我国银行业总资产占整个金融业的绝大部分，一旦银行业出了问题很可能就会引发系统性金融风险。因此，当前的“混业经营、分业监管”的金融机构治理体制将使我国金融市场稳定和防范系统性风险面临新挑战。

近年来，非银行金融机构金融创新的快速发展、金融机构资管业务的大规模扩张，形成了金融业实质上的“混业经营”，而监管仍是“一行三会”的“分业监管”模式，在很大程度上突破了资本市场和银行之间的“防火墙”。在利率市场化的背景下，资金可以通过金融创新在金融市场内自由流动，监管的分割使不同行业之间的监管防火墙形同虚设，风险在跨金融市场间传递。一旦某一金融板块发生剧烈波动，一是恐慌情绪迅速传导至其他板块，导致其他板块投资者恐慌，对其他板块资产价格产生影响；二是恐慌市场中投资者为获取流动性，只能卖出其他板块资产，进而恐慌通过流动性向其他板块蔓延。

在利率市场化、金融创新和混业经营已是大势所趋的情况下，“分业经营、分业监管”无法适应金融创新、金融风险与金融监管的

动态平衡关系，导致监管滞后和部分领域的监管缺位。借鉴欧美国家在本次国际金融危机后的经验，必须改善金融宏观审慎管理，完善监管公共基础设施建设、推动新常态下的监管升级，构筑与国际接轨的统一监管、功能监管、大数据监管和长期利益监管新体系。

一是把传统分割的依附型监管升级为统一的功能型监管。从顶层设计出发，建设完善一体化的监管模式，实现监管对统一大市场的全覆盖，构建统一高效的协调联动机制。从“监管办市场”转型到“管办分离”，由央行在金融跨部协调委员会框架下统一规划建设，形成金融市场一体化基础上的“分业监管”。以功能监管、牌照监管取代机构监管、行业监管，把“监管者+保护人”关系转变为“开放式的牌照监管”。加强事前统一监管，建立充分的应急预案。在《证券法》《商业银行法》《信托法》等法律中应引入适当方式，为统一监管留下兼容性接口，这在全面依法治国的背景下是非常必要的。

二是加快推进监管改革和升级顶层设计。金融监管要解决的问题就是在开放市场的同时要控制好风险。金融稳定应当成为央行最终目标之一，货币政策权、最后贷款人和监管权三者应当统一。加快建设中央金融监管大数据平台，把“一行三会”金融运行数据集中化处理，作为丰富夯实金融跨部联席会议制度功能的重要抓手。为了防止央行最后贷款人角色被滥用、监管过分注重短期利益的倾向，应当从长期利益出发进行监管，并可考虑适度增强央行的独立性。

2016 年是我国“十三五”规划的第一年，“十三五”时期是全面建成小康社会的决胜阶段。当前，我国经济发展进入新常态，我国发展既面临大有作为的重要战略机遇，也面临诸多矛盾叠加、风险隐患增多的严峻挑战。要以发展方式转变推动发展质量和效益提升，调整优化产业结构，推动创新驱动发展，保障和改善民生，加快完善各方面体制机制，深化全方位对外开放，妥善应对外部环境变化，促进我国经济长期稳定健康发展。

B.2
“中国经济形势分析与预测2015年秋季座谈会”综述

彭　战*

2015 年 10 月 9 日，中国社会科学院经济学部、“中国经济形势分析与预测”课题组召开秋季座谈会，会上发布了中国社会科学院“中国经济形势分析与预测 2015 年秋季报告”。中国社会科学院原副院长李扬以及来自中国社科院相关研究所、国家有关部委局、各研究机构以及部分高校的专家学者出席座谈会，与会专家对 2015 年经济形势中逐步呈现出的“新常态”，以及前三季度出现的下行压力展开讨论，并对 2016 年经济运行趋势发表看法。会议由数量经济与技术经济研究所李平所长主持。

一　对当前经济形势及2016年经济走势的基本判断

2015 年中国经济增长出现小幅下滑，但总体平稳，依然保持中等偏上增长速度。前三季度国内生产总值同比增长 6.9%。农业生产稳定发展，种植结构持续优化，有望实现持续增长；服务业持续领跑，同比提高 2.3 个百分点，增速继续快于第二产业，第三产业增加值占国内生产总值比重达到 51.4%。2015 年 1 ~9 月，规模以上工业增加值同比增长 6.2%，比上年同期回落 2.3 个百分点，降幅比上半

* 彭战，中国社会科学院数量经济与技术经济研究所。

年有所扩大。但新兴产业发展强劲，现代信息技术向传统产业渗透加深，2015 年前三季度高技术产业同比增长 10.4%，高于整体工业增速 4.2 个百分点。钢铁、水泥等行业过剩产能退出进程加快，节能减排成效明显，前三季度单位国内生产总值能耗下降 5.7%。

专家认为，经济新常态下全社会固定资产投资将告别长期居高不下的格局，逐步回到 10% 左右的新的增速平台上。数据显示，2015 年前三季度固定资产投资增速继续放缓至 10.3%，其中基础设施投资增长 18.1%，占比较上年同期略有提高，制造业、房地产开发投资分别增长 8.3% 和 2.6%，民间投资增长 10.4%。消费结构改善，群众消费需求升级，文化旅游、健康养老等消费新热点不断涌现，在中央反对“四风”等因素影响下，高端餐饮娱乐消费向大众型消费转变，电子商务、网络消费等新兴业态快速发展。由于世界经济整体复苏缓慢，我国部分低端产业向境外转移，人民币有效汇率相对强势等因素，导致我国贸易顺差虽然持续扩大，但进出口增速呈逐渐下降趋势。

多数与会专家认为，2016 年经济增速会进一步降低，但依然可以保持 6.5% 左右的平稳增长态势。

二　当前经济形势的特点

当前虽然经济不确定因素增多，下行压力较大，但与会专家从 2015 年前三季度的经济运行情况看到了多方面积极变化。

1. 下行压力持续，结构调整初见成效

有专家认为，中国经济增速换挡主要集中在工业制造业，工业增速自 2012 年以来持续波动下行（见图 1）。由于工业产品出口持续下降等多种原因，2015 年工业生产增速继续回落。工业企业利润降幅进一步收窄，呈现筑底趋势。1 ~ 9 月，规模以上工业企业利润总额

同比下降1.7%，降幅比1~8月收窄0.2个百分点。同时高技术产业增长10.4%，比整体工业增速高出4.2个百分点。前三季度单位国内生产总值能耗同比下降5.7%，节能减排取得新成效。工业内部结构加快调整，结构调整初见成效。

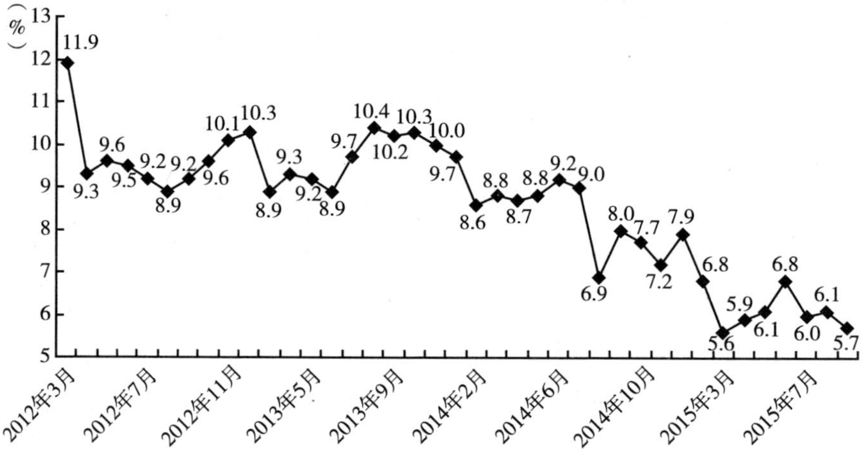

图1　2012~2015年月度工业增长率

2. 房地产市场回暖，带动作用可期

2015年6月以来，随着央行降准降息等一系列措施的出台，房地产销售形势持续回暖，1~9月城镇商品房销售面积同比增长7.5%，增速较前8个月加快0.3个百分点。从长期趋势看，中国城镇化建设的持续较快推进，使城镇住房需求，特别是大中城市住房需求持续增长。房地产销售回暖迹象显现，带动投资出现筑底企稳迹象。专家认为，大城市存量住房消化任务完成后，住宅开发投资活动必然会逐步增加。与房地产市场相关度较高的建材家具、装修装饰及家电等消费也会逐步反弹。曾经被视为经济过热源头的房地产业，再次成为稳定经济增速的调节器。

3. 民生保障改善，就业形势稳定

专家认为，2015年物价上涨温和，各项社会保险参保人数继续

增加，精准扶贫等举措加快实施，教育卫生、文化体育等社会事业加快发展，民生保障安全网进一步扎牢。就业状况始终是经济形势分析关注的重点。2015 年前三季度城镇新增就业 1066 万人，已提前完成全年预期目标；第三季度末城镇登记失业率为 4.05%，保持在较低水平。居民收入增速持续高于 GDP 增速，前三季度，全国人均可支配收入实际增长 7.7%，其中农村居民收入增长 8.1%，快于城镇居民 1.3 个百分点。产业结构从制造业主导转向服务业主导，有利于就业岗位增加。但专家提醒，重化工业企业的重组和破产难以避免，裁员会有所增加，另外，部分劳动密集型产品出口行业企业转移海外，出口部门吸纳就业能力下降，造成的就业岗位流失问题需要引起重视。

三 2015年及2016年主要国民经济指标预测

对于当前的中国经济形势，大多数与会专家认为下行压力逐渐增强，2015 年经济增速继续下滑，低于 2014 年数据。大多数专家预测认为 2015 年 GDP 增速可以保持在 7% 左右，2016 年将持续下行。2015 年和 2016 年主要国民经济指标的预测数据见表 1。

表 1　2015 ~ 2016 年主要经济指标预测

单位：%

指标	2015 年	2016 年
国内生产总值增长率	7.0	6.5 ~ 7.0
全社会固定资产投资实际增长率	11.8	10.5
社会消费品零售总额实际增长率	10.2	9.4
居民消费价格指数上涨率	1.6	2.1
城镇居民实际人均可支配收入增长率	6.5	6.0
农村居民实际人均纯收入增长率	8.1	7.1

续表

指标	2015 年	2016 年
财政收入增长率	7.4	6.8
财政支出增长率	10.3	9.2
出口增长率	-2.3	-0.6
进口增长率	-9.5	-3.0

四 2016年经济走势与政策建议

2016 年开局的“十三五”时期是全面建成小康社会的决胜阶段。对于如何实现“调结构、稳增长、增效益”，与会专家认为，应进一步从改革开放中获取红利，同时激发市场活力，寻找新的经济增长动力，财政政策与货币政策应继续积极宽松。考虑政策存在滞后效应，2015 年出台的调控政策和改革举措还会继续发挥稳定作用，我国经济发展仍然存在巨大潜力、巨大余地和巨大韧性。预计 2016 年国内生产总值将增长 6.5% 左右。

1. 改善行政审批，推动创业创新

专家认为，行政审批制度改革需要继续推进，加大简政放权力度，推进政府制定权力清单、责任清单，进一步取消、下放部分行政审批事项，不断完善商事制度，全面取消非行政许可。深化财政金融体制改革，加大结构性减税力度，降低社会保险缴费费率，减轻企业的税收负担，为创业、创新营造更好的环境。全面落实企业研发费用加计扣除等普惠性措施；完善设备加速折旧等政策，推动企业加快研发与技术改造；把国家自主创新示范区股权激励、科技成果处置权、收益权等试点政策扩大到所有科技园区和科教单位。降低能源价格、适当降低失业保险缴费比例将给企业带来生机与活力。

2. 开放国内市场、开拓海外市场

积极扩大对外开放，逐渐提高开放层次。继续扩大市场准入，推进金融、贸易、物流、信息服务、商务服务等生产性服务业对外开放。加快构建对外开放合作竞争新优势，推动外贸优进优出，积极有效引进境外资金和先进技术，推进国际产能和装备制造合作，带动装备、技术、服务、标准“走出去”。推广上海自由贸易区有效做法，促进跨国公司扩大对我国服务业的投资。支持企业开拓国际市场，扩大境外项目合作，带动我国具有优势的发电、轨道交通、钢铁、化工、有色等装备和产品出口。同时进一步加强多边或双边合作，推动与相关国家的自贸区谈判进程。

3. 财政政策积极继续

加大积极财政政策实施力度，把“稳增长、增效益”作为积极财政政策的重心，积极扩大内需。专家认为，应适当加大政府投资力度，充分发挥财政资金在基建投资方面的先导作用和对民间投资的带动作用。财政收入增速下滑明显，专家认为，适度扩大财政赤字规模是积极财政政策必要且可行的选择。适度扩大地方财政税源，构建新的地方税体系，同时做好地方政府债券置换工作，认真防范地方政府债务风险。

4. 货币政策稳健宽松

专家认为，实施结构宽松的货币政策，推动有利于实体经济发展和结构调整的金融改革，引导货币信贷及社会融资规模增长合理适度加速。加快利率传导机制和资金市场化定价机制建设，完善人民币汇率形成机制，加强对跨境资本的有效监管。当前，应推进多层次资本市场发展，建立健康有序的资本市场，改善金融结构，优化金融资源配置。专家认为，要加快金融机构治理体制改革，改善金融宏观审慎风险管理，防范系统性金融风险。

此次研讨会是中国社会科学院1990年以来第50次中国经济形势分析与预测座谈会。

经济增长与产业发展篇

Economic Growth and Industry Development

B.3

“十三五”时期我国经济波动态势展望

刘树成*

摘　要：本文首先分析了“十三五”开局之年我国将要面临的宏观经济波动态势，在此基础上，提出“十三五”时期我国宏观经济走势的四种可能性：一路下行、一路走平、一路冲高，以及遵循经济波动规律，在合理区间正常波动。本文认为，新常态并不意味着经济增速一路下行，宏观调控采取“微刺激”与“保下限”的政策越来越被动。本文提出，2015 年党中央关于“十三五”规划建议的编制，以及 2016 年初国家“十三五”规划纲要的启动和实施，将会是在我国经济发展进入新常态情况下，对我国未来经济发展做出的重大

* 刘树成，中国社会科学院学部委员、经济学部副主任。

战略部署，将会形成对我国经济增长具有中长期持久推动作用的力量。这样，2015 年我国经济增速的回落有望触底，即有望完成阶段性探底过程，“十三五”时期有可能进入新常态下的新一轮上升周期。

关键词：“十三五”规划 宏观经济 经济波动 新常态

2015 年是“十二五”规划的收官之年，是党中央关于“十三五”规划建议的编制之年。2016 年是实施国家“十三五”规划纲要的开局之年。本文拟对“十三五”时期我国宏观经济波动态势进行分析和展望。

一 “十三五”开局之年所面临的宏观经济波动态势

“十三五”开局之年，即 2016 年，我国所面临的宏观经济波动态势具有两个显著的特点：一是从 GDP 年度增长率来考察，我国经济增速从 2008 年至 2015 年已连续 8 年处于下行调整之中；二是从 GDP 季度同比增长率来考察，经过前一阶段的大幅下滑之后，近期已逐渐趋稳。

先看第一个特点。从我国 GDP 年度增长率来考察，在 2007 年达到 14.2% 的高峰之后，在应对国际金融危机的严重冲击过程中，2010 年经济增速略有上升（10.4%），但总的来看，到 2015 年，已连续 8 年处于下行调整之中（见图 1，其中，2015 年增速暂按年初经济增长预期目标 7% 预计）。我国经济结束了改革开放 30 多年来近两位数的高速增长，进入由高速增长转向中高速增长的速度换挡期。我国经济发展进入新常态。

改革开放30多年来，我国经济并不是以近10%的高速直线增长的。从经济增长率波动10年左右的中长周期来考察，改革开放30多年来，我国经济增速经历了三次上升与回落的波动过程（见图1）。

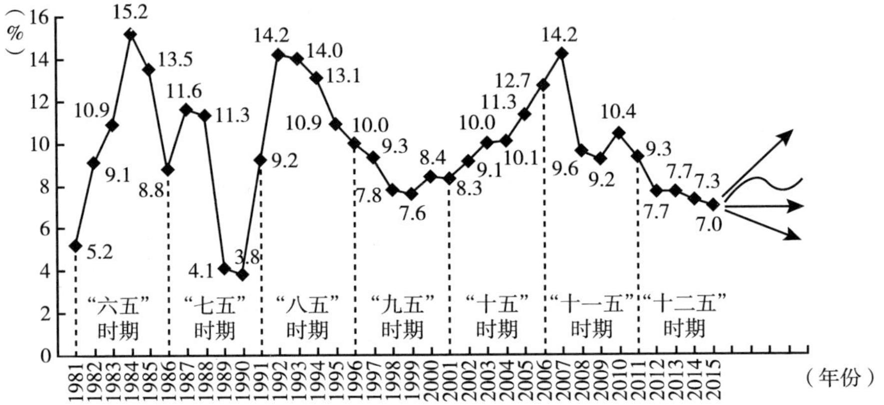

图1　中国GDP增长率的波动（1981～2015年）

第一次上升是1982～1984年。GDP增长率从1981年5.2%的低谷，上升到1984年15.2%的高峰，上升了10个百分点。

第一次回落是1985～1990年。GDP增长率从1984年15.2%的高峰，回落到1990年3.8%的低谷，回落了11.4个百分点，下行调整了6年。

第二次上升是1991～1992年。GDP增长率从1990年3.8%的低谷，上升到1992年14.2%的高峰，上升了10.4个百分点。

第二次回落是1993～1999年。GDP增长率从1992年14.2%的高峰，回落到1999年7.6%的低谷，回落了6.6个百分点，下行调整了7年。

第三次上升是2000～2007年。GDP增长率从1999年7.6%的低谷，上升到2007年14.2%的高峰，上升了6.6个百分点。

第三次回落是 2008～2015 年。GDP 增长率从 2007 年 14.2% 的高峰，回落到 2015 年 7% 的低谷，回落 7.2 个百分点，下行调整了 8 年。

我们看到，在“十三五”开局之年，2016 年，所面临的宏观经济波动态势的一个显著特点是，我国经济增速已连续 8 年处于下行调整中，是上述三次回落中历时最长的一次。

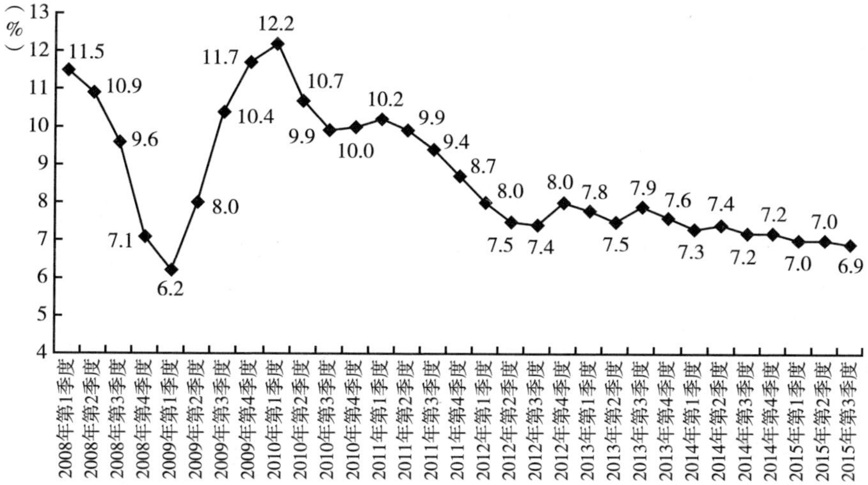

图 2　GDP 季度同比增长率（2008 年第 1 季度至 2015 年第 3 季度）

再看第二个特点。从我国 GDP 季度同比增长率来考察，经过前一时期的大幅下滑之后，近期已逐渐趋稳。2008 年和 2009 年，在应对国际金融危机的冲击中，我国 GDP 季度同比增长率走出了一个“V”字形的先下降、后反转的轨迹。到 2010 年第一季度，GDP 增长率回升到 12.2% 的高峰。其后，从 2010 年第二季度开始，至 2015 年第三季度降到 6.9%，从总的趋势看，出现了连续 22 个季度的回落（见图 2，这里采用的是国家统计局 2015 年 9 月 9 日最新公布的季度 GDP 核算数据，以及 2015 年 10 月 19 日公布的数据）。这 22 个季度 GDP 增速的回落可以分为两个小阶段：第一个小阶段，是增速大幅下滑。从2010年第一季度的12.2%，下滑到2012年第三季度的7.4%，回落了4.8个百分点。第二个小阶段，是增速逐渐趋稳。从2012年第四季度略微反弹至8.0%，缓慢下降到2015年第三季度的6.9%，回落了1.1个百分点，降幅已明显收窄，并趋稳。

二 "十三五"时期宏观经济走势的四种可能性

"十三五"时期，2016~2020年，我国宏观经济走势可有以下四种可能性。

第一种可能性，一路下行。由7%，降到6.5%，到2020年降到6%或更低。政策含义为宏观调控不再守下限和保下限，而使下限不断下移。

第二种可能性，一路走平。在7%左右一路走平。政策含义为继续守下限。

第三种可能性，一路冲高。重返10%以上的高增长。政策含义为强刺激。但是这种可能性已经基本上不存在了。为什么又把它作为第三种可能性呢？因为现在有人不愿意讲"回升"，认为"宏观调控只为托底，不为抬高"。如果你说经济增速会出现回升，就说你要重回10%以上高增长的老路。所以，这里就作为第三种可能性单列出来了。

第四种可能性，遵循经济波动规律，使经济运行在合理区间的上下限之间正常波动。政策含义为：以合理区间的中线为基础，该回升时就回升，但要把握好回升的幅度；该下降时就下降，也要把握好下降的幅度。

本文主张，我们应争取以上第四种可能性，但这并不容易，而是要付出极大的努力。下面，先对经济增速一路下行问题做些分析。

三 新常态并不意味着经济增速一路下行

在我国经济新常态下，经济增长从高速转向中高速。我们要主动适应新常态，坚持以提高经济发展质量和效益为中心，坚持把转方式、调结构放到更加重要位置，但这并不意味着要使经济增速一路下行。不要把新常态泛化、娱乐化，更不要把一些“异常态”“非常态”的现象也都说成是“新常态”。如果经济增速一路下行，将会给我国经济与社会发展带来一系列严重问题①。

第一，如果经济增速一路下行，到2020年，城镇居民人均收入比2010年翻一番的目标将难以实现。

党的十八大提出两个“翻一番”目标，即“到2020年，实现国内生产总值和城乡居民人均收入比2010年翻一番”。就城镇居民人均可支配收入来考察，按照翻一番的要求，在2011~2014年这4年已有增长的基础上（分别增长8.4%、9.6%、7.0%和6.8%），从2015年起和整个“十三五”时期，需年均增长6.7%。但近年来，随着经济增速的回落，城镇居民人均可支配收入的增长率到2014年已降至6.8%，2015年上半年降至6.7%，这已降到翻一番所需最低增长率的边缘。今后，如果经济增速一路下行，而一般说来，城镇居民人均可支配收入增长率低于GDP增长率，这样，从2015年起，城镇居民人均可支配收入的增长率将会降至6.7%以下。到2020年，城镇居民人均可支配收入就不能实现翻一番的目标了。

第二，如果经济增速一路下行，到2020年，GDP比2010年翻一番目标的实现也将面临风险，特别是将会严重影响市场预期和企业

① 刘树成：《2015~2020年：中国经济走势分析》，参见《2015年中国经济前景分析》，社会科学文献出版社，2015。

投资。

按照到2020年GDP比2010年翻一番的要求，在2011～2015年已有增长的基础上（2011～2014年分别增长9.5%、7.7%、7.7%、7.3%，2015年暂按年初经济增长预期目标7%估算），“十三五”时期，GDP需年均增长6.5%。有机构预测，到2020年，GDP增长将一路下行到6%或更低。如果这个下行较缓，“十三五”时期年均增速不低于6.5%，则GDP翻一番的目标仍有可能勉强实现。如果这个下行过快，使年均增速低于6.5%，那么GDP翻一番就成了问题。即使翻一番勉强实现，GDP增长率也将会出现一条从2007年之后至2020年长达13年的下行轨迹。这将造成一种经济增速不断下降的预期，极不利于稳定和提振市场信心。市场预期的不断下降，将会严重影响企业的投资，并由此影响企业的技术创新和升级。

第三，如果经济增速一路下行，将会影响财政收入的增长。

2014年，全国财政收入增长8.6%，为1992年以来，即23年来首次进入个位数增长。2015年1～9月累计，与上年同期相比，全国财政收入仅同口径增长5.4%，比上年同期回落2.7个百分点。今后，若经济增速一路下行，财政收入增速也会一路下行。这样，需要财政支持的经济结构调整、经济发展方式转变、有关改革措施、各项社会事业的发展、社会保障的扩大、收入差距的调节等，都会受到影响。

四　“微刺激”与“保下限”越来越被动

2012年、2013年、2014年的3年中，宏观调控每年采取的是“微刺激”与“保下限”政策，打了3次“下限保卫战”，每年形成了一个循环圈，即“经济增速下滑——微刺激——小幅反弹——再下滑”的循环圈。大体上说，每年初，经济增速下滑；然后，采取

“微刺激”措施，经济增速小幅反弹；随后和下一年初，经济增速又继续下滑①。

2015年，又进入了这个循环圈。年初，经济增速下滑，又采取一些“微刺激”措施，打了第4次“下限保卫战”。“微刺激”措施在货币政策方面主要包括，自2014年11月以来，至2015年9月初，央行5次降息、3次全面降准。然而，“微刺激”措施缺乏持久推动力，其效力越来越弱。2015年，进入7月后，一些主要经济运行指标仍然下滑。

（1）规模以上工业增加值月同比增长率，7月未能保持住此前3个月出现的上升势头，而降到6%，比6月（6.8%）回落0.8个百分点。8月为6.1%，9月又降至5.7%。

（2）固定资产投资（不含农户）月同比累计名义增长率，2015年以来一直呈下滑之势，1~9月累计为10.3%，比上半年（11.4%）回落1.1个百分点。

（3）规模以上工业企业实现利润总额月同比累计增长率，2015年各月均呈负增长，1~9月累计为-1.7%。工业品出厂价格，从2012年3月至2015年9月，已连续43个月处于负增长的通缩状态。2015年8月、9月两个月，工业品出厂价格同比均降至-5.9%，为近6年来最大降幅。

（4）中国制造业采购经理指数（PMI），8月降为49.7%，9月为49.8%，未能保持此前5个月（3月至7月）已站到50%荣枯临界线以上的局面，而重新跌破荣枯线。

宏观调控只守下限越来越被动。经济运行的合理区间包括下限、上限和中线。宏观调控只守下限就要年年打“下限保卫战”，而“微刺激”措施的效力越来越差，加之经济增速下滑具有惯性，如果没

① 刘树成：《对经济运行下限的第三个冲击波》，《经济学动态》2014年第4期。

有抵挡下滑的足够力量，或者一旦国内外经济环境有个“风吹草动”，即出现某些不确定性因素的冲击，经济运行随时就可能滑出下限。宏观调控与其守住下限，不如把握中线。把握经济运行合理区间的中线，可使宏观调控上下都有回旋余地，而且可以充分利用目前距离通货膨胀上限还留有的空间，进一步推动经济发展。

五　为“十三五”时期经济增速适度回升积蓄力量

要摆脱上述循环圈，摆脱年年打“下限保卫战”的被动局面，把握经济运行合理区间的中线，防止经济增速一路下行，已经不是靠短期的“微刺激”措施、不是靠简单的放松政策、不是靠一个个零碎地推出一些项目就能解决的。也就是说，已经不是在短期宏观调控层面所能解决的。同时，也不是靠简政放权、仅靠市场机制的调节作用所能解决的，市场机制具有自发性和下滑惯性。

而要摆脱上述循环圈，摆脱年年打“下限保卫战”的被动局面，把握经济运行合理区间的中线，防止经济增速一路下行，就需要从国家宏观经济管理的更高层面来解决，也就是要从我国中长期经济发展新的顶层设计层面来解决，寻找我国经济发展总体战略层面的重大创新和突破，从而寻找对于经济增长具有中长期持久推动的力量。2015年党中央关于“十三五”规划建议的编制，以及2016年初国家“十三五”规划纲要的启动和实施，将会是在我国经济发展进入新常态情况下，对我国未来经济发展做出的重大战略部署，将会形成对我国经济增长具有中长期持久推动作用的力量。其中，特别是作为“十三五”规划的重要内容，“一带一路”、京津冀协同发展、长江经济带这三大国家战略的布局和实施，标志着我国经济发展在空间格局上的重大创新和突破，将会充分利用我国经济的巨大韧性、潜力和回旋余地，凝聚起对我国经济增长具有中长期持久推动作用的力量。同时，作为“十三五”规划的另一个重要内容，贯彻实施《中国制造2025》，使制造业转型升级，也将成为对我国经济增长具有中长期持久推动作用的力量。

从本文前述改革开放以来我国经济增速所经历的3次上升过程来考察可知，相关的五年计划或规划的实施起到了重要的推动作用。如，在第一次上升过程中，1982～1984年，正值“六五”时期的第2、3、4年；在第二次上升过程中，1991～1992年，正值“八五”时期的第1、2年；在第三次上升过程中，2000～2007年，正值整个“十五”时期，以及“十一五”时期的第1、2年。参考这种情况，“十三五”规划的启动和实施，有可能积蓄起推动我国经济增长向上的力量，有可能使经济增速止跌企稳，并适度回升。这样，2015年经济增速的回落有望触底，即有望完成阶段性探底过程，“十三五”时期有可能进入新常态下的新一轮上升周期。新一轮上升周期不是单纯地让经济增速适度回升起来，更不是要重回过去两位数的高增长状态，而是要实现有质量、有效益、可持续的回升。要借回升之势，营造良好的宏观经济运行环境，更好地实现稳增长与转方式、调结构、促改革、惠民生的有机结合，更好地实现全面建成小康社会的伟大奋斗目标。

以上分析只是一种可能性，历史不会简单地重演。“十三五”时期，我们还会遇到许多困难和新问题，还需要付出艰辛的探索和努力。习近平总书记2015年5月25～27日在浙江调研时指出：我国经济发展已经进入新常态，如何适应和引领新常态，我们的认识和实践刚刚起步，有的方面还没有破题，需要广泛探索①。

现在，人们常说，我国经济发展处于“三期叠加”阶段，即增

① 《习近平在浙江调研时强调，干在实处永无止境，走在前列要谋新篇》，《人民日报》2015年5月28日第1版。

长速度换挡期、结构调整阵痛期、前期政策消化期叠加阶段。本文认为，还应该加上一期，即新的政策探索期，是“四期叠加”。

参考文献

刘树成：《对经济运行下限的第三个冲击波》，《经济学动态》2014 年第 4 期。

刘树成：《2015 ~ 2020 年：中国经济走势分析》，《经济蓝皮书春季号：2015 年中国经济前景分析》，社会科学文献出版社，2015。

《习近平在浙江调研时强调，干在实处永无止境，走在前列要谋新篇》，《人民日报》2015 年 5 月 28 日第 1 版。

B.4

经济增速回调接近触底，2016年有望平稳开局

——2015～2016年经济形势分析与展望

张立群*

摘　要：2015年中国工业增速缓中趋稳，消费持续平稳增长，房地产市场销售持续回暖，基础设施投资增速虽有波动但势头趋强，过剩产能处置力度加大，股市风险得到控制，中国经济在错综复杂的国内外形势下，经济增速继续回调，预计经济增速回调已接近触底。预计2016年出口增速在5%左右，投资增长率预计为11%左右，消费实际增长率预计为10.5%左右，中国经济有望为“十三五”时期实现平稳开局。政府必须把稳增长与推进经济转型升级紧密结合，通过不断改善发展环境、提高微观基础和经济结构对环境变化的适应能力，加快培育和巩固经济增长的新常态。

关键词：经济增速　新常态　经济转型

一　2015年中国经济增速继续回调，但接近触底

2015年，中国经济增速继续回调，下行压力比较明显。进入第

* 张立群，国务院发展研究中心宏观经济研究部，研究员。

三季度以后，受世界经济和国际市场变化等因素影响，出口增速明显下降；房地产销售形势虽然持续好转，但受存量房数量较大的影响，房地产投资增速降幅加大；受铁路投资增速较大降低影响，基础设施投资增速也有所降低。加之工业产品价格 40 多个月持续下降，企业持续减少库存；经济结构调整力度加大，钢铁、水泥等行业过剩产能调整力度加大。综合看，经济下行因素增多，下行压力较大。与此同时也要看到，自 2012 年开始的稳增长工作，在稳定市场需求、推进结构调整、培育新的增长动力方面的成效持续累积。从前三季度的经济运行情况看，显露多方面积极变化。

1. 工业增速缓中趋稳

中国经济增速换挡主要集中于工业制造业。2012 年以来，工业增速在波动中持续下降。但比较 2015 年第二季度和第三季度的工业增长情况可以看出，工业增长表现出趋稳的基本态势。9 月工业增速下降，与上年基数较高以及阅兵期间一些企业停工等有关。综合分析，工业增长呈现趋稳态势。

2. 消费持续平稳增长

9 月社会消费品零售额同比增长 10.9%，剔除价格因素实际增长 10.8%，较 8 月提高 0.4 个百分点。消费持续平稳增长，是政府全力保障民生的结果。由于政府高度重视和全力落实，加上服务业发展平稳、创业型就业增加等客观因素支持，近年来就业形势大体稳定。9 月调查失业率为 5.2% 左右，1 ~9 月城镇新增就业超过 1000 万人。就业平稳支持了居民收入平稳增长，1 ~9 月中国居民人均可支配收入按照可比价格同比增长 7.7%，增速较上半年提高 0.1 个百分点。这就必然给消费的平稳增长带来基础性支持。尽管大城市堵车、建房用地紧张等问题日益突出，限制了汽车、住房市场发展，限制了以住行为主的消费结构升级，其扩大消费的作用受到一定限制；但基于 13.6 亿人口日常生活的各项基本消费活动保持平稳，必然奠定消费平稳增长的格局。这也会从市场需求方面对生活资料生产形成稳定的支持。目前生活消费品生产的平稳增长，已成为支持经济增长的重要基础。事实证明，在经济转型的复杂形势下，抓住保障基本民生这个龙头，对于实现中高水平的合理增长，是一个至关重要的环节。稳增长的核心目标，现在和未来都应定位于保就业、稳收入、保障和改善民生，这也是经济增长筑底的核心支点。

3. 房地产市场销售持续回暖

1~9月城镇商品房销售面积同比增长7.5%，增速较1~8月加快0.3个百分点。2015年6月以来，房地产销售形势持续回暖，房地产业发展条件趋向改善。从发展趋势看，中国城镇化的持续较快推进，使城镇特别是大城市住房需求持续增长。在此基础上，经过2014年以来房地产市场相关政策，包括限购政策、按揭贷款政策、公积金政策、营业税减免政策等的调整，以及连续5次调低贷款利率，必然会支持房地产市场持续回暖。从历史经验看，房地产销售形势回暖，经过一段时间之后，必然要带动房地产投资由降转升。尽管有存量房消化任务，但大城市存量房持续较快减少，住宅开发投资活动必然会逐步增加。

4. 基础设施投资增速虽有波动，但势头趋强

1~9月基础设施投资（不包括电力）同比增长18.1%，增速较1~8月回落0.3个百分点，主要受铁路投资回落幅度较大影响。城市公共设施投资、水利投资增速都有所提高，表明增强基础设施建设的政策效果不断显现。从未来趋势看，铁路建设项目的相关准备工作正在进行，城市地下管廊、海绵城市等新投资项目不断涌现。新型城镇化带来的城市群之间互联互通建设步伐加快，城市地下设施建设力度加大，政府公共职能加强以及城市公共设施建设力度加大，“一带一路”大格局奠基带来的基础设施建设任务增加等，使基础设施投资空间显著扩大。地方债置换等措施，明显缓解了基础设施投资的资

金困难，重大工程建设项目督查力度加大，推动了投资进度的加快。综合分析，基础设施投资稳中趋升的相关支持因素不断积累和显现。

5. 过剩产能处置力度加大，股市风险得到控制

市场调节下的优胜劣汰活动持续推进，企业分化情况日益明显；产业结构调整向上游推进，钢铁、水泥等行业过剩产能退出进程加快。供给端调整取得进展。与此同时，在货币政策的配合下，资金和债务链条并未发生普遍断裂。此外股市泡沫基本消除，风险得到控制。如果判断第二季度 GDP 增长得到股市高涨的支持，则第三季度 GDP 增速出现小幅降低，恰恰表现经济增长更为健康和可持续。

综合以上分析，可以认为中国经济在错综复杂的国内外形势下，正在稳中求进中不断构筑新的增长基础，蓄积新的增长动力，企稳向好的态势日益明显，预计经济增速回调已接近触底。

二 2016年中国经济有望为“十三五”时期实现平稳开局

2016 年世界经济预计将继续呈现偏弱的增长态势，受美联储加息、资本外流和相关改革滞后的影响，新兴市场国家的经济增长仍存在较多不确定因素，经济恢复势头脆弱。美国经济预计将继续缓慢恢复，欧洲经济回稳态势比较明显，日本经济困难有所增加。从国内情况看，自 2012 年以来稳增长政策措施的累积效果以及多项积极因素不断发展的基础上，中国经济增长底部企稳的态势会日益明显，GDP 全年有望实现 7% 左右的增长，经济结构调整和改革步伐加快，“十三五”时期将实现平稳开局。

第一，尽管世界银行和 IMF 调低了对中国经济和全球经济增长的预测值，但一致认为 2016 年美国经济恢复仍然是一个亮点；欧洲经济尽管困难较多，但仍然会保持恢复性增长；新兴经济体正在进行

结构调整，增长水平预计有所降低，分化趋势明显。综合看，2016年世界经济仍呈继续恢复态势。在这一形势下，考虑我国出口企业综合竞争力水平，预计出口增速在5%左右。

第二，投资增长将大体趋稳，2016年投资增长率预计为11%左右。房地产投资增速回落态势有望结束。大城市房地产市场销售将保持平稳增长，房地产投资增速预计将从底部回升。新型城镇化、“一带一路”建设等，将推动基础设施投资水平稳中略有提高。在市场需求拉动和过剩产能加快调整的支持下，预计制造业投资增速稳中趋升。综合分析，全年投资增长可能在11%左右。

第三，消费继续保持平稳增长，2016年消费实际增长率预计为10.5%左右。近年来保就业的政策效果比较明显，就业形势比较平稳。此外房地产和汽车市场的调整，有望在2016年趋于平缓，其对消费的负面影响预计会减弱。综合这些情况，预计2016年消费实际增长率为10.5%左右。

综合需求因素分析，预计2016年经济增长率略高于7%，CPI涨幅在2%左右。综合以上分析，预计“十三五”时期第一年可以取得平稳开局。

三　政策建议

必须把稳增长与推进经济转型升级紧密结合，通过不断改善发展环境、提高微观基础和经济结构对环境变化的适应能力，加快培育和巩固经济增长的新常态。

1. 坚持以保就业、防止债务风险全面爆发为底线稳增长

由于增长速度下降到一定低点，会导致失业增加—居民消费水平下降—市场需求水平下降进入加速的自我循环，也会导致困难企业数量增加—不良债务扩大加速循环，还会导致市场预期和信心的持续下

滑，最终可能会成为不可控制的经济衰退。因此在经济增速下降时，宏观调控的重点应集中在保持必要的经济增长速度上。针对经济增长触底企稳期的特点，2016 年要进一步加大财政政策力度，适度扩大财政赤字规模；提高地方债置换规模。进一步调低存款准备金率和利率。加强财政政策与货币政策的相互配合，引导资金更多地流向实体经济和基础设施建设投资项目，为防范经济筑底企稳过程中的各种不确定因素做好充分准备。

2. 把启动破产退出的改革放到改革的优先位置

启动破产退出改革，必须建立和加强风险责任约束机制。没有这一机制保障，市场化改革可能会扩大风险。例如利率市场化改革，由于本金风险不被关注，资金就会越来越多地流向风险高、利率提高空间大的领域。而伴随着高风险的高利率，又为提高存款利率，争取储蓄资金提供了源源不断的支持。其结果必将是伴随着风险水平提高的利率水平持续提高和资金紧张，对实体经济转型升级形成日益加强的压制，对房地产市场需求也会形成沉重打击。因此，应该将破产退出的改革放到改革的优先位置。

3. 着力重点难点、注重制度建设

在周密准备的基础上，抓住 2015 年淘汰过剩产能、清理地方债务过程中的重点难点和有代表性的案例，敢于攻坚克难，果断启动破产退出和财产清算活动。借鉴历史经验，对相关资产、债务进行隔离，例如转入资产管理公司，从而控制影响的范围。坚持从严追究主要领导和负责人责任、切实保护企业职工合法权益的原则，并形成相关的财产责任追究制度。

4. 完善破产退出机制

借鉴国际经验，简化企业登记、注销、破产和资本退出等相关程序，降低退出成本。围绕国有企业改革，进一步明晰产权，规范财产责任，减少政府对其的过度保护，按照股权多元化和发展混合所有制经济的方向，注意把破产退出活动与国有企业改革紧密结合起来。

5. 改进基础设施投资方式，加快推动新型城镇化进程

以城市群为基本单位，统筹安排基础设施建设活动，包括统一规划、统筹建设资金、统一考核与问责标准。要以此为抓手推动政府职能转变，使政府工作重点加快集中于打造良好发展环境。抓紧制定好国家新型城镇化规划；注重城市群内各城市之间的基础设施系统的建设，注重城市内部基础设施的配套建设，特别是地下设施与地面设施建设之间的配套。进一步加强各级政府的公共服务职责，在城市范围内加快基本公共服务的全覆盖，加快城市群内各城市间基本公共服务均等化的步伐。

B.5
2015年国民经济发展预测和2016年展望

赵 琨 王宝林*

摘 要： 2015年，世界经济复苏势头弱于预期，国际金融市场动荡加剧，我国经济结构和发展方式正在经历深刻调整，经济下行压力加大，困难和挑战增多。面对错综复杂的国内外经济发展环境，我国政府坚持稳中求进工作总基调，精准实施区间调控、定向调控、相机调控，着力稳定经济增长，调整优化结构，深化重点领域和关键环节改革，防范和化解潜在风险，加强和改善民生，经济社会发展总体平稳。2016年是“十三五”开局之年，我国经济韧性好、潜力足、回旋空间大，经济稳定发展的基本面没有变，随着稳增长、促改革、调结构、惠民生、防风险政策的不断落实完善，经济发展仍具有良好支撑。

关键词： 国民经济 发展预测 宏观调控

一 2015年国民经济发展预测

2015年以来，世界经济持续深度调整，增长动能偏弱，风险因

* 赵琨、王宝林，国家发改委综合司预测处。

素增多，特别是下半年，国际金融和大宗商品市场出现大幅波动。我国经济进入新常态，经济结构和发展方式正在经历深刻调整，经济下行压力加大，困难和挑战明显增多。面对错综复杂的国内外经济形势，我国政府坚持稳中求进工作总基调，在区间调控的基础上加大定向调控力度，相机实施精准调控，着力应对经济下行压力，着力防范和化解风险，有效避免了经济运行出现大的波动，保持了经济社会发展总体稳定。

（一）经济运行总体平稳

前三季度，国内生产总值同比增长6.9%，其中第一、二、三产业分别增长3.8%、6%和8.4%，第一、二、三季度分别增长7%、7%和6.9%。消费需求总体稳定增长，前三季度社会消费品零售总额同比增长10.5%，其中占比近10%的网上商品零售额增长34.7%。固定资产投资增速放缓至10.3%，其中基础设施增长18.1%，占比较上年同期提高1.2个百分点，制造业、房地产开发投资分别增长8.3%和2.6%，民间投资增长10.4%。进出口继续下降，前三季度以美元计价同比下降8.1%，其中，出口下降1.9%；受进口价格大幅下降影响，进口下降15.3%。居民消费价格温和上涨，前三季度同比上涨1.4%。

（二）结构调整取得积极进展

产业结构继续改善。农业生产稳定发展，种植结构持续优化，全年粮食产量有望再创新高。服务业持续领跑，增速继续快于第二产业，占国内生产总值比重提高到51.4%，同比提高2.3个百分点。新兴产业发展势头强劲，现代信息技术向传统产业渗透加深，前三季度高技术产业同比增长10.4%，高于工业整体4.2个百分点。节能减排成效明显，前三季度单位国内生产总值能耗下降5.7%。

“大众创业、万众创新”活力增强。市场主体创业创新热情持续高涨，前三季度全国新登记注册企业 315.9 万家，同比增长 19.3%。创新驱动支撑作用进一步增强，前三季度国内发明专利授权量增长 52.5%；各类创业集聚区、创客中心、服务平台蓬勃发展；战略性新兴产业企业收入和利润保持较快增长。

区域发展协调性增强。“一带一路”基础设施互联互通、京津冀交通一体化、长江经济带综合立体交通走廊等建设启动实施，城市群、特殊功能区建设取得积极进展，棚户区改造、中西部铁路和重大水利工程进展顺利，新的增长点、增长极、增长带逐步形成。

（三）改革开放深入推进

重点领域和关键环节改革取得积极进展。简政放权、放管结合、优化服务“三管齐下”，非行政许可审批全部取消；“营改增”积极推进，利率、汇率市场化迈出重要步伐；价格改革加快推进，具备竞争条件的定价项目全部放开；国有企业、电力、生态文明等其他重点领域改革稳步实施。

开放型经济新体制加快形成。在国际市场低迷的情况下，我国出口市场份额稳中有升。服务业和制造业开放进一步扩大，自贸试验区由上海扩大至广东、天津、福建，服务业扩大开放综合试点在北京开展，前三季度利用外资 949 亿美元。境外投资便利化水平显著提升，98% 以上的境外投资项目实现网上备案管理，企业境外发债管理由审批制改为备案登记制。国际产能和装备制造合作步伐加快，铁路、核电等重大项目“走出去”取得积极进展，前三季度境外直接投资 873 亿美元。

（四）民生得到较好保障

就业形势总体稳定。前三季度城镇新增就业 1066 万人，已提前完成年初预期目标；第三季度末城镇登记失业率为4.05%，保持在较低水平。居民收入持续增加。前三季度，全国居民人均可支配收入实际增长7.7%，继续快于经济增速，其中农村居民收入增长8.1%，快于城镇居民1.3个百分点。社会保障安全网进一步扎牢。各项社会保险参保人数继续增加，精准扶贫加快实施，教育卫生、文化体育等社会事业加快发展。

财政金融运行总体稳定，前三季度财政收支同口径分别增长5.4%和15.1%，广义货币供应量M2余额增长13.1%。

综合分析近期经济运行变化及政策作用等因素，第四季度经济有望保持平稳运行，全年国内生产总值增长7%左右。消费将平稳增长，全年社会消费品零售总额增长10.5%左右；投资增长有望缓中趋稳，全年固定资产投资增长10%左右；居民消费价格温和上涨。

二　2016年国民经济展望及政策建议

展望2016年，国内外发展环境仍将错综复杂，世界经济增长仍将乏力，贸易保护主义抬头，大国宏观政策调整，地缘政治关系复杂多变，外部环境不稳定因素增多。我国经济进入新常态，速度变化、结构优化、动力转化的特征更趋明显，实现产能过剩化解、产业结构优化升级、创新驱动发展都需要一定的时间和空间，部分领域困难和风险可能进一步显现，2016年经济下行压力仍将明显。

但也要看到，我国经济发展仍具备不少有利条件和积极因素。一是党的十八届五中全会通过的“十三五”规划建议绘就了下一个五年发展的新蓝图，必将凝聚起全国上下加快全面建成小康社会的激情、智慧和力量。二是我国物质基础雄厚、人力资本丰富、市场空间广阔，经济发展具有巨大潜力、韧性和回旋余地。三是我国新型工业化、信息化、城镇化、农业现代化同步推进，区域发展“三大战略”

扎实布局，一批新的增长点、增长极、增长带正加快形成。四是改革开放持续深化，一大批具有标志性、关键性、引领性的改革举措相继推出，对外开放新体制加快构建，国际产能和装备制造合作扎实推进，我国在全球范围内的资源配置效率将不断提高。五是创新发展理念深入人心，大众创业、万众创新正不断激发微观主体活力，形成经济增长的强大动力。这些都表明我国经济长期向好的基本面没有改变，2016 年经济平稳增长具有良好支撑。

（一）从需求看，消费将保持平稳增长，投资增长可能缓中趋稳，外贸进出口将低速增长

消费方面。近年来我国就业形势总体稳定，居民收入持续增加，基本公共服务体系不断完善，随着人民群众消费需求升级，文化、旅游、健康、养老等新的消费热点不断涌现，电子商务、网络消费等新兴业态快速发展，居民消费潜力将不断释放。同时，房地产市场持续回暖，有望带动家具、家电、家装消费。近期，国家陆续出台实施车辆购置税减免、鼓励新能源汽车消费的政策，有望促进汽车消费。

投资方面。2015 年一、二线城市房地产市场回暖明显，但由于库存仍然较高，房地产投资持续下滑，土地购置面积和房屋新开工面积持续下降，预计 2016 年房地产投资仍有下行压力。在产能过剩、工业品价格下降的情况下，工业企业投资意愿可能受到影响，2016 年制造业投资总体不振的状况还将持续。2015 年发行专项建设债券、加大地方债务置换力度、加强政银企社对接等各项政策的作用在 2016 年可能有所体现，2016 年基础设施投资仍可能保持较快增长，有望部分抵消制造业和房地产开发投资的下行压力。

外贸方面。目前主要国际机构均预测 2016 年全球经济增速可能略高于 2015 年，将有利于我国外部需求好转，2015 年基数较低也有利于 2016 年外贸增速企稳。但我国劳动力成本上升、人民币实际有

效汇率居高不下等对出口增长形成制约。整体看，外贸疲弱状况可能仍将持续，预计2016年出口和进口均可能由同比下降转为小幅增长。

（二）从供给看，农业生产总体稳定，工业增长处于低位，服务业保持良好发展势头

农业方面。目前粮棉糖等主要农产品国内外差价仍然较大，国内库存充裕，价格仍可能继续下行，可能将影响农民增收，但国家进一步改革完善对农业的支持保护体系，推动土地规模化经营，支持农村新型经营主体发展，不断改善农业生产条件，鼓励发展现代农业，探索实行耕地轮作休耕制度试点，将有利于进一步调动农民生产积极性，促进农民增收，提高农业生产效率，保持农业生产稳定发展。

工业方面。传统行业产能过剩问题仍然十分突出，并逐步由上游钢铁、水泥等行业向中游机械制造等行业传导，而推进兼并重组、淘汰落后面临不少困难，预计这些行业仍存在较大下行压力。但与此同时，国内消费需求平稳增长，将支撑纺织、家具、食品、文教体育用品等消费行业总体保持较快增长；在大众创业、万众创新及“互联网+”等蓬勃发展带动下，新兴产业迅猛发展，工业新增长点正加速形成，这些都有利于对冲能源原材料等产能过剩传统行业的下行压力。

服务业方面。与工业生产密切相关的交通运输、仓储物流等生产性服务业可能面临下行压力，股市成交量增长放缓也将影响金融业增长。但随着城镇化的推进和居民消费需求的升级，与居民消费密切相关的生活性服务业将保持较快增长，住房销售回暖将有利于房地产业增长，住宿餐饮、养老健康、文化旅游等需求较旺将带动供给较快增长。

基于以上分析，2016年要坚持宏观政策要稳、微观政策要活、

社会政策要托底的总体思路，继续创新和完善宏观调控，加强财政和货币政策与投资、产业、价格等政策间的协调配合，着力解决经济发展中的突出问题和明显短板，形成政策合力，稳定社会预期和信心，为“十三五”时期开好局营造良好的政策环境。一是更好地发挥财政货币政策的逆周期调节作用。优化财政金融资源配置，发挥好财税政策对结构调整的积极作用，加大对重点领域和薄弱环节的支持力度，继续实行实质性减税和普遍性降费，减轻流通环节税费负担，促进商品价值实现；着力拓宽融资渠道、改善融资环境，保持流动性合理充裕，切实减轻企业负担，改善实体经济发展环境。二是进一步发挥投资对结构调整的关键作用，积极扩大有效投资，围绕补短板、调结构、增后劲、惠民生，实施好轨道交通、新兴产业、粮食水利等重大投资工程，加大公共产品和服务供给，充分调动民间投资的积极性，积极推动政府与社会资本合作（PPP）。三是充分发挥消费的基础性作用，继续增加居民收入，着力改善消费环境，围绕消费结构升级，推进旅游休闲消费升级工程、教育文化体育消费提升工程等消费工程，大力促进与群众需求密切相关的日用消费品等发展，积极促进境外消费回流。四是推进区域协同发展，深入实施区域发展总体战略和新型城镇化规划，加快推进“一带一路”、京津冀协同发展、长江经济带三大战略实施，加快培育新的区域增长极、增长带。五是鼓励创新和结构优化升级，深入实施创新驱动发展战略，重点支持“中国制造2025”关键领域、企业技术改造等，利用“互联网+”，积极发展现代服务业，大力支持大众创业、万众创新，加快培育经济新增长点。加快“僵尸企业”重组整合或退出市场，加大支持国企解决历史包袱，大力挖潜增效。六是加快改革措施落地见效，加大简政放权、放管结合、优化服务的力度，深化财税金融、投融资、价格、国有企业等重点领域改革，激发经济内生活力。七是积极扩大对外开放，加快构建对外开放合作竞争新优势，推动外贸优进优出，积极有效引进境外资金和先进技术，推进国际产能和装备制造合作，带动装备、技术、服务、标准“走出去”。八是努力保障和改善民生，扎实做好稳岗就业工作，健全社会保障制度体系，促进教育、医疗等基本公共服务改革发展，大力实施精准扶贫、精准脱贫，持续改善人民生活。

B.6
当前工业经济形势分析

原磊　金碚*

摘　要： 2015 年前三季度，工业经济增长面临着较大的下行压力，增速下滑到改革开放以来的较低水平。但工业结构调整取得了积极进展，工业经济增长质量有所提升。潜在产出增长率下降是工业经济增速下滑的根本原因。未来一段时间里我国潜在产出增长率的变化轨迹，既取决于经济自身的发展和调整，也取决于国家推进经济结构调整和体制机制改革的速度、广度、深度。2015 年和 2016 年全部工业企业增加值增速的预测值分别为 5.8% 和 5.5% 左右；规模以上工业企业增加值增速的预测值分别为 6% 和 5.7% 左右。在当前背景下，国家应降低工业经济增速预期；尽量避免出台大规模经济刺激政策；加快以体制机制改革促进工业经济结构调整；充分发挥市场机制作用，促进工业企业创新。

关键词： 工业经济　潜在产出增长率　工业经济增速

改革开放以来中国工业经历了一轮又一轮快速增长，形成了一个门类齐全、层次多样、具有国际竞争力的现代工业体系。目前中国经

* 原磊、金碚，中国社会科学院工业经济研究所。

济总量仅次于美国跃居世界第二位，工业经济总量超过美国跃居世界第一位。然而，随着中国工业进入新的发展阶段，面临的内外部条件发生了根本性变化，工业经济面临着较大的下行压力。工业经济增速的下滑，原因不仅在于外部需求萎缩等短期因素，更在于要素禀赋条件变化、工业化阶段变化、潜在产出增长率下降等长期因素。强化供给管理塑造新动力，消减劳动力结构性错配、推动技术创新、加快制度创新，既是打造中国工业经济升级版的关键所在，也是实现工业经济持续健康发展的根本途径。

一　2015年前三季度工业经济形势

2015 年前三季度，工业经济增长面临着较大的下行压力，增速下滑到改革开放以来的较低水平。然而，工业结构调整取得了积极进展，高技术产业增速明显快于传统产业，六大高耗能产业投资增速大幅放缓。东、中、西部增速差距缩小，东北地区面临较大困难。企业赢利能力依然较差。

1. 工业增长面临较大的下行压力

工业一直是我国经济增长的主导拉动力量。回顾新中国成立以来所经历的十二个“五年计划”，工业经济始终维持了较高的增长速度，为我国经济建设做出了巨大贡献。然而比较来看，“十二五”工业经济增速相比于“十一五”已经下了一个台阶，仅仅略微高于“二五”，是改革开放以来的最低水平（见图 1）。需要指出的是，虽然这一增速较低，但却是在工业经济总量非常巨大的基础上取得的中高增速，来之不易。

当前工业经济增长仍处于下行区间。从月度数据来看，2015 年以来工业经济增速持续维持较低水平，目前仍处于继续下行中。如果从分季度的平均值来看，第一季度和第二季度的工业增加值月度平均增

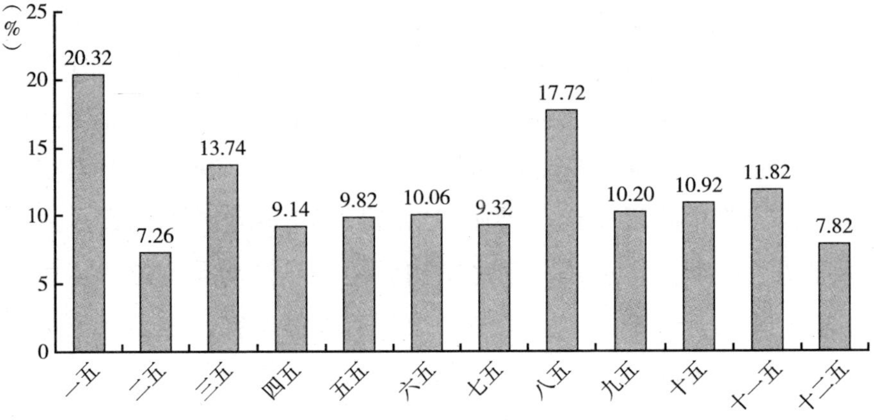

图 1　历次五年计划工业增加值平均增速

注：计算“十二五”工业增加值平均增速时，使用 2015 年前三季度全部工业企业增加值增速代替全年工业经济增速。

资料来源：国家统计局。

速均为 6.27%，第三季度下降到 5.93%，10 月进一步下降到 5.6%（见图 2），这反映当前工业经济仍比较困难，且处于继续下行周期。

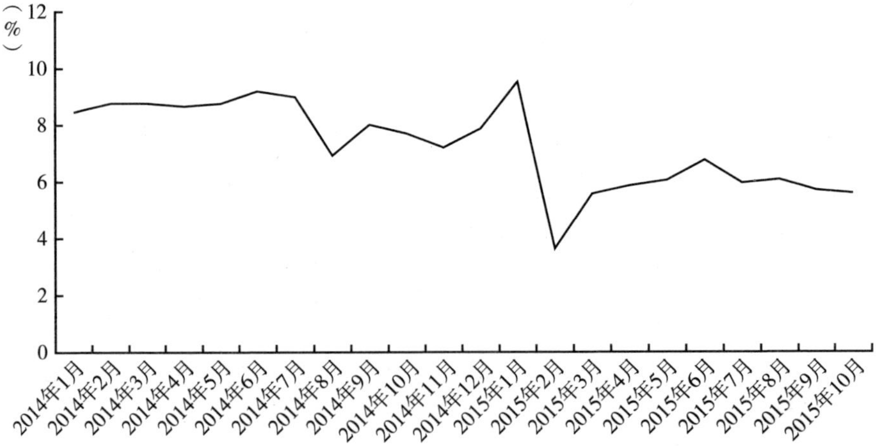

图 2　规模以上工业企业增加值当月同比增速

资料来源：国家统计局。

2. 产业结构出现积极变化

当前工业增速较上年同期出现了明显的下滑，但如果分部门来看，制造业明显好于采矿业以及电力、燃气及水的生产和供应业（见图3）。2015年1～10月，制造业增加值月度平均增速为6.8%，远远高于采矿业的2.25%和电力、燃气及水的生产和供应业的0.91%。制造业所创造的经济复杂性是经济活力和经济增长的最重要来源，制造业维持了较高增速，说明我国工业经济仍具有较强的内生增长动力。尤其需要指出的是，2015年9月和10月工业经济增速的下行，在一定程度上是采矿业以及电力、燃气及水的生产和供应业加快下行造成的结果，这期间制造业维持了较为平稳的增长。

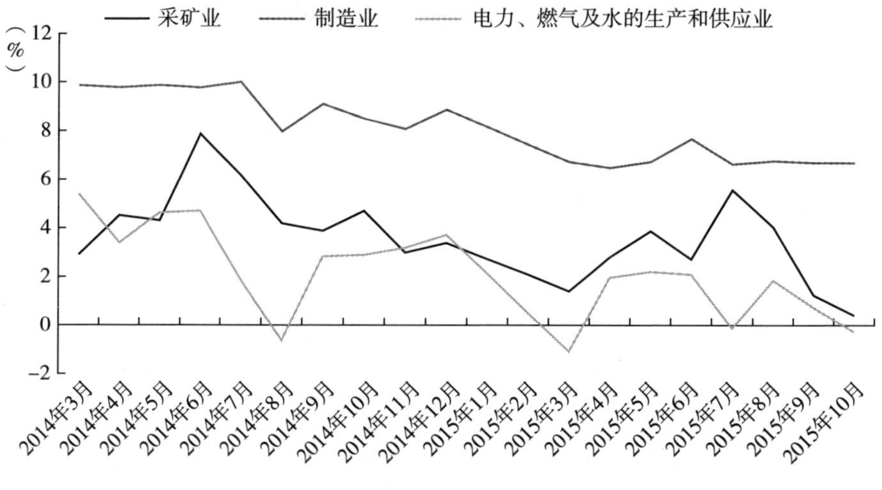

图3　工业不同部门增加值当月同比增速

资料来源：国家统计局。

产业结构趋于高级化。2015年前三季度增加值累计增速最快的十个行业分别为废弃资源综合利用业，燃气生产和供应业，化学纤维制造业，有色金属冶炼及压延加工业，计算机、通信和其他电子设备制造业，医药制造业，化学原料及化学制品制造业，橡胶和塑料制品业，铁路、船舶、航空航天和其他运输设备制造业，金属制品、机械和设备修理业（见表1）。这些行业的快速增长在一定程度上反映了我国工业结构的优化。例如，废弃资源综合利用业维持了高速增长，反映了我国对生产过程中产生的各种废弃物和污染物综合回收利用能力的增强，以及环保产业的快速增长。燃气生产和供应业增长较快，反映了我国能源结构朝着更为清洁的方向转变，且城市燃气设施更加趋于完善；计算机、通信和其他电子设备制造业，铁路、船舶、航空航天和其他运输设备制造业，以及医药制造业的较快增长，反映我国部分高加工度产业维持了较快增长。

表1　2015 年前三季度增加值累计增速最快的十个行业

单位：%

行业	增速
废弃资源综合利用业	20.80
燃气生产和供应业	11.30
化学纤维制造业	11.10
有色金属冶炼及压延加工业	11.10
计算机、通信和其他电子设备制造业	10.70
医药制造业	10.20
化学原料及化学制品制造业	9.60
橡胶和塑料制品业	8.80
铁路、船舶、航空航天和其他运输设备制造业	8.40
金属制品、机械和设备修理业	8.30

资料来源：国家统计局。

2015 年前三季度增加值累计增速最慢的十个行业分别为开采辅助活动，烟草制品业，电力、热力的生产和供应业，其他采矿业，煤炭开采和洗选业，通用设备制造业，专用设备制造业，有色金属矿采选业，石油和天然气开采业，纺织服装、服饰业（见表2）。这些产业主要包括两种类型。一种是采矿业及相关产业，由于我国工业化阶段的变化，以及全球经济的不景气，采矿业面临着巨大的压力。无论是价格，还是产量均出现大幅萎缩。采矿业的萎缩，又进一步带来了专用设备制造业、通用设备制造业等上游产业的下滑。二是部分出口型产业，受我国制造业成本上升，以及全球市场萎缩等因素影响，我国纺织服装、服饰业等劳动密集型产业的出口面临着较大压力。

表2　2015年前三季度增加值累计增速最慢的十个行业

单位：%

行业	增速	行业	增速
开采辅助活动	-11.20	通用设备制造业	3.40
烟草制品业	0.90	专用设备制造业	3.40
电力、热力的生产和供应业	0.90	有色金属矿采选业	4.10
其他采矿业	1.40	石油和天然气开采业	4.70
煤炭开采和洗选业	1.90	纺织服装、服饰业	4.70

资料来源：国家统计局。

工业朝着更加清洁的方向转变。国际金融危机以前，我国规模以上制造业企业投资增速基本维持在30%~40%，而国际金融危机之后进入持续下滑轨道。2011年、2012年、2013年和2014年规模以上制造业企业投资增速分别为31.80%、22.03%、18.46%和13.50%，2015年前三季度进一步下滑到8.30%。制造业投资增速下滑的同时，高耗能产业投资增速下滑的速度更快。2015年前三季度，六大高耗能产业（石油加工、炼焦及核燃料加工业，化学原料及化学制品制造业，非金属矿物制品业，黑色金属冶炼及压延加工业，有色金属冶炼及压延加工业，电力、热力的生产和供应业）中，除电力、热力的生产和供应业以外，其他产业投资增速均低于整体制造业投资增速（见图4）。高耗能产业投资增速的下滑意味着工业增长中面临的资源环境压力大大降低，节能减排压力有所缓解。

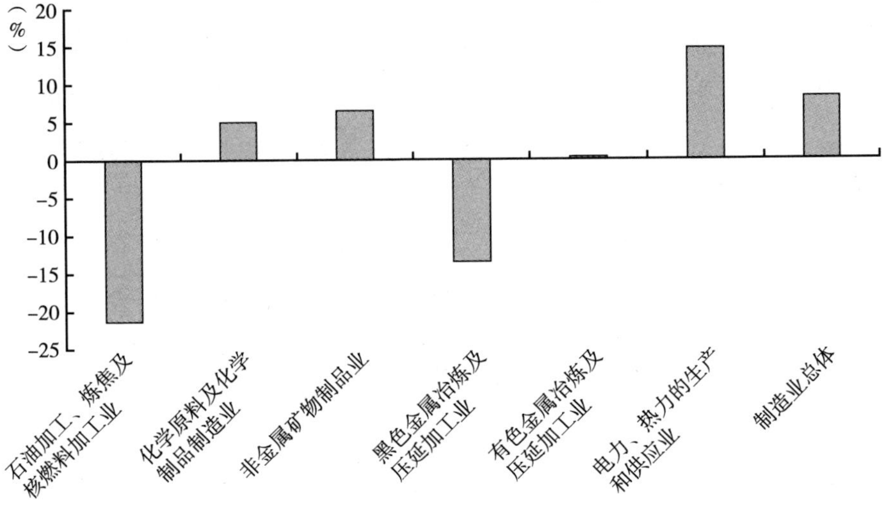

图4　2015年前三季度六大高耗能产业投资增速

资料来源：国家统计局。

3. 东、中、西部地区增速差异缩小，东北地区大幅下滑

2015年前三季度，中西部地区增速仍明显快于东部，但差距明显缩小（见图5）。东部地区工业经济增速较低，主要是因为全球市场萎缩和我国比较优势变化导致工业品出口大幅锐减。中西部地区加快转型升级步伐，微型计算机、集成电路等高技术产品出现较快增长，对于地区工业结构的平衡发展具有重要积极作用。然而，由于产业结构相对单一，工业经济承受外部冲击的能力较弱，因此在全球经济不景气的背景下，中西部地区尤其是西部地区经济出现了大幅下滑。相比于2014年同期，2015年西部地区工业经济增速下滑了2～3个百分点。

从不同省份来看，2015年前三季度工业经济增长最快的三个省

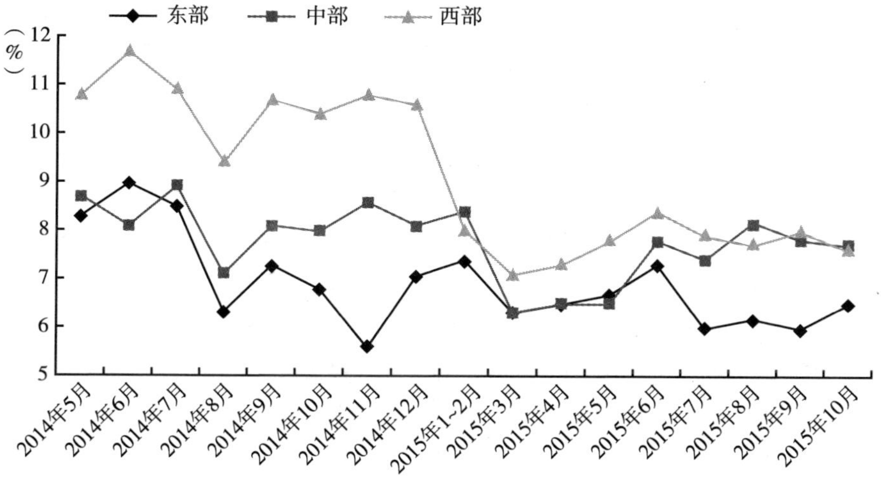

图5　东、中、西部地区工业经济增长情况

资料来源：国家统计局。

（自治区、直辖市）分别为西藏、重庆和贵州（见表3），这三个省份的共同特点是工业经济总量较低，工业化尚处于前期和中期，因此增长空间较大。2015年前三季度，工业经济增速最慢的地区，除了北京、上海等已经进入工业化后期的城市以外，主要是辽宁、山西、黑龙江。这些地区的共同问题在于产业结构单一，资源产品和初级产品行业在工业中占比较高，且国有工业占比高。

表3　2015年前三季度不同省份规模以上工业增加值累计增速

单位：%

省　份	增速	省　份	增速
西　藏	14.7	山　东	7.4
重　庆	10.9	广　东	7.3
贵　州	10	甘　肃	7.2
江　西	9.4	陕　西	6.6
天　津	9.4	云　南	5.9

续表

省份	增速	省份	增速
福建	9	新疆	5.2
安徽	8.7	吉林	5.1
内蒙古	8.6	浙江	4.2
河南	8.5	河北	4.1
江苏	8.3	海南	3.9
湖北	8.3	北京	0.2
广西	8.3	黑龙江	0.2
四川	8	上海	-1.3
湖南	7.8	山西	-3.3
宁夏	7.5	辽宁	-5.4
青海	7.4		

资料来源：国家统计局。

4. 工业企业面临着较大的经营压力

2015年前三季度，工业企业利润总额总体上处于负增长态势，尤其是下半年以来负增长的幅度有扩大的趋势，这说明当前企业面临着巨大的经营压力。分企业类型来看，大部分企业利润增速仍继续回落，其中国企利润持续负增长。分行业来看，大部分行业利润仍为正增长，但增速普遍下滑。需要指出的是，在工业企业利润总额持续负增长的同时，工业企业的主营业务收入仍维持正增长（2015年前三季度累计增长1.2%），而工业企业主营业务利润率基本稳定，这意味着工业企业主营业务利润仍能维持较为稳定的小幅度增长。工业企业利润水平下降的原因，主要包括三个方面：一是终端需求疲弱叠加产能过剩拖累，工业企业产销活动整体疲软；二是价格下跌挤压企业赢利空间，尽管近期原油等大宗商品价格的大幅下跌降低了部分企业的成本，但仍难以抵消PPI跌幅扩大带来的负面影响；三是企业资本市场的投资收益不稳定，造成了部分月份的利润总额大幅下降。

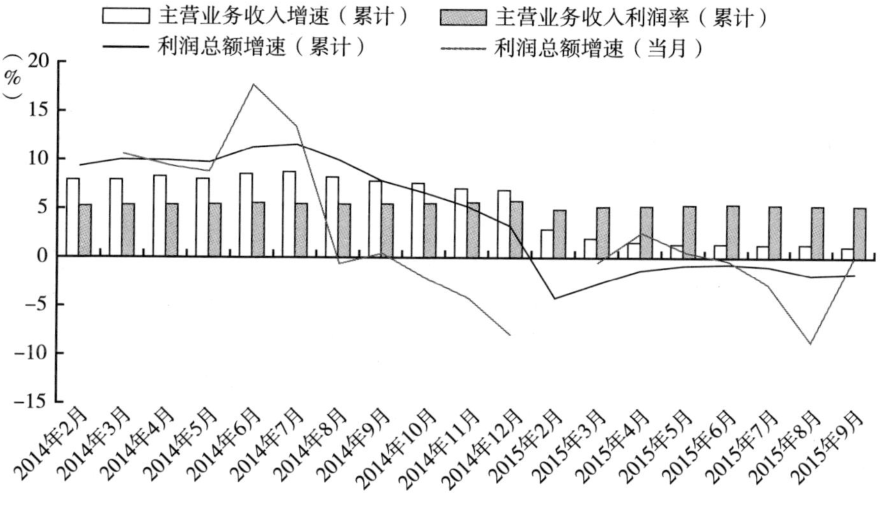

图6　工业企业经济效益

资料来源：国家统计局。

二　当前我国潜在产出增长率分析

潜在产出增长率是指经济中所有资源得到充分利用时国内生产总值可以达到的增长速度，因此潜在产出增长率是指潜在的总供给增长率，是以生产要素的潜能得到充分发挥为前提的。产出缺口是指实际产出与潜在产出的偏离程度，反映了现有资源的充分利用程度。如果产出缺口为正，则说明实际经济增速在超过潜在产出增长率的水平上运行，表现为经济过热、物价持续快速上升、产能利用率很高、失业率降低、能源和原材料供不应求；相反，如果产出缺口为负，则说明实际经济增速在低于潜在产出增长率的水平上运行，表现为经济过冷、物价低增长甚至负增长、产能过剩严重、失业率上升、能源和原材料供大于求。

1. 我国潜在产出增长率的测算

潜在产出增长率的测算有生产函数法、趋势消除法、奥肯定律法、资本产出关系法等很多不同的方法，这些方法分别被不同的研究者所采用，各自具有不同的优势和不足。本文将采取国际常用的生产函数法，分三步对我国潜在产出增长率进行测算和比较。第一步建立科布—道格拉斯生产函数，利用实际产出和实际要素投入的数据来对生产函数中的参数来进行估计；第二步估算各个要素的潜在利用水平，并将结果代入生产函数中得到潜在产出水平；第三步进一步计算获得潜在产出增长率和产出缺口。从计算结果来看，我国 GDP 增速始终围绕潜在产出增长率上下波动（见图 7）。当经济形势高涨时，GDP 增速往往会高于潜在产出增长率，产出缺口为正，例如 1983 ~ 1985 年、1992 ~ 1994 年以及 2005 ~ 2007 年。当经济形势回落时，GDP 增速往往低于潜在产出增长率，产出缺口为负，例如 1979 ~ 1982 年、1986 年、1989 ~ 1990 年、1998 ~ 1999 年，以及 2008 年至今。

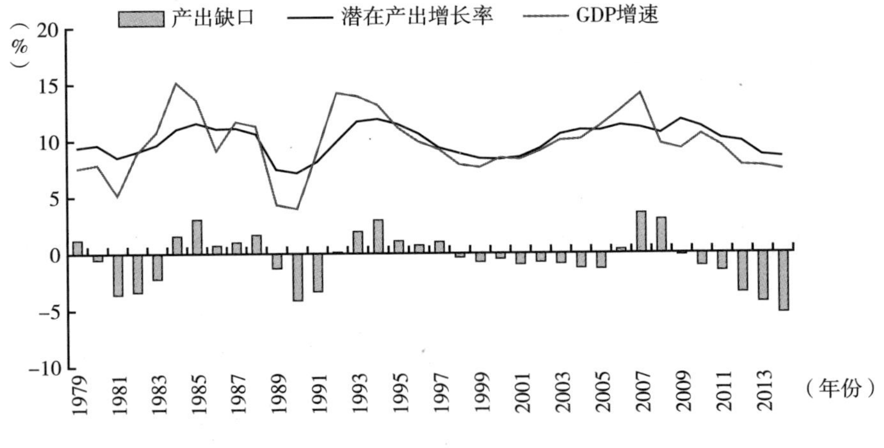

图 7　潜在产出增长率和实际 GDP 增速比较

资料来源：根据国家统计局数据估算。

当前我国 GDP 增速在低于潜在产出增长率的区间运行，且产出缺口有扩大的趋势。分析原因，主要是三个方面的因素导致了经济系统无法达到潜在产出规模。一是全球经济不景气和我国比较优势变化导致出口增长大幅放缓；二是我国逐步由工业化中期步入工业化后期，导致对煤炭、钢铁、有色、化工原料等原材料产品需求大幅减少；三是我国经济结构失衡，产能严重过剩，导致供给与需求之间严重错配，且供给结构的调整速度跟不上需求结构的变化。对于 GDP 增速低于潜在产出增长率，可从两方面理解。一方面 GDP 增速低于潜在产出增长率是经济结构调整的必要条件。只有产出缺口为负，企业需求侧面临着较大的压力，结构调整的市场机制才能够发挥作用，从而促进经济结构的优化；另一方面 GDP 增速低于工业潜在产出增长率意味着国家可以有限度地使用反周期刺激政策，使 GDP 增速更加接近于潜在产出增长率，从而有利于维护国民经济的平稳运行。

2. 影响我国潜在产出增长率的主要因素

一个国家的潜在产出增长率不是固定不变的，而是随着经济规模、投资增长、劳动就业、体制机制、技术水平、基础设施等因素的变化而发生改变。

第一，经济规模。一般来讲，一个国家在经济规模较小或规模中等时，因为基数较低，单位潜在产出增长往往能够带来较高的潜在产出增长率；相反，当经济达到较大规模之后，因为基数较高，单位潜在产出增长能够带来的潜在产出增长率也将大大降低。改革开放以来，我国 GDP 规模增长了 27 倍，在这种情况下，潜在产出增长率将随着基数扩大而逐步降低。预计未来我国经济规模将继续增长，如果每年维持 6% 的增速，那么 2025 年的实际经济规模将接近 2014 年的 2 倍。

第二，投资增长。一个国家的投资增速直接决定了资本形成的快慢，因此也成为决定潜在产出增长率的重要因素。改革开放以来，我国固定资产投资维持了较高增速，资本积累取得了巨大成就。据测算，1978～2014年我国资本存量增长了近40倍，资本形成对经济增长的贡献率为45%左右。预计未来我国固定资产投资仍保持较快增长，但增速将逐步降低，若无大规模经济刺激计划，“十三五”时期固定资产投资实际增速将下滑到10%左右。

第三，劳动就业。劳动就业人口数量直接影响了劳动投入规模的大小，因此能够影响潜在产出增长率。改革开放以来，我国就业人口快速增长，大量劳动力从农村转移到城市。据测算，1978～2014年我国就业人口增长了近一倍，劳动投入对经济增长的贡献率接近10%。预计未来我国劳动就业人口增速将大幅放缓，甚至出现负增长。

第四，体制机制。体制机制直接影响了资源配置方式，从而影响产出效率，进而影响潜在产出增长率。改革开放以来，我国经济高速发展在很大程度上来源于体制机制改革释放出来的“制度红利”。据测算，1997～2007年我国体制机制改革对经济增长的贡献率为13%左右。目前，我国体制机制仍存在很多不完善的地方，若能加快改革步伐，则可能为经济增长释放出更大的发展动力。

第五，技术进步。技术进步是经济增长的内生动力，也是美国等西方发达国家经济增长的根本动力。改革开放以来，技术进步对我国经济增长产生了巨大的推动作用，甚至在某些年份的贡献率超过了资本形成。据测算，1997～2007年技术进步对我国经济增长的贡献率达到15%左右。目前，我国工业正从资本密集型向技术密集型升级，技术进步对经济增长的贡献率将大大提升。

第六，基础设施。基础设施是一个国家经济发展的物质条件，能够直接带来潜在产出增长率的提升。据测算，2008年中国基础设施存量达到了192378亿元（2008年价格），是价格调整后1979年基础设施存量的34倍、1953年基础设施存量的200多倍。未来随着我国新型城镇化步伐的加快，我国县域及中西部地区基础设施将继续大幅改善。

3. 我国潜在产出增长率的变化趋势

对于我国潜在产出增长率的变化趋势，已经有很多学者做出了预测。例如，2012 年世界银行与国务院发展研究中心联合推出《2030 年的中国：建设现代、和谐、有创造力的高收入社会》，预计中国的经济增长速度在 2011～2030 年这 20 年中，每五年会下一个台阶，即 8.6%、7.0%、5.9% 和 5.0%。刘树成（2013）把潜在经济增长率作为一个区间来把握，认为“十三五”期间内可能在 8%～9%。张平（2010）基于中国的总量生产函数、自然（能源和环境）约束，在不考虑外部冲击的条件下对中国2030 年之前的发展前景做一个估测：2010～2015 年，潜在增长率降至 9.5%；2016～2020 年，潜在增长率降至 7.3%；2021～2030 年，潜在增长率降至 5.8%。

虽然我国潜在产出增长率下滑已成为学者们广泛认可的观点，但未来一段时间里潜在产出增长率究竟降到何种程度，既取决于经济自身的发展和调整，也取决于国家推进经济结构调整和体制机制改革的速度、广度、深度。为此，将设定三种不同情境，分别模拟不同政策取向下我国潜在产出增长率的变化。情景 A：国家将“保增长”作为政策首要目标，不推进结构调整和体制改革，每当经济增速出现下滑趋势时，便出台大规模经济刺激政策，利用投资规模增长带动经济增长。情景 B：国家采取“折中”政策，将“保增长”和“调结构”放到同等重要位置，既不出台大规模经济刺激政策，也不采取有力措施推进经济结构调整和体制机制改革。情景 C：国家将“调结构”作为政策首要目标，加快推进结构调整和体制机制改革，彻底转变经济增长模式，加快淘汰过剩产能，即使经济增速出现一定的下滑趋势，也不会出台大规模的经济刺激政策。利用生产函数对未来 10 年潜在产出增长率进行估算，发现三种不同情境下将产生明显差异（见图8）。

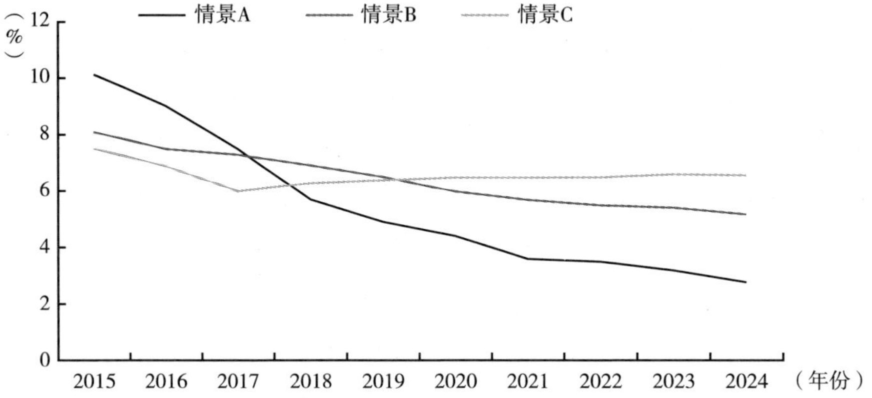

图8　三种不同情境下我国潜在产出增长率的变化趋势

资料来源：根据国家统计局数据估算。

从情景A来看，虽然在国家经济刺激政策的作用下，固定资产投资增速的迅速提升带来资本存量的增长，从而导致潜在产出增长率的快速提升，但由于资源环境约束，以及体制改革和技术进步步伐放缓导致全要素生产率降低，潜在产出增长率快速进入下滑轨道。经济增长将以牺牲资源环境，以及社会资源极大浪费为代价，甚至陷入“有增长无发展”的境地。预计“十三五”前期，潜在产出增长率能够达到10%，但到了“十三五”后期迅速下降到5%左右，而到了“十四五”继续下降到3%左右。

从情景B来看，潜在产出增长率将会延续目前趋势，随着固定资产投资和劳动就业增速放缓而逐步降低，进入一个逐步下行的轨道。预计“十三五”潜在产出增长率将下降到7.5%左右，“十四五”将继续下降到5.5%左右。

从情景C来看，在国家加快推进经济结构调整和体制机制改革的政策作用下，大量过剩产能被淘汰，资本存量迅速降低，潜在产出增长率快速下降，但体制机制改革、技术进步、更加完善的基础设施将带来全要素生产率的加快增长，从而带动潜在产出增长率的逐步提升。经济增长的内生动力机制将逐步激发，逐步迈上健康发展的道路。预计“十三五”潜在产出增长率将快速下降到6%左右，随后逐步回升并稳定在6.5%左右。

三　工业经济增速预测分析

2015年工业经济增速面临着较大的下行压力，预计进入2016年以后这种压力仍将持续。对2016年工业经济增速的预测，应在对长期因素和短期因素进行综合考虑的基础上，做出科学的分析。

1. 工业经济增速与GDP增速的比较分析

在很长一段时期里，工业经济增速一直明显快于GDP增速，而规模以上工业企业增加值增速又明显快于全部工业企业增加值增速。1998~2014年，规模以上工业企业增加值平均增速、全部工业企业增加值平均增速和GDP平均增速分别为12.84%、10.24%和9.48%。然而，近年来这一情况发生了改变。一是全部工业企业增加值增速不再明显快于GDP增速，甚至低于GDP增速。例如，2014年全部工业企业增加值增速为6.9%，低于GDP增速7.3%；2015年第一、二、三季度全部工业企业增加值增速分别为6.1%、6.0%和5.8%，明显低于GDP增速7.0%、7.0%和6.9%。二是规模以上工业企业增加值增速仍高于全部工业企业增加值增速，但差距缩小。2014年规模以上工业企业增加值增速为8.3%，仅比全部工业企业增加值增速高0.4个百分点；2015年第一季度规模以上工业企业增加值增速为6.4%，仅比全部工业企业增加值增速高0.3个百分点。

规模以上工业企业增加值增速、全部工业企业增加值增速和

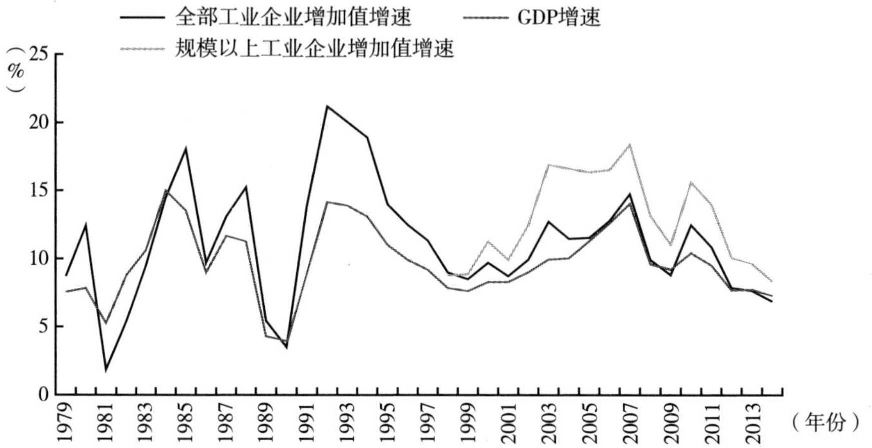

图 9　全部工业企业增加值增速与 GDP 增速的比较

资料来源：国家统计局。

GDP 增速三者的数量关系发生转变的根本原因主要有两个。一是中国工业化阶段的变化。随着中国工业化进程的推进，工业对国民经济拉动作用的表现形式发生了变化，从而导致工业经济增速与 GDP 增速对比关系的转变。首先，工业规模继续大幅扩张的空间面临制约。一个国家在工业化的前期和中期，通常是工业规模迅速扩张的阶段，而到了工业化中后期，工业规模的扩张速度会大大放缓。其次，工业对国民经济的作用由增长拉动转向结构升级和效益提高，技术进步取代要素投入成为经济增长的核心动力。工业作为技术进步的基础载体，将不断改造第一产业和第三产业，从而带动整个国民经济的生产组织方式和资源利用方式的改进。最后，工业对服务业的带动作用大大增强。随着中国先进制造业的发展，工业企业会越来越多将服务业务外包，逐步形成对生产性服务业发展的巨大需求，从而带动服务业比重和质量提升。二是“大众创业、万众创新”战略和工业生产组织方式的转变将带来工业经济增长模式的转变，从而导致中小企业取代大中企业，成为经济快速增长的重要拉动力量。“大众创业、万众创新”是我国在新时期提出的重要发展战略，而这一战略的成败与否关键在于能否充分调动中小企业的积极性，提高经济活力，从而在推动经济结构调整、打造发展新引擎、增强发展新动力、走创新驱动发展道路中发挥重要作用。同时，全球范围的新一轮工业革命正在引发制造业生产组织模式的巨大变革，以德国的工业 4.0、美国的制造业互联网、中国的“制造业 2025”为代表的新的工业发展战略将深刻地改变全球工业，将催生一大批生产技术和生产组织方式处于先进水平的创新性中小企业。总之，中小企业的发展在工业经济增长中将发挥越来越重要的作用，从而带动规模以上工业企业增加值增速和全部工业企业增加值增速数量关系的变化。

2. 2015年和2016年工业经济增速预测

当前我国工业经济正处于从“旧常态”向“新常态”的过渡时期，因此不能简单以过去的增长情况来推算未来增速，而是应当综合考虑国家的政策目标、工业经济系统的内在平衡、国内外发展条件变化等各种因素，合理预测工业经济增长速度。2016 年工业经济增速的预测应建立在我国潜在产出增长率变化的基础上，正确把握规模以上工业企业增加值增速、全部工业企业增加值增速和 GDP 增速三者的数量关系，结合工业部门面临的内外部发展条件做出科学判断。从潜在产出增长率来看，国家加大了产业结构调整和体制机制改革的力度，尤其是在创新驱动和落后产能淘汰上做出了一系列重要战略部署，但很多政策发挥作用需要一定的时间，因此可以用情景 B 和情景 C 来模拟潜在产出增长率的变化，可大致认为 2015 年和 2016 年潜在产出增长率分别为 7.2% 和 7.0% 左右。从工业部门来看，2015 年前三季度全部工业企业增加值增速明显低于 GDP 增速 1 个百分点左右，而 2016 年这种差距可能会进一步扩大到 1.5 个百分点，因此认为 2015 年和 2016 年全部工业企业增加值增速的预期值分别为 5.8% 和 5.5% 。规模以上工业企业仅仅略高于全部工业企业增加值增速，因此2015年和2016年预期值分别为6%和5.7%左右（见表4）。

表4　2015年和2016年工业经济增速预测

单位：%

年份	全部工业企业增加值增速	规模以上工业企业增加值增速
2015	5.8	6
2016	5.5	5.7

资料来源：作者测算。

四　政策建议

当前是我国从“十二五”步入“十三五”的转换时期，也是我国逐步进入新的发展阶段的关键时期。在我国比较优势发生变化、经济增长面临下行压力的背景下，增长动力机制面临巨大的转换压力，应通过强化供给管理塑造新动力，消减劳动力结构性错配、推动技术创新、加快制度创新，使全要素生产率的提升成为工业经济增长的主导力量。

1. 降低工业经济增速预期

我国经济的高速增长已经持续了30多年，这在世界大国当中是绝无仅有的。从世界上其他国家发展历程来看，一个国家在经过了3个十年的高速发展以后，通常第4个十年经济增速都会明显下一个台阶。目前，我国正处于第4个十年，正处于这种阶段转换的过渡期。当前，工业经济增速的放缓，既是全球经济不景气带来的需求萎缩的结果，更是潜在产出增长率逐步降低的结果，因此可合理调低工业经济增速预期，为体制机制改革和经济结构调整留下较大的政策空间。

2. 尽量避免出台大规模经济刺激政策

我国工业经济正处于转型升级的关键时期，现阶段的战略选择将直接决定未来经济的发展前景。当前我国宏观经济仍面临一定的下行压力，但是并不存在很大的“失速风险”，也未造成大规模的失业。同时，一定程度的经济下行压力有利于发挥市场机制的作用，促进企业转型升级。在这种情况下，国家应尽量避免出台大规模的经济刺激政策，而是将政策重点放到加快经济结构调整、推动工业经济增长动力机制转换上。

3. 加快以体制机制改革促进工业经济结构调整

市场机制不完善，尤其是生产要素价格扭曲，是中国工业经济发展中很多结构性问题产生的根本原因。推进经济体制改革能够促进我国潜在产出增长率的提升，从而真正实现经济的平稳较快增长。当前体制机制改革已经成为迫在眉睫的突出问题，必须着力加快推进，否则就会导致结构调整等其他政策难以有效发挥作用。在当前形势下，可加快以下几方面的改革。一是加快价格改革，理顺价格形成机制，缩小政府定价范围，促进市场竞争。二是加快混合所有制改革，使各种所有权股本实现最大包容性的共赢、多赢。三是加快财税改革，理顺中央与地方财政的关系。

4. 充分发挥市场机制作用，促进工业企业创新

提高潜在产出增长率，应充分发挥技术进步在经济增长中的作用。一是重点支持中小企业的发展。中小企业是经济活力的源泉，也是技术进步的源泉。国家应加大对中小企业发展的支持，鼓励生产小型化、智能化、专业化。二是利用市场机制对企业技术创新行为加以支持。推动建立有利于创新的制度环境和激励机制，通过一种竞争性的、公平的方式分配创新经费，鼓励最有创造力的企业脱颖而出。三是对企业商业模式创新给予更大的空间，尤其是在物联网、大数据等一些新兴领域里，尽量避免对企业的经营范围和方式进行限制。

参考文献

陈佳贵：《改革以投资驱动为主要特征的经济发展方式，增强消费对经济的拉动力》，《经济体制改革》2012 年第 4 期。

陈诗一：《中国工业分行业统计数据估算：1980 ~ 2008》，《经济学》（季刊）2011 年第 4 期。

樊纲、王小鲁、马光荣：《中国市场化进程对经济增长的贡献》，《经济研究》2011 年第 9 期。

郭庆旺、贾俊雪：《中国全要素生产率的估算：1979 ~ 2004》，《经济研究》2005 年第 6 期。

黄群慧：《"新常态"、工业化后期与工业增长新动力》，《中国工业经济》2014 年第 11 期。

金碚：《全球竞争新格局与中国产业发展趋势》，《中国工业经济》2012 年第 5 期。

B.7

2015年工业运行预测和工业景气指数分析

解三明*

摘　要：　2015 年工业生产增速回落，PMI、PPI 等指标显示工业经济下行压力有所加大；由于全球主要经济体表现低迷，工业产品出口持续下降；在当前投资继续回落的情况下，工业企业利润降幅进一步收窄。随着消费成为拉动经济增长的主要力量，汽车等部分行业产品产量出现改观，房地产市场销售回暖迹象显现，带动投资出现筑底企稳迹象。工业经济景气合成指数显示，工业运行仍在低位调整，下行压力不减；预警指数中工业增加值增速、投资增速、用电量增速、企业效益增速，包括价格指数均在“过冷”区间徘徊。未来实现工业稳定增长需要加强监管力度，建立公正、公平、公开的市场环境，努力处理好结构调整和传统产业升级的关系，同时需要继续发挥财政对稳增长的积极作用。

关键词：　工业增长　工业景气指数　预警指数

---

* 解三明，工信部运行监测协调局监测预测处。

一　工业运行形势分析

（一）工业运行的主要特点

1. 工业生产增速有所回落

1～9月，规模以上工业增加值同比增长6.2%，比上年同期回落2.3个百分点，降幅有所扩大。从单月看，9月，工业增加值同比增长5.7%，比8月回落0.4个百分点，是2015年以来的次低值（最低值为3月的5.6%），基本与金融危机时2008年底的水平相当，上年的较低基数并没有对2015年的增速形成支撑，工业增势回升依然乏力。从三大门类看，制造业保持了7月、8月的增长水平，但采矿业与电力、热力、燃气及水生产和供应业增速继续回落，采矿业重回"1时代"，创下了近两年来新低。分行业看，纺织业、通用设备、专用设备、电力热力生产和供应业增速较8月都有较大幅度回落，分别回落1.1个、1.6个、1.4个和1.6个百分点；食品制造业同比增速有所回升，较8月提高2.1个百分点，汽车制造业继续回暖，增速较8月提高2.5个百分点。分地区看，9月，东、中部地区增加值同比分别增长6.0%和7.8%，分别比上月回落0.2个和0.4个百分点；西部地区增加值增长8.0%，比上月提高0.3个百分点；东北地区增加值下降1.8%，在8月短暂收窄后降幅又继续扩大1.4个百分点，反映该区域结构调整与动力转换仍在进行与探索之中。

2. 部分行业产品产量出现改观

9月，汽车制造业扭转了7月、8月的低迷态势，增速略有加快，但仍然低于2015年平均水平。从汽车产量看，同比降幅出现收窄，从7月的同比下降11.2%收窄至9月的同比下降4.7%，基本乘用车产量增速由7月的－26.3%收窄到9月的－21.6%，然而月度间波动并不能得出行业景气度短期上升的结论。受出口好转的影响，9 月计算机显示器、光电子器件、移动通信基站设备同比增速保持两位数增长，微型计算机设备的产量增速由 7 月的 -23.9% 逐月收窄至 9 月的 -7.6% 。传统原材料行业中的水泥、平板玻璃、粗钢产量增速降幅均较 7 月有所收窄，氧化铝增速小幅加快至两位数水平。

3. 工业产品出口持续下降

1 ~9 月，规模以上工业企业实现出口交货值同比下降 1.1% ，降幅较1 ~8 月扩大 0.2 个百分点。其中，9 月工业企业出口交货值同比下降 3.2% ，降幅较 8 月扩大 0.1 个百分点，已连续 6 个月负增长，显示工业品出口形势不容乐观。

4. 工业投资继续回落

1 ~9 月，工业固定资产投资同比增长 8% ，比 1 ~8 月继续回落 0.7 个百分点。其中，采矿业投资同比下降 8% ，2015 年以来持续负增长，且降幅扩大 0.4 个百分点；制造业投资增长 8.3% ，回落 0.6 个百分点；电力、热力、燃气及水生产和供应业投资增长 15.7% ，回落 1.4 个百分点，回落幅度较大。工业民间投资继续回落，同比增长9.2% ，比1 ~8 月回落0.7 个百分点，显示出当前民间资本的投资意愿持续走低。

5. 工业企业利润降幅有所收窄

1 ~9 月，规模以上工业企业利润总额同比下降 1.7% ，降幅比 1 ~8 月收窄 0.2 个百分点。其中，9 月利润总额同比下降 0.1% ，降幅比 8 月收窄 8.7 个百分点。9 月工业利润同比降幅收窄，主要受财务费用增长明显放缓，营业税金及附加大幅减少，原材料购进价格降幅加大等因素影响。尽管 9 月工业利润降幅收窄，但在工业经济下行压力继续加大的情况下，企业效益仍不乐观。第一，企业主营业务赢利仍在下降。9 月，规模以上工业企业营业利润同比下降 2.1% 。第二，产品销售出现下降。9 月，工业企业主营业务收入同比下降

0.5%，是多年来首次出现下降，表明企业生产经营困难进一步加剧。此外，市场需求不振，价格持续下降，成本居高不下，库存和应收账款持续偏高等，都制约着工业企业生产经营状况的改善，工业赢利能力的上升还需要相对较长的时间。

（二）影响工业运行的因素分析

1. 有利于工业增长的主要因素

一是消费成为拉动经济增长的主要力量。9月，社会消费品零售总额同比名义增长10.9%，比上月加快0.1个百分点；扣除价格因素实际增长10.8%，较上月加快0.4个百分点，继续保持稳定增长，已成为拉动经济增长的重要力量。前三季度，最终消费支出对GDP增长的贡献率为58.4%，比上年同期提高9.3个百分点。从主要产品看，粮油食品、饮料和烟酒等基本生活类商品继续保持较快增长，9月同比分别增长19.6%、19.4%和16.5%，增速分别比上月提高4.7个、1.3个和5.1个百分点；通信器材类商品消费出现42.2%的较高增速，较上月提高13.2个百分点。商务部发布的“十一”黄金周消费数据显示，10月1日至7日，全国零售和餐饮企业销售额同比增长11%，继续保持较快增长；同时，房地产市场销售回暖将继续带动相关消费增长，特别是与房地产相关的消费增长，家具和建筑及装潢材料同比分别增长19.1%和23.2%。预计10月和第四季度社会消费品零售总额仍会延续回升态势，但受经济持续下滑影响，回升空间有限。

二是房地产市场销售回暖带动投资出现筑底企稳迹象。2015年以来“救市”政策频发，央行也五次降息四次降准，一线城市、部分二线城市楼市需求在政策刺激下开始集中释放，楼市基本面出现好转。销售方面，1~9月，全国商品房销售面积同比增长7.5%，比1~8月继续提高0.3个百分点，下半年以来持续好转，其中，住宅销售面积同比增长 8.2%，回暖势头良好。资金方面，房地产开发企业到位资金增速继续加快，1～9 月，全国房地产开发企业到位资金同比增长0.9%，与1～8 月持平，连续4 个月正增长。房地产市场的持续回暖有望从销售端传导到投资端，尤其是随着部分大城市库存不足的风险凸显，其房地产投资有望企稳回升。1～9 月，房地产开发企业新开工面积同比下降 12.6%，降幅收窄 4.2 个百分点，下半年以来降幅首次缩窄，也显示房地产新开工项目正出现筑底回升迹象，后续房地产投资增速或将有好转。

三是财政、货币双扩张，稳增长力度持续加码。财政方面，财政支出增速持续加快，已连续 3 个月保持 24% 以上增速；从支出项目来看，交通运输、节能环保等基建类投资显著提高，显示稳增长仍是政府的直接投资方向。其中，受地方债务置换等影响，地方政府支出持续上升，9 月，地方财政支出同比增长 31.7%，已连续 4 个月大幅回升，显示地方政府财政支出在新一轮稳增长中扮演了重要角色。货币政策方面，中国人民银行自 2015 年 10 月 24 日起，再次下调金融机构人民币贷款基准利率 0.25 个百分点，以进一步降低社会融资成本，同时下调金融机构人民币存款准备金率 0.5 个百分点，以保持银行体系流动性合理充裕，这已是 2015 年以来的第五次降息、第四次降准。持续的降息降准有力地支撑了企业融资，金融机构人民币贷款加权平均利率整体下降了近 1 个百分点，前三季度工业企业利息支出增速也由上年同期的增长 10.6% 转为下降 0.6%。同时，针对宽松政策向实体经济传导不畅的问题，政府继续通过地方政府债务置换、专项金融债、加速发行产业债等多种方式引导金融系统过量资金进入实体经济。10 月地方政府债融资额为 4823 亿元，继续保持月均 5000 亿元左右的水平，而产业债月发行量同比增长 1 倍至 1.25 万亿元。宽松货币最终将落实到实体经济，推动实体经济资金面持续改善，通过带动实体经济投资回升逐步发挥稳增长的重要作用。

2. 不利于工业增长的主要因素

一是投资延续下滑态势，短期内难有改观。1～9月，全国固定资产投资同比增长10.3%，继续回落0.6个百分点，降幅较1～8月有所扩大。从三大分类看，制造业投资、房地产业投资、基础设施投资分别增长8.3%、2.6%和18.1%，分别回落0.6个、0.9个和0.3个百分点。工业三大行业门类民间投资增速和政府投资增速连续两个月出现同时回落，工业投资在国民经济中的结构性下滑有形成趋势的迹象。当前，工业品出厂价格、原材料购进价格降幅扩大，市场需求不足，工业生产和销售增长放缓，限制了制造业企业的投资能力，未来制造业投资预计仍有下降压力。房地产投资下滑主要是商品房前期库存基数较大，特别是三、四线城市去库存化压力较大，在一定程度上影响了房地产开发企业的投资意愿。总体看，投资增速下滑态势短期内难有改观，但下滑幅度有望持续收窄。投资下滑直接减少对工业原材料产品和机械装备的需求。

二是主要经济体表现低迷，出口形势仍不容乐观。9月，美国新增就业人数仅为14.2万人，远低于预期的20万人的目标，已连续两个月保持在14万人的较低水平；工业生产环比再现负增长；采购经理指数为50.20%，为2014年以来最低值，紧逼临界值，其中新订单指数和产出指数分别创2013年以来新低。整体看，美国经济增长势头有所放缓，第三季度美国GDP季化环比增长1.5%，较第二季度的3.9%出现大幅回落。日本9月核心CPI连续两个月负增长，显示日本经济再次面临通缩风险；10月投资信心指数2015年以来首次降为负值，10月制造业PMI较9月有所回升但很有限，显示日本也处于经济下行压力区间，投资萎缩，难以刺激经济发展。同时，国际货币基金组织在10月的报告中再次下调2015年和2016年两年的经济增长预期，也显示当前世界经济形势仍不明朗。新兴市场国家货币贬值幅度超过3%的经济体高达17个，以俄罗斯、巴西为主的经济体下行压力加大，新兴市场经济体增长波动将制约我国对外贸易增长，我国出口将在一段时间内保持在较低水平。

三是 PMI、PPI 等指标显示工业经济下行压力有所加大。9 月、10 月，中国制造业采购经理指数（PMI）均为 49.8%，虽然比 8 月微升 0.1 个百分点，但仍在临界点以下，表明我国制造业增长动力仍然不足。10 月构成制造业 PMI 的各项指数中，生产指数为 52.3%，比上月下降 0.1 个百分点，高于临界点，表明制造业生产继续保持增长，增速有所加快；新订单指数为 50.3%，比上月上升 0.1 个百分点，仍在临界点上方，表明制造业市场需求有所改善。但是，原材料库存指数为 47.2%，比上月下降 0.3 个百分点，继续低于临界点，表明制造业生产用原材料库存量继续减少；从业人员指数为 47.8%，比上月下降 0.1 个百分点，仍位于临界点以下，表明制造业企业用工量继续减少。同时，本月工业生产者出厂价格指数同比下降 5.9%，与上月持平，购进价格指数同比下降 6.8%，降幅比 8 月扩大 0.2 个百分点，表明工业产品市场需求下降明显。9 月，全国铁路货运量同比下降 15.6%，降幅较 8 月扩大 0.3 个百分点；货物周转量下降 18.8%，降幅扩大 1.5 个百分点，显示当前经济活动不及预期。

四是工业用电量同比降幅继续增大。9 月，全社会用电量同比下降 0.2%，较上月回落 2.1 个百分点，降幅继续增大，仍处于波动下行通道；其中，工业用电量 9 月同比下降 2.9%，较上月回落 3.7 个百分点，回落幅度较大，轻工业与重工业分别回落 3.9 个和 3.7 个百分点，转正为负。第三季度用电量增速已经降至 2009 年第三季度以来的季度最低点。高炉开工率和电力耗煤增速均继续下滑。9 月电力等数字反映出目前制造业仍处于压力下行区间，前景仍不乐观。

二　模型预测结果与共识预测

根据上述对国内外经济运行环境的分析，以及对近期工业生产的有利因素与不利因素分析，由多家研究机构（中国电子信息产业发展研究院、工信部信息中心、中国信息通信研究院、工信部电子一所和电子五所等）利用工业增加值增长速度的历史月度统计时间序列，建立多种预测模型，综合考虑各种外生因素和工业实际运行情况以及我们的经验，预计2015年全年工业增加值增速为6.2%左右。

由于当前工业经济面临的下行压力依然较大，整体市场需求依然偏弱，增长动能仍显不足，因此稳增长形势依然严峻。未来几个月，一些重大投资项目将陆续落地，积极财政政策有望持续加码，我们在共识预测基础上，进行适当的调整，预计2015年增速在6%以上。

三　2015年工业景气指数与预警指数分析

（一）工业经济景气合成指数分析

工业一致合成指数。工业一致合成指数继续下探，工业运行仍在低位调整。经最新数据修订后，9月，工业一致合成指数为70.92（2004年=100），比上月回落0.51点，继续下探趋势，表明工业经济运行整体继续在低位调整（见图1和表1）。

图1　工业一致合成指数曲线

表1　2014 年 10 月至 2015 年 9 月工业景气合成指数和预警指数

日　期	先行合成指数（2004 年 = 100）	一致合成指数（2004 年 = 100）	滞后合成指数（2004 年 = 100）	预警指数
2014 年 10 月	82.52	75.56	88.10	22.22
2014 年 11 月	82.31	75.06	87.27	19.44
2014 年 12 月	82.45	74.65	86.35	19.44
2015 年 1 月	82.73	74.29	85.47	13.89
2015 年 2 月	82.86	73.98	84.78	13.89
2015 年 3 月	82.61	73.68	84.39	13.89
2015 年 4 月	81.90	73.34	84.26	13.89
2015 年 5 月	80.87	72.95	84.18	11.11
2015 年 6 月	79.76	72.48	83.92	8.33
2015 年 7 月	78.73	71.97	83.48	8.33
2015 年 8 月	77.73	71.43	82.97	5.56
2015 年 9 月	76.88	70.92	82.43	5.56
9 月比上月末增量	-0.85	-0.51	-0.54	0

统计数据显示，与上月相比，9 月构成工业一致合成指数的 5 个指标全部下降，规模以上工业企业税金总额累计同比增长 4.2%，回落 0.7 个百分点；工业固定资产投资完成额累计同比增长 8%，回落 0.7 个百分点；规模以上工业企业增加值同比增长 5.7%，回落 0.4 个百分点；工业用电量同比下降 2.9%，增速同比回落 3.7 个百分点；规模以上工业企业主营业务收入累计同比增长 1.2%，回落 0.1 个百分点。

经 X11 季节调整后，与上月相比，9 月构成工业一致合成指数的 5 个指标中有 4 个指标增速回落，综合判断 9 月工业一致合成指数呈继续下降态势（见表 2）。

表2　2015年9月工业景气动向指标变化情况

单位：%，个百分点

类　型	指标名称	X11处理后			比上月末增量
		7月	8月	9月	
先行指标	原油加工量增速（当月）	4.8	4.1	3.5	-0.6
	粗钢产量增速（当月）	-1.8	-2.3	-2.9	-0.6
	纱产量增速（当月）	4.9	5.8	6.8	1.0
	化学纤维产量增速（当月）	10.8	11.6	12.4	0.9
	水泥产量增速（当月）	-5.0	-4.6	-4.2	0.5
	服装产量增速（当月）	-14.9	-20.3	-25.0	-4.7
	汽车产量增速（当月）	-4.9	-6.1	-6.8	-0.8
	固定资产投资本年新开工项目计划总投资额（累计）	1.1	0.8	0.4	-0.3
一致指标	工业企业增加值增速（当月）	5.6	5.2	4.9	-0.3
	工业用电量增速（当月）	-0.8	-0.9	-0.8	0.1
	工业企业主营业务收入增速（累计）	1.4	1.2	1.0	-0.2
	工业企业税金总额增速（累计）	5.5	4.8	4.0	-0.7
	工业固定资产投资增速（累计）	8.8	8.1	7.5	-0.6
滞后指标	工业生产者出厂价格指数PPI（当月）	94.6	94.1	93.7	-0.5
	工业生产者购进价格指数PPIRM（当月）	93.9	93.4	92.8	-0.5
	农副产品类工业生产者购进价格指数（当月）	97.8	97.6	97.4	-0.2
	金融机构工业贷款增速（月末数）	3.8	3.7	3.6	-0.1
	工业企业产成品增速（期末值）	6.4	5.7	5.0	-0.7

工业先行合成指数。工业先行合成指数继续下行，工业下行压力不减。经最新数据修订，9月，工业先行合成指数为76.88（2004年=100），比上月回落0.85点，连续7个月小幅回落。

统计数据显示，与上月相比，9月构成工业先行合成指数的8个指标中，有6个指标上升，即粗钢产量同比下降3%，降幅收窄0.5

个百分点；纱产量同比增长6.3%，增速同比回升0.3个百分点；化学纤维产量同比增长18.1%，回升8.6个百分点；水泥产量同比下降2.5%，降幅同比收窄1.7个百分点；汽车产量同比下降5.6%，降幅收窄2.8个百分点；固定资产投资本年新开工项目计划总投资额累计同比增长2.8%，回升0.1个百分点。2个指标下降，即服装产量同比下降1.7%，增速同比回落1.9个百分点；原油加工量同比增长0.5%，增速回落6个百分点。

经X11季节调整后，与上月相比，9月构成工业先行合成指数的8个指标中有3个指标回升，5个指标回落，由上述指标构成的工业先行合成指数近7个月持续回落（见图2），根据工业一致合成指数与工业先行合成指数之间的变化关系初步判断，未来工业仍有下行压力。

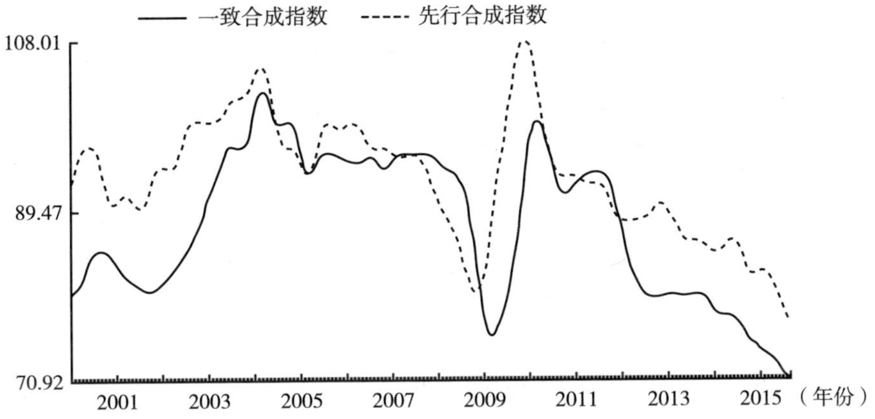

图2　工业一致合成指数与先行合成指数曲线

工业滞后合成指数。工业滞后合成指数持续回落，表明工业生产尚未企稳。经最新数据修订，9月，工业滞后合成指数为82.43（2004年=100），比上月回落0.54点（见图3）。

统计数据显示，与上月相比，9月构成工业滞后合成指数的5个

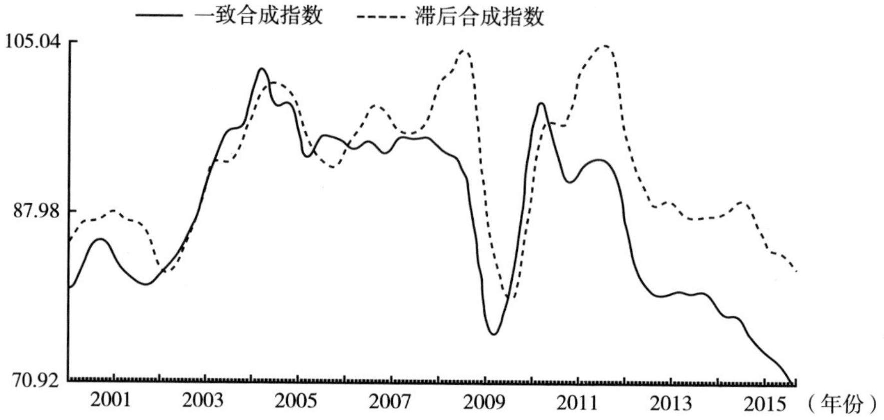

图3　工业一致合成指数与滞后合成指数曲线

指标中有4个指标回落：金融机构工业贷款同比增长3.6%，增速同比回落0.5个百分点；工业生产者购进价格指数（PPIRM）为93.2，环比回落0.2点；农副产品类工业生产者购进价格指数为97.2，环比回落0.8点；9月末规模以上工业企业产成品资金同比增长4.9%，环比回落0.8个百分点。此外，工业生产者出厂价格指数（PPI）为94.1，与上月持平。

经X11季节调整后，与上月相比，9月构成滞后合成指数的5个指标全部呈下降趋势，说明前几个月工业增速向下运行的压力得到印证。

（二）工业预警指数变动态势分析

预警指数在"过冷"区间徘徊，工业经济运行在低位。9月的工业经济预警指数为5.6，与上月持平，目前徘徊在"过冷"区间中部，预计未来一段时间仍将在低位调整（见图4）。

9月，在构成工业经济预警指数的9个指标中，从灯号情况来看，有1个指标处于"正常"区间，有8个指标处于"过冷"区间，所有指标灯号与上月完全一致，这进一步证明了一致合成指数所表现

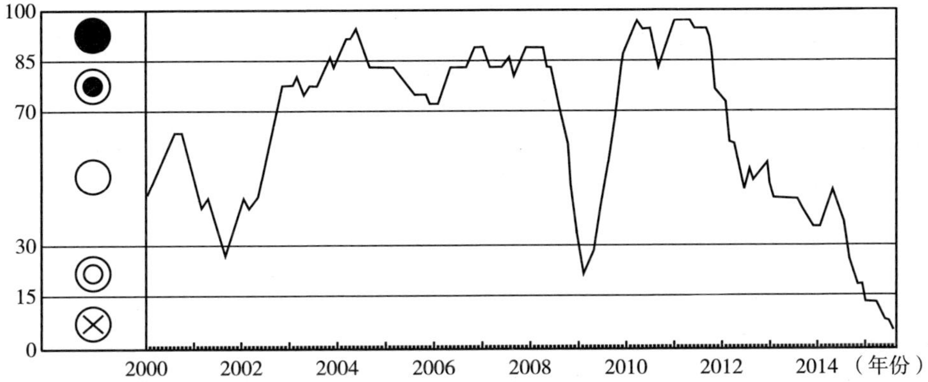

注：● <过热> ◉ <趋热> ○ <正常> ◎ <趋冷> ⊗ <过冷>

图 4　工业经济预警指数曲线

出的在低位调整并存在一定下行压力的结论。各指标灯号具体情况如图 5 所示。

指标名称	2014年			2015年								
	10月	11月	12月	1月	2月	3月	4月	5月	6月	7月	8月	9月
1. 原油加工量增速（当月）	○	○	○	○	○	○	○	○	○	○	○	○
2. 工业用电量增速（当月）	⊗	⊗	⊗	⊗	⊗	⊗	⊗	⊗	⊗	⊗	⊗	⊗
3. 工业企业增加值增速（当月）	◎	◎	◎	◎	◎	◎	◎	◎	⊗	⊗	⊗	⊗
4. 工业企业主营业务收入增速（累计）	○	◎	◎	⊗	⊗	⊗	⊗	⊗	⊗	⊗	⊗	⊗
5. 工业企业税金总额增速（累计）	◎	◎	◎	◎	◎	◎	◎	◎	◎	◎	⊗	⊗
6. 工业固定资产投资完成额增速（累计）	◎	◎	◎	⊗	⊗	⊗	⊗	⊗	⊗	⊗	⊗	⊗
7. 货运量增速（当月）	◎	◎	◎	◎	◎	◎	◎	⊗	⊗	⊗	⊗	⊗
8. 金融机构工业贷款增速（月末数）	⊗	⊗	⊗	⊗	⊗	⊗	⊗	⊗	⊗	⊗	⊗	⊗
9. PPI（当月）	⊗	⊗	⊗	⊗	⊗	⊗	⊗	⊗	⊗	⊗	⊗	⊗
综合判断	◎	◎	◎	⊗	⊗	⊗	⊗	⊗	⊗	⊗	⊗	⊗
	22	19	19	14	14	14	14	11	8	8	6	6

注：● <过热>　◉ <趋热>　○ <正常>　◎ <趋冷>　⊗ <过冷>

图 5　工业经济预警灯号

1. 工业增加值增速

工业增长再度回调，整体呈低位运行。9 月，规模以上工业增加值同比增长 5.7%，比上月回落 0.4 个百分点；累计同比增长 6.2%，较上半年回落 0.1 个百分点，较上年同期回落 2.3 个百分点，整体上持续呈低位运行。

经过 X11 调整后，9 月工业增加值增速为 4.9%，增速比上月回落 0.3 个点，目前继续运行在“过冷”区间（见图 5、图 6）。

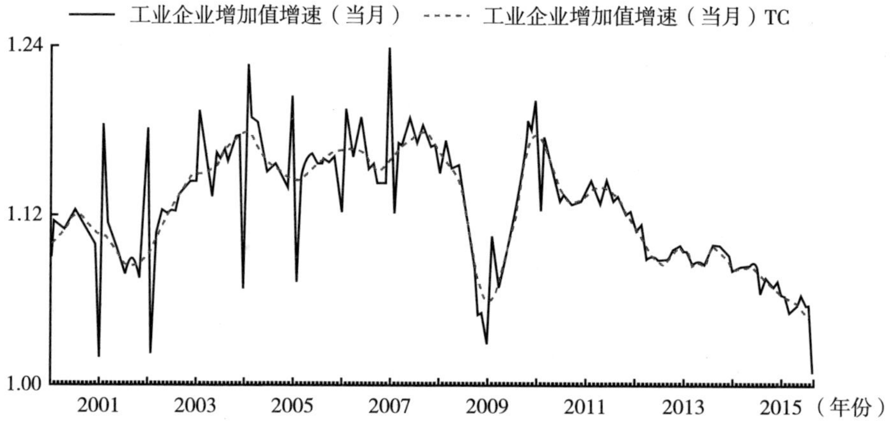

图 6　规模以上工业增加值增速及季节调整后 TC 部分（当月）

2. 工业投资增速

工业投资继续放缓，制造业投资同步下行。1 ~9 月，工业投资同比增长 8%，增速比 1 ~8 月回落 0.7 个百分点；其中制造业投资同比增长 8.3%，比 1 ~8 月回落 0.6 个百分点。

经过 X11 调整后，9 月工业投资增速为 7.5%，比上月回落 0.6 个百分点，处在“过冷”区间（见图 5、图 7）。

3. 工业用电量增速

工业用电大幅回落，制造业用电降幅大幅收窄。9 月，全国工业用电量同比下降 2.9%，比上月大幅回落 3.7 个百分点，显示出工业

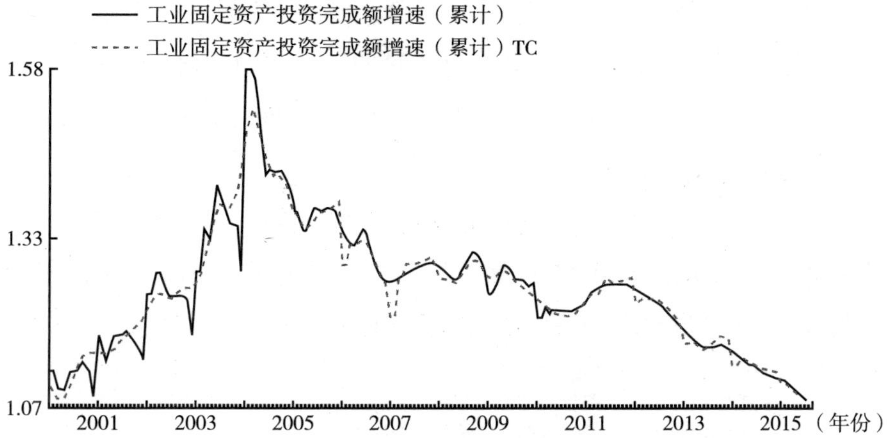

图 7　工业固定资产投资完成额增速及季节调整后 TC 部分（累计）

生产活跃程度偏弱。

经过 X11 调整后，9 月工业用电量增速同比下降 0. 8%，比上月收窄 0. 1 个百分点，目前仍运行在“过冷”区间（见图 5、图 8）。

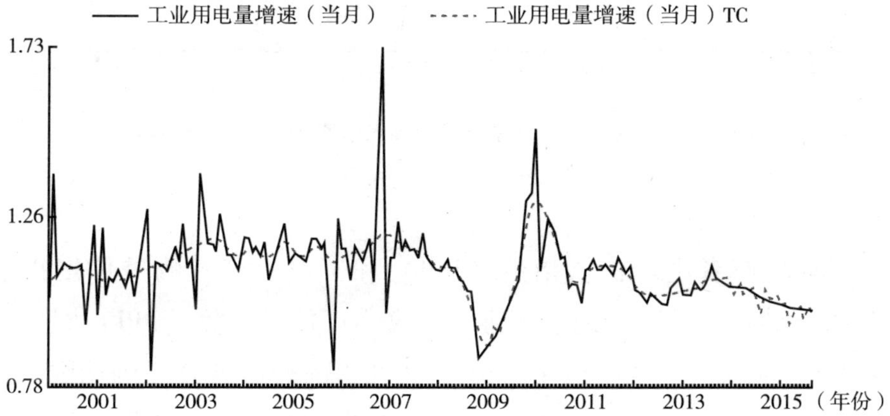

图 8　工业用电量增速及季节调整后的 TC 部分（当月）

4. 工业企业效益增速

企业收入增速保持低位，当月利润降幅有所收窄。从收入看，1 ~9 月，规模以上工业企业实现主营业务收入同比增长 1. 2%，较上月下降0.1个百分点；从利润看，1～9月规模以上工业企业实现利润总额同比下降1.7%，降幅比1～8月收窄0.2个百分点。9月末，规模以上工业企业产成品资金占用同比增长4.9%，增速比上月回落0.8个百分点。

经过X11调整后，9月企业主营业务收入增速、税金增速和企业产成品资金占用增速均继续回落。目前主营业务收入增速、税金总额增速均运行在“过冷”区间（见图5、图9）。

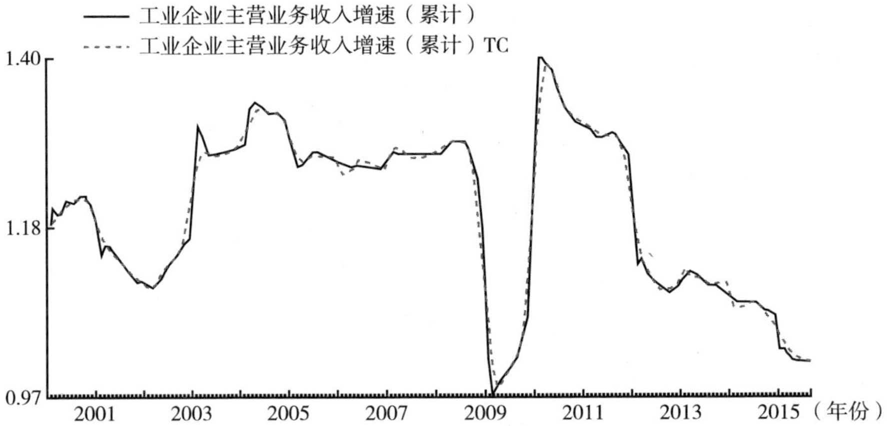

图9　规模以上工业企业主营业务收入增速TC部分（当月）

5. 价格指数

工业生产者出厂价格指数（PPI）和工业生产者购进价格指数（PPIRM）加速下行。9月，工业生产者出厂价格指数（PPI）同比下降5.9%，降幅与上月持平；工业生产者购进价格指数（PPIRM）同比下降6.8%，降幅较上月扩大0.2个百分点，显示市场供大于求的矛盾依然较为突出。

经过X11调整后，9月，工业生产者出厂价格指数和购进价格指数均比上月下降0.5点，工业生产者出厂价格指数运行在预警灯号图的“过冷”区间（见图5、图10）。

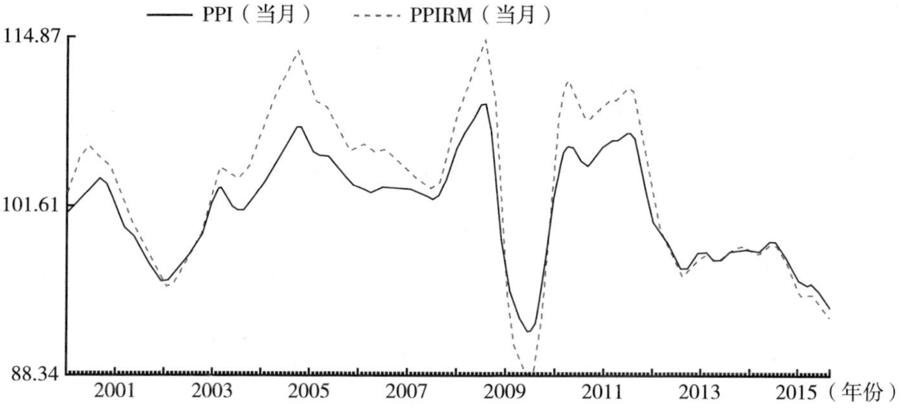

图 10　工业生产者价格指数（PPI 和 PPIRM）季节调整后的 TC 部分

四　展望和政策建议

（一）工业运行分析及展望

从 9 月的工业经济运行情况来看，工业生产增速总体仍在低位运行，生产再度回调，表明回升基础仍很脆弱。展望第四季度工业走势，我们提出以下值得关注的问题。

1. 投资需求明显减弱

2015 年 1 ~9 月，全国固定资产投资完成额累计增长 10.3%，增速比上年同期回落 5.8 个百分点；其中，基础设施建设、制造业、房地产开发三大领域投资完成额累计增速分别为 18.1%、8.3% 和 2.6%，制造业和房地产开发投资分别比上年同期回落 5.5 个和 9.9 个百分点。房地产开发投资是拉动原材料工业和部分轻工产品增长的主要动力，房地产开发投资大幅放缓是导致工业投资持续回落的主要因素。在房地产开发投资大幅回落的同时，作为稳定投资规模的最主要因素——基础设施建设投资，也由近两年增速在 23.0% 以上跌落至18.1%。基础设施建设投资已无力冲抵房地产开发投资大幅跌落造成的影响。从新开工项目和施工项目投资情况看，前三季度，新开工项目和施工项目计划投资额分别累计增长2.8%和4.5%，分别比上年同期回落12.1个和7.9个百分点。项目投资热情明显降温，投资需求将进一步减弱。

2. 企业经济效益难有改观

2015年1~9月，全国工业生产者出厂价格指数（PPI）累计下降5.0%，较上年同期下降3.4个百分点。生产资料工业生产者出厂价格指数累计下降6.5%，较上年同期下降4.4个百分点；其中，原材料工业和加工工业生产者出厂价格指数分别累计下降9.2%和4.0%，较上年同期分别下降6.8个和2.3个百分点。伴随工业生产者出厂价格指数持续下降，企业经济效益指标出现回落。1~9月，全国工业企业主营业务收入累计增长1.2%，比上年同期回落6.7个百分点，利润总额累计下降1.7%，同比回落9.6个百分点。在企业经济效益指标总体收缩的情况下，工业陷入“增收不增利”的困境，企业债务水平不会缩减，企业生产经营状况难以改善。

当前我国经济短期内仍然面临较大困难。考虑到目前需求侧依然偏弱，工业增速短期内不会有明显回升，预计2015年第四季度增速仍将在低位，实际经济运行仍面临较大下行压力。

（二）政策建议

对此，我们提出以下工业稳增长的政策建议。

1. 加强监管力度，建立公正、公平、公开的市场环境

加强市场监管力度，尤其加强税收监管，保证市场的公平性。在工业运行压力较大甚至前景不乐观的背景下，减免部分税费，调动企业投资和生产的积极性。积极落实《中国制造2025》，以智能制造为主攻方向，加速我国工业迈向中高端。促进PPP政策的加快落地。

落实"一带一路"战略，寻求国际产能合作。另外，国家已发布很多稳增长政策，但接受度不高，难以有效落实。建议在下行压力下，针对突出问题集中突破，落实相关政策。

2. 处理好结构调整和传统产业升级的关系

工业结构调整并不是将整体的工业结构变为以高端产业为主，在出台培育新兴产业政策的同时，短期内应注重促进传统产业升级完善。组织研究我国传统占比较大的机械、纺织、服装、化工等产业，提出产业转型升级的具体方案，并培育实施政策，尽快将原来的传统大产业转化为强产业；完善和整合目前还在发生效用的传统产业相关配套政策，理顺政策取向，形成政策合力。

3. 继续发挥财政对稳增长的积极作用

一是在财力允许的情况下，进一步加快财政支出进度。可在全面落实已经推出地方债务置换 3.2 万亿元的基础上，根据情况酌情加码。二是适时减少二手房交易环节税费，改善房地产市场景气程度，拉动房地产相关消费和生产的上升。三是加大对企业研发技改投资和对科技含量高、有自主知识产权的高端装备制造企业的税收支持力度，进一步完善固定资产投资加速折旧政策，实现普适性的研发加计扣除。四是开拓市场思路。原来较多行业的销售旺季如中秋、国庆难以为继，旺季不旺现象更加突出。在这种情况下，应转变市场思路，通过加强行业创新、提高产品品质来刺激消费。并且加大市场监管力度，打击"山寨"，保护国内先进产品知识产权，刺激产品创新积极性，健全技术创新市场导向机制。

宏观经济政策与宏观调控篇

Macro – economy Policy and Macro-economic Regulation and Control

B.8

2016年我国宏观经济形势和政策取向

祝宝良*

摘 要： 2015年国民经济总体保持平稳发展，经济运行保持在合理区间，新的增长动力正在逐步形成，微观主体活力有所释放。然而，经济运行中的结构性问题仍然突出，如产业结构矛盾凸显，房地产市场仍处于调整期，地方政府融资能力下降，企业经营困难等。同时，2016年全球经济政治格局的大调整也将给我国经济发展带来复杂影响。但是，我国仍具备保持中高速增长的条件，预计2016年国内生产总值将增长6.5%左右，实际经济增速略低于7%左右的潜在增长率。破解当前经济困难主要从以下两个方面入手：一是以经济结构

* 祝宝良，国家信息中心经济预测部。

调整为主线，兼顾经济增长和防范金融风险；二是继续注重“稳增长、调结构、防风险”的平衡。

关键词：　宏观经济　低通胀　政策取向

当前，我国经济运行中结构性问题突出，产能过剩矛盾不断积累、金融风险开始显性化、市场预期有所恶化、宏观调控政策边际效应下降，经济下行压力较大。应改变“多个宏观调控目标、多项调控政策”并行的局面，以经济结构调整为主线，兼顾稳定经济增长和防范经济风险，加大改革力度，激活市场活力，实现增加有效供给和刺激有效需求双轮驱动。

一　2015年国民经济总体保持平稳发展

2015 年以来，面对世界经济增长速度缓慢、国内经济下行、财政金融风险加大的复杂形势，国家先后出台一系列稳增长、调结构、防风险的政策，国民经济运行出现了总体平稳的势头。

（一）加强和改善宏观调控，经济运行保持在合理区间

2015 年，针对需求不足问题，不断推出重大投资工程和消费工程包，取消房地产限购、限贷政策，降低住房首付比例和住房交易环节税，完善出口退税和贸易便利化。针对货币政策传导不畅和实体融资成本过高，自 2014 年 11 月以来，五次降息、四次降低存款准备金率，并利用其他货币政策工具，引导利率下降。针对地方政府负债率高和财政政策有效性下降的问题，开展了存量债务置换，出台融资平台在建项目的续贷政策，积极推进政府企业合作模式。对地方政府懒

政进行问责，加强督导检查和简政放权，财政支出进度明显加快。这些举措初步遏制了经济明显持续下行的趋势。前三季度，国内生产总值同比增长6.9%，规模以上工业生产同比增长6.2%。消费需求基本平稳，社会消费品零售总额名义增长10.5%。基础设施建设投资增长18.0%，保持了较快增长。进口、出口分别下降15.3%和1.9%，但剔除价格因素，实际增速分别为-4.2%和-0.7%。就业形势基本稳定，城镇新增就业1066万人，同比减少16万人，已经完成全年预期目标，31个大城市调查失业率稳定在5.2%左右。农村外出务工劳动力总量17554万人，与上年同期基本持平。物价温和回升，CPI上涨1.4%，商品房价格同比上涨7.3%，上年同期为下跌0.3%。

（二）经济结构调整亮点纷呈，新的增长动力正在逐步形成

一是服务业主导趋势进一步显现。前三季度第三产业占GDP的比重达到51.4%，同比提高2.3个百分点。工业内部结构加快调整，高技术产业增长10.4%，比整体工业增速高出4.2个百分点。新能源汽车、工业机器人、智能终端、轨道交通设备等产品的产量实现两位数甚至成倍增长。二是需求结构继续改善，消费拉动作用进一步增强。前三季度最终消费支出对经济增长的贡献达到58.4%，比资本形成高出15个百分点。网络零售等新型消费模式实现迅猛增长，旅游、信息、文化、健康等服务消费持续升温。三是收入分配结构有所改善，经济发展进一步惠及居民。前三季度全国居民人均可支配收入名义增长9.2%，居民在国民收入分配中的占比提高，农村居民人均可支配收入实际增长明显快于城镇居民，城乡居民收入差距在缩小。四是节能减排取得新成效。前三季度单位国内生产总值能耗同比下降5.7%。

（三）改革开放步伐加快，微观主体活力不断被释放

行政审批制度改革继续推进，取消、下放了部分行政审批事项，商事制度不断完善。财政金融体制改革深化，加大结构性减税力度，降低社会保险缴费费率，减轻企业的税收负担。降低了民间资本准入门槛，5 家民营银行获批营业。利率、汇率市场化改革取得进展，市场决定资金价格的机制初步形成。价格改革迈出重大步伐，政府定价目录大幅度减少。服务业和制造业开放进一步扩大，外商投资产业目录限制类条目大幅度减少 50%，90% 以上的境外投资项目实现网上备案。这些改革举措，有利于促进生产要素的自由流动，有利于创造公平竞争的市场环境，有利于形成大众创业、万众创新的局面，有利于我国“走出去”战略的实施。

二 经济运行中的结构性问题仍然突出

我国经济运行中存在的问题，既有结构性问题，也有周期性问题，但结构性问题更加突出，经济下行压力仍然很大。

（一）产业结构矛盾凸显

受外需持续低迷、前期产能扩张过快、国内进入中等偏上收入国家行列后需求结构从以用、住、行为主开始转向以服务业为主等因素影响，钢铁、有色金属、建材、化工、煤炭等重化工业出现相对过剩，有的甚至绝对过剩。电信、金融、教育、文化、养老、体育等领域被垄断和管制，阻碍了社会资本的进入，导致这些领域供给严重不足，价格过高。

（二）房地产市场仍处于调整期

经过十余年高增长后，我国房屋存量已大幅度增加，2013 年城

镇户均住宅超过1.05套，基本达到饱和点。房地产在建规模仍然较大，住房空置面积较多。与此同时，随着劳动人口减少和城镇化速度减慢，新增的有效需求减少，2013年当年近1300万套的销售量基本是房地产需求的年度高峰值，房地产市场已经进入趋势性下跌和周期性减速的双重调整阶段。根据国际经验和房地产周期变化规律，房地产调整期一般需要3~5年，考虑到2014年已经开始调整，房地产低迷至少还需要两年左右的时间。

（三）地方政府融资能力下降

过去地方政府通过招商引资、土地出让、政府融资平台进行融资，支持基础设施建设投资和产能投资。地方政府融资配合我国的财政支出，也放大了财政政策的作用。但地方政府的融资模式，也加大了产能过剩、房地产价格泡沫和地方政府债务的不断累积，我国地方政府债务2014年底增至24万亿元。随着我国经济进入新常态，地方政府融资的不断规范和土地出让收入的减少使地方政府融资能力下降。同时，地方财政收入增长减慢，而社会保障、公共服务支出等财政刚性支出居高不下，地方政府债务负担加重。

（四）企业经营困难

企业融资成本居高不下，低端劳动力工资上涨较快，社会保障支出压力较大，税收负担加重。自2014年8月开始，企业利润出现负增长，三角债增加，严重影响企业投资意愿和生产经营活动。

（五）潜在经济风险显性化

商业银行的不良贷款率有所上升，股市、汇市出现了较大幅度的调整，地方政府积累的大量债务需要置换，风险隐患防范和化解任务艰巨。

（六）需求管理政策效果减弱

产能过剩行业和地方政府融资平台等预算软约束部门的资金需求拉高了资金成本，违约风险上升导致金融机构流动性偏好提高，货币市场短期利率水平波动不能有效传导到资本市场，货币政策效应明显减小。地方政府融资困难，债务负担加重，财政投资性支出的投资乘数减少。

上述问题表明，我国制造业投资下行的趋势没有改变、房地产市场调整的周期没有结束、工业生产下行的势头没有止住，经济下行态势仍在延续。同时，财政和货币政策的边际效果逐步减弱，依靠扩张性政策刺激难以扭转经济下行的势头。

三　国际经济环境对我国经济发展影响中性偏差

2016 年，全球经济政治格局大调整、大变革、大重组继续向纵深发展，给我国经济发展带来复杂影响。

（一）世界经济仍将延续温和低速增长态势

IMF 秋季报告预计，2016 年世界经济将增长 3.6%，高于 2015 年的 3.1%。发达国家经济改善，美国保持温和增长态势，2015 年和 2016 年将分别增长 2.6% 和 2.8%。日本有所改善，2015 年和 2016 年将分别增长 0.6% 和 1%。欧洲缓慢复苏，2015 年和 2016 年欧元区经济将分别增长 1.5% 和 1.6%。新兴和发展中经济体 2015 年和 2016 年将分别增长 4% 和 4.5%，但增长继续分化，印度稳定增长，俄罗斯、巴西等国经济继续衰退。

（二）全球贸易难有改观

受发达国家再工业化替代部分进口，以及世界价值链分工发生调整和转移、全球产能过剩、贸易保护主义等影响，近年来，经济增长对贸易的带动作用明显下降。过去 30 多年，世界经济每增长 1 个百分点，世界贸易量就会增长 1.7 个百分点。但 2012 年以来，贸易量仅增长 1 个百分点。短期内这一趋势难以改变，世界贸易组织预计，2016 年全球贸易量增长 4% 左右。

（三）国际金融市场动荡加大

美联储 2015 年底或 2016 年加息已经毫无悬念，欧元区国家、日本以及一些新兴大国仍将实施宽松的货币政策，主要国家货币政策出现严重分化，由此带来的全球资产价格重估和投资配置的影响不可低估。国际资本回流美国的速度可能进一步加快，造成其他国家尤其是新兴市场经济体资本外逃、本币贬值、金融市场动荡，这将给相关国家的宏观管理带来挑战。

（四）大宗商品价格中低位徘徊

发达国家经济复苏不会明显增加初级产品的需求增量，全球大宗初级产品需求增速低于供给增速。美元继续维持强势地位会抑制石油、铁矿石等大宗初级产品价格的上涨。美俄角力、中东局势混乱等地缘政治冲突加大了石油等大宗初级产品价格未来走势的不确定性。

四　我国仍具备保持中高速增长的条件

（一）我国经济发展仍有巨大潜力、巨大余地和巨大韧性

目前，我国潜在经济增长水平仍在 7% 左右。经过 30 多年的发展，我国物质技术基础日益增强，产业体系完整，国民储蓄率即便逐年小幅回落，仍显著高于世界上大多数国家水平，人力资本和科技创

新对经济增长的贡献逐步提高，具有资金、劳动、科技等生产要素组合的综合优势。同时，我国也有条件通过存量资产的重置，发掘经济增长潜力。据中国社会科学院的研究，我国的国家净资产有近400万亿元人民币，其中政府净资产占30%左右，居民占45%左右，政府的净资产主要是国有企业和土地。而很多发达国家政府的净资产基本为零甚至是净负债，居民净资产则占80%左右。只要我国加快国企、金融、财税、土地等领域的改革，发展好包括股市、债市的资本、土地等要素市场，政府和企业的负债可以通过资本市场转化为居民和民营企业的资产，政府负债和企业高杠杆问题就能够得到解决，潜在的金融风险就可以化解。

（二）改革开放的深入推进，将极大地调动和激发经济社会发展的动力和活力

近年来，我国加快了行政管理体制改革，下放一大批行政审批事项，放开了许多基础设施建设领域，促进了民营经济和服务业的发展，形成了大众创业、万众创新的局面。区域经济协调发展提高到新水平，东部地区创新发展能力进一步增强，新技术、新产品、新业态、新商业模式发展势头良好。实施“一带一路”、京津冀协同发展、长江经济带发展战略和《中国农村扶贫开发纲要（2011～2020年）》，通过引导生产要素合理流动，就会使得城市和沿海地区一些失去比较优势的产业在农村和内陆获得新的优势，进而使得某些产业、产品的生命周期延长，这种跨区域的产业梯度转移和推进效应在大国就会产生新的生产力。

（三）国内市场规模巨大，扩大内需潜力并加快释放

近年来，我国高度重视保障和改善民生，居民收入保持较快增长，特别是城镇低收入群体和农民工收入增速明显提高。同时，覆盖

城乡的社会保障体系基本建立，为扩大国内消费需求奠定了基础。加快破除户籍、土地、教育等方面制约城镇化发展的制度性障碍，积极稳妥推进城镇化，也将创造新的消费和投资需求。

（四）宏观调控水平不断提高，宏观政策仍有运用空间

我国有效应对了1997年亚洲金融危机、2008年国际金融危机和2010年欧洲主权债务危机的冲击，宏观调控取得了显著成绩。我们在调控方向、力度和时机的把握上，在调控手段和工具的运用上，都积累了丰富经验。同时，我国宏观政策仍具备较大空间，财政赤字和政府债务余额均处于安全线内，并远低于美、欧、日等主要发达经济体。银行基准利率和存款准备金率较高，有足够多调节流动性的手段和工具。

五　2016年宏观经济形势预测和调控目标

考虑到经济政策有一定的滞后影响，2015年出台的宏观调控政策和改革举措还会继续发挥稳定作用，我国消费需求会保持稳定，基础设施投资、服务业和高技术产业投资将保持较快增长，我国经济仍将保持平稳增长态势，预计2016年国内生产总值将增长6.5%左右，实际经济增速略低于7%左右的潜在增长率。

（一）固定资产投资继续探底

一是房地产投资继续探底，根据目前的房地产的开发节奏、资金到位情况、库存变化、销售现状，2016年房地产投资将继续回落。二是制造业投资会继续回落。重化工业产能过剩将继续抑制这些行业的投资增长。同时，消费需求稳定、扩大固定资产加速折旧优惠范围等政策，将提高轻工、纺织等消费型制造业的投资意愿。基础设施投

资基本稳定。调低投资项目最低资本金比例降低了投资门槛，能促进相应投资项目落地。但地方政府融资能力下降、财政收支压力加大、PPP 模式进展较慢等因素会抑制基建项目投资。总体来看，我国投资增速将呈现稳中略降的态势，预计 2016 年固定资产投资将增长 9.5% 左右。

（二）消费需求将基本稳定

就业稳定和居民收入增加，夯实了消费基础。电商网购等新型消费模式，降低了流通费用和交易成本，提高了居民的购买力，增加了消费意愿。旅游、休闲、文化、健身等新兴消费模式和消费热点涌现。如果进一步改善消费环境，切实提高消费品供给的质量，提高诚信水平，居民消费倾向会进一步提高。预计 2016 年社会消费品零售总额将增长 10.5% 左右。

（三）外贸进出口增速小幅反弹

国际环境变化对我国经济的影响中性偏差。世界经济温和复苏和贸易温和增长对我国出口的影响基本是中性的。大宗商品价格回落有利于降低我国进口成本，为我国企业加速“走出去”和产能合作提供了机遇。但国际金融动荡对我国将形成一定的冲击。《跨太平洋战略经济伙伴协定》（TPP）正式达成，并与《跨大西洋贸易与投资伙伴协议》（TTIP）协调配合，主导了全球贸易和投资的新规则，对我国形成了制约，部分贸易转移到协议的成员国内，一些企业重新考虑海外布局，将现有产能和投资转移到成员国。预计 2016 年我国出口增长零左右，进口将增长 2%。

（四）低通胀局势继续延续

通货膨胀形成机制的实证结果显示，产出缺口、通胀预期、农产品价格、输入性因素是影响我国价格的主要因素，其中，通胀预期影响最大，农产品价格次之，产出缺口率再次之，输入性因素影响最小。通货膨胀预期低和产出负缺口将加剧工业生产领域的通缩压力，工业品价格低迷还要持续相当长时间。消费品价格更多地反映在农产品价格的波动和服务价格的温和上升上，居民消费价格会温和上涨。预计 2016 年 CPI 将上涨 2% 左右，PPI 将下跌 3.5% 左右。

（五）隐性失业显性化

我国的产业结构正由工业主导向服务业主导转型，服务业对劳动力的需求强度高于制造业，服务业发展有利于增加就业和提高收入水平，预计 2016 年新增就业达到 1000 万人。但重化工业领域企业的重组和破产难以避免，裁员会有所增加。出口行业困难，部分企业转移到海外，出口部门吸纳就业能力下降，就业岗位流失。

根据对主要宏观经济指标的预测，以及社会各界对我国经济下行形成了普遍预期，兼顾当前和长远，对 2016 年经济社会发展主要目标做出以下判断：经济增长预期目标确定为 6.5%，经济结构进一步优化，居民消费价格总水平涨幅控制在 3% 左右，城镇新增就业 1000 万人（见表 1），国际市场份额保持稳定。

表 1　2015～2016 年宏观经济指标预测

年　份	2014	2015	2016
GDP 增速(%)	7.3	6.9	6.5
第一产业增加值(%)	4.1	3.8	3.5
第二产业增加值(%)	7.3	6.0	5.4
第三产业增加值(%)	7.8	8.3	7.8
规模以上工业增加值(%)	8.3	6.3	5.9
固定资产投资(%)	15.3	10.5	9.5

续表

年　份	2014	2015	2016
房地产投资(%)	10.5	2.0	1.0
社会消费品零售总额(%)	12.0	10.7	10.5
货物出口(%)	6.1	-1.5	0.0
货物进口(%)	0.4	-12.5	2.0
贸易顺差(亿美元)	3825	5924	5581
新增城镇就业(万人)	1322	1200	1000
城镇居民可支配收入实际增长(%)	6.8	6.5	6.0
农村居民可支配收入实际增长(%)	9.2	8.2	7.2
财政收入(%)	8.6	7.3	6.0
财政支出(%)	8.2	10.6	7.6
财政赤字(亿元)	13500	16200	21000
居民消费价格指数(%)	2.0	1.6	2.0
工业生产者出厂价格指数(%)	-1.9	-5.0	-3.5

六　宏观调控思路和政策取向

破解当前的经济困难有两个思路。一是以经济结构调整为主线，兼顾经济增长和防范金融风险。这需要进一步加快国有企业、金融、财税、土地等领域的改革，增强微观主体的活力和经济增长的内生动力，提高经济增长的质量和效益，为宏观调控政策发挥更好的作用奠定好微观经济基础。但可能导致短期经济下滑过大、失业增加、局部金融风险暴露。二是继续注重“稳增长、促改革、调结构、惠民生、防风险”的平衡。这一思路有利于保持经济稳定，但“多个宏观调控目标、多项调控政策”并行的局面，容易引起国内外对宏观调控的质疑，增加不确定性预期。建议2016年的总体思路应以加快经济结构调整为主要目标，兼顾稳定经济增长和防范经济风险。为此，提出以下政策建议。

（一）全面深化体制改革，形成统一、开放、竞争的市场体系

加快国有企业改革步伐。加快落实税制改革政策，完成营业税改征增值税，加快房地产税立法，建立综合与分类相结合的个人所得税制度。进一步推进金融改革，放松对银行业的准入管制，加快完善股票市场的制度建设。推进水、电、油、气、运等资源和基础产品价格改革，通过价格杠杆鼓励民间资本进入基础设施领域。

（二）以减税和增加社会保障支出为重点，实施积极的财政政策

一是适当扩大财政赤字和国债规模。建议全国财政赤字占 GDP 的比重在 3% 左右。二是加大地方政府债务置换的力度，扩大省政府一般债务发债规模。发挥政府投资的引领作用，加快铁路、城市地下管网、停车场、农村基础设施等项目建设。保证国家批准的 1043 个 PPP 项目的落地。三是实施结构性减税政策。废除由政府发起的各类产业基金，采取功能性的产业政策，对国家引导发展的行业和小微企业全面减税，支持企业进行创新投资。四是加大失业保险和对低收入群体保障的支出力度，托住民生和社会稳定底线，为顺利推动企业改革提供保障。

（三）以创造有利于结构调整的宏观环境为重点，实施稳健偏松的货币政策

一是建议 M2 增长 13% 左右，继续适时降准，引导全社会降低企业融资成本。二是以人民币汇率中间价机制调整为契机，完善以市场供求为基础、有管理的浮动汇率制度，增强人民币汇率双向浮动弹性。三是实施结构性货币政策。向部分金融机构定向投放流动性，降低这些金融机构的融资成本；通过支农再贷款和支小再贷款、融资便

利等工具，降低部分实体行业或企业的融资成本，定向支持这些行业或企业的发展；采取结构性法定存款准备金政策，对部分金融机构或部分金融业务“减税”。四是稳定股票市场预期和信心，相关部门要及时向市场传递政策信号，不能让市场随意猜测政府的意图，尽快恢复股市的融资功能。

（四）加快清理僵死企业

下决心建立过剩产能退出和市场出清机制。一是制定破产法实施细则。出台人员安置、企业资产核销、资产处置等指导意见和具体措施。二是出台财政金融支持措施，解决人员安置和资产处置的资金问题。三是结合国企改革，辅之环保、技术等标准，推进企业兼并重组。

（五）推动大众创业、万众创新

一是继续加大简政放权力度，推进政府制定权力清单、责任清单，全面取消非行政许可，为创业、创新营造更好的环境。二是支持区域性资本市场发展，如新三板、担保、众筹等新业态。三是全面落实企业研发费用加计扣除等普惠性措施；完善设备加速折旧等政策，推动企业加快技术改造；把国家自主创新示范区股权激励、科技成果处置权和收益权等试点政策扩大到所有科技园区和科教单位。四是降低电力价格，适当降低失业保险缴费比例。

（六）扩大更高层次对外开放

继续扩大市场准入，推进金融、贸易、物流、信息服务、商务服务等生产性服务业对外开放。推广上海自由贸易区有效做法，促进跨国公司扩大对我国服务业投资。支持企业“走出去”拓展国际市场，扩大境外项目合作，带动发电、轨道交通、钢铁、化工、有色金属等装备和产品出口。加强多边双边合作，推动与相关国家的自贸区谈判进程。

B.9
2016年中国经济发展的政策选择

李泊溪*

摘　要：　2016年是国家“十三五”规划的起始年份，涉及改革开放实质的全面推进，贯彻中央对改革开放的顶层设计。就中国经济发展增速而言，力求质量和效益联系起来，GDP增速在6.0%～7.5%区间相对合理。在中国经济发展的新动力培育方面，要坚持创新驱动发展战略。在中国经济发展新常态谋划方面，“十三五”规划应起到引导作用。在中国经济发展投资改善方面，力求投资主体的多元化，投资决策的市场化，改善投资结构。在中国实体经济发展方面，力求新型产业和高技术产业的发展。就中国经济宏观调控创新而言，在积极的财政政策和稳健的货币方面会有体现。

关键词：　“十三五”　经济发展　政策选择

“十三五”时期是全面建成小康社会的关键时期，面临的形势和挑战更加严峻，必须以新常态思路统揽全局。2016年是国家“十三五”规划的起始年份，若干战略性决策要启动，国家、地区、企业都面临着选择，因此，2016年经济运行更需要各级政府和企业家的

---

* 李泊溪，国务院发展研究中心。

创新智慧。深化改革会有实质性的全面推进，贯彻中央对改革和开放的顶层设计，以改革促发展的力度会很大，这是2016年我国经济发展的突出特色。

一 中国经济发展增速

中国经济进入新常态在增长速度上的特点是从高速到中速，这一特点是世界主要国家发展的规律，如果说有不同，那么便是中国经济的中速比其他国家曾有的中速高得多。新常态战略要求经济发展要提升质量和效益，实现第一个百年目标。这样，中速增长中体现的国家竞争力和给人民的实惠比低效的高速增长要好得多，对经济速度的要求一定得与质量和效益联系起来看。我国先行的城市都感受到，有质量的增长才是实实在在的，才能为中国经济的可持续发展奠定基础。

国家的经济发展，速度是重要标志，经济稳定和速度稳定分不开。在体制转轨、速度换挡、结构转型的情况下，新常态的经济增速得保持在一定的区间内，如6.0%～7.5%的GDP增速（有多种方案），在这个区间内波动，是稳定现象，波动表明新常态经济的结构转型和改革开放中各种因素的综合作用，是动态特征，是稳定的内涵。现在的情况是，有些同志将稳定视做一个点、一个数，增速有点下滑就认为经济出现状况，增速刚有点上升，就讲经济企稳向好，这种分析不利于对经济形势的正确把握，也容易形成误解，也不符合世界各国经济发展的规律。因此，必须认识到，新常态经济稳定是指在一定区间内的增幅波动。

“十三五”是全面建设小康社会的关键时期。从发展环境来看，我们仍处于发展的战略机遇期，但是要认识到战略机遇期的内涵已经发生了重要变化，经济发展动力要发生根本性转变。传统的比较优势下降，急需培育新的竞争优势，提升在全球经济分工中的地位，增强实力。所以说，我们要利用战略机遇期创造新的发展战略和模式，战略机遇期是发展的环境基础，要经过艰苦卓绝的奋斗才能取得胜利。

二　中国经济发展新动力培育

有关研究表明，我国进入了工业化后期，与此同时，国内外发展环境有很大变化，我国经济社会发展进入了“新常态”，面临着经济结构变化和发展动力转换的新要求。从要素角度看，劳动力数量和资本积累对增长的贡献显著下降，而且支撑我国经济高速增长的传统要素供给正在逐步减少，增长的新动力要求通过要素质量提升和优化配置提高生产率。从社会总需求角度看，进入工业化后期之后投资和出口的贡献实现难度加大，增长的新动力在于扩大居民消费需求。这是国家提出“实施创新驱动发展战略”的原因，也是经济发展新动力的源泉。

国务院发展研究中心有关部门的专家对我国创新驱动战略有系统的研究。创新是经济概念而不是技术概念，创新的本质是利用知识和发明创造财富，创新是将创造技术和知识的能力转变为经济效益的过程，创新是提高资源配置能力的手段。创新全球化的趋势明显，我国提出创新推动战略，塑造发展新动力，有利于我国在全球创新格局中取得有利地位和提升国际竞争力。

培育新常态下的发展新动力，要求政府和企业顺应发展阶段的新要求，进行相应的改革和调整。要从生产型政府向服务型政府转变，形成有利于新动力培育的国家治理体系，全面深化改革，着力建立一个有助于引导和激励创新的经济自由开放、公平竞争的市场体系。要塑造有利于创新的包容性的环境。

特别需要提出的是，实施国家创新战略，需要国家有全面的战略部署，打造各具特色的区域创新体系，培育几个具有全球影响力的科技创新中心。创新中心是指创新要素和创新活动相对集中的地区，能在全国创新驱动发展中起引领作用。创新动力的培育需要有个基本稳定的宏观经济环境，因此，2016 年的中国经济调控更显重要。

三 中国经济发展新常态谋划

各界对中国经济进入新常态，已取得共识，需要通过“十三五”规划对新常态下的中国经济进行全面谋划。因此，针对新常态下中国经济发展的特点，“十三五”规划应起引导作用。

时间区段：通常“五年规划”是五年（2016～2020 年），又展望下一个五年到 2025 年。由于在这个时段，中国和世界变化很大，有些研究资料已做到 2030 年的情景分析，也许对情况看得不是很准，但让我们了解更多的因素，有利于对风险的控制。

机遇期：“十三五”时期，我国仍处于发展的战略机遇期，这样的判断，有关研究做过论证。关键在于针对机遇期的发展环境、发展动力、发展模式，得有创新的思考，才能把握机遇期。是机遇期，表明适应规律，经过奋斗能够实现发展的持续，而不是说是机遇期，发展成就会“自然”到来。

发展速度：在“十三五”规划中，发展速度是国内外关注的目标，因为速度是发展的综合反映之一。“十三五”时期经济发展是重质量和效益的发展，比高速低效对国家和人民的实惠要大。国务院发展研究中心有关研究提出的“十三五”时期国内生产总值年均增长 6.5%，是需要经过努力才能够达到的，这在世界上已属于很高的发展速度。

质量效益：中国经济发展要重视质量和效益，重视创新驱动，提高资源配置的能力和水平，是“十三五”时期经济发展的特点，这在 2016 年的经济发展中要全面体现。质量和效益不仅要和中国经济自身比，还要和世界比，和领先的国家相关产业比。我国得有部分地区、部分产业、部分企业达到世界领先水平，才能支持中国经济的先进性和国家竞争力。

结构调整：经济结构调整是常做常新的事情，对我国来说，这方面的工作总是不尽如人意。以产业结构调整为例，大量存在的过剩产能，必须下决心解决，为此，要制订过剩产能调整统筹规划。这是综合性很强的问题，过剩产能调下去，有何种新发展来支持该地区的发展速度和就业，就需要统筹安排。但产能过剩一定得解决，以免造成隐患。

生态环境：中国经济走向绿色发展、生态保护、环境友好，才能实现中国经济发展的可持续性。从世界来看，气候变化要求，是各国共同和有区别的责任，更是我国发展的要求。我国某些地区环境承载能力情况不容乐观。绿色发展是“十三五”时期也是2016年中国经济的发展特色。

总之，“十三五”规划的要求要体现到目标体系和指标体系中，中国经济按新常态要求进行全面战略转型。做好2016年的经济工作，对整个“十三五”时期的发展十分重要。

四　中国经济发展投资改善

在我国经济发展中投资一直发挥着重要作用，现在重视消费拉动是必要的，这需要一个过程，即使消费对经济推动占比加大，通过有效投资来拉动经济增长仍然至关重要。有效投资是指支持技术创新、产品升级、城镇化、基础设施、环境改善等方面的投资。有效投资能促进国民经济质量的改善、效益的提高，其本身体现的是资源配置能力和水平的提高，有助于提高国家竞争力。

2015年的投资领域有很大变化，出现三个重要推动力：一是基础设施、交通运输和公共设施投资增长速度，快于全国投资的增长速度；二是民生工程，卫生、社会服务 2015 年上半年投资增速超过 30%；三是现代服务业，如 IT 服务业、传媒等。在煤炭、钢铁、石油等产业投资下降的同时，消费品产业投资活跃，技术创新和改造投资在一些地区增长较快。

创新驱动和装备更新的投资在广东、浙江、江苏等地区增长相当快。发达地区率先进行技术升级换代是良好开局，这是可喜现象，应作为国家战略与政策要求，在全国推广，推动我国投资的全面改善，形成有效投资，这应作为 2016 年投资政策的重点。

2016 年要通过改革开放，进一步促进投资主体的多元化，做到这点对有效投资的实现很重要。2016 年要推动投资决策的市场化，除国家投资外，其他投资项目由市场决策，以保证投资的质量和效益。对投资的方向多引导、多监管、不干预，同时要改善投资结构，对一些重要行业如房地产，更多的按市场规律办，以促进有效投资和对经济发展的拉动。

五　中国实体经济发展

我国发展的许多新兴产业和高技术产业，例如大数据、云计算以及互联网 + 等，是中国经济发展的新特点、新亮点，国家对这些产业做出重要战略部署，非常有必要。从我国发展特点看，工业化阶段以及人民需求都要求发展实体经济。从国际经验看，特别是从发达国家经验看，尽管其服务业发达甚至出口量很大，实体经济对其国家和人民，仍然是重要基础。

我国实体经济发展困难较大，结构调整任务艰巨，这关系到国民经济和人民生活的方方面面。实体经济走向新常态对生产工艺、技术、产品等都要重新审视，接受市场的选择，这是实体经济资产重组的原因。它直接关系着居民就业，影响民生，甚至影响宏观经济的稳定。在国民经济中实体经济是关键部分，要予以充分重视，在实体经济中要积极推动大众创业、万众创新。要持续进行投资体制和金融体制改革，打通资金流向实体经济的渠道，以保证实体经济能获得必要的资金，实现有效投资。

六　中国经济宏观调控创新

积极的财政政策和稳健的货币政策的提法，在2016年会继续，可每年的具体目标和要求会有差异。2016年对经济发展速度、结构、质量、效益以及民生等的要求，将增加宏观调控的难度，对宏观调控提出更高要求。

• 把握宏观调控的基本要求，维护经济发展稳定（财政），维护币值稳定（货币）。不能根据短期现象，仓促刺激经济。

• 经济转型期情况复杂，需要对全年调控做些估计，准备调控的可能预案，以便实际分析选择。

• 对中国经济发展的新常态下的发展规律，持续探索分析，在复杂情况中辨别方向。

• 我国各地经济发展情况不同，改革开放进程有差异，要关注宏观调控的影响，判断要采取的措施。

• 宏观调控要为不同所有制的企业主体创造平等竞争的环境，支持中小企业和民营企业的发展，等等，在宏观政策的设计和运营中，要在事先设计好的基础上，根据实际情况调整。

• 从国务院发展研究中心相关研究看，稳健的货币政策的内涵具有模糊性或多变性。无论是从稳健的货币政策的政策效果看，还是从学术界对稳健的货币政策内涵的理解看，稳健的货币政策都不仅特指中性的货币政策，还可以指紧缩的或偏紧的货币政策，宽松的或适度宽松的货币政策，甚至是一种与货币政策松紧程度无关的货币政策制定原则。

• 从国务院发展研究中心有关专家的研究看，稳健的货币政策的核心内涵是中性的货币政策，此外还有防风险等其他含义。稳健的货币政策的中性含义可通过持续沟通得到强化并达成共识。在当前求稳定的宏观环境下，不宜改变货币政策提法，建议2016年继续维持稳健的货币政策这一表述。

2016年积极的财政政策和稳健的货币政策，要有创新和发展，要在贯彻自身规律的基础上，考虑上述要求。努力使财政政策和货币政策成为2016年政策亮点。

以上是根据研究提出的2016年经济发展政策选择的若干问题。在2016年有两件事对经济发展具有重要影响：一是，我国政府推动市场化改革的决心很大，明确只有深化市场化改革，提升对外开放的水平，促进民营经济的大发展，才能促进创新驱动战略，给中国经济发展带来新动力；二是，国家“一带一路”战略、长江经济带战略和京津冀协同发展战略等三大战略，在2016年推进力度会进一步增强，地区、产业、企业的发展要将“十三五”规划和当年安排进一步对接国家战略。2016年，国家会特别注重两稳：一是经济稳定，二是社会稳定。这二者是密切相关的。在经济转型结构调整过程中，既要经济稳定，又要社会稳定，这就要及时解决涉及的就业等影响人民生活的问题，更需要做好社会保障工作和结构调整的劳动力培训等工作，避免影响社会稳定的情况出现。在2016年中国经济发展的政策选择中要体现这些要求，确保中国经济的持续、稳定、协调发展。

B.10

中国宏观经济形势与政策：2015～2016年*

中国人民大学经济研究所

摘 要： 2015年，中国经济基本中止2011年以来实际GDP增长速度持续回落趋势。2016年，中国经济应该继续实行积极的财政政策和稳健的货币政策，通过适应性需求管理的反周期操作，重新启动和维护经济扩张进程，有效促进总体经济景气的正常化，以实现从萧条到繁荣的经济周期形态转换。

关键词： 中国经济 增长、波动与通货膨胀 需求管理

一 中国宏观经济指标预测

中国经济在经历了1991～2001年与2002～2009年的完整“波谷—波谷”的经济周期之后，从2010年起进入新一轮经济周期的扩张阶段。然而，中国经济扩张势能随着需求刺激政策的提前退出而迅速弱化。在短暂的恢复性和补偿性的高速增长后，实际GDP增长速度在2011～2014年连续回落。

---

* 中国人民大学中国宏观经济分析与预测中心研究项目。讨论：胡乃武、黄泰岩、包明华、方芳、邹正方、黄隽、王劲峰；执笔：郑超愚。

2015 年，中国实行积极的财政政策和稳健的货币政策，保持货币信贷和固定资产投资的适度增长，基本中止 2011 年以来实际 GDP 增长速度逐季降低趋势。不过，中国经济景气承续 2014 年平缓增长惯性而扩张乏力，2015 年实际 GDP 增长速度将略低于 2014 年，导致 2015 年实际 GDP 增速与其潜在 GDP 增长水平的缺口较 2014 年扩大，而形成新经济波谷。2012 年以来，中国经济复苏停滞甚至退步，国民收入紧缩缺口连续扩大而逐渐形成总体经济景气的萧条状态。

2016 年，中国需求管理应该适应总体经济景气的正常化程度，继续实行积极的财政政策和稳健的货币政策，重新启动和维护中国经济扩张过程，最终实现中国经济景气从萧条到繁荣的周期形态转换。这样，通过适应性需求管理的反周期操作，充分发挥国内需求与国外需求、投资需求与消费需求以及民间投资需求与政府投资需求对经济增长的全面拉动作用，使实际 GDP 增长速度能够超过其潜在增长速度而有效弥合实际 GDP 与其潜在水平的缺口。

依据中国人民大学中国宏观经济分析与预测模型——CMAFM 模型，分年度预测 2015 年与 2016 年中国宏观经济指标，如表 1 所示。其中，2016 年主要宏观经济政策假设包括：（1）2016 年中央财政预算赤字为 13750 亿元；（2）2016 年人民币与美元平均兑换率为 6.190∶1。

表 1　中国宏观经济指标

预测指标	2015 年	2016 年
1. 国内生产总值(GDP)增长率(%)	6.96	7.33
其中:第一产业增加值	3.9	4.1
第二产业增加值	6.0	7.0
第三产业增加值	8.4	8.2
2. 全社会固定资产投资总额(亿元)	570700	657450

续表

预测指标	2015 年	2016 年
社会消费品零售总额(亿元)	301260	336810
3. 出口(亿美元)	23290	25640
进口(亿美元)	17540	19180
4. 狭义货币供应(M1)增长率(%)	10.3	10.1
广义货币供应(M2)增长率(%)	13.2	13.7
5. 居民消费价格指数(CPI)上涨率(%)	1.6	2.2
GDP 平减指数上涨率(%)	-0.2	1.2

注：预测日期为 2015 年 10 月。

二 中国宏观经济形势分析

（一）潜在国民收入与经济周期相位

中国总量生产函数 $Y=\varphi(t)\cdot K$，从而潜在国民收入 $Y_t^*=\prod_{i=1}^{k}\{[Y_{t-i}\cdot(1+\delta)^i]^{w(i)}\}$，通过资本形成途径容纳实际国民收入的滞后效应。选取时滞阶数 $k=5$，分别在几何级数 $w(i)=q^i$ 与余弦函数 $w(i)=\cos[(i-1)\cdot(\pi/2k)]$ 的分布概率代表性情形下，使用 *OLS* 方法在 1978～2014 年拟合中国实际 *GDP* 指数的对数线性方程 $\log Y_t=\sum_{i=1}^{k}\{w(i)\cdot[\log Y_{t-i}+i\cdot\log(1+\delta)]\}$，如表 2 所示。

表 2　中国潜在国民收入回归方程

$\log Y_t=\sum_{i=1}^{5}\{w(i)\cdot[\log Y_{t-i}+i\cdot\log(1+\delta)]\}$		
$w(i)$	q^i	$\cos[(i-1)\cdot(\pi/2k)]$
δ	0.100264 (28.86627)	0.100239 (32.04597)
R^2	0.998612	0.997927
SE	0.033196	0.040570

同时静态预测和动态预测1983～2014年中国实际GDP指数而分情形建立潜在GDP指数时间序列，以计算1983～2014年中国国民收入相对缺口指标（$Y-Y^*$）/Y^*，其时间路径如图1所示。中国国民收入的自然增长率在几何级数权数情形下$\delta=0.100264$，在余弦函数权数情形下$\delta=0.100239\%$，1983～2014年未呈现统计特征显著的历时减缓趋势。

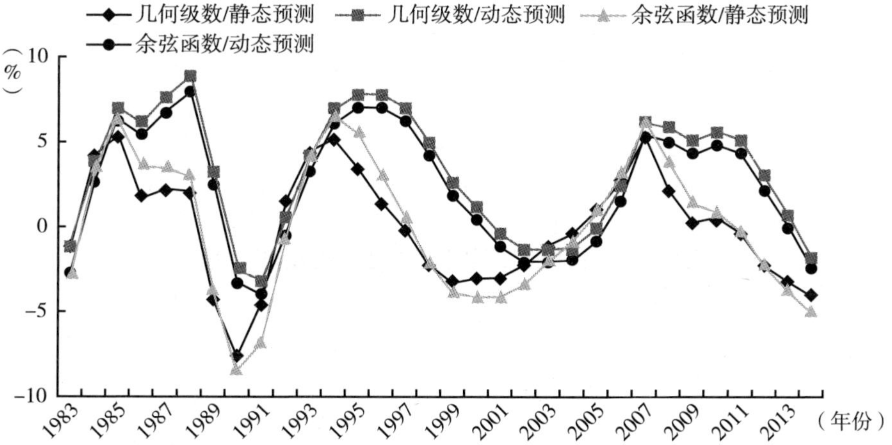

图1　中国国民收入相对缺口

中国经济周期属于增长型类别。依据国民收入缺口（$Y-Y^*$）/Y，中国经济景气的正常化过程应该顺序通过转折点tp1、tp2与tp3，分别以d（$\Delta\ln Y$）/d$t=0$、d［ln（Y/Y^*）］/d$t=0$与ln（Y/Y^*）$=0$为标志，如图2所示。古典型经济周期思维将国民收入波谷错误定位在国民收入增长速度波谷的tp1处，而错误地认为在国民收入缺口最大的tp2处总体经济景气已经正常化。中国经济景气在2010～2011年由tp2处向tp3处前进，从2010年起由tp2处向tp1处退步，最终二次触底而形成严重经济萧条状态。需要指出的是，托达罗模型$W\cdot(1-u)=\underline{W}$通过失业率$u$动态缩小城镇与农村工资水平差距（$W-$

W)。即使全口径统计的城镇失业率，在经济萧条时也可能相对稳定甚至有所下降。

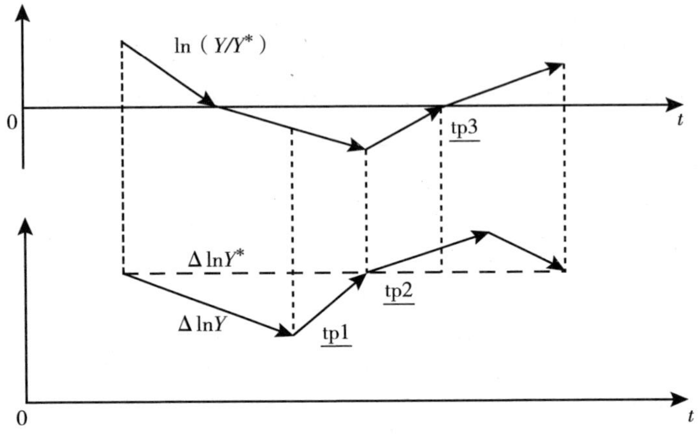

图 2　增长型经济周期的衰退和复苏过程

（二）经济发展阶段与产业结构趋势

基于次贷危机时期的十大重点产业调整和振兴规划，图 3 在各重点产业等规模的假设前提下形象描绘中国重点产业的分布形态。中国十大重点产业的轻纺工业、重化工业、制造业、服务业间比例为 2.0∶3.5∶2.5∶1.5，在轻纺工业、重化工业、制造业与服务业纬度上呈现非对称的倒 U 形分布，总体上进入重化工业化阶段与高加工度化阶段的工业化中后期。

20 世纪 60 年代初的美国经济、70 代初的日本经济与 21 世纪 10 年代中叶的中国经济比较，美国与日本分别具有发达的服务业与制造业，而中国农业部门庞大且落后，但是三个国家的人均国民收入水平接近，如表 3 所示。从“十三五”时期起，中国国民收入倍增且能够在未来 15 年内完成美国经济发展 25 年的历史成就和日本经济发展 20 年的历史成就。参照 1961～1985 年美国经济发展和1971～1990 年

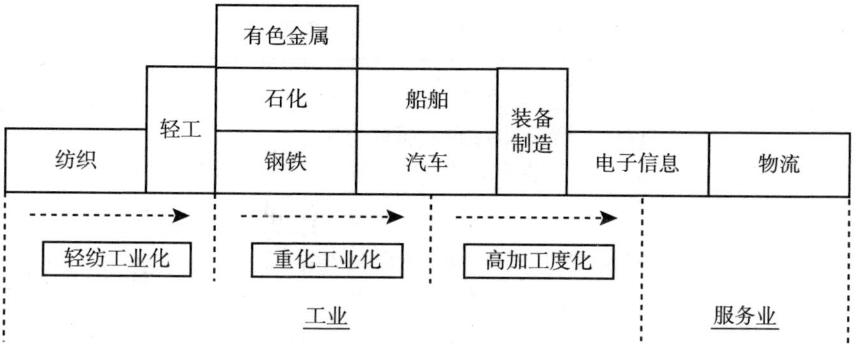

图 3　中国重点产业分布

日本经济发展的国际经验，确定 2016 ~ 2030 年中国经济发展的起点和终点，进而预测产业结构。

修正主导产业选择的筱原基准而建立产业发展函数，以 E_Y^i 与 E_P^i 分别表示 i 部门国民收入弹性系数与相对价格通货膨胀率，得到产业发展无差异曲线 IC 为 $-E_P^i \cdot \pi^i + (E_Y^i - 1) \cdot g = \bar{k}$。分别依据国际标准产业分类体系（ISIC）的日本经济 18 类制造业部门和北美产业分类体系（NAICS）的美国经济 14 类服务业部门，定性预测 2016 ~ 2030 年中国产业结构的演进动态，如表 4 所示。

表 3　经济发展阶段的国际比较

单位：美元，%

经济发展指标		美国		日本		中国		
		1961 年	1985 年	1971 年	1990 年	2012 年	2013 年	2014 年
人均收入	按当年美元计算	3070	18230	2180				
	按 1990 年美元计算	11590	21260	12620				
农业就业比重		4. 1	1. 7	15. 0	6. 6	33. 6	31. 4	29. 5
农业产值比重		3. 7	1. 8	5. 2	2. 7	9. 5	9. 4	9. 2
制造业产值比重		28. 9	29. 5	31. 0	30. 1			
服务业产值比重		51. 9	59. 9	45. 5	46. 9	48. 1		

表4 中国产业结构趋势

产业类型	ISIC 体系制造业	NAICS 体系服务业
萎缩产业	食品和饮料(3a);非金属矿物制品(3f);服装和服饰(3n);家具(3p)	政府外其他服务(81)
	纤维(3b);纸浆、纸和纸制品(3c);钢铁(3g);有色金属(3h);金属制品(3i)	零售贸易业(44);运输和仓储业(48)
	出版和印刷(3q);皮革和皮革制品(3r)	教育服务业(61)
成长产业	运输机械(3l)	
		金融和保险业(52);专业、科学和技术服务业(54);行政和废物管理服务业(56);保健和社会救助业(62);住宿和饮食服务业(72)
筱原基准	化学(3d);一般机械(3j);电气机械(3k);精密机械(3m);橡胶制品(3s);其他制造业(3t)	批发贸易业(42);信息业(51);房地产和租赁业(53);公司和企业管理业(55);艺术、文娱和休闲业(71)

三　中国宏观经济政策建议

（一）需求管理的潜在总供给效应

由于中国经济潜在总供给对实际总需求具有瞬时、短期和长期响应，中国总供给函数采取同时附加价格预期和实际总需求的通用理论结构 $Y^S = S\ (P/P^E,\ Y^D)$，即 $Y^S = f\ (P/P^E) \cdot Y^*$ 并且 $Y^* = \psi\ (Y^D)$，超越仅附加价格预期的传统总供给函数 $Y^S = S\ (P/P^E)$。

（1）瞬时结构效应。假设瞬时固定的最大潜在总供给 Y^M 及其结构系数 s_i 和具有国民收入弹性 e_i 的实际总需求 Y^D 及其结构系数 d_i，

依据短边规则 $s_b/d_b=\min\ \{s_i/b_i\}$ 识别瓶颈部门 b 并且形成潜在有效总供给 $Y^E=(s_b/d_b)\cdot Y^M$，从而最大潜在总供给的有效供给比率 $Y^E/Y^M=s_b/d_b$。当 Y^D 按速度 g 瞬时变化时，Y^E/Y^M 按速度 $(1+g\cdot e_b)/(1+g)$ 瞬时变化，实际总需求因而具有瞬时影响潜在有效总供给的结构效应。

（2）短期滞后效应。在二元结构条件下，总量生产函数 $Y=A\cdot K^{\alpha}\cdot L^{1-\alpha}$，生存工资 $\overline{w}$ 与技术水平 A 决定均衡资本—劳动比率 $(K/L)^*=\{\overline{w}/[A\cdot(1-\alpha)]\}^{1-\alpha}$。定义函数 $\varphi(t)=A\cdot[\omega(\overline{w},A)]^{\alpha-1}$，从而总量生产函数 $Y=\varphi(t)\cdot K$。假设资本生命周期 k、投资—储蓄函数 $I_t=s\cdot Y_t$ 以及投资 I_t 按分布概率 $w(i)$ 形成资本 K_{t+i}，潜在国民收入 $Y_t=\prod_{i=1}^{k}\{[Y_{t-i}\cdot(1+\delta)^i]^{w(i)}\}$。因此，潜在总供给滞后分布过程 $Y^*=L[Y]$，短期容纳实际总需求的滞后效应。

（3）长期储蓄效应。假设年轻人口数量 $N_t^Y=N_{t-1}^Y\cdot(1+\eta)$ 和国民收入 $y_t=y_{t-1}\cdot(1+\sigma)$，年轻人口储蓄率 $s=1/(2+\theta)$，老年人口数量 $N_t^O=N_{t+1}^Y$，从而总储蓄 $S_t=N_t^Y\cdot(s\cdot y_t)-N_{t-1}^O\cdot(s\cdot y_{t-1})\cdot(1+r)$，近似地 $S/Y\approx s\cdot(\eta+\sigma-r)$。同时，总量生产函数 $Y=\varphi(t)\cdot K$，非递减资本边际产品 $MPK=\varphi(t)$，由投资驱动的内生增长速度 $g=(S/Y)\cdot\varphi(t)$。这样，依据准 AK 增长模型，潜在总供给增长速度正向依存于国民收入储蓄倾向。而依据国民收入储蓄模型，国民收入储蓄倾向正向依存于实际经济增长速度，实际总需求因而具有长期影响潜在总供给的储蓄效应。

中国经济均衡状态是与经济增长速度预期和需求管理政策依存的，这使得凯恩斯定理在短期和长期同时成立且蕴含经济增长与价格稳定的政策目标互补性，能够利用高储蓄率与高增长速度间的正反馈机制支持高储蓄—高投资—高增长的经济发展模式。面临转折时期持续扩展而实时未知的潜在总供给能力，只有微擂（fine-tapping）的积极需求管理程序，才能够探索潜在总供给前沿，且避免陷入低水平国民收入均衡陷阱。

中国财政政策和货币政策组合具有广阔的扩张操作空间。一方面，中国经济持续快速增长的自然冲销能力，能够将财政赤字比率和政府债务余额控制在财政安全的合理范围内。在结构性减税的同时，更加积极的财政政策应该逐步建立地方财政预算的周期平衡制度，消除年度平衡财政预算约束的内在反稳定器（Built-In Destabilizer）。另一方面，结构化的稳健货币政策为中国广义货币政策所提倡，同时包含经济稳定与金融稳定职能、经济增长目标与价格稳定目标以及利率工具与数量工具，能够通过宏观审慎监管的结构性信贷政策，在支持实体经济发展的同时防止虚拟经济的流动性漏出。

（二）动态购买力平价理论与货币政策目标算术

根据动态购买力平价（PPP）理论模型化市场化 λ、开放度 θ、贸易品与非贸易品相对价格 ρ 和国际贸易障碍 σ 的结构因素，构造实际汇率的参数化公式 $e = (1+\sigma) \cdot \frac{\rho_W \cdot (1-\theta_W)+\theta_W}{\rho_D \cdot (1-\eta_D)+\eta_D}$，以解释和预测实际汇率对传统 PPP 理论水平的偏离和收敛趋势。依据 2014 年世界发展指标（WDI）数据库的各国家和地区人均国民收入指标 Y 与人均 PPP 国民收入指标 Y^{PPP}，计算实际汇率与其 *PPP* 水平的比率 Y/Y^{PPP}。使用 *OLS* 方法估计动态 *PPP* 理论的可计算方程 $Y/Y^{PPP} = C + \alpha \ln Y - \beta/\ln Y$，将 187 个国家和地区的全样本精炼为包括 170 个国家和地区的子样本。

$$Y/Y^{PPP} = -6.764536 + 0.506958 \cdot \ln Y + 25.11435 \cdot (1/\ln Y)$$
$$(-12.41803)\ (15.26070)\qquad (11.49224)$$
$$R^2 = 0.783528, adj = 0.780935, S.E. = 0.109937$$

人民币实际汇率升值的驱动力量是双重的，包括人均国民收入通过边际增长机制 $Y/Y^{PPP}=C+\alpha\cdot\ln Y-\beta/\ln Y$ 使国别比率 Y_{CN}/Y_{CN}^{PPP} 增加，以及历史拟合离差（$Y_{CN}/Y_{CN}^{PPP}-Y_{W170}/Y_{W170}^{PPP}$）缩小且国别比率 Y_{CN}/Y_{CN}^{PPP} 向世界趋势值 Y_{W170}/Y_{W170}^{PPP} 收敛。如表 5 所示，人民币汇率在经历 2007 年以来的大幅度升值后，至 2014 年中国比率 Y_{CN}/Y_{CN}^{PPP} 接近其世界趋势值 Y_{W170}/Y_{W170}^{PPP}，2014 年美元汇率明显低于其 PPP 水平而日元汇率明显高于其 PPP 水平。除美国经济快速复苏与安倍经济学原因以外，动态 PPP 理论揭示美元升值与日元贬值的实际汇率均衡调整机制。“十三五”时期，人民币实际汇率升值的基本驱动力量是中国经济持续快速增长。假设 2015 ~2020 年中国人均国民收入的增长速度区间为［6.0%，6.5%］，动态 PPP 理论预测2015 ~2020 年人民币汇率的实际升值趋势，其累计升值幅度区间为［14.09%，17.55%］，其年均升值速度区间为［2.22%，2.73%］，而简单平均值约为 2.5%。

表 5　购买力平价相对汇率：Y/Y^{PPP}

国家	实际值	拟合值	绝对离差	相对离差(%)
中国	0.5621	0.5705	-0.0084	-1.47
美国	0.9882	1.0709	-0.0827	-7.73
日本	1.1076	0.9914	0.1162	11.72

基于人民币实际汇率，预测人民币汇率年均升值速度 $\Delta e/e\approx-2.5\%$，中国需求管理的中性取向应该符合利率、汇率与通货膨胀率动态调整的一致政策目标。（1）通货膨胀目标。参考欧洲中央银行与美国联邦储备体系的价格稳定目标 $\pi_W=2\%$，设定 2.5% 为 *CPI* 通货膨胀率的中国货币政策价格稳定目标，即 $\pi_D=2.5\%$，$\pi_D-\pi_W=0.5\%$。（2）名义汇率目标。设定 2% 为人民币名义汇率年均升值

率的中国货币政策汇率稳定目标，即 $\Delta E/E = -2\%$，满足 PPP 条件 $\Delta E/E = \Delta e/e + (\pi_D - \pi_W)$。（3）名义利率目标。参考美国联邦储备体系的联邦基金利率目标 $R_W = 3.5\%$，设定 1.5% 为存款利率水平的中国货币政策基准利率目标，即 $R_D = 1.5\%$，满足利率平价（IRP）条件$R_D = R_W + \Delta E/E$。

B.11

2015 ~2016年经济景气形势分析与预测*

陈 磊　隋占林　孟勇刚**

摘　要：　我国经济景气指标在2015年第二季度止跌企稳，之后可能在"偏冷"区下部保持大体平稳的运行态势。在稳增长的政策作用下，短期内经济景气再次降温进入"过冷"区间的可能性较小。预测2015年和2016年GDP增长率将分别达到6.9%和6.8%左右，CPI上涨率分别为1.5%和1.9%左右，经济增长和物价波动将继续呈现新常态下的"微波化"特征。

关键词：　经济周期　景气分析　监测预警　经济预测

2013年第四季度以来，我国经济增长速度在大体保持平稳的基础上，季度GDP增速出现缓慢回落态势，2015年上半年经济增长7%。同时，以CPI为代表的物价波动也明显趋缓，物价上涨率处于2%附近的温和范围内，但PPI在已经长达三年半的负增长区间继续呈下滑走势。2015年我国经济发展所面临的内外部环境更为复杂，世界经济的复苏进程仍然步履维艰。国内经济稳中向好的基础还不牢

* 本项研究得到国家社会科学重大项目(15ZDA011)、国家自然科学基金项目(71173029)和辽宁特聘教授项目(2012)的资助。

** 陈磊，东北财经大学经济学院教授，学科建设处副处长；隋占林、孟勇刚，东北财经大学经济学院博士研究生。

固，增长的内生动力尚待增强，部分行业产能过剩现象依然严重。国民经济继续处于潜在增长率下移、结构调整和深层次改革的叠加阶段，结构性矛盾突出，经济下行压力进一步加大。

2015～2016年处于“转型换挡”和深化改革阶段的中国经济能否止跌趋稳，从而继续保持大体平稳的运行态势？未来一段时间的经济景气状况和物价走势如何？政府的宏观政策取向应如何调整？为了对目前的这些热点问题做出比较科学和准确的回答，本文基于改进后的“经济景气分析系统”和“宏观经济监测预警信号系统”，对当前的经济周期态势和经济景气状况以及物价波动形态与影响因素进行分析和判断，采用先行指标和多种经济计量模型对经济增长、物价等主要经济指标的走势进行分析和预测，在此基础上，为政府下一步的宏观调控提出政策建议。

一　利用景气分析法对经济周期态势的分析和预测

为了尽可能保持总体经济景气分析结果的连续性和可比性，我们选用的一致景气指标和滞后指标与以往相同，5个一致景气指标分别是：工业增加值、累计固定资产投资（不含农户）、社会消费品零售额、狭义货币供给（M1）和财政收入；4个滞后指标仍然由CPI、PPI、工业产成品库存和货运量组成。鉴于新常态下原有的一些先行景气指标的变动特征出现了一些新变化，我们对部分先行指标做了适当调整：由于近两年固定资产投资本年施工项目计划总投资额（累计）的先行期逐渐缩小，已经趋于一致；而股票成交量所代表的股票市场的变化与经济基本面脱离比较严重，难以起到先行指标的作用，故将这两个指标从原有的先行（领先）景气指标中剔除。同时，将性质接近但具有较长先行期的固定资产投资（不含农户投资）新开工项目数替代原有的固定资产投资施工项目个数（累计）；此外，经过筛选，新增加人民币各项存款余额和房地产开发企业商品房销售额（累计）两个指标。原有的生铁产量、人民币贷款总额、广义货币供应量（M2）和逆转 CPI 等 4 个指标仍然保留。制造业采购经理人指数（PMI）仍然作为短先行指标单独进行考查。各景气指标均为同期比增长率序列，经季节调整并消除不规则因素。利用美国全国经济研究所（NBER）方法，分别建立了一致、先行和滞后合成指数（各指数均以 2000 年平均值为 100）与扩散指数。①

（一）基于景气合成指数对经济周期态势的分析

根据一致合成指数所反映的宏观经济总体走势（见图 1，其中阴影部分为景气收缩阶段，以下同）和对经济短周期转折点②的测定结果，始于 2012 年 8 月的此轮经济周期经过 13 个月的缓慢弱回升后，在 2013 年 8 月形成低位波峰。此后，主要受固定资产投资、财政收入和工业增加值增速回落的影响，经济景气进入周期收缩阶段，出现连续 21 个月的持续下降，其持续时间仅次于上一轮超强刺激政策后的景气收缩阶段，超过 21 世纪以来前 3 轮短周期的下降期。2015 年 5 月的景气指数创造了 1996 年以来的最低水平，此后，经济运行在历史低位出现触底企稳迹象。截止到 2015 年 9 月，主要受财政收入和货币供应量（M1）的带动，景气指数出现了 4 个月的微幅回升，力度很弱，是否会进入新一轮经济短周期目前尚难以明确判断。

尽管始于 2012 年 8 月的此轮经济短周期是否结束尚不能确定，但经济运行已经显示新常态下的结构性减速特征：扩张期较短且幅度较小；收缩期较长，但下降幅度尚属适度，总体呈现短扩张型的非对

① 资料来源：中国经济信息网宏观月度库，数据截止到 2015 年 9 月。

② 我们曾从实证测量角度对经济波动、经济短周期和中周期的划分提出了相应的判别准则，参见陈磊、孔宪丽《转折点判别与经济周期波动态势分析》，《数量经济技术经济研究》2007 年第 6 期。

称形态；此外，周期的平均位势较低。此种周期形态有别于以往的4次短周期。

转折点测定结果显示，主要反映物价和库存变动的滞后合成指数（见图1虚线）从2013年6月开始进入新一轮短周期，2013年6月至2014年8月，该指数处于温和扩张阶段，在适中水平形成波峰，较一致合成指数的波峰滞后整一年。2014年9月以来，该指数进入下降阶段。

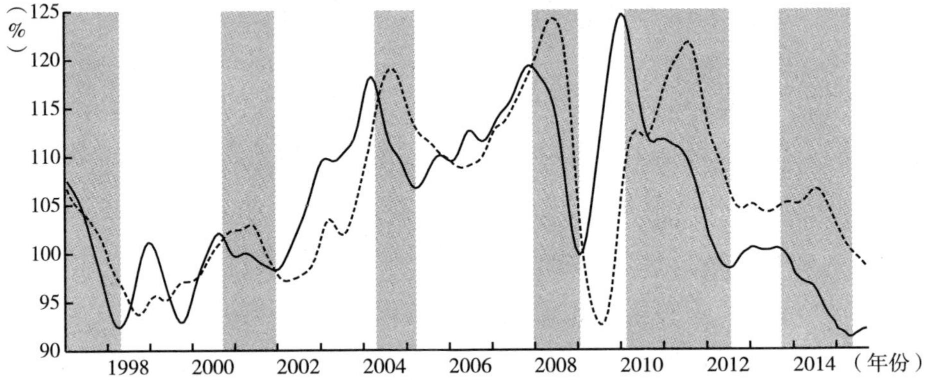

图1　一致合成指数（实线）和滞后合成指数（虚线）

滞后景气指标中，工业企业库存增速经过1年时间的“补库存”上涨阶段后，2014年10月以来进入下降阶段，反映受产能过剩和调整经济结构的影响，近一年来企业再次进入“去库存”周期阶段，尽管2015年5月以后该指标下降速度趋缓，但未来一段时间的“去库存”“去产能”结构调整任务仍很艰巨。另一个滞后指标PPI的持续下滑走势也在一定程度上反映了这种情况。

（二）利用先行合成指数和扩散指数对经济运行走势的预测

由调整后的7个先行指标构成的先行合成指数变动情况见图2中的虚线。图2显示，该指数2000年以来具有比较稳定的先行变动特征，经过测算，平均领先一致合成指数5个月。2012年以来，先行合成指数经过此前少见的13个月的低位温和回升，在2013年3月形成回升波峰，较一致景气合成指数提前5个月。从2013年4月开始，该指数呈现连续20个月的小幅回落，进入2014年后下降势头趋缓，于2014年11月降到1997年以来的最低点。此后，该先行指数出现连续10个月的持续温和回升走势，从而可以初步确定，始于2012年3月的这一轮先行景气短周期很可能在2014年11月结束，周期长度为32个月，与此前的3轮周期长度相比明显缩短，且波幅较小。

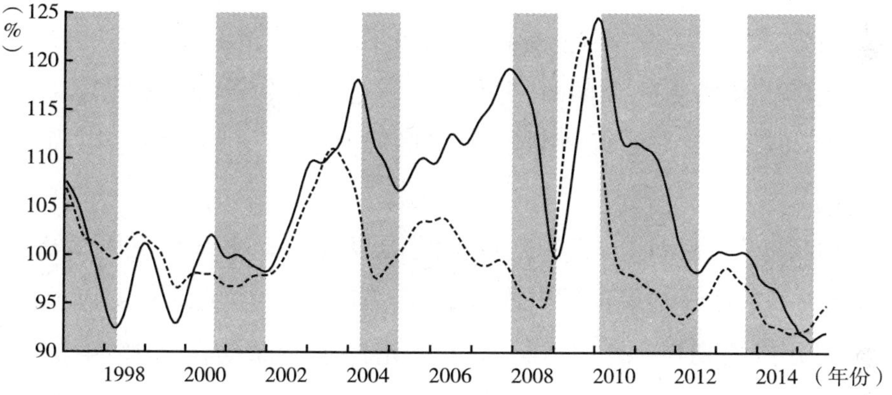

图2 一致合成指数（实线）和先行合成指数（虚线）

根据该先行指数的走势和平均先行期推测，一致合成指数代表的经济景气在2015年5月触底企稳后，有望在短期内保持弱回升趋势，或者呈现小幅波动的平稳运行态势。

从各先行指标的变化趋势（剔除季节和不规则变动因素）来看，2014年第四季度以来，人民币各项存款余额增速、人民币贷款余额增速、固定资产投资新开工项目个数增速、房地产开发企业商品房销售额增速和货币供应量（M2）增速等均进入不同程度的温和上升阶段，而生铁产量增速继续呈现自2013年第四季度以来的下降走势；

超前期在 1 年左右的长先行指标——逆转 CPI 在经过 1 年多的温和上升后，2015 年止升趋稳；单独监测的制造业 PMI 近期在荣枯分界线 50% 附近大体保持平稳。可见，大多数先行指标在 2015 年呈现小幅回升态势或保持平稳。

反映景气的指标组中，扩散指数可以从另一个侧面反映景气的扩散和变动过程。由 5 个一致指标构成的移动平均后的一致扩散指数见图 3，该指数自 2013 年 5 月以来一直在 50% 线下方运行，同样反映经济景气在此期间总体处于下降阶段。但该指数在 2014 年 9 ~ 10 月触底后出现持续回升态势，表明经济回升力量不断加强，2015 年 9 月的指数值为 52%，刚超过荣枯分界线，同样显示经济景气处于上升力量和下降力量相当的谷底转折点附近。换句话说，根据该指数，截止到 2015 年 9 月，经济景气的企稳回升态势初见端倪，但尚不十分明朗。

由 7 个先行指标构成的先行扩散指数（移动平均后见图 3 虚线）从 2014 年 1 月开始呈现回升态势，于 2015 年 2 月回到 50% 以上的扩张区间并持续到当年 8 月，同样显示先行景气波动在 2015 年初触底后开始出现回升趋势。根据该指数推断，经济景气在 2015 年 8 ~ 12 月有望进入 50% 以上的扩张阶段。值得注意的是，此次先行扩散指数的回升高度相对较低，2015 年 5 ~ 8 月未经移动平均的扩散指数均为 71%，已经出现止升回稳态势，预计该指数在第四季度出现回落的可能性偏大，并有可能在 2015 年底或 2016 年第一季度回到 50% 以下，即先行经济活动或在 2015 年底或 2016 年第一季度结束上升走势。若如此，则经济景气的弱回升趋势可能在 2016 年中左右结束，出现较强回升的可能性不大。

综合以上合成指数和扩散指数的分析预测结果我们判断，我国月度经济景气波动从 2015 年 6 月开始或进入新一轮短周期的上升期，但还有待进一步确认。即使进入新一轮上升期，其回升力度也较弱，

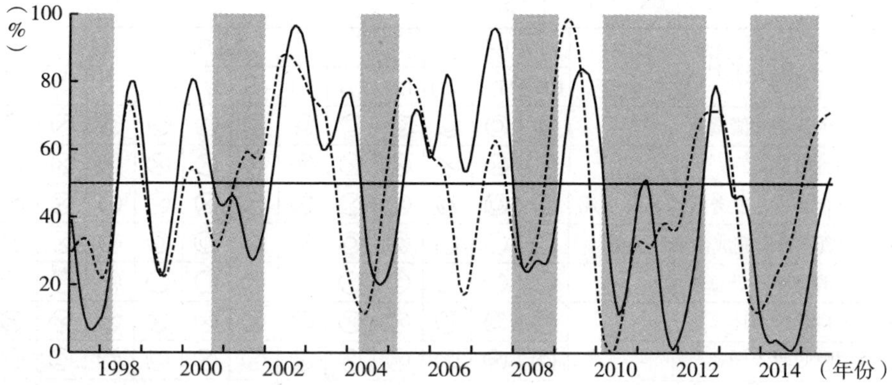

图3 移动平均后的一致扩散指数（实线）和先行扩散指数（虚线）

幅度较小，且持续时间可能较短，预计在1年左右。新常态下经济周期的“微波化”特征将更为鲜明，经济运行有望继续保持大体平稳的运行态势。

二 基于监测预警信号系统对经济景气状况的分析

下面根据由10个预警指标[①]（见图4）构成的“宏观经济监测预警信号系统”对各预警指标的警情和目前的总体经济景气状况和变动趋势做进一步的考查和判断。考虑到我国经济已经进入潜在经济增长率下移和结构转型的新常态阶段，结合对预警指标变化情况的统计分析和发展趋势判断，我们再次对全部预警指标在不同景气区间的预警界限进行了适当下调，以便更准确地反映“新常态”下经济景气的变动情况。

对预警指标近一年的监测结果显示，2014年9月以来，多数指

① 预警指标中的工业企业销售收入、金融机构人民币各项贷款余额和固定资产投资为累计增速，不规则扰动很小，且近些年几乎不存在季节性波动，故直接采用公布数据，其余指标均经过了季节调整，剔除了季节和不规则因素。

指标名称	2014年			2015年									
	10月	11月	12月	1月	2月	3月	4月	5月	6月	7月	8月	9月
1. 工业企业增加值增速	◎	◎	◎	◎	◎	◎	◎	◎	◎	◎	⊗	⊗
2. 发电量增速	⊗	⊗	⊗	⊗	⊗	⊗	⊗	⊗	⊗	⊗	⊗	⊗
3. 工业企业主营业务收入累计增速	◎	◎	◎	⊗	⊗	⊗	⊗	⊗	⊗	⊗	⊗	⊗
4. 固定资产投资完成额增速（累计）	○	○	○	◎	◎	◎	◎	◎	◎	◎	⊗	⊗
5. 社会消费品零售总额增速	○	○	○	○	○	○	○	○	○	○	○	○
6. 进出口总额增速	◎	◎	◎	⊗	⊗	⊗	⊗	⊗	⊗	⊗	⊗	⊗
7. 全国财政收入增速	◎	⊗	⊗	⊗	⊗	⊗	⊗	⊗	◎	◎	◎	◎
8. 货币供应量（M1）增速	⊗	⊗	⊗	⊗	⊗	⊗	⊗	⊗	⊗	◎	◎	○
9. 金融机构各项贷款余额增速	◎	◎	◎	◎	○	◎	○	◎	◎	○	○	○
10. 居民消费价格指数	○	○	○	○	○	○	○	○	○	○	○	○
综合判断	◎	◎	◎	◎	◎	◎	◎	◎	◎	◎	◎	◎
	28	25	25	18	20	18	20	18	20	25	20	23

注： ● <过热> ◉ <偏热> ○ <正常> ◎ <偏冷> ⊗ <过冷>

图4 月度监测预警信号

标的景气度呈回落态势，少数指标开始企稳或稳中回升。截止到2015年9月，消费品零售额、人民币贷款、货币供应量（M1）和物价4个指标处于“正常”区间，财政收入发出“偏冷”信号，工业生产、投资、外贸等5个指标发出“过冷”信号。

1. 2015年工业生产增速和企业效益滑入“过冷”区间，但下降势头趋缓

受国内外需求减弱和产能过剩等因素的影响，剔除季节和不规则因素后，规模以上工业增加值增速在2015年8月回落到6%以下的“过冷”区间，但6～9月下降势头趋缓。2015年，规模以上工业企业主营业务收入（累计）增速继2014年之后又下了一个台阶，回落到3%以下的“过冷”区间。这种情况以往非常罕见，只有在受全球金融危机冲击的2008～2009年出现过一次。此外，发电量增速从

2014年第四季度开始进入“过冷”区间，显示电力行业景气度处于历史低位，并已经持续近1年。

2. 固定资产投资增速大幅下滑到“过冷”区间，投资景气低迷

受房地产投资减速和结构调整的影响，2013年以来，固定资产投资（不含农户）累计增速出现持续下滑趋势，进入2015年后下滑更为明显，不但进入11%～15%的“偏冷”区间，甚至8月、9月的增速降到11%以下，发出“过冷”信号，为2001年以来的最低水平。这也是导致2015年经济景气度回落的重要原因。为此，我们认为，政府应采取必要措施扭转其快速下滑的趋势，以保持经济增长的基本稳定。

3. 2015年消费增长继续减速后在“正常”区间底部大体保持平稳

2010年以来，社会消费品零售额名义增速呈现近似阶梯形的下降走势，几乎每年都会下一个台阶。2015年1～9月，剔除季节和不规则因素后，消费增速基本保持在10.5%～10.8%，接近正常区间的下界，走势比较平稳。其是目前仅有的继续保持在正常增长速度范围内的3个预警指标之一，对于稳定经济增长起到了关键作用。剔除物价及季节和不规则因素后，消费品零售额实际增速经过小幅回落后，2015年基本稳定在10.5%左右，低于前两年的增长水平。

4. 对外贸易景气快速降到“过冷”区后下降势头趋缓

受国内和国外需求共同减弱等因素的影响，我国外贸进出口总额增长（剔除季节和不规则因素）在2014年短暂反弹后出现快速下滑，当年11～12月再次进入“偏冷”区间（0～6%）。2015年各月发出低于零增长的“过冷”信号，显示进出口景气处于历史低位水平，打破了2012～2014年形成的7%左右的“中低速”增长平台。2015年4月以后，该指标的下降势头趋缓。

进口增长速度经过2014年的较快回落于2015年前2个月达到-20%，几乎创造了2010年以来的最低水平，此后该指标止跌回稳，

但仍未脱离负增长局面。出口增速经过2014年的短暂反弹后，再次出现较快回落，2015年下半年以来，下降势头趋缓。

5. 2015年财政收入景气止跌回升，从“过冷”转为“偏冷”

受经济减速和税制改革等因素的影响，财政收入增长（剔除季节和不规则因素）代表的财政景气经过2014年的不断降温，于当年11月进入“过冷”区间（7%以下），反映财政收入状况非常紧张，2015年2月的实际增速甚至一度出现负增长。此后，该指标开始出现温和回升趋势，6月后上升进入“偏冷”区间（7%～10%），反映财政收入状况虽有所好转，但仍然处于偏紧状态，不容乐观。总体来看，财政收入增长基本保持了2012年以来形成的波幅减小、增速放缓（平均9.6%左右）的局面。

6. 2015年货币供应增长进入新一轮上升期，流动性从“过冷”转为“正常”

狭义货币供应量（M1）增速（剔除季节和不规则因素）从2014年4月开始进入“过冷”区间（6%以下），显示市场流动性较紧。该指标在2014年12月停止了20个月的连续下滑，2015年前9个月开始出现回升走势，于7月转入“偏冷”区间后，9月转入“正常”区间，说明市场流动性有所回暖，已经基本回到正常水平。根据判别指标转折点的B－B方法可以基本确定，始于2012年5月的一轮货币短周期已经在2014年12月结束，周期长度为32个月（其中上升期为12个月），短于前几轮货币周期，且波动幅度明显减小，平均位势较低。M1增速从2015年1月开始进入新一轮周期的上升期。

与M1类似，M2增速（剔除季节和不规则因素）也于2015年4月结束了持续25个月的下降局面，此后开始出现缓慢回升趋势。有可能从2015年5月开始进入新一轮货币周期的上升期。

此外，金融机构人民币贷款增速从2014年11月开始温和回升，也进入新一轮信贷周期的上升期，并从2015年2月开始返回“正常”的“绿灯区”（14%～17%），反映信贷景气已经基本恢复到适度水平。

由10个预警指标构成的景气动向综合指数（见图5）与景气一致合成指数的走势很接近。图5显示，景气动向综合指数在2013年6～10月出现局部峰值（50%），与景气一致合成指数的波峰转折点时间（2013年8月）大体一致。此后，随着工业生产、投资、外贸、财政收入和货币供应增速等预警指标值的下降，景气再次快速降温，2014年9月开始，该指数连续发出“偏冷”信号，反映经济景气总体趋冷，2015年1月、3月、5月达到1996年以来的最低点（17.5%）。此后，随着货币、信贷和财政收入增速的温和回升，该综合指数在“偏冷”区下部出现回稳迹象。目前较低的景气度仍需引起政府的高度关注。

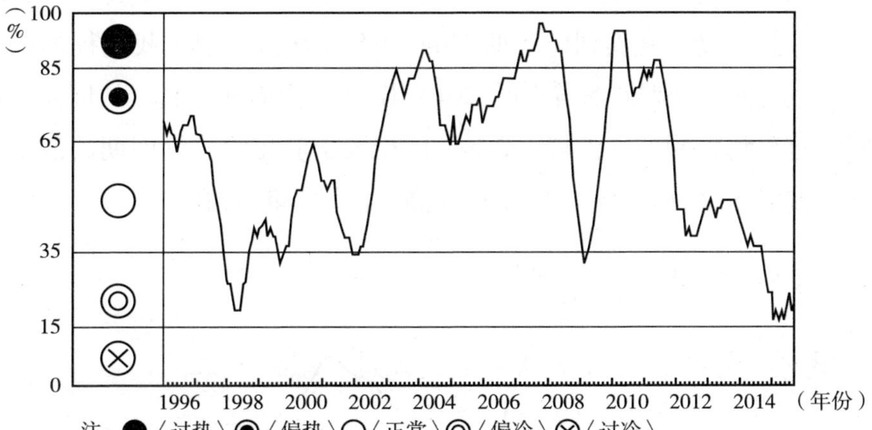

图5　月度景气动向综合指数

通过对10个预警指标走势的分析并结合目前的政策取向，预计2015年第四季度以后，景气动向综合指数在“偏冷”区下部小幅波动的概率较大，走势趋于平稳或稳中缓升。

三　物价波动与货币政策的时变效应分析

物价稳定作为宏观调控的三大目标之一，是各国宏观政策制定者考虑的重要指标。本文重点分析物价中两个重要的指标即 CPI 和 PPI 的构成分项及其影响因素，并根据这些影响因素的变动趋势对未来物价走势进行分析预测。物价作为商品交易的货币表现，受货币政策的影响非常大，随着我国经济结构的转变，物价与货币政策间的传导关系也会发生了一定的变化。本文根据时变参数向量自回归（TVP－VAR）模型分析了货币政策对物价和经济增长的时变影响效应。

1. 物价波动特征分析

图 6 显示了经过季节调整的 PPI 与 CPI 走势。CPI 自 2013 年 10 月到达此轮周期的波峰后缓慢下降，2014 年 12 月到达阶段低点 1.3%，然后就开始缓慢上升直到样本期末的 2015 年 9 月。根据我们提出的短周期判别准则，还难以完全确定 2014 年 12 月为周期谷底。从周期角度分析，这次物价周期的波峰（2.8%）相较于前几轮物价周期的波峰偏低，而波谷水平（1.3%）要相对较高，波动幅度明显减小。

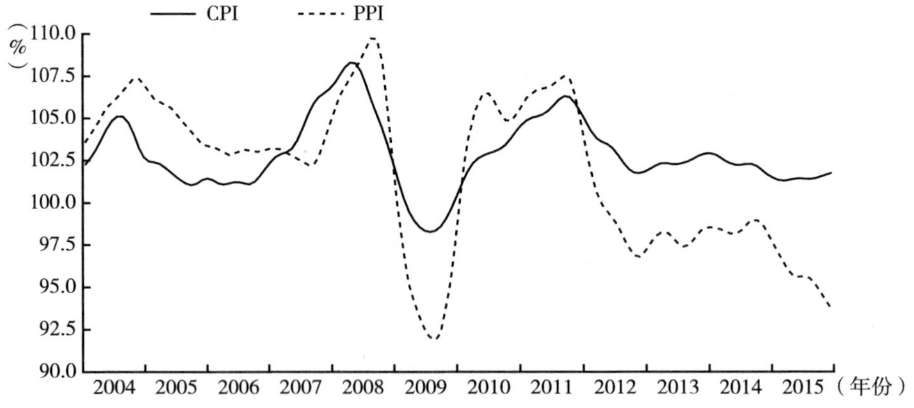

图 6　CPI 与 PPI 趋势

本轮物价周期的这一新特征与我国当前的经济发展阶段有关。一方面，大规模刺激政策的退出，加上 2012 年以来我国经济增长的结构性减速以及世界经济增长的低迷，导致 CPI 波峰较以往降低，没有形成明显的通胀；另一方面，经过改革开放后多年的经济高速发展，我国居民的财富有了一定的积累、消费能力有很大提高。消费在适度水平的稳定增长和劳动力成本的不断提升构成了需求端对 CPI 的相对较高支撑。

与 CPI 的走势不尽相同，主要受上游行业的去产能化的影响，PPI 自 2012 年开始出现了持续时间最长的负增长局面。PPI 于 2012 年9 月跌到波谷（-3.3%）后曾出现缓慢的波浪形上涨，于2014 年7 月达到波峰（-1%）。此后，随着国际大宗商品价格的下跌，PPI 再次呈现下降趋势，截止到 2015 年 9 月达到 -5.9%，创造 1997 年以来的次低点。随着去产能化的不断推进和国际大宗商品价格在历史低位企稳，预计 PPI 会出现缓慢的回升修复。

2. CPI 影响因素分析

从图 7 中可以看出，CPI 非食品分项的波动幅度要较，CPI 以及 CPI 食品分项的波动幅度小，CPI 的波动主要受食品价格波动的影响。

从 2015 年 6 月起，食品价格的上涨带动 CPI 出现小幅上升，而食品分项中增速较快的为鲜菜价格和猪肉价格。鲜菜价格涨幅增加主要是因为厄尔尼诺现象造成我国南方降雨较多，对蔬菜生产产生不利影响。国家气象局 10 月的新闻发布会认为，厄尔尼诺现象会造成我国 2015 ~2016 年冬季气温偏高，从而有利于蔬菜的种植，因此蔬菜价格涨幅有望逐渐降低。

另外，此轮“猪周期”表现为价涨量缩，说明猪肉价格上涨主要是供给减少造成的，随着生猪养殖利润恢复到较高水平，猪肉价格涨幅会趋于稳定。同时，非食品价格涨幅不会出现较大变化，因此，预计短期内 CPI 涨幅有限。

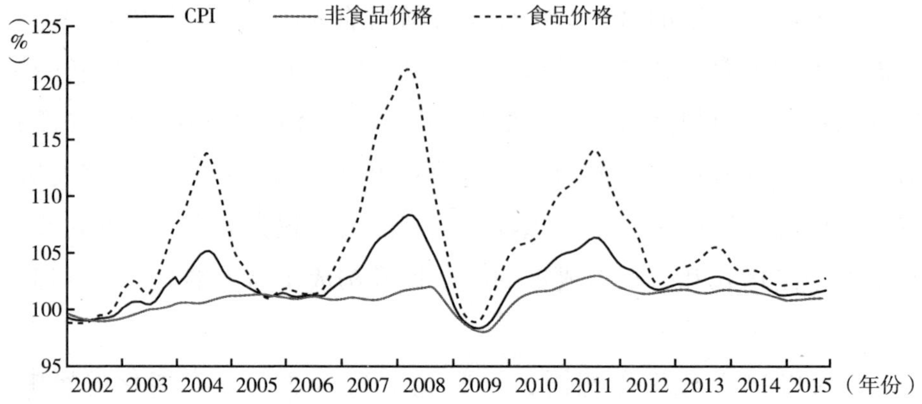

图 7　CPI、食品价格与非食品价格

3. PPI 影响因素分析

工业企业出厂价格指数中权重最大的是重工业出厂价格指数，而该指数受上游原材料价格变动的影响非常大。因此，上游原材料价格变动对 PPI 变化的贡献很大。随着经济的发展，我国重工业生产中所需要的原材料的对外依存度不断提高，原油、铁矿石等的进口量占总消耗量的比率早已超过 50%，故我国 PPI 在很大程度上受国际大宗商品价格变动的影响。图 8 显示，我国 PPI 的走势与英国布伦特轻质原油的现货价格同比增速走势很接近。从 2014 年 7 月开始，国际原油市场价格开始下跌，我国 PPI 也紧随其后开始下跌。

近 1 年来，国际大宗商品价格大部分跌幅已达 50%，预计大宗商品价格继续下跌的空间已有限。日交易数据显示，9 月原油价格已经在 40 美元/桶的底部价格企稳，铁矿石（澳洲 62% 铁矿粉）从 2015 年 3 月起在 360 ~ 480 元/吨的范围内小幅波动。随着大宗商品生产商产量的调整，预计 2016 年原油和铁矿石价格不会继续大幅下跌，从而 PPI 有望出现缓慢的回升修复。但由于同比数据具有一定的延迟效应，PPI 的负增长局面可能会持续到 2016 年下半年。

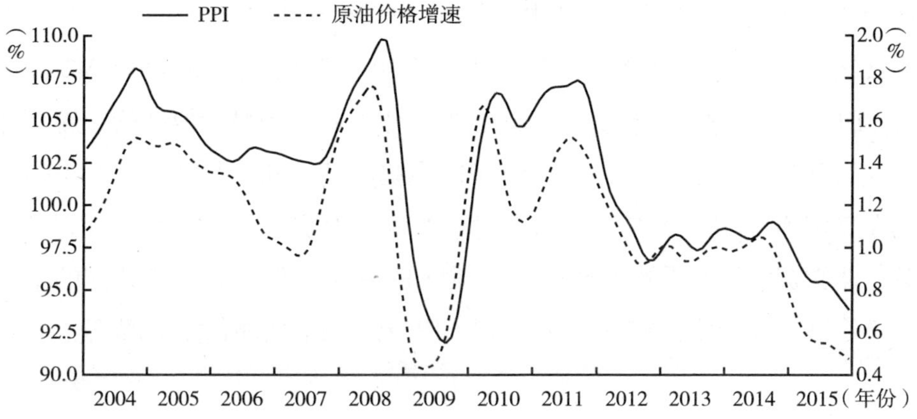

图8　PPI和原油价格增速

4. 货币政策对物价的动态影响

随着我国经济发展进入“新常态”，经济结构在发生变化，经济变量间的关系也会相应发生改变。本部分使用TVP-VAR模型来分析在“新常态”下货币政策对物价和经济增长的影响的变化。TVP-VAR模型是Cogley和Sargent（2005）提出的一种变参数VAR模型，模型中假定VAR模型的参数服从随机游走。这样随着参数逐渐缓慢地变化，模型刻画的经济结构也是逐渐缓慢变化的。因为模型的参数是随时间变化的，TVP-VAR模型的脉冲响应函数在不同时期也会不同。通过分析不同时期货币政策对CPI和GDP的时变影响，可以在一定程度上反映我国经济结构的变化，可以更加精确地得出当前货币政策对物价和经济增长的影响程度。本部分使用的TVP-VAR模型是Koop等（2009）的同方差形式，选取的变量为M2、CPI和GDP同比增长率。

M2一单位正外生冲击将会对GDP和CPI产生正的影响，即M2增速提高会引起GDP增速和CPI的增加。这种影响随时间的积累逐渐增大，在大约第6期达到最大值，然后逐渐回落，大约在第12~15期恢复到0，即影响基本消失。

GDP和CPI在两个不同时期的脉冲响应函数的差在绝大部分滞后期

都为负，这说明 M2 的外生冲击对 GDP 和 CPI 在 2015 年第二季度时的影响较该冲击在 2005 年第一季度和 2009 年第一季度时的冲击小。M2 冲击对 GDP 和 CPI 的滞后 6 期的影响在 2009 年左右达到最大值，然后逐渐降低直到 2014 年停止下降并在低位保持小幅波动。M2 对 GDP 和 CPI 的影响在 2009 年达到最大与当时为应对金融危机而实施的大规模经济刺激有关，非常宽松的货币政策推动 GDP 和 CPI 高涨。但随着宽松政策的结束以及经济景气趋冷，M2 外生冲击对 GDP 和 CPI 的影响也逐渐降低。

四 2015 ~2016年主要宏观经济指标预测

下面利用多种经济计量模型对主要宏观经济指标的变动趋势进行预测，以便进一步把握经济增长的未来走势，为政府的宏观调控提供参考信息。各指标的具体预测结果见表 1。

表 1 主要宏观经济指标预测结果

单位：%

指标名称	2015 年第四季度	2015 年全年	2016 年第一季度	2016 年全年
GDP 增长率(可比价)	6.9	6.9	6.8	6.8
规模以上工业增加值增长率(可比价)	6.2	6.2	6	6
固定资产投资(不含农户)累计增长率	10.2	10.2	10	10.6
社会消费品零售额增长率	10.9	10.6	10.1	10.4
出口总额增长率	-5.6	-2.7	-2.7	0
进口总额增长率	-10	-13.9	-7.5	-3.8
狭义货币供应量(M1)增长率	11.5	11.5	11.8	12
广义货币供应量(M2)增长率	13.5	13.5	13.7	14
金融机构人民币贷款总额增长率	15.3	15.3	14.5	14
居民消费价格指数(CPI)上涨率	1.8	1.5	1.8	1.9
工业生产者出厂价格指数(PPI)上涨率	-5	-5	-4.5	-3.5

注：数据均为同比增长率，预测的样本数据截止到 2015 年 9 月。

1. 2015年和2016年的经济增长速度将分别达到6.9%和6.8%

在潜在经济增长率“换挡”下移和全球经济复苏乏力的背景下，加上“稳增长、调结构、促改革”的政策导向，新一轮经济周期开始进入“微波化”的新常态。预计2015年第四季度至2016年经济增长有望在6.7%～7%大体保持平稳运行。预测2015年GDP增长率为6.9%左右，比上年回落0.4个百分点，基本达到2015年《政府工作报告》中提出的预期目标。2016年的GDP增长率或小幅下降至6.8%左右。

2. 物价走势大体平稳，预计CPI 2015年和2016年两年分别上涨1.5%和1.9%左右

根据前文的分析，在经济增速止降回稳和猪肉价格周期性上升的带动下，加上市场流动性趋于宽松，结合物价周期的波动特征和模型外推结果，预计2015年第四季度物价上涨1.8%左右，全年CPI上涨1.5%，涨幅比上年下降0.5个百分点。2016年CPI可能保持微幅上升的走势，全年涨幅在1.9%左右。总体来看，2015～2016年物价会继续在“正常”区间小幅波动，走势大体平稳，通胀压力不大。

工业品出厂价格PPI或在第三季度止跌企稳，然后呈缓慢回升趋势，预测2015年PPI下降5%左右，降幅比上年扩大3.1个百分点。2016年PPI仍然难以走出负增长区间，预计全年下降3.5%左右，下降幅度有所收窄。

3. 工业生产增速或在“过冷”区上界6%附近小幅波动，走势趋于平稳

在“去产能”“调结构”和“稳增长”政策的综合影响下，工业生产增速经过前期的较大回落后从2015年第三季度开始将止跌趋稳。由于短期内工业领域相对过剩的局面难以根本改变，同时外需仍然比较疲软，因此，工业增加值增速仍将低位运行，在“过冷”区间的上界6%附近小幅波动。预测2015年和2016年规模以上工业增

加值分别增长6.2%和6%左右。

4. 固定资产投资有望在“过冷”区止降回暖

受制造业投资动力不足和房地产市场不景气的影响，固定资产投资增速的下滑走势可能会持续到2016年第一季度。预计2015年全年固定资产投资（不含农户投资）增长10.2%左右，比上年下降5.5个百分点，处于“过冷”区间上部。随着新一轮货币政策效果的发挥，以及政府财政持续在基建投资领域加码，2016年固定资产投资增速或缓步回升，预测全年增长10.6%左右，略高于2015年，但仍处于“过冷”区间。

5. 消费品零售额增长在“正常”区间下界附近缓中趋稳

受新业态和消费升级类商品不断增长，房地产销售增加带动住房相关的家电、建材等产品消费增长的影响，消费品市场有望结束近年来的缓慢下行态势，走势趋稳。预测2015年名义消费品零售额增长10.6%左右，比上年下降1.4个百分点，接近“绿灯区”的下界，增速基本适度。剔除物价因素后的实际消费增长10.5%左右，比上年低0.4个百分点。预计2016年消费品零售额名义增长10.4%左右，或进入10.5%以下的“偏冷”区间，实际消费增长10.3%左右，均小幅回落，走势大体平稳。消费对经济增长的贡献率将继续上升。

6. 进出口景气仍将处于负增长的“过冷”区间，但走势止跌回稳

2015年欧美经济复苏仍然乏力，OECD先行指数和官方PMI新出口订单指数呈缓慢下滑走势，人民币贬值对出口利好作用相对有限，因此，短期内外贸出口增长仍然疲软，但从2015年第四季度开始可能会出现温和回升走势。预测2015年第四季度出口增长-5.6%左右，全年出口总值约22800亿美元，增长-2.7%，增速较上年下降8.8个百分点。这是30多年来我国出现的第二次负增长情况（第一次发生在全球金融危机爆发后的2009年）。预计2016年出口可能

恢复到零增长水平左右。

受经济下行、人民币贬值和进口大宗商品价格回落影响，进口增长的低迷态势难以出现较大改观，但从2015年第二季度开始的进口增速回稳态势有望延续到2016年。预计2015年进口总值16900亿美元左右，较上年下降13.9%，创造1978年以来的最低增速。初步估计2016年进口增长-3.8%左右，进口额16250亿美元左右。

按此预测，2015年和2016年进出口总额增长总体将继续处于负增长的“过冷”区间，2015年全年进出口总额为39700亿美元左右，增长约-7.8%。全年贸易顺差5900亿美元，比2014年大幅增长约55%，从而对拉动全年GDP增速起到积极作用。2016年进出口总额约39050亿美元，增长-1.6%，增速有所回升，外贸顺差6550亿美元左右，增长11%左右，增速明显回落。

7. 货币供应增长保持小幅回升走势，M1增速有望回到“正常”区间

在“稳增长”的政策指导下，2015年以来，央行多次降息、降准，社会中的流动性逐渐宽裕，货币供应增长将在新一轮周期中保持温和回升态势。预测2015年末M1增长11.5%左右，增速比2014年大幅增加8.3个百分点，回到“正常”增长区间（8.5%～15%）。2016年末M1增长可能继续回升到12%左右。预测2015年M2增长13.5%左右，较上年增加1.3个百分点。估计2016年全年货币供应增长可能进一步增加到14%左右。

预计贷款总额增速或升中趋稳，2015年末人民币贷款余额增长15.3%左右，增速较上年增加1.7个百分点，继续位于“正常”区间（14%～17%）。全年新增贷款约12.5万亿元，较2014年多增25500亿元。预计2016年人民币贷款增长14%左右，全年新增贷款约13.2万亿元。

五 结论和相关政策建议

综合以上分析和预测结果，我国经济景气在2015年第二季度止跌企稳，之后可能在“偏冷”区间下部保持大体平稳的运行态势。在“稳增长”的政策作用下，短期内经济景气再次降温进入“过冷”区间的可能性较小。预测2015年和2016年GDP增长率将分别达到6.9%和6.8%左右，CPI上涨率分别为1.5%和1.9%左右，经济增长和物价波动继续呈现新常态下的“微波化”特征。

在宏观经济下行压力与新的发展机遇并存的情况下，宏观经济调控应该继续坚持“稳中求进”的主基调，以“稳”为主，根据经济运行情况，适时进行政策微调。近期在进一步创造和完善良好的货币金融环境的情况下，应更加注重发挥财政政策的调节作用。同时，关注产业结构调整和体制改革深化，积极推进金融、财政、国企等关键领域改革，以改革促发展。

1. 货币政策宜适度宽松，并与财政政策协调配合

为缓解经济下行压力，央行在2015年已5次下调存贷款基准利率，存贷款利率已降至金融危机以来的最低水平。从前面的宏观经济监测结果来看，经济景气尚没有进入全面回升期，货币政策还没有达到预期目标，故货币政策取向宜调整为适度宽松；同时，应立足于进一步疏通货币政策传导渠道和机制，降低社会融资成本，推动资金流向实体经济。理论和实践均表明，由于“流动性陷阱”的存在，货币政策应对景气下行的效果往往不佳。因此，适度宽松的货币政策要辅以积极的财政政策，两者协调配合，才能起到引导企业投资和居民消费、摆脱经济持续下行，以及避免通货紧缩困局的作用。

2. 优化出口产品和地区结构以稳定外需，同时，进一步扩大国内有效需求

要实现“稳中求进”的目标，应将稳定外需与扩大国内有效需求有机结合。在国内宏观经济下行与世界主要经济体增长乏力的双重压力下，政府和企业既要做好应对外需不振的长期准备，又要抓住现阶段世界经济温和复苏的有利条件，优化出口结构，推动加工贸易转型升级。我国短期内难以改变以投资为主导的发展模式，为此，保持基础设施投资的适当增速仍然是稳定增长的必要条件。在积极扩大投资的同时，还应稳步提高居民收入水平，特别是中低收入群体的收入水平，从源头上解决需求不足的问题。

3. 多措并举，治理工业领域的结构性通缩问题

至2015年9月，PPI经历了连续43个月的负增长，显示工业领域通缩局面仍在延续。PPI的持续下跌是国内产能过剩、国内外需求低迷及国际大宗商品价格下跌等多重因素影响的结果，其主要根源在于局部供给相对过剩。因此，为治理工业领域结构性通缩，一方面要加快淘汰落后产能，让市场机制和经济杠杆倒逼企业加大技术创新和转型升级；另一方面应采取有针对性的财政政策、产业政策、投资政策以及开放政策，适度、合理地拉动需求，有力化解产能过剩，多措并举推动经济走出结构性通缩压力区间。

4. 积极推进国有企业改革，增强国企活力和竞争力

国有企业是我国国民经济的中流砥柱，但受益于政府的隐性担保，国有企业往往投资一些效率低下的项目，这无疑造成了很大程度上的资源错配和效率损失。2015年5月18日，国务院公布、国家发改委制定的《关于2015年深化经济体制改革重点工作的意见》，从制定完善国有企业法人治理结构、防止国有资产流失等六大方面，进一步明确了2015年的国资国企改革重点。2015年8月24日，中共中央、国务院出台的《关于深化国有企业改革的指导意见》成为新一

轮国企改革的国家顶层设计方案，为下一步国企改革的方向与路径定调。在推进国有企业改革方面，一是要在积极推进国有企业改革、重组、并购等的同时，进一步深化企业内部改革。按照现代企业制度要求，优化内部机构设置，完善劳动用工和薪酬分配制度，强化激励约束，扩大权属企业自主经营权；引导企业构建内部市场化运行机制，推动企业母子公司之间、权属企业之间市场化运行，真正实现自主经营、自负盈亏。二是要健全、完善防止利益冲突机制。自 1985 年至今，国企改革已推行 30 余年，难以取得突破性进展的一个关键因素在于改革过程中的利益冲突。为此，在国有企业改革的同时，要不断加强招投标监管、关联方交易监管，建立健全国有企业任职回避、公务回避等制度，以减少和防止利益冲突的发生。

参考文献

陈磊、隋占林、张同斌：《2014～2015 年经济景气形势分析与预测》，载于《经济蓝皮书：2015 年中国经济形势分析与预测》，社会科学文献出版社，2014。

高铁梅、陈磊、王金明、张同斌：《经济周期波动分析与预测方法》（第二版），清华大学出版社，2015。

《关于 2015 年深化经济体制改革重点工作的意见》，国务院网站，2015 年 5 月 8 日，网址：http：//www. gov. cn/zhengce/content/2015 – 05/18/content_ 9779. htm。

孔宪丽、高铁梅、张同斌：《2015 年中国宏观经济波动及走势的分析与预测》，载于《经济蓝皮书春季号：2015 年中国经济前景分析》，社会科学文献出版社，2015。

中共中央、国务院：《关于深化国有企业改革的指导意见》，《人民日报》2015 年 9 月 14 日，网址：http：//politics. people. com. cn/n/2015/0914/c1001 – 27577991. html。

中国人民大学宏观经济分析与预测课题组：《中国宏观经济分析与预测（2015 年中期）报告》，《经济理论与经济管理》2015 年第 8 期。

Timothy Cogley, Thomas J. Sargent. , "Drifts and Volatilities: Monetary Policies and Outcomes in the Post WWII US ", *Review of Economic Dynamics*, 2005 年 8 月。

Gary Koop, Dimitris Korobilis. Bayesian Multivariate Time Series Methods for Empirical Macroeconomics, 2009.

《中国经济金融展望季报》，中国银行国际金融研究所网站，2015 年 9 月 23 日，网址：http://www.boc.cn/fimarkets/summarize/201509/t20150923_ 5670419.html。

王乾、钱浩：《猪价短期调整，中期供给收缩趋势未变》，网址：http://istock. jrj. com. cn/article, yanbao, 29303308. html。

《繁华落尽，以退为进——去产能背景下对 GDP 增速的再认识》，2015 年 9 月 29 日，网址：http://istock. jrj. com. cn/article, yanbao, 29303804. html。

消费、投资与进出口形势分析篇

Analysis of Consumption, Investment and Trade Situation

B.12

消费驱动与降低成本：促进经济发展的两大抓手

蔡进　武威*

摘　要：　当前我国经济运行呈现缓中趋稳趋势，制造业同样缓中趋稳，非制造业保持较快增长，物流与生产资料市场规模增速稳定。就业活动保持稳定，市场价格呈现低位回稳迹象。在经济缓中趋稳的同时，经济增长的结构也有所优化，最大的特点是，消费已经成为拉动经济增长的基本驱动力。继续推进消费升级应成为推

* 蔡进，中国物流与采购联合会会长、中国物流信息中心主任；武威，中国物流信息中心副处长。

动经济发展的重要抓手。收入分配改革是促进消费升级的重要推手。经济效益改善是当前经济发展需要解决的首要问题。从节流的角度来考虑，提质增效的唯一途径就在于转变发展方式，降低成本。

关键词：　经济发展　消费驱动　降低成本

一　经济缓中趋稳，质量改善

综合各监测数据，截止到2015年10月，我国经济增长整体呈现缓中趋稳的态势，表现在以下几个方面。

（一）制造业PMI延续缓中趋稳态势

1～10月，制造业PMI均值为50%，反映经济运行仍在合理区间（见图1）。50%的平均水平意味着经济增长率继续保持在7%左右的可能性较大。从动态变化看，10月PMI为49.8%，同上月持平。主要分项指数有升有降，波动幅度较小。从PMI来看，当前经济运行保持平稳走势。

（二）非制造业保持较快增长

1～10月，非制造业PMI均值为53.6%，高于制造业PMI均值，显示非制造业保持较快增长（见图2）。从动态变化来看，服务业活动的加快是推进非制造业整体提升的动力，持续发挥着经济稳定器的作用。第三季度服务业商务活动指数均值为52.8%，较第二季度上升0.6个百分点。

10月以大宗商品批发和水上运输业等为主的生产性服务业PMI

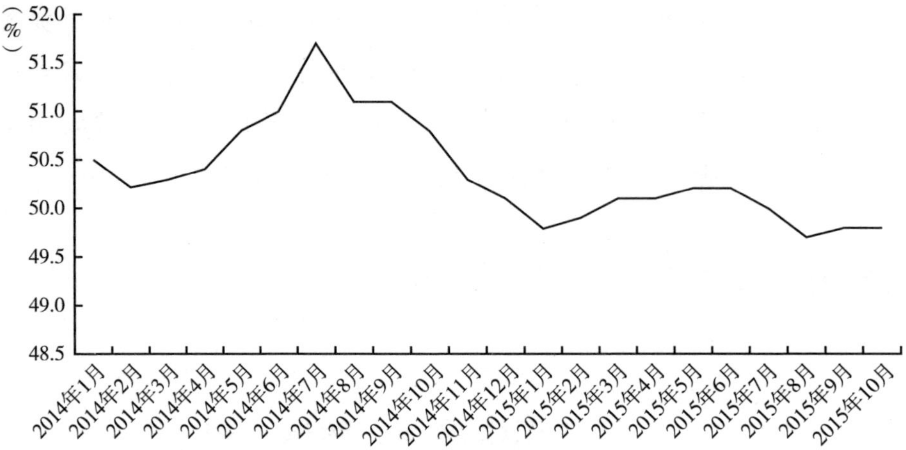

图1　制造业PMI走势

有所回落，成为服务业指数回调的主要因素。但与节日消费相关的消费性服务业指数出现明显回升。数据显示，在节日消费带动下，交通运输业、餐饮业、住宿业、旅行社以及景区景点相关行业的商务活动指数和新订单指数环比均有较为明显的上升。反映居民消费的零售业活动虽有回落，但商务活动指数仍保持在60%以上的较高水平。

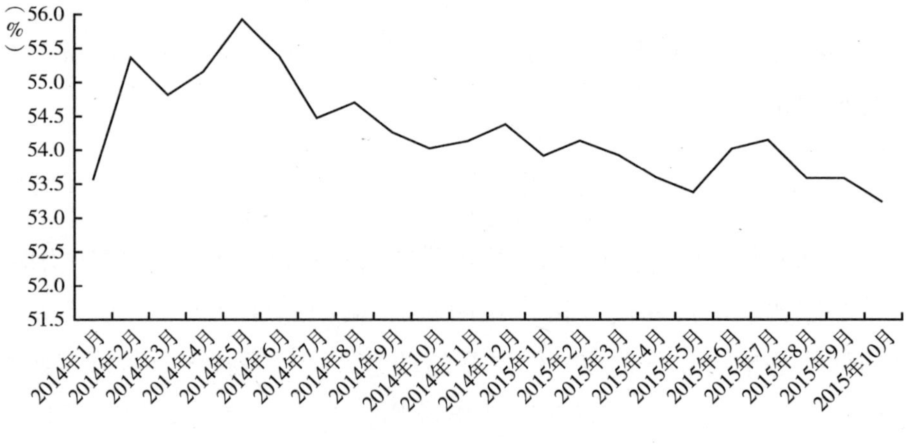

图2　非制造业商务活动指数走势

（三）物流与生产资料市场规模增速稳定

根据中国物流信息中心初步核算数据，1～10月，全国社会物流总额按可比价格计算，同比增长5.7%，增速比上年同期回落2.7个百分点；从各季度情况看，增速比第一季度回升0.1个百分点，与上半年持平，物流运行总体呈现缓中趋稳态势。大宗商品销售总额同比增长8.4%，比2014年同期回落0.9个百分点，与上半年持平。具体见图3、图4。

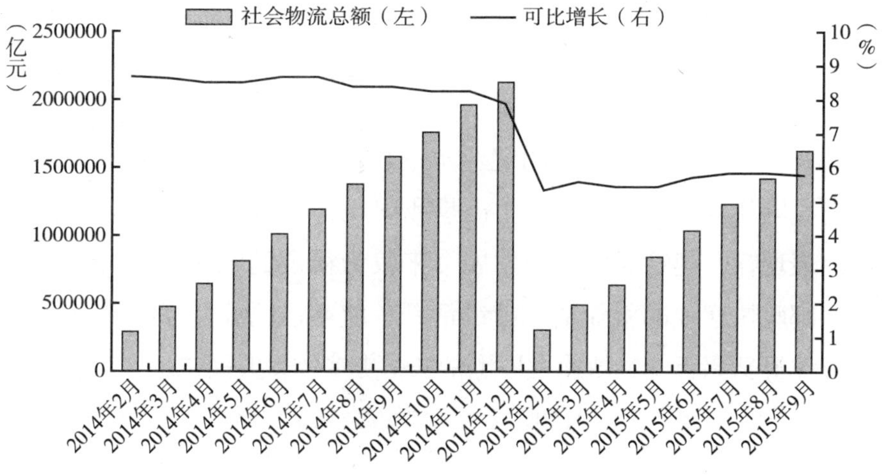

图3　2014年2月至2015年9月社会物流总额及增长变化情况

在经济增长保持缓中有升格局的同时，经济运行的质量也有所改善，体现在就业活动保持稳定上。

PMI相关数据显示，1～10月制造业从业人员指数稳定在48%左右。非制造业从业人员指数连续5个月稳定在49%以上，且7～10月的均值水平高于上半年。从调查比例来看，制造业企业和非制造业企业反映从业人员变化较小的比重均保持在80%以上，反映出就业活动保持基本稳定。

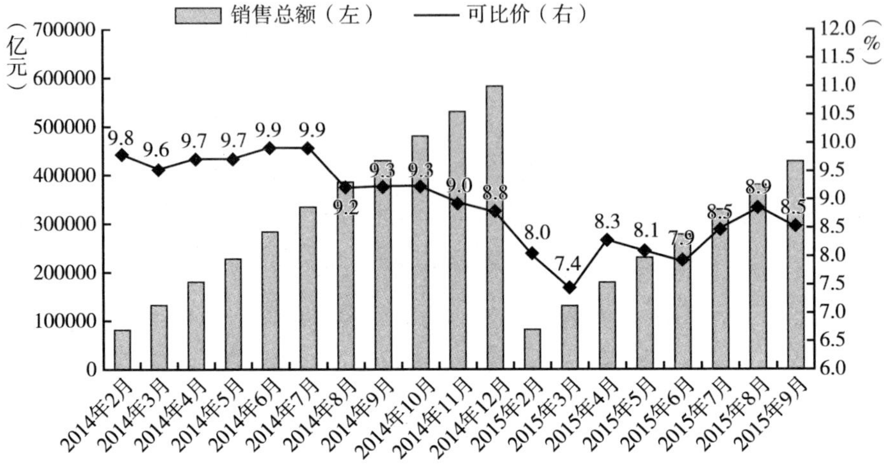

图4　2014 年 2 月至 2015 年 9 月大宗商品累计销售总额及同比变化

值得关注的是非制造业的就业水平长期以来高于制造业（见图5），是保持我国就业稳定的主力军，也是我国经济运行质量稳步推进的重要保障。表现在：建筑业的较快发展带来较为稳定的就业增长；在网购带动下，邮政快递业的就业活动持续活跃；航空运输业、互联网及软件技术服务业等新兴行业的快速发展也带来了更多的就业岗位。

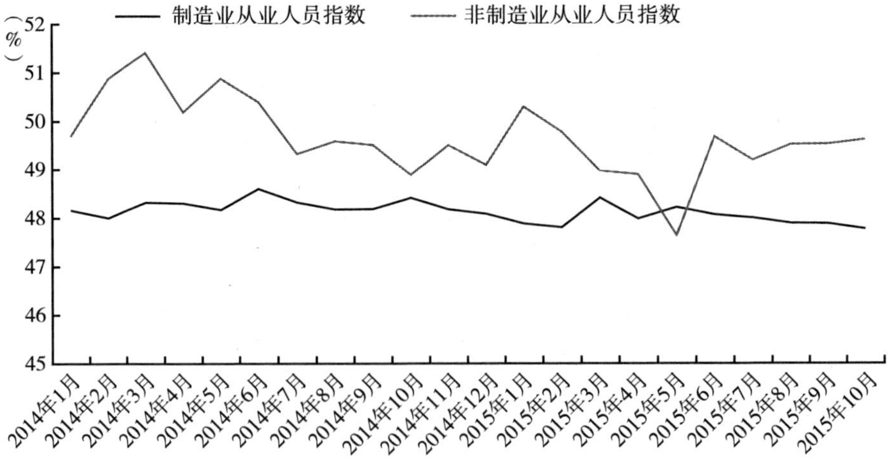

图5　制造业与非制造业从业人员指数

二 消费成为拉动经济增长的基本动力

在经济缓中趋升的同时，经济增长的结构也有所优化，最大的特点是，消费已经成为拉动经济增长的基本驱动力。统计局数据显示，前三季度最终消费支出对经济增长的贡献率为 58.4%，比资本形成总额高 15 个百分点。行业增长的结构变化也能够充分体现消费对经济增长的拉动力。

从制造业来看，虽然传统行业发展走势偏弱，但高技术产业、消费品行业继续保持快速发展，PMI 均高于 55%，显示创新驱动、消费拉动作用稳步提升。

从服务业来看，节日消费拉动居民需求已经常态化，电信和互联网服务业等新兴行业对经济增长的辅助作用持续发酵，相关行业商务活动均保持在高位运行。服务业的发展已经成为确保经济稳定增长的持续推动力。

从物流业来看，在工业物流中，高新技术产业和支撑工业转型升级的高端细分行业物流需求保持较快增长，消费物流需求稳中向好，与民生相关的单位与居民物品物流总额保持快速增长，同比增速保持在 30% 以上。

（一）继续推进消费升级应成为推动经济发展的重要抓手

与以往的周期性波动不同，这次经济增速的回落是经济增速换挡所导致的，这就意味着经济增速回落之后，很难再回到原先的高度。在此背景下，经济发展的含义将有所改变，经济发展并不是一定要求将经济增速必须稳定在某个水平以上，而是要根据不同发展时期，将经济增速稳定在合理适度的区间，给企业经营提供稳定持续的发展环境。和以前主要依赖投资和出口不同，当下拉动经济增长的动力基础应更多依赖消费。从图6走势可以看出，与投资和出口相比，消费增速相对保持稳定。

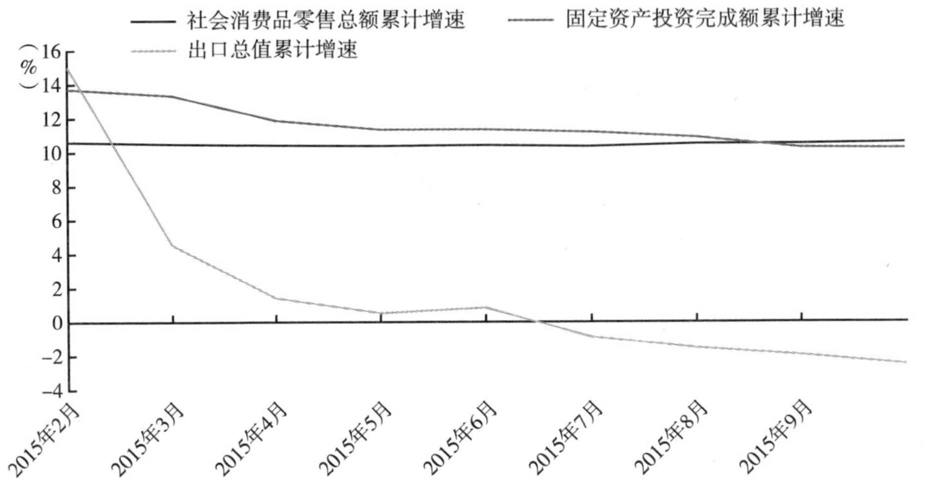

图6　2015年2~9月消费增速与投资和出口增速的比较

因此当前促进经济发展的抓手更多地应倚重消费。但在现在传统的消费领域、消费规模基础上来扩大消费需求，推动经济平稳发展，已经很难。需要从改善民生入手，通过创新发展，推动消费升级，形成新的经济增长点和创造就业的新空间。

回顾经济发展的历史，改革开放以来我国经济的跨越式发展，都是围绕着民生改善，通过消费升级来实现的。每次消费升级都能带动相关产业的发展，从而支撑经济的快速增长，这也是经济发展的根本动力。当前的消费升级不能仅仅局限于消费结构升级，更多的是要围绕国民素质提升，引导和推进消费品质的升级，进而创造出具有更高附加值的产品和服务，促进相关产业附加值的提升。

一是要围绕国民健康素质提高做好消费升级工作，极大地释放老百姓对医疗卫生、体育健康等提高国民健康水平的需求。二是要围绕国民文化素质提高的需求做好消费升级工作，推进相关教育、培训和居民文化消费品质的提升。三是要围绕国民生活质量提高的需求做好消费升级工作，如与互联网相结合的智能家居需求具备较大的发展空间。四是要围绕居民娱乐休闲消费做好消费升级工作，通过旅游休闲等娱乐活动带动餐饮、住宿和交通等相关产业的发展与升级。

（二）收入分配改革是促进消费升级的重要推手

消费升级的根本动力在于居民收入水平的提高，近年来的一个积极变化是，城乡居民收入增长率超过了 GDP 增长率。但从长期来看，收入分配不平衡的问题依然存在，成了阻碍消费升级的重要因素。收入分配差距过大，会影响居民消费的积极性，进而带来效率低下，导致经济持续增长的后劲不足。需要从持续提高低收入人群收入、扩大中产阶层规模，调节高收入人群收入等几个方面来平衡收入分配差距。为此，需要通过政府管理体制、财税体制、户籍制度以及社会保障等多层面的改革来优化社会收入分配结构。社会收入分配结构的优化，一方面能够促进人力资本积累，推动技术创新，加快消费升级；另一方面有利于提升居民的边际消费倾向，增强其对消费升级的敏感度。

三　经济效益改善是当前经济发展需要解决的首要问题

据中国物流信息中心统计数据，1～7 月重点生产资料流通企业利润总额同比下降 12.8%，降幅比 1～6 月扩大 1.2 个百分点。1～8 月重点生产资料流通企业利润总额同比下降 21.9%，降幅比 1～7 月扩大 9.1 个百分点。1～9 月重点生产资料流通企业利润总额同比下降 27.2%，降幅比 1～8 月扩大 5.3 个百分点。从我们调查的企业情况来看，流通企业的利润下降趋势具有普遍性。有的企业利润增长率降幅逐步扩大；有的企业利润状况则呈现由盈转亏的特征，有的企业利润状况则已连续四个月处于亏损状态。

（一）造成当前企业利润降幅扩大的原因

一是需求偏弱与成本高企的双重挤压。一方面，市场需求增长动力，仍显偏弱。1～10月，制造业和非制造业的新订单指数均值分别为50.2%和50.3%。无论是与企业生产指数或商务活动指数相比，还是与2014年同期新订单指数均值相比，均明显偏弱。另一方面，当前企业面临的用工成本、融资成本、物流成本以及环境保护成本等各种成本实际上仍处于较高的水平，在PMI调查企业反映情况中，劳动力成本上涨企业占比仍然高达40%以上。

二是价格水平长期处于较低的水平。根据中国物流信息中心监测数据，制造业购进价格指数自2014年1月以来基本保持在50%以下；非制造业销售价格指数自2014年2月以来持续保持在50%以下。生产资料市场价格也是长期处于下降趋势。

（二）以降成本提升经济运行效益

企业利润的下降不仅仅是意味着企业未来经营将会受阻，更多地反映了我国宏观经济运行效益或将会出现持续下滑，如何帮助企业扩大赢利空间，提升经济运行效益是需要重点关注的问题。

经济效益的提高需要增强内生性发展动力，可以从开源和节流两个方面来考虑。从开源的角度来看，需要通过技术创新、理念创新、制度创新等各个层面的创新，提升企业核心竞争力，但这需要经过长期的探索和实践。因此，与开源相比，从节流的角度来考虑增效益会更容易产生效果。

从节流的角度来考虑，提质增效的唯一途径就在于转变发展方式，提高效率，降低成本。德国提出的“工业4.0”和我国提出的

“中国制造2025”，不仅仅是为了提高智能化程度，更是为了适应目前的社会经济发展需要，通过技术创新，实现经济发展方式、生产组织模式的创新。

从组织模式创新角度看，在“工业4.0”时期，全球经济进入转型升级时代，市场的个性化需求日趋明显。“工业4.0”的思维也在主动调整为以客户为导向，通过提高智能化水平，完成定制化生产模式的转型升级。可见技术进步与创新的落脚点不是在于技术本身，而是需要通过技术创新实现经济发展方式与生产组织模式的创新。

因此，技术创新不是孤立的，应该根据社会经济发展的时代要求，推动经济发展方式与生产组织模式的转型升级。当务之急是，一手抓技术创新，一手抓生产组织模式（供应链）升级，尽快从“工业3.0”过渡到“工业4.0”。企业要做的就是主动调整为以降低成本为导向，通过优化流程，提高效率，在形成高效优化的物流与供应链组织模式的基础上，实现精益化生产方式的升级，从而大大降低经济运行的成本，形成新的效益空间。

B.13
稳增长、防风险取向下的货币金融运行

闫先东　胡新杰*

摘　要：　2015 年，中国经济放缓，经济下行压力增大。央行通过加快利率市场化改革、完善人民币中间报价机制、出台存款保险制度、加快资本项目开放、政策性和开放性金融机构改革以及改革存款准备金考核制度等进行了一系列措施应对经济运行中出现的问题。我国同期金融运行总体平稳，结构进一步优化。主要表现在货币供应量增速逐步回升、社会融资规模同比少增、贷款规模增加、市场利率先降后升等方面。但是，我国金融还存在金融风险上升、地方债务风险、信贷需求减弱、金融机构盈利下行等问题。展望 2016 年，我国会为经济稳定创造良好的金融环境，增加市场流动性。

关键词：　金融运行　金融风险　金融政策

2015 年经济增长放缓，党中央提出要高度重视应对经济下行压力，高度重视防范和化解系统性风险。为此，中国人民银行年内多次下调存款类金融机构法定存款准备金率和存贷款基准利率，并通过抵押补充贷款（PSL）、中期借贷便利（MLF）、常备借贷便利（SLF）

* 闫先东、胡新杰，中国人民银行调查统计司。本文不代表笔者任职机构意见。

等政策工具增加市场流动性，通过降低回购利率等引导市场利率逐步下行。2015 年货币信贷运行总体平稳，信贷结构进一步优化，但金融运行仍面临诸多挑战，守住不发生系统性、区域性金融风险的难度加大。

一 积极推进金融改革

（一）加快利率市场化改革

2015 年 3 月和 5 月，将存款利率浮动区间上限由基准利率的 1.2 倍依次扩大到 1.3 倍和 1.5 倍，8 月放开一年期以上（不含一年期）定期存款的利率浮动上限，10 月完全放开存款利率浮动上限。此外，2015 年 6 月发布《大额存单管理暂行办法》，允许金融机构面向企业和个人发行市场化定价的大额存单，进一步完善利率的市场化形成机制。

（二）完善人民币中间价报价机制

2015 年 8 月 11 日中国人民银行调整人民币对美元汇率中间价报价机制，规定做市商在每日银行间外汇市场开盘前，参考上日银行间外汇市场收盘汇率，综合考虑外汇供求情况以及国际主要货币汇率变化情况向中国外汇交易中心提供中间价报价。

（三）出台存款保险制度

2015 年 3 月 31 日《存款保险条例》公布，自 2015 年 5 月 1 日起施行。2015 年 4 月 1 日，国务院公布对《存款保险制度实施方案》的批复，明确存款保险基金管理工作由中国人民银行承担，履行存款保险职责。

（四）加快资本项目开放

2015 年 7 月 14 日，中国人民银行发布《关于境外央行、国际金融组织、主权财富基金运用人民币投资银行间市场有关事宜的通知》，大幅放开境外央行、国际金融组织和主权财富基金等机构在银行间市场的额度限制和投资范围，并将审核制改为备案制。

9 月 23 日，中国人民银行发布通知，进一步便利跨国企业集团开展跨境双向人民币资金池业务，将宏观审慎政策系数值调整至 0.5，并进一步降低参与跨境双向人民币资金池业务企业的门槛。

10 月，国务院常务会议决定，深化上海自贸区金融改革试点，在上海自贸区范围内和已有经验基础上，逐步提高人民币资本项目下可兑换程度，研究启动合格境内个人投资者境外投资试点（QDII2），拓宽境外人民币投资回流渠道。

（五）政策性、开发性金融机构改革取得新进展

2015 年 3 月国务院批复同意国家开发银行深化改革方案和进出口银行改革实施总体方案。农业发展银行和进出口银行将进一步强化政策性职能定位，坚持以政策性业务为主体，合理界定业务范围，建立资本充足率约束机制。国家开发银行将坚持开发性金融机构定位，进一步完善开发性金融运作模式，明确资金来源支持政策。

（六）改革存款准备金考核制度，扩大信贷资产质押再贷款试点

自 2015 年 9 月 15 日起存款准备金考核制度由现行的时点法改为平均法，这既可以为金融机构管理流动性提供缓冲机制，也有利于平滑货币市场波动。

2015 年 10 月，中国人民银行在前期山东、广东开展试点的基础

上，决定在上海、天津等9省（市）推广信贷资产质押再贷款，将评级结果符合标准的信贷资产纳入中国人民银行发放再贷款可接受的合格抵押品范围。

二 金融运行总体平稳，结构进一步优化

（一）货币供应量增速逐步回升

2015年9月末，广义货币供应（M2）余额135.98万亿元，同比增长13.1%，增速比上月低0.2个百分点，比上年同期高0.2个百分点。M2增速在前6个月呈放缓走势，7月后回升至13%以上。9月M2余额增加2916亿元，同比少增1636亿元；前三季度M2余额净增13.13万亿元，同比多增3.58万亿元。

从金融机构资产配置看，影响M2增长的负向因素主要是外汇买卖继续大幅减少。当月金融机构外汇买卖余额大幅减少7613亿元，降幅比上月扩大375亿元，上年同期为增加11亿元。其中人民银行外汇占款减少2641亿元，商业银行外汇买卖减少4972亿元。

影响M2增长的正向因素有以下四个方面。一是贷款有所回升。当月人民币贷款新增1.05万亿元，比上月多增2417亿元，同比多增1443亿元。二是债券投资规模增大。当月金融机构债券投资增加4834亿元，比上月多增1303亿元，同比多增3268亿元。主要是投资的国债和地方政府债增加4337亿元，比上月多增938亿元，同比多增2978亿元。三是股权及其他投资有所回升。当月股权及其他投资增加1011亿元，上月为减少425亿元，比上年同期少增373亿元。股权及其他投资主要是商业银行的非标债权业务，近两个月的大幅回落（1~7月月均增加6222亿元）与股市低迷、交易萎缩以及平台融资收缩有关。四是财政性存款减少较多。当月财政性存款下降3092

亿元，比上月多降1502亿元，比上年同期少降73亿元。财政性存款下降较多主要与当前实施积极的财政政策、财政支出力度加大有关。

（二）社会融资规模同比少增

2015年前三季度社会融资规模增量为11.94万亿元，同比减少5786亿元。分季度看，第一、二、三季度社会融资规模分别为4.65万亿、4.13万亿和3.13万亿元。其中，9月社会融资规模增量为1.30万亿元，分别比上月和2014年同期多2172亿元和2145亿元。

前三季度，对实体经济发放的人民币贷款增加8.99万亿元，比上年同期多增1.35万亿元；占同期社会融资规模增量的比重增长75.3%，比上年同期增幅高14.2个百分点。对实体经济发放的外币贷款折合人民币减少2660亿元，比上年同期少增5044亿元；占同期社会融资规模增量的比重增长-2.2%，比上年同期增幅低4.1个百分点。

非金融企业境内债券和股票合计融资2.38万亿元，比上年同期多1800亿元；占同期社会融资规模增量的比重为20.0%，创历史同期最高水平，比上年同期高2.4个百分点。其中，企业债券净融资1.85万亿元，比上年同期少550亿元；非金融企业境内股票融资5383亿元，比上年同期多2350亿元。

实体经济以委托贷款、信托贷款和未贴现银行承兑汇票方式合计融资4766亿元，比上年同期少1.56万亿元；占同期社会融资规模增量的比重为4.0%，比上年同期低12.3个百分点。其中，委托贷款增加1.01万亿元，比上年同期少增5466亿元；信托贷款增加566亿元，比上年同期少增3036亿元；未贴现银行承兑汇票减少5871亿元，比上年同期少增7063亿元。

（三）贷款规模同比大幅多增，投向结构进一步优化

前三季度，金融机构贷款规模大幅多增，有力地支持了实体经济

的发展。信贷结构进一步优化，中、西部贷款增长快于东部，中长期贷款较快增长，小微企业贷款增长稳定。9 月末人民币贷款余额 92.13 万亿元，同比增长 15.4%，增速与上月末持平，比上年同期高 2.2 个百分点。前三季度累计新增 9.9 万亿元，同比多增 2.34 万亿元。从结构上看有以下几个特点。

一是中、西部地区贷款增长快于东部。9 月末，东、中、西部地区贷款余额同比分别增长 11.7%、16% 和 15.5%，中、西部贷款增速分别比东部高 4.3 个和 3.8 个百分点。

二是中长期贷款较快增长。9 月末，中长期贷款余额同比增长 15.9%，增速比上年同期高 3.2 个百分点。其中，工业中长期贷款余额同比增长 5.6%，增速比上年同期低 1.4 个百分点；服务业中长期贷款余额同比增长 17.2%，增速比上年同期高 4.6 个百分点。

三是小微企业贷款增长稳定。9 月末，小微企业贷款余额 16.67 万亿元，同比增长 14.5%，增速比上年同期高 1 个百分点，比同期大型和中型企业贷款增速分别高 4.2 个和 3.7 个百分点。

四是“三农”贷款增长减缓。9 月末，“三农”贷款余额同比增长 11.7%，增速比上年同期低 2 个百分点。其中农村（县及县以下）、农户和农业贷款余额同比分别增长 11.4%、14.8% 和 5.6%，增速比上年同期分别低 1.8 个、3.6 个和 4.1 个百分点。

五是房地产贷款增速提高，其中，个人购房贷款增长持续加快。9 月末房地产贷款余额同比增长 20.9%，增速比上年同期高 2.7 个百分点；前三季度增加 2.81 万亿元，同比多增 7016 亿元，增量占同期各项贷款增量的 28.4%，比上年同期占比水平高 0.9 个百分点。9 月末房地产开发贷款余额同比增长 21.4%，增速比上年同期高 1.6 个百分点；个人购房贷款余额同比增长 20.9%，增速比各项贷款增速高 5.5 个百分点，比上年同期高 3.4 个百分点。

（四）市场利率先降后升，总体水平低于上年同期

市场利率在前五个月呈回落走势，6 月后有所回升。9 月银行间市场同业拆借平均利率为 2.05%，质押式回购加权平均利率为 2.01%，比上月分别高 26 个和 22 个基点，比上年同期均低 92 个基点；隔夜 Shibor 平均为 1.91%，比上月高 22 个基点，比上年同期低 87 个基点。

市场利率有所回升的主要原因，一是 9 月外汇占款继续大幅下降，市场流动性趋紧。继 8 月金融机构外汇买卖大幅减少 7238 亿元后，9 月外汇买卖减少 7613 亿元，比上月扩大 375 亿元。二是 8 月中国人民银行通过公开市场逆回购和短期流动性调节工具（SLO）投放 5500 亿元流动性，9 月到期 5200 亿元。此外，9 月金融机构再贷款合计 610 亿元，比上月再贷款规模减少 1051 亿元。从金融机构超储率来看，自 4 月以来，超储率不断下降，5 个月累计下降 1.33 个百分点，也反映了市场流动性趋紧。

非金融企业贷款利率总体回落。2015 年 9 月，新发放贷款加权平均利率为 5.46%，自 5 月以来持续回落，5 个月累计下降 1.08 个百分点，比上年同期下降 1.42 个百分点。从票据贴现利率看，2 月以来也基本呈回落走势，9 月长三角和珠三角票据直贴月平均利率（月息）分别为 3.08% 和 3.13%，比上月均上升 0.06 个百分点，比 2 月均下降 1.37 个百分点。贷款基础利率（LPR）逐步回落，9 月末 LPR 为 4.55%，比上年同期低 1.21 个百分点。

企业贷款利率逐步回落的主要原因，一方面是年内中国人民银行多次下调金融机构存贷款基准利率的政策效应逐渐显现。另一方面是从商业银行负债端成本看，随着存款基准利率进一步下调，存款利率有所回落；理财产品预期收益率连续 5 个月下降，9 月一年期理财产品平均预期收益率为 4.83%，比上月下降 0.17 个百分点，5 个月累

计下降0.7个百分点。此外，由于2015年外汇占款大幅下降，中国人民银行通过外汇占款创造基础货币的渠道受限，因此多次降低商业银行法定存款准备金率（商业银行的部分法定准备金转为超额准备金），通过抵押补充贷款（PSL）、中期借贷便利（MLF）等再贷款工具为商业银行提供低成本的流动性，有助于降低商业银行负债端成本，从而为商业银行降低信贷利率创造了条件。

三　金融运行中面临的突出问题

（一）金融风险快速上升

一是潜在不良率较高。截至2015年8月末，金融机构不良率为2%，同比上升0.37个百分点，年内各月基本呈上升走势；1~8月不良贷款新增4716亿元，同比多增2766亿元。在信贷风险不断上升的环境下，部分商业银行受监管考核及上级行考核压力，存在通过放松贷款认定标准、不良资产代持、资产重组、续贷等手段暂时掩盖不良资产的风险，信贷风险并未充分暴露。

商业银行掩盖不良资产的方式主要有三种：第一种是五级分类标准在实际执行中有所放松，贷款分类偏离度加大，隐性不良资产风险较大；第二种是部分银行通过非真实转让手段将不良资产出表；第三种是通过续贷或过桥贷暂时舒缓风险。

二是不良贷款集中在过剩产能行业中的制造企业以及批发零售企业，并向其他融资渠道扩散。由于经济下行、需求下降、产能过剩，部分过剩产能行业中的制造企业以及批发零售企业经营困难，不良贷款率上升较快。

三是不良资产处置难度较大。主要原因，第一是宏观环境不利于不良资产处置。在经济增速放缓、产能过剩、转型升级的背景下，工业厂房、机械设备等资产价值缩水。受房地产降温影响，多数城市的银行信贷主要抵押品如土地、房产等资产价格出现下降，增加不良资产变现难度。第二是不良资产转让限制过多，处置成本高。根据财政部、银监会有关规定，国有及国有控股银行不良资产批量转让的对象仅限于四大国有资产管理公司和本省的一家国有资产管理公司，可供银行选择的空间有限。地方性资产管理公司购入不良资产需采取债务重组方式进行处置，不得对外转让，导致地方资产管理公司参与不良资产处置的积极性不高。第三是不良资产诉讼清收难度大。从诉讼到资产拍卖完成需要1~2年甚至更长时间，严重影响不良资产处置效率。房产是银行主要抵押物，也是实现债权的重要保障，但被执行人只有唯一住房时，各基层法院常以维稳等理由不予处置。

四是个人贷款质量出现下降，风险逐步显现。受经济下行等因素影响，个人信用风险逐步显现，主要集中在私营或民营企业的个人贷款。出现个人违约的原因是受经济不景气影响，借款客户生意亏损，无力还款；或者客户利用信用卡套现获利，后因资金链断裂无力还款，出现逾期甚至离职跑路现象。

（二）地方债务风险不容忽视

地方政府性债务限额基数被低估。一是总量性低估。在2014年末的债务甄别中，部分公益性项目和准公益性项目举借的债务未被纳入地方政府性债务。二是结构性低估。三类债务划分方式不合理，部分事实上由政府承担偿还责任的债务（即一类债务）计入了二、三类债务。

限额管理下，地方政府性债务名义增速呈断崖式下降。2013年6月末至2014年12月末，一类债务累计增加4.5万亿元，年化增速为26.0%，或有债务累计增加1.6万亿元，年化增速为14.7%。2015年一类债务净增长空间仅6000亿元，增速仅3.9%，意味着2015年地方政府性债务名义增量和增速较前几年出现断崖式下降。如果严格执行债务限额，地方政府广义财政赤字将出现实质性紧缩。

融资平台陷入债务螺旋式上升状态，维系债务安全的成本越来越高。平台公司名义上是企业，实质上扮演了“第二财政”的角色，其主要职能是落实政府的投资计划，通过融资完成政府投资任务。平台公司投资的多数项目是缺乏现金流或现金流不足的公益性和准公益性项目，一般由政府根据协议向平台公司回购。回购的资金来源主要是土地出让收入，即便在土地成交活跃的年份，土地出让收入也不能覆盖回购资金需求，2015 年土地市场不景气更加剧了地方政府的支出压力。

地方政府为保障平台公司的融资能力，不能无限期地拖欠回购款，通常以土地注入形式支付回购款。平台公司的现金流本质上依靠的是扩大融资，即以应收款或土地资产为抵押，通过融资支付到期债务本金。在经济下行压力下，平台公司还要承担新增投资任务，即同时承担借新还旧、借新还息、借新投资的“三借”压力，融资任务繁重。由于债务越滚越大，将来这些债务到期后，可以预料财政仍然无力实质性支付回购款，平台公司仍然要靠扩大融资维系运营。因此，平台债务将不可避免地螺旋式上升。

在财政收支压力凸显和地方债务管理趋于严格的背景下，经济增长与债务增长的矛盾逐渐显现。短期内稳增长主要靠稳投资，稳投资主要靠政府投资，政府托底投资与债务约束又存在矛盾。因此，地方政府陷入“稳增长”和“去杠杆”的政策两难境地。随着平台公司借新还旧、借新还息、借新投资“三借”压力的积累，维系债务安全的成本将越来越高。

（三）信贷需求趋弱，信贷结构调整困难

在经济下行及产业结构调整背景下，部分企业特别是中小企业受到市场需求下降、用工成本上升、赢利能力减弱等多重因素叠加影

响，扩大再生产意愿不强，中长期投资意愿低迷，信贷需求不足。当前企业可以分为三类。第一类是产品销量大幅下滑、利润下降、赢利能力和成本承受能力降低的企业被动收缩经营和融资规模。第二类是行业中经营较为稳健的优质企业普遍抱有准备“过冬”的谨慎心态，经营方面减少投资，主动收缩融资规模，甚至提前偿还贷款。第三类是符合国家绿色节能环保政策、产品适销对路、质量过硬的企业的市场份额不断上升，呈现产销两旺的生产经营局面，扩大产能、改进生产的信贷融资需求相应增加，但这类企业数量相对较少。

另外，商业银行信贷投放依然存在“规模偏好”和“所有制偏好”。“规模偏好”是指银行倾向于给大企业贷款而对中小企业较为谨慎。“所有制偏好”是指银行倾向于将信贷资金更多地配置给国有企业，而对民营企业较为谨慎。商业银行认为，国有企业即使陷入财务危机，政府也会给予救助，向国有企业发放贷款相当于拥有政府发放的资金“安全牌”。

在经济下行阶段，产能过剩行业比其他行业面临更严重的周期性冲击，钢铁、煤炭等大宗商品价格大幅下滑导致相关行业企业财务状况急剧恶化，而商业银行对产能过剩行业降杠杆并不容易。一方面，压降企业贷款将导致企业财务状况恶化，企业的流动性压力进一步增大。产能过剩行业均为重资产行业，固定资产投入占比较大，前期投入主要依靠银行信贷，为保证企业正常运转，银行被迫维持授信额度支持企业渡过难关。另一方面，政府稳增长和保就业压力对信贷压降有所制约。产能过剩行业企业在地方经济中占比较高、雇佣劳动力数量较大，一些地方政府明确要求各家金融机构不得压减这些企业的授信规模，甚至希望银行进一步增加信贷投放。

（四）金融机构赢利能力下行

上半年，银行业存款类金融机构利润总额 1.31 万亿元，同比下降 0.72%。商业银行利润减少的原因主要有以下几个方面。

一是受存贷款利差收窄影响。由于理财产品、货币市场基金、股票市场等分流存款，商业银行存款利率下降幅度不及贷款利率，存贷款利差持续收窄，利润明显下降。

二是拨备大幅增加，计提资产减值损失大量侵蚀利润。2015 年以来，不良贷款余额增加和资产质量结构恶化提高了对金融机构账面拨备的要求，资产减值损失计提大幅增长。

三是地方政府债务置换影响商业银行信贷规模和利润水平。2015 年，财政部下达了 3.2 万亿元的地方政府置换债券发行额度，其中银行贷款比重最高（2013 年 6 月末地方政府债务余额中银行贷款占 50.8%）。2015 年地方政府债券发行利率基本在 4% 以下，而 2014 ~ 2015 年第二季度商业银行贷款季度加权平均利率在 6% ~7.2%，意味着商业银行资产收益率至少下降了 2 ~3 个百分点。

（五）资本外流压力加大，汇率风险不容忽视

9 月银行结汇 1229 亿美元，环比下降 40.6%，同比下降 24.6%；售汇 2321 亿美元，环比下降 7.3%，同比增长 29.4%；结售汇逆差 1092 亿美元，逆差规模创历史新高，比上月扩大 656 亿美元。前三季度结售汇逆差 3015 亿美元，上年同期为顺差 1722 亿美元。

9 月人民银行外汇占款下降 2641 亿元，全金融机构外汇买卖下降 7613 亿元；前三季度人民银行外汇占款累计下降 1.24 万亿元，上年同期为增加 7748 亿元，全金融机构外汇买卖累计下降 2 万亿元，上年同期为增加 8163 亿元。

从外汇供求关系即即远期结售汇差额（剔除了远期结售汇履约重复计算的影响，即“即远期结售汇差额 = 即期结售汇差额 + 未到期远期结售汇差额变动额”）来看，前三季度即远期结售汇逆差 4075 亿美元，上年同期为顺差 1369 亿美元，2015 年市场需求旺盛，供应

不足。

从国际收支情况看，2015 年上半年，经常账户顺差 1522 亿美元，其中，货物贸易顺差 2565 亿美元；服务贸易逆差 955 亿美元；资本和金融账户逆差945 亿美元（其中，非储备性质的金融账户逆差 1619 亿美元，储备资产减少 671 亿美元）。剔除直接投资后的资本和金融项（含误差与遗漏）是波动较大的跨境资本。汇率制度、国内外汇差和利差，以及国际、国内经济运行状况是影响跨境资本流动的主要因素。2015 年上半年剔除直接投资后的资本和金融项（含误差与遗漏）为净流出 3054 亿美元，资本净流出进一步加大（上年同期为净流出 256 亿美元，上年下半年为净流出 2851 亿美元）。

8 月 11 日中国人民银行完善人民币兑美元中间价报价机制，人民币对美元汇率出现贬值。9 月末人民币对美元中间价为 6. 3613 元/美元，比上年末贬值 3. 81%；人民币对美元即期汇率为 6. 3571 元/美元，比上年末贬值 2. 41%；9 月末一年期无本金交割的人民币对美元远期汇率（NDF）贬值 2. 97%，贬值幅度比上年末扩大 0. 82 个百分点。

四　2016年金融运行展望

（一）为稳定经济运行创造适宜的金融环境

全球经济弱势复苏。美国经济复苏势头走弱。第三季度美国经济复苏势头有所弱化，物价低位运行，就业市场缓慢复苏，制造业 PMI 三连降。第二季度日本 GDP 环比折年率仅 -1. 2%，私人消费和除住房外的投资增速明显下行，经济持续低迷，物价水平与日本央行 2% 的通货膨胀目标的差距越来越大。欧洲经济逐步复苏，但受结构性问题和地缘政治因素影响，欧元区经济复苏之路不会一帆风顺，增长步伐也比较缓慢。2013 年以来，新兴经济体经济增速从危机后的较高水平回落。金砖国家中，印度经济增长较快，巴西、俄罗斯、南非经济增长都比较疲弱，发展中国家经济下行风险较大。

2016 年经济下行压力仍然较大。一是投资需求不旺。由于工业企业利润持续下降，部分行业产能过剩，内外需求低迷，制造业投资增速仍将趋缓；地方政府融资渠道受限，土地出让收入大幅减少，基建投资资金紧张，基础设施投资增速难以明显回升；全国房屋新开工面积同比降幅仍然较大，尽管一线城市房地产市场回升明显，但二三线城市房地产价格同比继续下降、库存压力较大，总体上全国房地产投资增速仍将维持低速增长。二是受收入增速下行影响，消费增速趋缓。目前劳动者工资收入涨幅普遍趋缓，部分行业甚至负增长。三是外需将持续低迷。国际市场需求不足，出口订单减少；人力成本上涨，部分外商将生产线转移至其他新兴经济体，加剧订单减少；国际市场大宗商品价格持续下跌，压低出口品价格，拖累出口值增速。

劳动者就业压力加大，隐性失业问题突出。一是隐性失业增多，掩盖了当前就业市场的严峻性。由于就业统计制度不完善，部分失业未被纳入监测范围；员工下岗分流后企业仍为其缴纳社会保险，并不计入失业，但影响和风险与失业无实质差异。二是就业结构性矛盾仍然突出。高校毕业生、大龄下岗工人和低技能农民工就业压力较大；短期灵活就业、公益性临时性就业、保障性就业占比较大，新增就业的稳定性不强。

长期看，稳增长与防风险相辅相成。稳定的经济增长是化解财政金融风险的有效手段，防控好财政金融风险是经济持续增长的必要条件。现行模式下稳增长与防风险存在两难选择，主要原因是消费和外需不旺，稳增长主要靠稳投资；制造业和房地产投资前景不佳，稳投资主要靠基础设施投资；社会资本投资基础设施动力不足，基础设施投资主要靠政府；政府托底投资与债务约束又存在矛盾，规范地方政府性债务带来财政紧缩，进一步加剧经济下行压力。如果经济增速持续下行，又会带来大规模就业问题和财政金融风险的无序扩散。

要把握好稳增长与防风险的平衡。首先要将现行模式逐步转换为靠激发市场活力培育经济增长内生动力的模式。要跳出“政府投资驱动型”的宏观调控模式，让市场在资源配置中真正发挥决定性作用，政府通过营造良好的制度环境激发市场活力。其次，在转换过程中，要注意保持经常性宏观政策的协调，把握好经济增长和债务增长的平衡。适当降低2016 年经济增长目标，减轻财政、金融压力；落实积极的财政政策，摸清地方政府性债务底数，扩大债务置换规模和新增赤字规模；继续把握好货币政策的松紧度，灵活运用多种货币政策工具，保持流动性适度，引导商业银行加大信贷投放力度。再次，发挥好社会政策的托底作用。要实施积极的就业政策，加强职业技能教育，积极扶持创业，完善失业帮扶和社会保障制度，保持就业基本稳定，努力降低结构调整对人民生活的影响。

（二）运用多种货币政策工具增加市场流动性

2016 年贷款新增量不会超过 2015 年，主要原因有三个方面。一是 2015 年票据融资大幅增加，2016 年票据融资新增规模难以继续提高。二是 2015 年金融机构向证金公司发放贷款超过 1 万亿元，2016 年信贷投放中该因素将难以再现。三是地方政府债券大量发行置换存量贷款，银行贷款余额相应下降。由于 2016 年经济增长继续放缓，实体经济信贷需求不足，加上风险不断上升，商业银行放贷意愿不强，置换增加的信贷额度很可能无法用足。

由于外汇占款大幅下降，基础货币缺口较大。根据我们对外汇占款和财政存款变化趋势的预测，2016 年要实现 10% 的 M2 增速，需要新增基础货币 2.82 万亿元，基础货币缺口 3.76 万亿元；要实现 11% 的 M2 增速，需要新增基础货币 3.11 万亿元，基础货币缺口

4.05 万亿元；要实现 12% 的 M2 增速，需要新增基础货币 3.39 万亿元，基础货币缺口 4.33 万亿元。

分季度看，2016 年前三个季度的基础货币缺口将较大。第四季度由于财政存款下降，基础货币缺口将收窄。央行要运用多种货币政策工具主动投放基础货币，减轻货币市场流动性压力。一是下调存款准备金率。由于外汇占款增长趋势逆转，将以前通过外汇占款投放基础货币的方式变为回收基础货币，这与经济发展所需求的货币供应量、基础货币的增长是有内在矛盾的，因此需要下调存款准备金率予以弥补。二是积极使用再贷款、常备借贷便利（SLF）、中期信贷便利（MLF）、抵押补充贷款（PSL）等工具补充市场流动性，并增强政策透明度，有效引导市场预期。三是灵活开展公开市场操作，通过逆回购、短期流动性调节工具（SLO）等调节市场短期流动性。考虑到长期流动性的缺口和各种货币政策工具的优缺点，2016 年货币政策操作以下调存款准备金率为主，辅以常备借贷便利（SLF）、中期信贷便利（MLF）调节余缺，公开市场操作和短期流动性调节工具（SLO）等调节市场短期流动性和季节性流动性的操作模式，满足经济发展所需要的流动性，并实现货币市场利率的基本稳定。

B.14

我国2016年经济和投资发展形势分析和预测

张汉亚*

摘　要：2015 年，我国前三季度投资增速下滑，第四季度预计好转，全年经济增长稳定在 7% 左右。2016 年存在利于投资增长的有利因素：好的历史时期、政府的决心、“十三五”规划、政策影响；但同时也存在以下不利因素：制造业缺乏投资热点、建设资金缺少、房地产疲软、部分企业地方政府不作为。预计 2016 年，投资增长将高于 11%，消费增长高于 2015 年，经济增长保持在 7% 左右。对此提出加大财政政策和货币政策实施力度，鼓励大众创新等建议。

关键词：经济发展　投资增长

一　2015年的投资与经济增长

（一）前三个季度的投资增速一直下滑

从统计数据看，前三个季度的经济发展没有预想的好，主要是

* 张汉亚，中国投资协会，研究员。

国家希望起关键性作用的全社会投资增长率从2014年的15.7%一路下降到10.3%。其中占全社会投资65%左右的民间投资增长率下降到10.4%；长期占全社会投资1/5左右的房地产开发投资增长2.6%，占比下降到17.9%。特别是过去占房地产开发投资比重80%左右的住宅投资只增长了1.7%，所占比重下降为67.3%；占投资比重较大的第二产业投资增长8.0%，低于第一和第三产业投资的增长率。投资需求增长率的下降，影响到多个工业行业的产品销售，使规模以上工业增加值在9月下降到5.7%，直接影响了经济的增长。

（二）第四季度的投资预计会有起色

国家为稳定经济增长，从2014年下半年开始制定了许多稳定投资增长方面的政策和措施，如加快投融资体制改革，下放或取消绝大多数项目的核准环节，加快项目审批的速度，下调一些行业的投资资本金比例；推进投资主体多元化，倡导“PPP”建设方式，鼓励民营企业投资，推出基础设施等11个工程包项目吸引社会投资；增加中央预算内投资，将资金重点投向保障性安居工程、农业、重大水利、中西部铁路、节能环保、社会事业等领域，发挥政府投资“四两拨千斤”的带动作用；下放和扩大地方政府和企业发债权限，不断下调金融机构存款准备金率和存贷款基础利率；放松对房地产开发和销售的政策；等等。考虑到这些政策和措施大部分从出台到见效要有一年甚至更长的滞后期，预计在2015年第四季度才可能会表现出初步的成效，实际上第三季度已有一些数据表现出好转的趋势，主要表现在房地产方面，从2014年初到2015年第一季度一直是负增长的商品房销售面积和销售额都出现了快速增长：7月、8月和9月的销售面积分别增长6.1%、7.2%和7.5%，销售额分别增长13.4%、15.3%和15.3%，这对缓解房地产开发企业投资资金短缺，提高其投资的积极性，增加地方财政收入，增强其投资能力都有重要的作用，并且会带动其他下游产业和消费的增长。

（三）全年的经济增长会稳定在7%左右

笔者预计第四季度的投资增长率会恢复到11%左右，对经济的贡献高于第三季度；与此同时，消费增长一直比较稳健，而且第三季度的增速是在逐月提高，与居民消费结构升级相关的一些行业，如旅游、保健、卫生、教育、医疗等增长速度都比较高，预计在第四季度还会保持这种趋势；出口增速有望在第四季度出现降幅下降现象，外贸顺差将继续加大，对经济增长的贡献也将加大。根据以上分析，笔者预计第四季度的经济增长率将恢复到7%或更高的水平，为2015年增长率达到7%左右的目标提供了保证。

二　2016年投资形势分析

（一）影响投资增长的有利因素

一是我国还处于经济发展较快的历史时期。党的十八大提出，到2020年，我国要进入创新型国家行列，基本实现工业化，信息化水平大幅提升，城镇化质量明显提高，农业现代化和社会主义新农村建设成效显著，区域协调发展机制基本形成。要实现上述目标，还有大量的基础设施需要建设和完善，制造业需要在创新方面投入大量的投资，农业现代化和服务业的发展都需要投资进行建设。当前我国还处于以投资建设为主要推动力的经济和社会发展阶段，投资还要在今后一个时期保持较快的增长。

二是中央和地方政府对保持经济平稳发展的决心。为稳定新常态下的经济发展，各级政府都在想方设法促进经济增长。在经济增长的

“三驾马车”中，政府消费受到约束，居民消费取决于居民的意向，出口取决于国外的需求，政府能用上力的只有投资。因此，国家一直强调要“发挥投资在经济增长中的关键作用”，各级政府都把促进投资增长作为保证经济稳定增长的首选。

三是“十三五”规划将在2016年开始实施。为完成国家在2020年全面建成小康社会的目标，国家和各地政府必然会在即将出台的“十三五”规划中提出并开始规划为完成任务而实施的一系列项目，有助于投资保持适度增长。

四是2014年和2015年国家出台的各种促进投资增长和经济增长的政策和措施将在2016年逐渐发挥效用。特别是被批准“上马”的大量基础设施项目投入建设，鼓励大力发展“互联网+”，以及投融资方面的改革措施、货币政策不断宽松等，将为扩展投资领域、增加资金支持等提供有力的保障。

（二）影响投资增长的不利因素

一是制造业缺乏投资热点的局面仍然难以全面扭转。近几年由于国内外制造业的生产能力全面过剩，生产什么东西都很难赢利，企业特别是民营企业缺少投资方向，导致近两年制造业的投资占全社会投资的比重逐渐下降。大众创新和产业结构调整政策的实施虽然会开发出一些新产业、新技术和新产品，但真正全面发挥作用还要经历较长的时间。估计2016年制造业还会继续缺乏投资热点。

二是建设资金缺少的问题还不能彻底解决。近几年，资金紧缺一直是影响投资增长的主要因素。第一是企业，由于经济增长形势欠佳，企业经营的整体收益下降，大批企业缺少投资的基本金。第二是担负基础设施和社会保障建设重任的地方政府，由于企业经营效益欠佳，地方政府税收增幅下降；房地产业的不景气，则使地方政府投资主要来源——土地收入大幅减少。虽然中央政府不断加大支持地方建设的力度，但由于地方政府缺乏相应的配套建设资金，国家支持的许多项目不能开工建设。第三是社会融资依然困难。近年来，国家一直采取紧缩的货币政策，造成社会资金紧张和成本过高，影响企业特别是中小企业的投资。2015 年，虽然采取了一些宽松的货币政策，如几次下调存款准备金率，但平均仍然在 18% 以上，高于 2008 年紧缩货币政策时的 17.5%，还是没有真放松。上述问题中除第三个可由国家货币政策很快调整解决并见效之外，前两个问题的解决仍需要较长的时间，在 2016 年仍然会影响投资的增长。

三是前几年对经济和投资增长有较大贡献的房地产业投资难以全面恢复，虽然 2015 年第三季度的房地产销售面积和销售额都出现了快速增长，但这是长期下降之后的恢复性增长，房地产业整体形势并没有完全好转，投资增速只有 2.6%，远低于全社会投资增长率 10.3%，部分二线城市和大多数三四线城市还没有起色，去库存的任务还较艰巨。2016 年的房地产业投资形势会有所好转，但从 2015 年开始房地产开发企业土地购置面积一直在减少，到 9 月减少了 33.8%，可以预计 2016 年的房地产业投资增长仍难以恢复到过去较快的局面。

四是有相当一部分国有企业和地方政府的领导懒政怠政和不作为，缺少对投资建设的积极性。即使在国家提供项目和资金支持的有利条件下，一些企业和地方政府也不采取行动去推动项目开工和建设，而是拖延和等待，造成国家资金的积压，使国家促进投资增长扩内需的政策和措施难以落实。

三　2016年投资与经济增长预测

（一）投资增长

根据以上分析和综合比较，笔者认为有利因素占主要地位，将使

2016 年投资增长的形势略好于 2015 年，全年的投资增长率将高于 11%。

（二）消费增长

国家近几年在扩大消费方面制定并推行了许多政策和措施，国家财政不断增加对教育、医疗、文化体育、社会保障等方面的投资和运行经费，实施了六大消费领域的促进政策，推动大众创业，促进就业增长，同时各地方政府不断提高最低工资的限额，增加对贫困地区和民众的补贴，使城乡居民收入都有较大的提高，2015 年前三个季度居民收入增速超过了 GDP 的增速。这预示着 2016 年的消费增长不会低于 2015 年。

（三）进出口增长

据我国海关统计，2015 年 9 月出口数据明显改善，同比增幅由 8 月的 -6.1% 收窄至 -1.1%，预计 2016 年有望转正，并且贸易顺差额度可能会较大。

（四）2016年经济增长预测

综合考虑影响 2016 年经济增长的各种因素，笔者认为增长的潜力较大，能够实现平稳增长，增速能够保持在 7% 左右。

四　政策建议

为了保证经济平稳增长，在当前的经济形势下，应该实施更为宽松的经济政策，为此提出以下 5 方面建议。

（一）在货币政策方面应该继续放松

投资增长速度下降的一个重要原因仍然是资金紧张，2015 年 1 ~

9月投资到位资金中的国内贷款下降4.4%，说明金融机构拖了投资增长的后腿。银行应该按照社会需求量供应货币，不要造成企业贷款难、贷款利息过高问题。最有效的办法是降低存款准备金率。为此建议银行存款准备金率继续下调2个百分点。

（二）积极财政政策要多方位

目前的积极财政政策主要是政府出资支持投资，2015年1～9月，在投资到位的资金中，国家预算内资金增长20.5%，但是地方政府和企业的资金到位率增长较少（自筹只增长8.2%），致使一些国家确定的项目不能按时开工或开工后缺乏资金，不能顺利进行建设。为此建议国家能够对有项目建设的企业减免一部分税收或延缓税收的时限到项目投产之后，并取消与投资建设有关的收费；同时继续放开地方政府的发债权限。另外，中央预算的投资额太少，2015年的计划投资额只有4776亿元，调整追加之后也就是5000亿元左右，与全社会固定资产投资已经达到50多万亿元相比，还不到1%。关于国家提出的11个重大工程包，国家给予的补贴较少，主要靠地方政府、贷款和社会投资去完成。最终往往由于资金缺乏难以保证按计划开工和完成投资建设。为此建议2016年较大幅度增加国家预算内投资额。

（三）鼓励“大众创业、万众创新”的各项政策要尽快落实

要解决企业没有投资方向的问题，主要靠创新。国家鼓励创新的各项政策和措施只有落实才能发挥效用。计划设立的600亿元的国家中小企业发展基金要尽快到位，基金管理机构、补偿机制、申请办法等要尽快出台，投入实施，发挥作用。国家和地方政府应该加大对创新的支持力度，方法包括政府给予补贴、贷款优惠、政府购买等。

（四）做好人员变更的接续工作

对正在建设和列入计划的大规模投资项目，如果其主要领导和骨干有违法违纪行为的，在隔离审查或抓捕之前要制定不影响项目建设的措施，并明确继续负责建设的干部等，不要因人废事，影响投资建设。

（五）确实做到不唯 GDP

我国正在进行经济结构调整，没有必要过度重视 GDP 的增速，其实经济增速下降到 5% ~6% 也不可怕，世界上绝大多数的国家增速低于 5%，也能应付自如。必须保持 GDP 增长 7% 左右的主要理由是保就业，而投资增长只是增加就业的一个手段（实际上一些高新技术的投资是排斥劳动力的）。大力发展投资数量相对较少、劳动密集型的服务业，鼓励大学生和其他劳动者自主创业，都可以有效扩大就业。政府应该拿出更多的资金建立相应基金对他们给予无偿支持（他们创造就业和增加消费，以及成功后的纳税就是回报），同时在贷款、税收方面给予优惠，在企业登记注册方面给予便利。

B.15

中国对外贸易双速下跌

——2015~2016年中国外贸形势分析与预测

金柏松　刘建颖*

摘　要：2015年国际市场变化特征在于美元大幅升值与大宗商品大幅贬值同步发生，导致世界经济、贸易离奇下行。近年来中国外贸总是在低位运行，已经令许多人迷惑不解。至2015年中国外贸甚至“潜入水下运行”，令人匪夷所思。为此，需要以国际视野，从把握世界经济运行规律出发，才能加以准确解释，得出全面、客观的结论。2015年中国外贸事实上在合理区间波动，在正常轨道运行，但中国外贸进出口增速罕见地出现双下降，出口或下降3.5%，进口大幅下降16.5%，这不过是表面现象。2016年世界经济进入衰退的概率上升，中国外贸还将“潜水”下行。建议我国政府实施积极的改革政策，央行实行宽松的货币政策，中国可以出台的政策空间大，要从容应对，优先考虑对民营企业开放金融限制。2016年如果世界经济发生新一轮衰退，中国外贸进出口将大幅下降；如果弱势运行，以美元标价的出口将小幅下降，进口将中速下降。

* 金柏松，商务部国际经济贸易合作研究院主任，研究员；刘建颖，商务部国际经济贸易合作研究院副研究员，博士。

关键词：　双速下降　美元升值　大宗商品价格　世界经济衰退

2015 年在遭遇国内外各种困难之际，中国对外贸易表现，呈现双速下降：出口稍降，进口大幅下跌，结构持续优化，新的竞争优势正在积聚，转型升级有所进步，总体表现“抗跌”。

一　2015年对外贸易运行新旧特点

2015 年中国经济运行过程中遇到国内外各种困难，这些困难直接、间接影响着对外贸易。只有全面把握各种困难，才能客观分析、评价中国对外贸易表现。

（一）2015年外贸出口出现一些新的特点

1. 出口连续负增长，在零轴附近爬行

如图 1 所示，以往中国对外贸易增长都在 20% ~30%，即便是 2010 ~2014 年平均增速大约也在 5% 水平，只有在 2008 ~2009 年世界经济发生复合型危机、大幅下降时例外。2015 年中国对外贸易出口增速居然出现在零轴以下爬行的情况，实属罕见。因此，许多学者在媒体发表了悲观看法。为此，我们需要针对国内外新的形势展开分析，才能得出一些新的解释，或许能在这样一种重要的新变化、新解释中得出一些理论新思考。

2. 2015年美元大幅升值，带动紧盯美元走势的人民币综合汇率上扬

从美元汇率指数在 2015 年波动走势分析看，美元大约升值 10%。人民币对美元虽然一度有 2% ~3% 的贬值，可人民币对全球主要国家货币的“综合汇率”应该是大幅贬值。因此，以美元，或者

以人民币标价的中国出口额，在进口国家、以进口国家货币衡量来自中国的进口呈现大幅增长。这点在日本、欧元区表现得尤为突出。

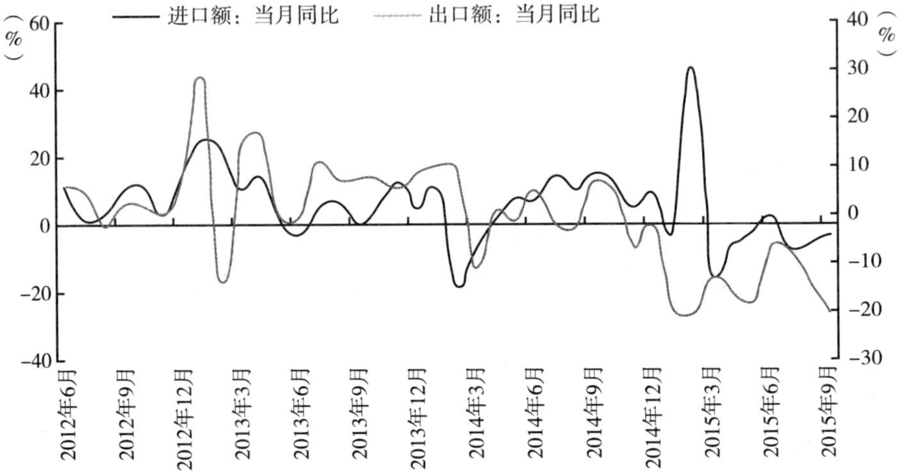

图1　中国月度进出口同比增速

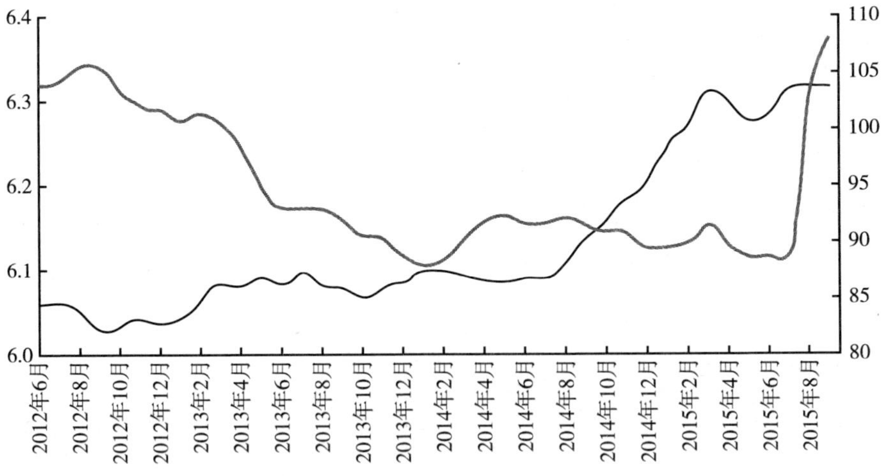

图2　实际美元指数与人民币汇率变化情况

注：其中粗线是实际美元指数（右），细线是美元兑人民币平均汇率（左）。

3. 同样以美元标价衡量世界贸易大国，中国出口表现最优

2015 年 1 ~7 月美国出口下降 7.4%，德国出口下降 13.2%，日本出口下降 9.7%，同时韩国、中国台湾也均大幅下降。据我国海关统计，1 ~8 月我国出口以美元标价金额同比仅仅下降 0.8%，1 ~9 月也不过下降 1.9%。

4. 我国经营出口的企业贷款融资成本达6% ~30%

如果考虑到融资交易费，则综合成本还应该更高。而国际市场美、日、欧、韩及中国台湾、香港等一般企业融资成本，其中流动资金贷款为 2% 略多，长期贷款年利率或许在 3% ~5%。综合比较中国企业经营出口的资金成本或许会高出国际市场十几个百分点。

因此，即便在人民币汇率与美元一起升值的情况下，只要国内改善金融环境，央行尽快采取宽松货币政策，将融资成本降至 2002 ~2003 年的水平，我们估算 2015 年中国出口可以增长 4% ~6%。与我们年初展望结果基本一致。但实际情况是，降息降准过于缓慢，且还在高位，导致 1 ~9 月出口 1.66 万亿美元，下降 1.9%。

（二）2015年外贸出口特点突出，结构持续改善

1. 2015年我国一般贸易出口始终站在加工贸易出口增速上方

如图 3 所示，从贸易方式分析，2015 年我国一般贸易出口始终站在加工贸易出口增速上方，1 ~9 月一般贸易出口 9013.9 亿美元，增长 2.5%，占比提高到 54.2%；1 ~9 月加工贸易出口 5775.6 亿美元，增速下滑 8.8%，下滑较多。总体上由于一般贸易出口附加价值高，所以表明我国贸易结构持续改善。

2. 地方经贸发展有亮点，有暗点

据海关统计，2015 年 1 ~9 月，全国出口下降 1.9%，东部下降 1.6%，中部增长 0.3%，西部下降 6.2%。出口保持较快增长、表现靓丽的地方，如 1 ~9 月，广西出口增长 18.7%，河南增长 14.6%，

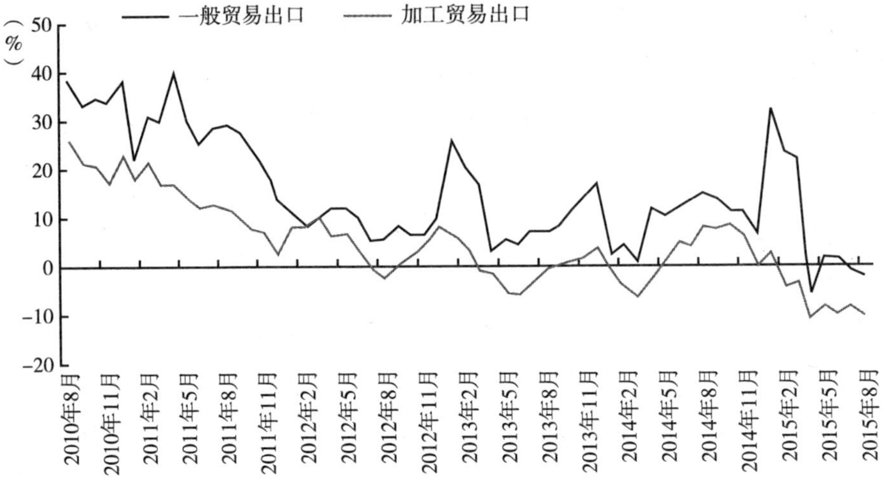

图3　我国一般贸易和加工贸易月度出口增速

湖北增长14.3%，湖南增长9.3%。同时深圳、重庆结构转型升级正在取得进步。

据深圳市统计局数据，深圳前三季度GDP为12376.66亿元，同比增长8.7%，略高于全国，排名第四，比2015年上半年提前一位。而战略性新兴产业成为深圳经济发展的“主引擎”。2015年前三季度，深圳市七大战略性新兴产业产值合计4898.13亿元，增长16.0%，占GDP比重的39.6%。其中新一代信息技术产业增加值增长18.2%；文化创意产业增长13.2%；互联网产业增长19.3%；新能源产业增长12.0%；节能环保产业增长12.0%；新材料产业增长13.4%；生物产业增长14.4%。2015年深圳前三季度研发投入近500亿元，占GDP比重达4.03%。

据海关统计，2015年前三季度深圳市进出口总额18734.80亿元，下降9.5%，其中出口总额11325.99亿元，下降6.4%；进口总额7408.81亿元，下降13.9%。但深圳市外贸转型升级做得出色，涌现了一批高新技术企业，如华为、中兴、TCL、创维、比亚迪等，2015年前三季度深圳市出口高新技术产品5822.10亿元，占深圳市出口总额的比重约为50%，同比增长4.8%。深圳本土企业以自主知识产权产品拓展国际市场，带动一般贸易逆势增长，令贸易方式结构持续优化。统计显示，2015年前三季度，深圳一般贸易进出口同比增长4.9%，华为、酷派、传音控股等深圳自主品牌手机出口大幅增长，前三季度出口分别增长86.5%、120%和320%。

重庆市2015年前三季度，经济实现11.0%的增长，为全国最快增速（见表1），三大产业结构继续改善，消费带动经济作用突出，1~9月全社会消费品零售总额增长12.3%。

重庆市前三季度实现进出口总值3654.7亿元，同比下降19.0%。其中，出口2746.6亿元，下降5.9%；进口908.1亿元，下降43.0%。但值得一提的是，重庆一般贸易实现进出口1902.6亿元，同比增长43.0%，占外贸进出口总额的比重达到52.1%。前三季度，重庆实际利用外资65.66亿美元，同比增长8.4%。实际利用内资金额5375.41亿元，同比增长15.8%。我们认为，重庆市外贸增长具有较大潜力：一是，重庆市打开了通往中亚、欧洲的国际大通道，也就打开了国际大市场，打开了国际发展新的空间；二是，2015年重庆市一般贸易大幅增长具有持续性；三是，保持吸引外资发展势头，外资发展具有比较优势。

表1　2015年前三季度我国部分省份GDP规模与增速

单位：亿元，%

地区	GDP规模	GDP增速	地区	GDP规模	GDP增速
重庆	11252.67	11.0	河南	26927.01	8.2
贵州	7195.58	10.8	浙江	29684	8
天津	12321.02	9.4	四川	22120.4	8
湖北	20423.41	8.8	甘肃	4630.46	8
湖南	20250.5	8.7	广东	52522.38	7.9
云南	8897.37	8.3	上海	17866.24	6.8
青海	1633.66	8.3	北京	16002.4	6.7

2015 年我国外贸运行表现不佳的地方是东北地区，东北地区经济增速较低，对外贸易运行在低位。东北三省各地前三季度经济增长快慢有别，吉林增长 6.3%，黑龙江增长 5.5%，辽宁增长 2.7%。

海关统计显示，吉林省 2015 年 1～9 月，进出口总额 145.57 亿美元，同比下降 25.2%。其中，出口额 35.85 亿美元，同比下降 12.8%，降幅比上半年扩大 1.8 个百分点；进口额 109.71 亿美元，同比下降 28.5%，降幅比上半年扩大 10.5 个百分点。1～9 月，全省实际利用外资额达到 61.13 亿美元，同比增长 12.1%；其中，外商直接投资额 16.68 亿美元，同比增长 8.0%。

黑龙江省对外贸易在 2015 年前三季度实现进出口总额 161.1 亿美元，下降 42%。其中，出口额 64.9 亿美元，下降 44.2%；进口额 96.2 亿美元，下降 40.5%。从贸易方式看，前三季度，全省实现一般贸易进出口总额 115 亿美元，同比下降 43.4%；边境贸易进出口额 26.2 亿美元，下降 59.1%；加工贸易进出口额 11.5 亿美元，增长 92.7%。全省进出口下降的主要原因是对俄罗斯的贸易额大幅下降。

2015 年前三季度，辽宁省以美元计价的外贸进出口总额折合 729.2 亿美元，下降 16.0%。其中，出口 386.7 亿美元，下降 13.1%；进口 342.5 亿美元，下降 19.2%。

总结我国外贸发展增长速度保持较快的地方，固然表现为佳，但关键的是看其转型升级情况。转型升级正在取得成功的地方，如深圳市的经验值得研究和推广。对比东北地区经济、贸易发展较慢，分析其原因可知以下几方面。

一是，深圳市政府多年来精心培育、扶植和聚集一批高科技企业，如华为、中兴、TCL、比亚迪等，这些企业制造的高科技产品具备全球竞争力，在国际市场上这些企业出口的产品不存在“因产能过剩导致的需求不足”。二是，深圳市聚集一批高科技人才，这些人才在民营企业可以施展才能，因为民营企业更懂得发挥人才的作用，关键是对其创新的知识产权予以保护和给予应有评价，即人才在研发、创新技术方面取得成功，可以获取应有的收入，得到尊敬，获得荣誉。三是，企业主要向国内外市场寻找发展的机会，而不是向政府“公关”来寻找机会。

3. 从企业性质分析

我国民营企业出口快于“三资”企业，“三资”企业快于国有企业，民营企业正在承担起中国出口主力的任务。民营企业 2015 年1～10 月出口 5.13 万亿元人民币，增长 2.0%，在 1～10 月我国出口总额下降 2.0% 情况下，民营企业出口占比提高到 44.8%，首次超过外资企业。1～10 月外商投资企业出口下降 4.8%，占出口总额比重降至 44.5%。国企出口下降 13.2%，占我国出口总额的 10.7%。

4. 从出口商品结构分析

1～9 月我国出口机电产品 9508.2 亿美元，增长 1.2%，占比提高到 57.1%。1～9 月我国纺织品、服装、箱包、鞋类、玩具、塑料制品等七大类传统劳动密集型产品出口下降 2.3%。

综合以上分析，如果 2015 年我国以美元标价的出口下降 3.5%，剔除美元升值 10% 的因素，那么等于我国对全球出口保持较快增长；如果以人民币标价出口下降，考虑到人民币综合汇率随美元大幅升值因素，那么也等于我国出口仍保持较快增长。若进一步剔除我国出口企业承受的高融资成本因素，那么评估我国出口增速应该是在两位数！

（三）2015年进口大幅下降原因与2014年基本一样，即与进口物价下降密切相关

2015 年前三季度，我国进口总体价格跌幅为 11.6%，跌幅较上半年增加 0.7 个百分点。2015 年 1～9 月我国进口 1.24 万亿美元，下降 15.3%。如果扣除物价下降因素，那么实际进口相当于下降 4%～

5%，如果剔除美元升值 10% 的因素，那么 2015 年我国进口总额或许还有较多增长，因而进口表现处于正常水准。

当然，我们不否定国内经济增速放缓是进口需求减少的主要原因。如图 4 所示，自 2011 年第四季度以来，中国经济增速几乎每个季度都在下行，这就意味着不仅对国内，对国际需求也是持续减少。甚至或许此轮国际市场大宗商品价格下跌，表明世界经济需求减弱，其中中国需求减少是主要原因之一。

如图 5 所示，近年来中国经济增速下行的主要原因之一就是金融政策过于紧缩。而国内经济下行也明显地影响了进口下行。

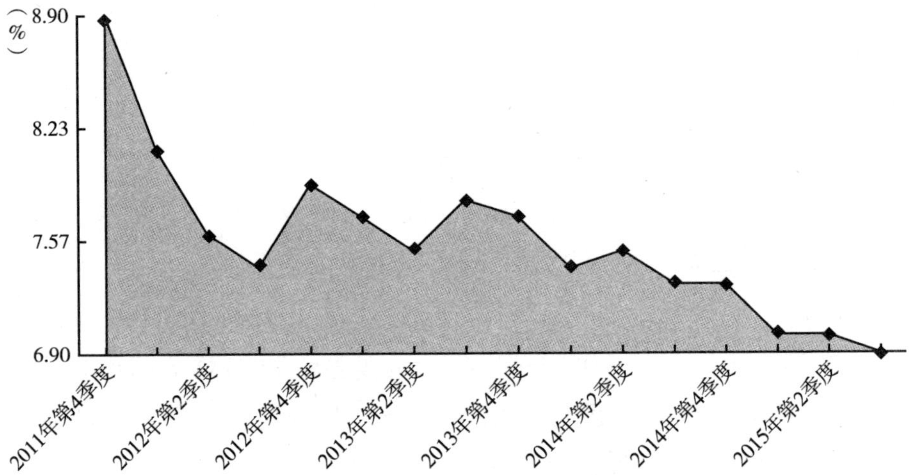

图 4　2011 年以来中国单季度 GDP 增速

不过进口物价下跌也有乐观的一面。2015 年我国进口物价下跌对国民经济增长起到积极拉动作用，据测算大致拉动一个百分点。由于进口物价下跌幅度大，而经济增速在持续放缓，进口物价下跌拉动经济增长的作用突出成为 2015 年外贸运行的新特点。

综合各项影响因素，分析 2015 年全年我国进口额或为 16370 亿美元，同比下降 16.5%。

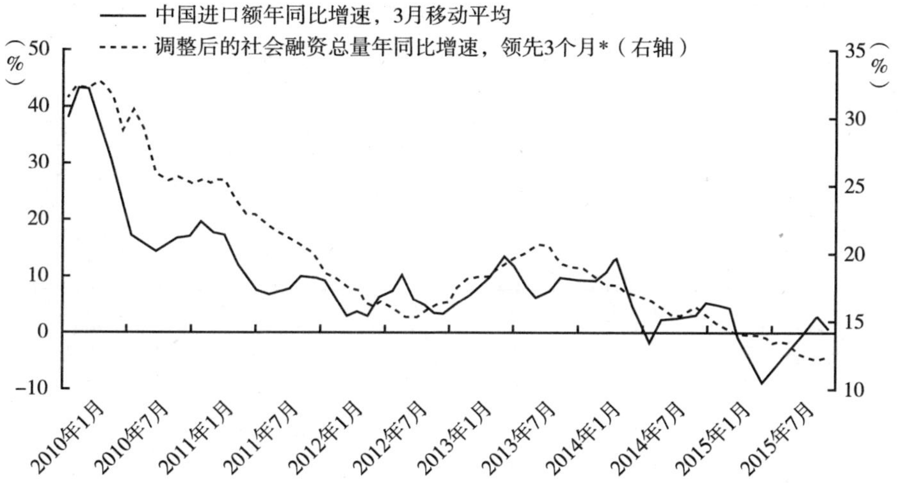

图 5　货币政策过紧导致进口增速下行

（四）外贸对国民经济拉动作用突出

1. 净出口拉动国民经济增长

据国家外汇管理局最新公布数据，2015 年前三季度，我国国际收支口径的国际货物和服务贸易收入 107325 亿元人民币，支出 91499 亿元人民币，顺差约 15827 亿元人民币。按美元计价，2015 年 1～9 月，我国国际收支口径的国际货物和服务贸易收入 17378 亿美元，支出 14817 亿美元，顺差约 2562 亿美元。如图 6 所示，国际收支顺差大量增加对国民经济增长起到拉动效果。

2. 货物贸易净出口拉动作用更强

从 2015 年前三季度我国货物贸易情况分析，由于进出口规模和增速差距拉大，贸易顺差大幅增加，因而对于国民经济拉动效果非常突出，具体见图 7。2015 年 1～9 月我国货物贸易顺差已达 4240.9 亿美元，同比大幅增加 54.6%，对国民经济 1～9 月经济增长 6.9%，拉动约 3.0 个百分点。

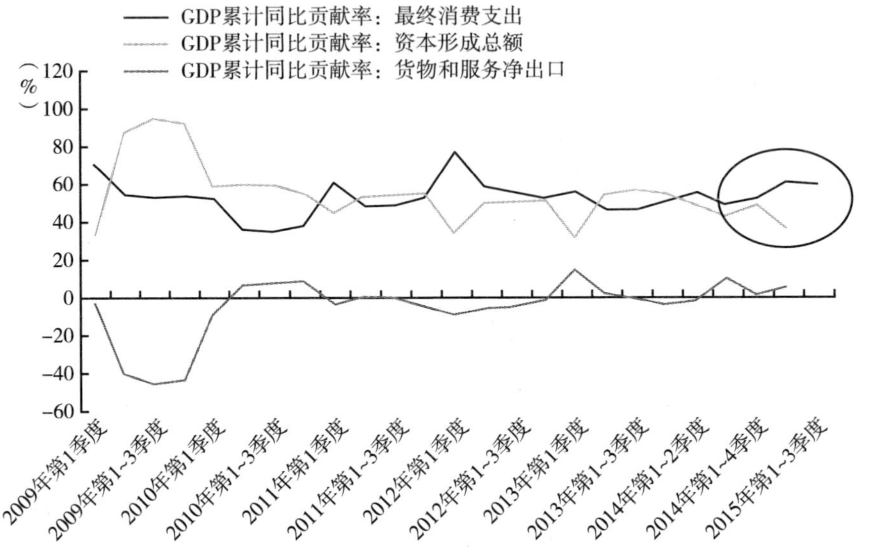

图 6　消费、投资、净出口对 GDP 的贡献率

如上分析，2015 年中国对外贸易进出口综合运行结果不仅没有抑制国民经济增长，恰恰相反，其成为拉动国民经济增长的第二大动力。

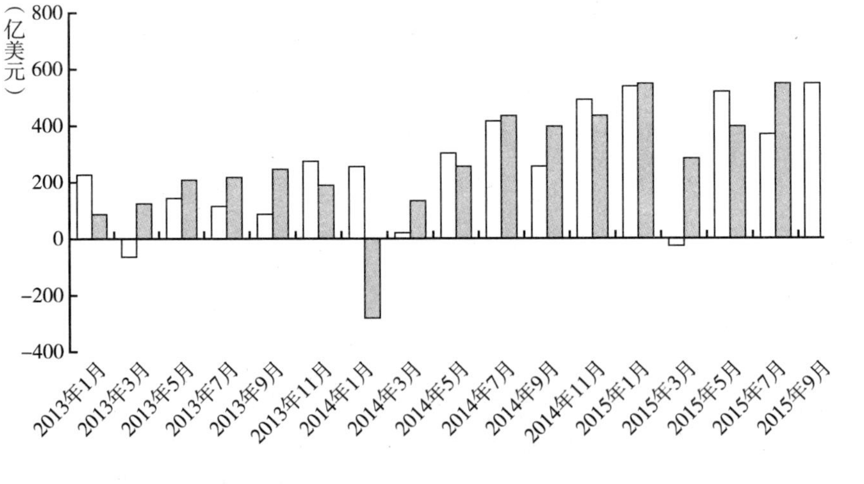

图 7　中国月度贸易顺差值

由此还恰好说明了在“克强指数”下跌和低迷情况下，国民经济为何还能保持6.9%的中高速增长。

据发改委10月26日公布数据，1~9月我国铁路货运完成25.3亿吨，同比下降11.4%。国家统计局发布的数据显示，1~9月，我国全社会用电量41344亿千瓦时，同比增长0.8%，增速同比回落3.0个百分点。

分产业看，1~9月，第一产业用电量806亿千瓦时，同比增长2.7%，占全社会用电量的比重为1.9%；第二产业用电量29559亿千瓦时，同比下降1.0%，占全社会用电量的比重为71.5%，对全社会用电量增长的贡献率为-83.1%；第三产业用电量5406亿千瓦时，同比增长7.3%，增速同比提高1.7个百分点，用电量占全社会用电量的比重为13.1%，对全社会用电量增长的贡献率为106.8%；城乡居民生活用电量5573亿千瓦时，同比增长4.6%，增速同比提高2.8个百分点，占全社会用电量的比重为13.5%，对全社会用电量增长的贡献率为70.3%。

二　我国出口放慢的世界经济因素分析

2015年以来已有多家国际组织下调了对全球经济和贸易增长的预期。

（一）国际货币基金组织（IMF）下调预测值

国际货币基金组织指出，在2009年经济危机之后，全球政策制定者试图快速启动危机后的复苏，但在随后长达六年的时间内，他们都低估了自己面临的各项挑战，如大宗商品价格疲软导致新兴市场经济衰退等，这些因素促使IMF 2015年10月6日将2015年的全球经济增长率预期从6月的3.3%下调为3.1%，为2009

年以来最低的增长率。IMF 维持中国 2015 年经济增长预期在 6.8%，2016 年增长预期 6.3% 不变，其中货币采取浮动利率将有助于中国经济更容易适应外部冲击。IMF 表示，美国经济增速和通胀数据将成为美联储决定是否加息的依据，按照第三季度情况估计美联储加息基本已成定局。IMF 表示，日本央行应当进一步实行宽松政策，以实现通胀预期目标。2015 年日本核心 CIP 逐步下降，并于近期转为下降，显然日本央行前期决定的无上限宽松政策已经失效。预计日本经济 2015 年将下行，仅增长 0.6%，2016 年料增 1.0%，均较 7 月预期有所下调。IMF 预计英国将在 2015 年和 2016 年分别增长 2.5% 和 2.2%，同期欧元区经济将分别增长 1.5% 和 1.6%。同时，预计印度 2015 年和 2016 年将分别增长 7.3% 和 7.5%。

（二）世界贸易组织（WTO）两次下调预测数据

2015 年 4 月 14 日 WTO 表示，由于全球经济增长不振，将 2015 年全球贸易增幅预期从 4.0% 下修至 3.3%。不幸的是 2015 年秋季 WTO 再次下调预测数据，称 2015 年世界贸易将增长 2.8%，预计 2016 年全球贸易将增长 3.5%，且提示风险因素正在集聚。WTO 称，过去三年全球贸易量平均年增幅为 2.4%，低于危机发生前的均值 6.0%。

（三）以美元标价的贸易总额在下降

英国银行业巨头汇丰表示，全球已经处于“美元衰退”之中。以美元计算的全球 GDP 2015 年 1 ~9 月下降了 3.4%，全球总体贸易下滑了 8.4%。这是因为美元已经进入长期升值通道，从 2015 年美元指数动向分析来看，1 月 1 日美元指数低点为 90.26，至 3 月 16 日高点达到 100.42，全年高位运行，高点比低点升值幅度约为 10%。

而2014年美元指数波动低点为80.02，12月31日升值到高点90.30，区间波动幅度大致为10%。从年均升值幅度计算，2015年估计美元指数在97，而2014年约为85，即平均升值14%。这意味着2015年如果世界贸易额与2014年持平，以美元标价、用简单算数平均法估算，世界贸易美元贸易总额应该下降14%，与图8显示的结果基本一致。

具体到美国，是典型的以美元标价贸易，如果2015年美国贸易下降10%，应该理解为其实际增长5%左右，表现不错！若中国，我们估算人民币综合汇率指数升值8%，对美元微贬值大致在2%，则以人民币标价的出口贸易应理解为正增长，增长6%~7%，应该说发展势头较好！

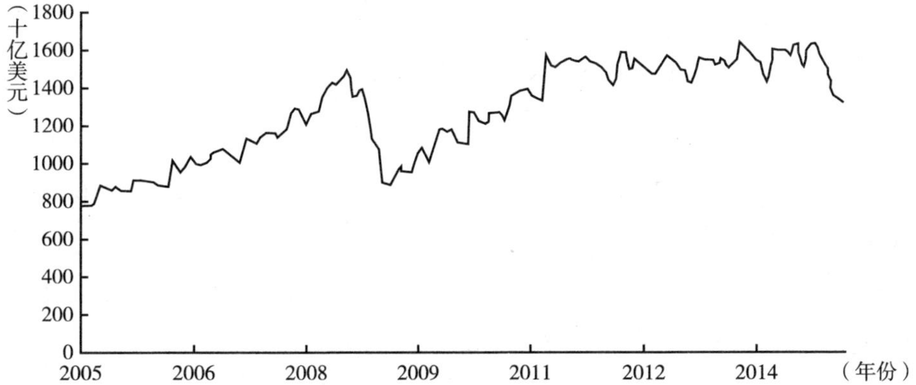

图8　2015年全球出口金额明显下降

（四）复合型危机后遗症仍在发酵，调整还在延续

美国为克服危机影响，实施再平衡政策，于2010年实施出口倍增计划，但即便延长至2015年也未能实现。中国经济调结构、减顺差、扩内需，贸易顺差却于2014年、2015年连续两年大幅增加。日

本、德国原本应该实施扩大内需政策，却以宽松货币政策为掩护，悄悄诱导货币贬值，期待以扩大外需提振经济，遗憾的是其边际效果越来越差。以往我们指出，日本经济存在深层次问题，只有出台真正有意义的结构性改革措施，日本经济才会有根本性好转。而日本央行的超级量宽政策、政府的大规模财政刺激政策只会令日本经济越来越危险。

此外，如历年我们在报告中所指出的，世界贸易增速下滑还与国际市场大宗商品价格下跌、大宗商品贸易金额下降有关。世界投资进入低潮，以投资带动贸易增长的动力弱化也影响了世界贸易。当前世界经济60年的超长周期运行正处于尾部阶段，只有新一轮科技产业革命兴起，启动新的超长周期，世界经济、贸易增速才有可能再次提速。我们认为以上这些判断依然有效。

三　我国对世界十大市场的出口分析

2015年1~9月，我国对美国出口3027.6亿美元，增长6.0%；对欧盟出口2622.5亿美元，下降4.3%；对中国香港出口2243.9亿美元，下降11.5%；对东盟出口2034.8亿美元，增长5.9%；对日本出口1005.1亿美元，下降9.7%；对韩国出口733.7亿美元，增长为0；对印度出口433.3亿美元，增长8.6%；对澳大利亚出口291.2亿美元，增长3.5%；对俄罗斯出口252.1亿美元，下降36.0%；对巴西出口219.2亿美元，下降14.5%。

2015年中国对世界前十大市场出口额占比高达77.3%，比较各大市场会发现，由于2015年印度经济增长表现全球最好，因而中国对印度出口增长最好；而东盟、美国、澳大利亚经济增速基本保持较好势头，我国对这些国际市场出口表现也都好于平均水平；而俄罗斯、巴西、韩国、日本等国家经济已陷入衰退或处于低迷状态，我国对其出口呈现下降趋势；内地对香港的出口其中大部分都会转移至欧美日等世界各地，对港出口大幅下降恰恰说明全球经济在下行。

基于世界经济下行压力大、大宗商品价格持续下跌、美元指数持续上扬、地缘政治形势动荡等情况，我们判断2015年全年中国货物贸易出口较2014年23420亿美元有所下降，下降3.5%，预计为22600亿美元。以我国货物贸易出口减去进口16370亿美元，可得2015年我国贸易顺差或将达到6230亿美元，较上年的3825亿美元，大幅增加62.9%，再创历史新高，货物贸易净出口对国民经济的拉动作用将比前三季度更加强劲。

四　2015年我国政府主要政策措施与效果评价

2015年以“亿美元”标价的世界经济、贸易增长已经引起许多误解。为此，我们向国际货币基金组织、世界银行、联合国贸发组织等国际机构建议，参照国际货币基金组织SDR货币篮子成分，根据世界主要货币币值，编制“世界货币元”，以世界货币元标价全球经济、贸易规模、增速等，由此可以减少许多误差，有利于准确把握世界经济、贸易真实状况。我们建议中国政府可以在G20论坛上提出成立“世界货币研究小组”，研究“纠偏”，以准确把握世界经济、贸易。

（一）政府主要政策及其效果

2015年我国商务部、发改委、海关总署等承担制定经济政策的分管部门曾经于5月、8月两度出台新的稳定经济、促进贸易增长的措施，主要内容就是加紧培育外贸竞争新优势，减少内外贸各环节的收费，积极发展跨境电子商务等。

事实上，我国政府采取的类似政策措施，2013年、2014年也曾推出过，结果却是连续三年外贸增长未能达到预期目标。恰如我们分析所示，国际市场大宗商品价格连年下跌、美元持续升值等外部形势发生变化，导致外贸下行压力远远大于我国政府的政策力度。

（二）央行金融政策分析

原本我国金融政策可以有效发挥作用，世界主要国家也恰恰是如此做的。日本央行早在 2002 年第一次采取量宽政策，又在 2009 年、2013 年、2014 年分别三次采取新的量宽政策；美国美联储从第一季度、第二季度到第三季度也效仿日本连续采取量宽措施；欧盟从发生债务危机起，救助经济的各项措施也包括采取量宽政策。与此同时，我国央行以调控、打压房地产为由，不仅没有放松货币政策，反而收紧银根。如图 9 所示，中国央行发行基础货币过低。在宏观经济持续下行压力下，央行过于紧张的货币供应导致 2013 年一度出现“钱荒”。随后央行采取所谓“定向宽松政策”，期待对实体经济降息、降准。但由于资金市场流动性极强，许多实体企业拿到贷款后，暗中转贷房地产企业，由此轻而易举地获利。结果资金不仅照样流到房地产业，而且大幅提高了市场上的筹措资金成本，反倒是伤害了实体产业。特别是削弱了我国外经贸企业竞争力，使外经贸企业在国际市场上与国际企业竞争处于不利地位。可以说，即便我国央行及时采取降息、降准政策，降至 2002 ~ 2003 年水平，其宽松程度仍与美、日、欧的量宽政策存在差距！所以，对比国际市场特别宽松的金融政策，我国资金市场显得特别紧缩，这是前所未有的现象，我们一直称之为“超级紧缩”。

（三）央行人民币汇率政策

就汇率政策而言，央行如果诱导人民币贬值的话，确实可以起到扩大出口的作用。但如前面分析所示，2014 年我国外贸顺差转为增

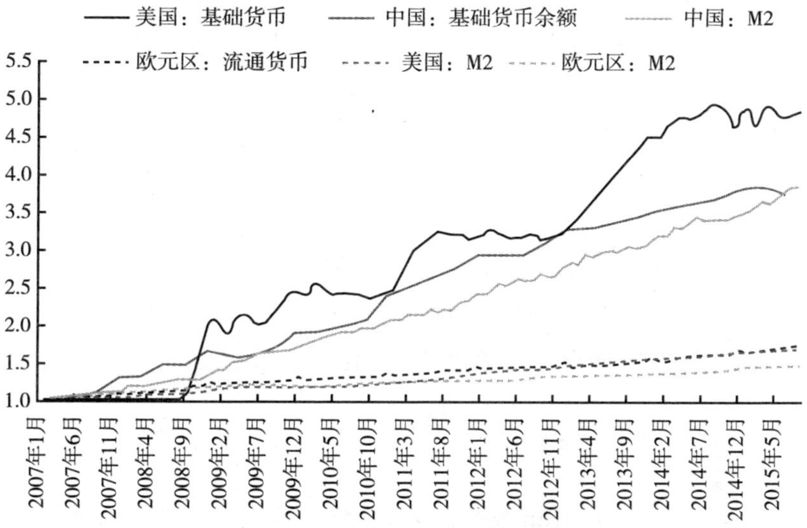

图 9　全球央行货币发行比较

加，2015 年顺差大幅扩大。在此基础上，诱导人民币贬值，扩大出口，显然不利于缓解“紧张的国际货币关系”。作为世界经贸大国，肩负有国际责任，所以货币政策还需慎重。且我国人民币货币正在争取进入 IMF 的 SDR 货币篮子，需要与美国等保持行动协调。而美联储正在实施退出量宽政策，在酝酿加息。若美元汇率一路走强，一枝独秀，这对美国实行再平衡政策不利，可能会导致美国贸易逆差再次出现扩大趋势，那么美国经济将独木难支。正如我们在 2015 年春季报告中的分析所示，美国政府以积极姿态同意吸纳中国人民币进入 SDR 货币篮子，中国央行保持人民币紧盯美元政策，予以配合，中美两国携手有助于稳定国际市场基本格局。

建议我国央行参考美元经验，尽快编制人民币全球综合汇率指数，以便让全球了解人民币在紧盯美元指数的情况下，每年综合汇率都在大幅升值，而不是在贬值！

同时我们建议央行，应该认识到人民币全球综合汇率指数大幅升值实际上已经使我国对外贸易的市场结构发生扭曲。即应该考虑我国与日本、欧元区、韩国、英国的贸易市场结构状况，按照市场结构的比例决定人民币对日元、欧元、韩元、英镑的汇率水平，来确定平衡汇率。目前人民币对这些货币汇率水平显然已经升值过多。同理，人民币对印度、东南亚、南美等主要国家货币也升值过高。建议人民币应该把与世界主要国家货币之间的汇率水平调整到平衡状态。在不影响对美对外贸易再平衡进程，不影响对美元汇率水平的基础上，我国央行应纠正人民币对世界多数国家货币汇率过高的状态。

（四）“一带一路”、亚投行等国际合作政策

2015 年我国政府公布了“一带一路”国际合作政策纲要，宣布成立丝绸之路开发基金。2015 年 4 月，我国财政部宣布，已经有 57 个创始成员表示愿意参加组建亚投行，并约定共同起草《亚投行章程》。

2015 年，为落实该政策，我国加强与上海合作组织成员，与欧盟、东盟、非洲、南美等地区积极开展国际合作，我国高铁、核电等大型装备制造业产品出口取得一些积极进展，我国新能源汽车、新一代信息产品等战略新兴产业出口都有所扩大。

与此同时，我国在推动这些国际合作之际，还应注意这些国家政治风险、社会风险、商业风险等问题的解决，注重对外贸易的长远发展，短时间内不宜期望过高。

（五）关于自贸区政策

2015 年 10 月 5 日，美国、日本以及其他 10 个泛太平洋国家就泛太平洋战略经济伙伴关系协定（TPP，Trans-Pacific Partnership）达成一致，TPP 各参与国就知识产权保护规则以及出口产品关税减免进行了谈判和磋商，12 个谈判国同意进行自由贸易，并在投资及知识产

权等广泛领域进行统一规范。

不可否认，若 TPP 得到各国批准、正式生效，势必将对中国出口规模形成一些“排斥”作用。TPP 参与国的 GDP 之和占全球 GDP 总和的43%（以 2012 年不变价 GDP 值计算），经济总量不可忽视。中国对 TPP 各参与国的出口额占中国出口总额的比例超过 35%（见图 10）。但考虑到该协议的降低关税措施将按计划在未来十年分步实施，具体到每年降低幅度将极其小，因而由此产生的成员间“贸易聚集”和对外部成员“贸易排斥效用”应该比较有限。具体分析如下。

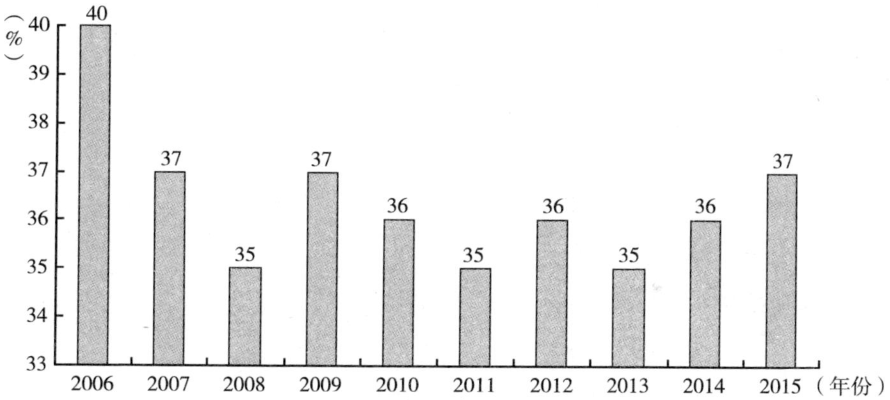

图 10　中国对 TPP 参与国的出口额占中国出口总额的比例

首先，作为世界贸易大国，中国目前相对比较封闭，而一旦开放，必然将生巨大效果。这样中国相当于掌握有“一盘巨大蛋糕”，凡中国有参与的国际合作，中国愿意让渡大市场，就意味着中国愿意与这些伙伴分享“大蛋糕”。因而，没有中国参与的国际自由贸易协议，其发展潜力和魅力并不像美、日宣传得那样大。中国可以从容应对，按照计划行事。

其次，美国和日本作为 TPP 中的大国，其对中国产品的依赖程度高，增长潜力大，以致短期内无法找到合适的替代品或者培养相关厂商，以摆脱其对中国产品的需求。

再次，中国产品对日本的依赖程度正逐渐降低，中国出口正走向多元化，欧盟、韩国不仅可替代日本市场，还可以分散中国企业的系统性风险；另外，随着“一带一路”合作信息的披露，亚投行即将启动，与非洲经济合作正在深入等，中国与新兴经济体合作前景将更好。

最后，目前中国正在与东盟自由贸易区进行谈判升级版，中国与东盟等十六国的 RCEP 谈判已经取得重大进展，中韩自贸区谈判基本结束等，为我国企业也提供了自由贸易平台。

我国政府于 2015 年与韩国、澳大利亚等国达成自由贸易协定；中国参与的《区域全面经济伙伴关系协定》，共有东盟十国、中、日、韩、澳、新西兰及印度等十六国参与，2015 年 11 月 4 日成员达成共识，同意于 2015 年底之前达成一项现代、全面、高质量互惠的区域自由贸易协定。

经国务院批准，2015 年上海（中国）自由贸易综合试验区再次放宽诸多限制；国务院还批准了天津、粤港澳、福建自贸区，批准苏州工业园区为开放、创新综合先行试验区，批准陕西延安为国家城乡统筹试验区等。由于这些措施主要是在改革方面的突破，在当地发展战略方面得到国家政策的一些支持，对促进中国对外贸易增长于近期并不突出，但对中长期贸易发展，特别是对服务贸易增长的促进作用将逐步兑现。

五　2016年中国对外贸易展望

2016 年世界经济还将继续调整，世界贸易还将低位运行，风险因素有所增加，不排除出现新一轮世界经济衰退。

2015年10月20日，IMF新发布的有关商业周期的新书，第一作者世界银行经济学家高丝（Ayhan Kose）和第二作者国际货币基金组织经济学家特伦斯（Marco Terrones）将世界经济衰退定义为不同领域（包括工业生产、失业率、贸易、资本流动和能源消耗等）广泛同步的下滑，导致因调整通货膨胀产生的人均产出下降。按此标准，自1960年以来，全球已出现四次金融衰退，开始时间分别是1975年、1982年、1991年和2009年。但仅有2009年的这次衰退，使全球经济产出出现收缩。高丝和特伦斯发现，2009年经济衰退是迄今为止最严重、涉及范围最广的一次；几乎所有发达经济体以及大量新兴经济体和发展中国家的经济产出出现萎缩；约65%的国家陷入经济衰退，为四次衰退中最高比例。尽管这次衰退后全球产出比任何一次恢复得都要快，但经济复苏态势比较弱且不均衡，发达经济体反弹最弱，新兴市场反弹较强；世界经济尚未从上次衰退中完全恢复过来，并可能马上要经历另一次衰退。

（一）世界经济增速放缓

其一，世界经济“重量级选手”经济增速都在放缓。美国经济增速已经连续多年没有达到3%。中国经济增速从2010年至今几乎每个季度都在下行。欧盟自2008年发生危机后，经历短暂复苏，2011年发生欧债危机，2014年开始回升，2015年在复苏中又遇到地缘政治冲突，“难民潮”考验，经济再次回到低迷状态。

其二，南美经济也在下行，受南美地区大国巴西、委内瑞拉、阿根廷等影响，南美经济增速几乎都在下行。

其三，东亚经济增长放慢。亚洲韩国、中国台湾、中国香港经济增长都有所放慢；近期印度尼西亚、马来西亚货币贬值幅度较大，经济增速也在放慢。

其四，澳新、中东、非洲经济受资源价格下行影响，宏观经济下行。

其五，如图 11 所示，根据摩根大通全球制造业订货指数走势分析，该指数自 2014 年 9 月以后，每个季度都在下行。尤其美国情况堪忧。

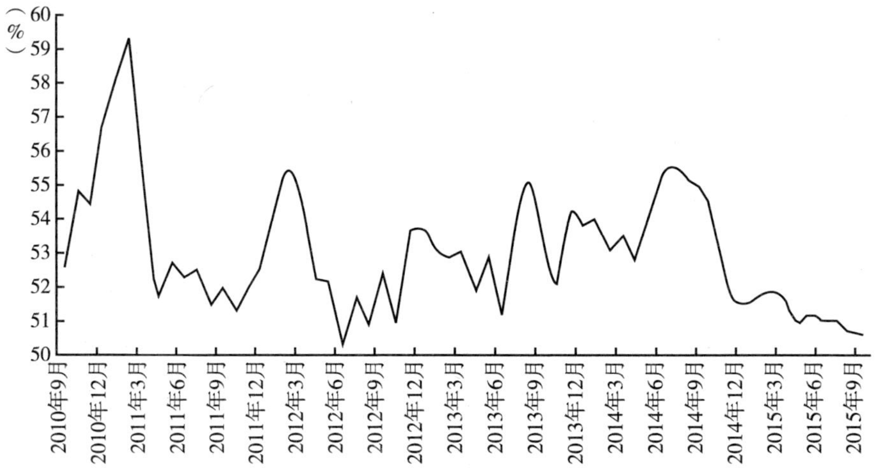

图 11　全球制造业订货指数

2015 年 11 月 3 日，美国公布的最新数据显示，9 月工厂订单指数环比下跌 1%，为连续第 2 个月环比下跌、连续第 11 个月同比下跌。美元强势、能源企业削减支出、企业减少库存，是近来美国工厂订单数据不佳的原因。美国经济已发生紧缩循环，这是进入衰退的典型走势。

（二）全球资本流动或引发衰退

美联储即将加息，美元将进入长期上涨轨道。上一轮美元升值从 20 世纪 90 年代起至 2002 年结束，随后进入贬值周期。因此，有理由相信，这一轮美元升值与上一轮基本一样，将导致全球多数货币贬值，国际资本正在从货币贬值国家流向美国等货币升值国家。美元进入加息时代，将加剧资本流出速度和规模，或将引发某些国家资本短缺，严重时不排除出现金融危机。

（三）大宗商品价格连年下跌，经济衰退国家增多

如果从2010年算起，未来资源价格至少还有3～5年的下跌过程。已经有一些资源出口国家，如俄罗斯、巴西、阿根廷、委内瑞拉等国家陷入经济衰退。一些著名国际机构判断，2016年油价还将下跌。2015年11月2日，美国著名机构高盛预测石油价格未来或许将回到20美元一桶。2016年或许将有一些新的国家加入危机行列，如加拿大、沙特等资源出口国。

（四）尤其应注意叠加效果的冲击

如今资源价格已经腰斩，2016年资源价格下跌将进入第六年，价格下跌产生的损失累计效果已经令一些国家不堪重负。如果其中有些国家还同时发生货币贬值、资本大幅流出现象，财政赤字大幅增加，其叠加效果必将放大。因此，发生危机概率必将大幅提高。2016年，在非洲、南美、中东地区、东南亚地区或许将出现更多陷入危机的国家，并且将冲击与其经贸关系密切的国家。

（五）警惕日本或许第一个倒下

在中、美、欧、日等世界经济“重量级选手”中，日本或许是第一个倒下的国家。中国作为与日本经济关系密切的国家应该保持警觉。2015年4～6月日本经济出现负增长，7～9月或许还将持续负增长，有理由认为日本或许正在发生轻微经济衰退，至少已经相当低迷。进入2016年后，资源出口国经济将持续不振，中、美、欧经济增速将继续放缓。在世界经济基础十分脆弱的情况下，日本对外贸易

出口、外需的依赖恐将下行。就日本经济的投资和消费而言尚存不确定性。如果日本政府明确在 2017 年 4 月 1 日提高消费税到 10%，则 2016 年日本耐用品消费、房地产及设备投资可能转为乐观态势，这些需求将提前兑现。但这并不表明日本经济好转，反而提高了 2017 年日本经济进入衰退的概率。

（六）对中国政府政策的建议

2016 年为中国经济“十三五”开局之年，希望政府和央行为经济发展注入新的活力。

1. 放松银根

实行宽松金融政策，终极目标为存准率从 17% 调至 10% 附近；贷款基准利率由目前的 4.35% 调至 3.35%；将存款基准利率从 1.50% 调至 0.50%。

2. 加快金融改革

健全金融市场，开放金融领域限制，允许民营企业可以投资金融各个行业，培育金融市场，只有金融市场出现自由、有序竞争，我国企业筹措资金的成本才能降低，市场才能发挥决定性作用！

3. 我国科技部、知识产权局、国家专利局及司法系统按照国际成熟经验保护知识产权

我国人均 GDP 目前处于人均 7000 美元水平，为中等收入阶段。按照发达国家的经验，这个阶段需要企业进行自主研发、改善型研发，需要投资研发项目，实现产业化制造。这样的制造既能取得新发展，又可避免重复建设、产能过剩。为此需要我国政府和司法部门严格保护知识产权，以保证企业研发投资获得的“核心竞争力”“核心资本”不付之东流。而我国对于保护知识产权，事实上无论对于知识产权的资本价值认可、评估，对于侵权界定，保护知识产权立法、司法和执法等各方面都与发达国家相差甚远。相应的，国家鼓励研

发，鼓励科研，鼓励和支持科研成果、技术发明的产业化等各项政策措施同样与发达国家存在巨大差距。我国在创新领域的政策仅仅停留在笼统、含混状态，具体实施很困难，因而政策实施的效果与发达国家相差甚远。建议我国相关部门，司法系统制定此类政策时应该以发达国家成熟经验为参照，制定的政策、判定的侵权行为确保可以依法治理。

4. 清理流通领域各环节存在的事业单位收费

我国一些事业性单位、垄断性企业的收费，抬高了我国流通成本，削弱了企业国际竞争力。对此国际上早已有评价，称中国物流费占比过高，比国际水平高出一倍！换句话说，如果我国政府下决心清理这些收费，企业国际竞争力可以大幅度提高，等于有巨大潜力可以发挥，出口规模和速度还有较大发展潜力。

5. 实施全球新兴经济体振兴计划

我们看好世界上新兴经济体、发展中国家发展潜力。但这不仅需要经济领域的合作，还应包括政治、安全、媒体、社会组织等各领域的合作，注意以合作管控风险。建议将金砖国家论坛、“一带一路”、上海合作组织、中非论坛、中国与拉美合作、中国与海合组织合作等国际合作，归纳提升为“全球新兴经济体振兴计划”，将我国与世界各国、各区域开展国际合作的分项内容汇编为可以实施的全球发展计划。

总之，2016 年世界经济的风险加大、弱势复苏可能破局，发生全球经济衰退概率增加。即便没有发生经济衰退，美元还将持续升值，大宗商品价格保持下跌态势，全球经济增速或将低于 2015 年。预测 2016 年我国贸易出口将出现以下两种情况。

A 情况：世界包括一些重量级国家在内，如出现经济衰退的话，则中国对外贸易、以美元标价的出口或许下降在 5% 以上。

B 情况：尽管 2015 年 10 月 6 日国际货币基金组织对于 2016 年

世界经济预测增速为3.6%，但如我们分析所示，恐将难以达到，甚至不及其预测世界经济2015年将增长3.1%的水平。我们认为2016年世界经济或将实现2.9%的增长。

我们预测的前提条件是：估计美元或许继续升值4%～6%；油价或许下跌到45～48美元一桶的区间；基于美国、世界经济弱势复苏，美联储在2016年不再加息。

预测2016年中国出口或将达到22600亿美元，在零增长水平。

我们预测的前提条件是，2016年中国国内经济增长6.8%，利率和存准率下调4次，进口价格比2015年下降8%。

预测2016年，中国以美元计价的进口规模为15060亿美元，下降8%。

市场价格与收入分配篇

Market Price and Income Distribution

B.16

2015~2016年我国就业形势分析与预测

杨宜勇　黄燕东*

摘　要： 2015年，我国就业形势总体平稳，失业率仍保持在较低水平，城镇新增就业增幅趋稳，人力资源市场供求基本平衡，农村劳动力转移就业稳中有增。但是同时也面临一些问题，如劳动力参与率持续下降，工资增长缓慢，企业招工意愿下降，结构性就业问题进一步凸显，农民工部分提前回流等。为确保2016年就业形势不明显恶化，需要进一步做好大众创业工作；缩小

* 杨宜勇，国家发改委社会发展研究所所长、博导，首都经贸大学中国人力资源和社会保障研究院院长，世界经济（达沃斯）论坛全球议程理事会理事；黄燕东，浙江经济职业技术学院副教授，浙江大学经济学博士。

职工收入差距，严格监测和管理企业欠薪行为；加强有针对性的职业培训，消除结构性失业；进一步规范劳动关系，促进广大底层劳动者体面劳动。

关键词： 就业形势 失业率 创业 供求缺口

李克强总理在2015年《政府工作报告》中强调，2015年要着力促进创业就业。目前这些工作已经取得重大进展。但是，随着经济增长速度的趋缓，2016年就业形势将略趋紧张，必须给予足够的重视。

一 2015年的就业工作和取得的成绩

2015年我国就业形势总体平稳，失业率仍保持在较低的水平，城镇新增就业增幅趋稳，人力资源市场供求基本平衡，重点群体就业保持总体稳定，农村劳动力转移就业稳中有增，这与各级政府的努力工作是分不开的。

（一）认真落实《政府工作报告》中关于劳动就业的各项工作

坚持扩大就业发展战略，把稳定和扩大就业作为经济运行合理区间的下限，将城镇新增就业、调查失业率作为宏观调控的重要指标，并将它们纳入国民经济和社会发展规划及年度计划。发展吸纳就业能力强的产业。发挥小微企业就业主渠道作用。积极预防和有效调控失业风险，将用失业保险基金支持企业稳岗政策实施范围扩大到所有符合条件的企业。10月在全国人社系统开展专项督查，推动党中央、国务院重大决策部署和2015年《政府工作报告》分工任务及相关量化指标任务的落实，并对不作为、乱作为等问题进行核查。深入实施就业优先战略。

（二）全国上下高度重视“双创工作”

一是着力推动创业扶持政策的落实。2015年以来，国务院先后出台了《关于进一步做好新形势下就业创业工作的意见》《关于支持农民工等人员返乡创业的意见》等文件，从税费减免、小额信贷、资金补贴、场地安排等方面，明确了对高校毕业生、复转军人、城镇困难人员、返乡农民工自主创业的扶持政策。二是把创业培训和创业服务作为公共就业服务的重要内容，对有创业愿望和培训需求的劳动者广泛提供创业培训、创业指导和创业孵化等帮扶服务。

（三）全面降低就业准入门槛

人力资源社会保障部要求，在全国范围内立即停止美甲师职业资格考试鉴定活动并停止发放职业资格证书，严禁将水平评价类职业资格违规设置为行政许可并与就业创业挂钩。要尽快建立国家职业资格目录清单管理制度，明确清单管理办法，严格标准、规范程序，将不合法、不合规、不合理的职业资格拒之门外。向社会公布纳入国家统一规划管理的职业资格目录，实行定期更新、动态管理。加快人力资源服务标准化建设，《现场招聘会服务规范》和《人才测评服务业务规范》自7月1日起正式实施。

（四）大力推动专业技术人员能力更新

认真贯彻实施《专业技术人员继续教育规定》，扎实推动专业技术人员继续教育事业的改革发展。将专业技术人员继续教育权益摆在突出位置，保障专业技术人员参加继续教育所需经费及继续教育期间的工资福利等待遇。建立专业技术人员继续教育与专业技术的使用、专业技术人员的晋升相衔接的激励机制，坚持培养与使用相结合。建立健全专业技术人员继续教育登记、统计、评估等制度，提升继续教育工作的科学性、有效性。推进就业管理与就业服务信息化建设步伐。

2015 年全面就业形势基本平稳。初步预计，1～12 月，全国城镇新增就业超过 1300 万人，城镇失业人员再就业 580 万人，就业困难人员实现就业 180 万人；2015 年第四季度末，全国城镇登记失业率为 4.1%，依然保持在较低水平。

二 劳动就业面临的问题

（一）劳动力参与率持续下降

2015 年劳动力参与率比 2000 年下降了至少 0.8 个百分点，也就是说由于家庭收入增加或者工作效用下降，大约有 6400 万人丧失就业欲望。其中，大约一半是由生活改善等积极因素造成的，其他的是由在劳动力市场中失意造成的。2016 年劳动力参与率将继续下降，其中女性劳动力参与率不仅绝对值明显低于男性，而且女性劳动力参与率下降的速度快于男性。另据中国人力资源市场信息监测中心对 2015 年第二季度部分城市公共就业服务机构市场供求状况的分析，劳动力市场需求略大于供给。与 2014 年同期相比，市场供求人数均有所下降。从供求对比看，2015 年第二季度用人单位通过公共就业服务机构招聘各类人员约 560 万人，进入市场的求职者约 528 万人，岗位空缺与求职人数的比率约为 1.06，比 2014 年同期和 2015 年第一季度分别下降了 0.05 和 0.06。分区域看，与 2014 年同期相比，东部地区求职人数略有增长，其他地区市场供求人数均呈下降态势；与

2014 年同期相比，东部地区市场需求人数略有下降，求职人数增加了 11 万人，增长了 4.1%；中部地区市场需求人数和求职人数分别减少了 11.5 万人和 11.9 万人，分别下降了 9.2% 和 10.5%；西部地区市场需求人数和求职人数分别减少了 17.2 万人和 12.3 万人，分别下降了 13.9% 和 11.0%。

（二）工资增长缓慢，欠薪现象抬头

2015 年城市职工收入增长速度不仅低于农民收入的增长速度，而且低于国民经济的增长速度。而一些迹象表明，欠薪问题有所抬头。据北极星太阳能光伏网报道：随着海外光伏市场的不断萎缩，新兴市场的崛起无疑是给行业打了一针“强心剂”。作为目前全球最大的光伏市场，中国市场近年来正从低谷走出来，随着国家扶持政策的相继出台，中国光伏市场的规模达到了前所未有的状态，2015 年国家能源局规划 17.8GW 无疑是让所有“光伏人”为之振奋的目标。但是在政策光环之下，许多光伏企业和项目公司依然面临许多严峻的问题，这些问题影响到了企业的健康发展，比如光伏补贴发放不及时和光伏企业债务难讨回等问题。2015 年 9 月 13 日，哈尔滨市劳动保障监察局在中央大街举行以“严厉打击欠薪行为，全面保障工资支付”为主题的系列宣传活动，市政府立足“早部署、早排查、早整改、早查处”的工作方针，重点开展三方面工作：健全违法行为预警防控机制，按照“分片包干、主动监管、上下协同、动态监控”的思路，采取“四合一”监管的方式，对重点行业、重点区域以及有欠薪记录的用人单位实施排查、检查和重点监控；建立健全工资支付制度和工资支付监控制度，建筑工地实行实名制管理制度，将有欠薪记录的企业和生产经营不稳定的隐性欠薪企业列为重点监控对象，进行实时查处；组织开展专项整治，建立日常监察和突发事件应急处置机制，会同市建委、公安等部门加大对拖欠农民工工资用人单位的处罚力度，对恶意拖欠、情节严重的，依法责令其停业整顿、降低或取消资质并进行媒体曝光，限制责任人高消费，并对拒不支付劳动报酬的责任人依法予以惩处。另外，中央电视台曝光的几家大型房地产企业欠薪现象，都从正反两个方面表明，企业拖欠职工工资现象有所抬头。

（三）企业招工意愿下降

2015年总的PMI指数明显低于2014年（见表1），表明形势进一步恶化。

表1　2015年1～9月制造业和非制造业PMI指数

时　间	制造业		非制造业	
	指数(%)	同比增长(个百分点)	指数(%)	同比增长(个百分点)
2015年9月	49.8	-2.54	53.4	-1.11
2015年8月	49.7	-2.74	53.4	-1.84
2015年7月	50.0	-3.29	53.9	-0.55
2015年6月	50.2	-1.57	53.8	-2.18
2015年5月	50.2	-1.18	53.2	-4.14
2015年4月	50.1	-0.60	53.4	-2.55
2015年3月	50.1	-0.40	53.7	-1.47
2015年2月	49.9	-0.60	53.9	-2.00
2015年1月	49.8	-1.39	53.7	0.56

资料来源：中国物流与采购联合会网站。

个别产能过剩行业，形势更加严峻。河北省冶金行业协会公布的2015年9月河北省钢铁行业PMI指数为37.8%，环比下降4.5个百分点，创2015年以来第二低水平，表明河北省钢铁行业经营环境十分艰难。

由于PMI指数中也包括雇员指数，所以PMI低表明企业招工意愿在不同地区、不同行业都有所下降。应该对此给予足够的重视。

另据中国人力资源市场信息监测中心对2015年第二季度部分城市公共就业服务机构市场供求状况的分析，从行业需求看，与2014年同期相比，交通运输仓储和邮政业、金融业、信息传输计算机服务和软件业、居民服务和其他服务业、租赁和商务服务业等行业的用人需求呈增长态势，而建筑业、农林牧渔业、批发和零售业、制造业、住宿和餐饮业等行业的用人需求有所下降。与2014年同期相比，用人需求下降较多的行业有：建筑业（-23.8%）、农林牧渔业（-16.6%）、批发和零售业（-9.8%）、制造业（-7.7%）、住宿和餐饮业（-3.6%）。

（四）结构性就业问题进一步凸显

据中国人力资源市场信息监测中心对2015年第二季度部分城市公共就业服务机构市场供求状况分析：全国十大城市的岗位需求和求职排行榜显示，对推销展销人员、简单体力劳动人员、营业人员、收银员、餐饮服务人员、机械冷加工人员、治安保卫人员等的需求较大，对财会人员、其他行政办公人员、秘书、打字员、仓储人员等的需求相对较小。“蓝领”岗位需求增长较大，高职毕业生就业比较容易；但“白领”岗位需求增加较小，大学毕业生就业比较困难。在工厂更多使用机器人、机械手，以及服务业比例上升、制造业比例下降的情况下，还出现这种现象，这说明传统服务业用人需求高于现代服务业用人需求。

（五）农民工部分提前回流，国企不许裁正式职工

2015年7月13日，由W. Raphael Lam，Xiaoguang Liu和Alfred Schipke主持的国际货币基金组织的一份研究报告指出，从过去的失业率调查来看，中国经济放缓并未影响中国的就业状况，但这种调查忽略了影响就业的一些因素。此前，中国人社部门每季度发布的城镇

登记失业率，从历史数据来看，21世纪以来不论经济增速如何变化，中国的登记失业率长期保持在4.0%到4.3%之间。但IMF指出，失业率维持稳定主要是中国的国企愿意容纳过剩工人，同时，失业的农民工回到了农村，不在城镇登记失业率的统计范围内。大量农民工聚集在低技术含量的岗位，往往受经济下滑的影响比城镇工人更大。但失业后的农民工往往离开城市回到农村，这样他们就被排除在城镇失业率调查之外了。IMF在调查了中国东部部分城市后指出，中国的国企受到政府的压力而无法自主决定裁员。IMF表示，尽管目前中国的国企过剩的工人绝对数量并不高，但所占比例却相当高。IMF称，许多大型国企分布在钢铁、矿产等产能过剩的行业，这些企业有着很高的劳动剩余比。

三　做好2016年就业工作的政策建议

随着经济增长速度每季度缓慢下探，就业增长形势十分微妙，城镇失业率状况开始让人担心。有的经济学家说：GDP增速趋缓，就业形势依然很好，失业率也几乎没有变化，短期可以理解，但是自2014年以来一直如此，令人难以理解，难道奥肯定律不管用了？“失业意味着生产要素的非充分利用，失业率的上升会伴随着实际GDP的下降”，描述失业率和GDP之间的这一关系的经验规律被称为奥肯定律。而按照奥肯定律，GDP每增加2%，失业率大约下降1%，劳动参与率将增加0.5%，每小时薪资将增加0.5%，劳动率增加1%。事物总是一分为二的。当然也有的经济学家说：产业结构发生了变化，虽然制造业占GDP比重下降，但是服务业占GDP比重上升，服务业就业弹性高于制造业，所以就业岗位增长势头不变，失业率也没有什么变化。这是目前主流的看法。上述两种截然相反的观点纯粹是从宏观方面观察和思考得出的结果，似乎都有道理。但是，我们必须密切了解微观层面的一些就业变化信息和迹象，绝对不能掉以轻心，就业工作也绝对不能松懈。

我们建议2016年的就业工作目标是：继续实施就业优先战略，将全国城镇登记失业率控制在4.5%以内，全国城镇调查失业率控制在5.5%以内。2016年全年城镇新增就业目标预计不低于1200万人，全年城镇失业人员再就业目标600万人，全年就业困难人员实现就业目标200万人，加强对劳动力市场丧失信心者的统计，完善对劳动力参与率变动的监测，全年开展政府补贴性职业培训不少于2000万人次，加大对残疾就业的关怀性支持，建立对已出台促进就业各项政策的第三方科学评估，确保2016年经济增长稳定在7%左右，就业形势不明显恶化。

（一）进一步做好大众创业工作

继续实施更加积极的就业政策，大力完善创业扶持政策，切实加强对灵活就业、新就业形态的支持。2016年，一要进一步抓好支持农民工等人员返乡创业政策的细化、实化和落实工作。健全工作机制，明确任务分工，细化《鼓励农民工等人员返乡创业三年行动计划纲要》七项行动计划，并抓好组织实施，跟踪工作进展，及时总结推广经验，指导地方结合产业转移和新型城镇化，制定更优惠的政策措施，加大支持力度，帮助更多返乡创业人员实现创业就业。与此同时，要深入开展“大学生创业引领计划”。推动普通高校加快普及创业教育，有针对性地强化创业培训，推行企业注册登记、银行开户等服务便利化，研究整合发展高校毕业生就业创业基金，多渠道提供资金、经营场所支持，加强创业公共服务，动员社会力量助力大学生创业，努力使大学生创业的规模、比例不断扩大和提高。二要抓好高校、科研院所等事业单位专业技术人员离岗创业政策的细化和落实。研究制定离岗创业人员人事管理、工资福利待遇、社保缴纳、职称评聘、岗位等级晋升等方面的具体规定，明确权利义务，完善科技人员的创业股权激励政策，激发科技人员创造力。三要继续抓好留学回国人员的创业帮扶工作。进一步完善支持政策，抓好“千人计划”“留学人员回国创业启动支持计划”“高层次留学人才回国资助”等专项人才计划的实施，指导地方政府加强留学回国人员创业园等服务平台建设，健全服务体系，强化服务功能，汇聚各方资源，重点扶持一批留学回国人员的创业项目。

（二）缩小职工收入差距，严格监测和管理企业欠薪行为

适当缩小职工收入差距，坚持将劳动报酬提高和劳动生产率提高同步，健全科学的工资水平决定机制、正常增长机制、支付保障机制，完善最低工资增长机制，完善市场评价要素贡献并按贡献分配的机制，重点提高技术工人待遇。2016 年要出台相关清理欠薪和完善最低工资标准调整机制的文件，政府建立企业欠薪行为及时预警和曝光制度，规范用人单位工资支付行为，保障劳动者合法权益。对有欠薪苗头的企业进行预警通知，劳动保障监察机构定点联系监控，督促企业按规定支付工资，被监控企业每月将工资支付情况报送劳动保障监察机构备案。对欠薪 2 个月及以上的企业，由劳动保障监察机构核实后，下达整改指令书，督促企业依法支付劳动者工资，同时向全社会求职者公布。企业因欠薪引发集体投诉上访且造成恶劣社会影响的，在报刊、电视和政府网站等新闻媒体上曝光，切实维护普通劳动者的劳动收益和劳动权利。

（三）加强有针对性的职业培训，消除结构性失业

着力于提高国民整体素质，一方面要普及高中阶段教育，逐步分类推进中等职业教育免除学杂费；另一方面职业培训必须具有较强的针对性与实用性，职业培训目标、专业设置、教学内容等均根

据职业技能标准、劳动力市场需求和用人单位的实际要求确定。根据社会空岗情况制定培训规划，确保经过职业培训的毕（结）业生可上岗作业。职业培训方法上要强调理论知识教育与实际操作训练相结合，突出技能操作训练。必须开展灵活多样的职业培训，在培训形式上可采取联合办学、委托培训、定向培训等方式；在培训期限上采取长短结合的方式，可以脱产也可以半脱产；在培养对象上依据岗位的实际需要灵活确定；在教学形式上不受某种固定模式的限制，根据职业标准的要求采取多种形式的教学手段。职业培训必须与劳动生产相结合，主要体现在一方面教学要紧紧围绕生产实际进行；另一方面要贯彻勤工俭学、自力更生和艰苦奋斗的原则，通过教学与生产经营相结合，既培养人才，又创造物质财富，从而获得社会、经济的双重效益。

（四）进一步规范劳动关系，促进广大底层劳动者实现体面劳动

现代企业制度是市场经济体制的基础，包括明晰的产权关系与和谐的劳动关系两个层次。完善社会主义市场经济体制，健全企业法人治理结构，要求发展和谐的劳动关系，广泛调动企业和职工两个积极性，确保生产者和经营者、劳动者与建设者和谐相处、平等合作、互利共赢，使企业保持健康持续发展的良好势头。体面劳动就是通过促进就业、加强社会保障、维护劳动者基本权益，以及开展政府、企业组织和工会三方的协商对话，来保证广大劳动者在自由、公正、安全和有尊严的条件下工作。让劳动者实现体面劳动，从宏观层面来说，需要国家进一步出台相应的法律与制度安排，加快收入分配改革，促进公平公正的公共福利、公共服务等社会政策的落实。当务之急是，依法治理劳动保障体系，推进户籍制度改革，调节收入分配格局，积极回应劳动者的诉求，通过一系列有效的措

施保障劳动者及时分享经济发展的成果。让劳动者实现体面劳动，从企业微观层面来说，是切实加快转变发展方式的必然要求，由过去过度依赖“人口红利”“贱”用人，转变为依赖“人才红利”“贵”用人。规范和谐劳动关系，可以进一步激发大众创业和万众创新，形成经济发展的新引擎！

B.17

2015年中国税收形势分析预测及2016年初步展望

付广军*

摘　要：　2015年税收收入，第一季度累计呈明显的低速运行态势，其增长速度远低于经济增速3.5个百分点；第二季度累计增速为4.7%，虽有回升，但仍然低于经济增速2.2个百分点；第三季度累计增速继续回升为5.5%，与经济增速差距进一步缩小至1.4个百分点。主要税种收入增速较上年有升有降，沿海重点税源大省税收收入增速增幅回升，多数省份税收收入较上年增速回落，直接全国税收收入增速呈现回落态势。2015年假如中国宏观经济形势处于"新常态"运行态势，税收收入也将进入一个中速增长时期，并继续与经济增长保持基本同步。

关键词：　税收形势　税收收入

2015年前三季度，中国税收[①]形势受国内经济下行压力持续加大和税制改革力度不断加强的双重影响，税收收入及主要税种收入增长

---

* 付广军，国家税务总局税收研究所研究员。

① 本文税收收入是指税务部门统计口径，不包括关税和船舶吨税，未扣减出口退税。

均不同程度地较上年增长趋缓，并处于低开、中间高企又逐渐下降态势。尤其是伴随着营业税改增值税（简称“营改增”）的深入，营改增收入仅增加397.73亿元，国内增值税仅增长1.1%，以“营改增”等为主的税制改革，减税效果明显。中国税收收入增长总体放缓，伴随中国宏观经济“新常态”增长时期的确立，税收收入也进入中低速增长时期。

一　2015年前三季度税收形势分析

2015年前三季度（1~9月），全国税收收入实现102536.22亿元，比上年增加5336.98亿元，同比增长5.5%，比上年同期下降2.2个百分点。

（一）2015年1~9月分季度累计税收收入走势分析

2015年第一季度累计，税收收入实现33345.59亿元，同比增长3.1%，比上年下降6.8个百分点；国内生产总值（GDP）实现147962亿元，按可比价计算，同比增长6.6%；税收收入增速低于GDP可比价增速3.5个百分点，税收增速不到经济增速的一半。上半年累计，税收收入实现71895.39亿元，同比增长4.7%，比上年同期降低3.5个百分点；GDP实现314178亿元，按可比价计算，同比增长6.9%；税收收入增速低于GDP可比价增速2.2个百分点。前三季度累计，税收收入实现102536.22亿元，同比增长5.5%，GDP实现487774亿元，按可比价计算，同比增长6.9%，税收收入增速低于可比价GDP增速1.4个百分点（见表1）。

（二）2015年前三季度分月度税收收入运行分析

2015年前三季度中国税收收入月度运行特点有以下几个方面。

表1　2015年税收收入分季度运行状况

单位：亿元，%

指标名称	第一季度累计		第二季度累计		第三季度累计	
	绝对数	同比增长	绝对数	同比增长	绝对数	同比增长
税收收入	33345.59	3.1	71895.39	4.7	102536.22	5.5
GDP	147962	6.6	314178	6.9	487774	6.9
宏观税负	22.5	22.9	21.0			

资料来源：国家税务总局收入规划核算司编《税收月度快报》，2015年9月。

一是税收收入增速基本特点是前期平缓、中间高企、后期逐降，呈不规则波动态势，与上年逐月下降存在明显差异。1月实现14828.07亿元，同比增长3.1%；2月仅实现9150.44亿元，同比增长2.9%；3月实现9367.07亿元，同比增长3.3%；4月实现12574.75亿元，同比增长6.1%；5月实现12773.98亿元，同比增长1.3%；1~5月均低于上年增长率。6月实现13201.07亿元，同比增长11.2%；7月实现13017.19亿元，同比增长10.7%；8月实现8452.30亿元，同比增长7.4%，连续3个月增速高于上年同期。9月实现9171.34亿元，同比增长3.0%，又出现低于上年同期增速的情况。

二是除1月外，前三季度税收收入呈“中间高、两头低”的态势。2月、3月、8月、9月均低于1万亿元，1月、4月、5月、6月、7月均高于1万亿元，其中2月、3月、8月、9月税收收入分别为9150.44亿元、9367.07亿元、8452.30亿元和9171.34亿元；中间的4月、5月、6月、7月税收收入分别为12574.75亿元、12773.98亿元、13201.07亿元和13017.19亿元，此特点与上年相同（见表2、图1）。

表 2　2015 年税收收入分月度运行状况

单位：亿元，%

月份	2015 年		2014 年		与 2014 年同期比较（个百分点）
	绝对数	同比增长	绝对数	同比增长	
1 月	14828.07	3.1	14380.63	14.1	-11.0
2 月	9150.44	2.9	8892.45	9.1	-6.2
3 月	9367.07	3.3	9064.25	4.5	-1.2
4 月	12574.75	6.1	11846.93	8.8	-2.7
5 月	12773.98	1.3	12605.18	5.5	-4.2
6 月	13201.07	11.2	11873.47	6.3	4.9
7 月	13017.19	10.7	11761.41	9.6	1.1
8 月	8452.30	7.4	7871.93	4.0	3.4
9 月	9171.34	3.0	8902.98	4.3	-1.3

资料来源：国家税务总局收入规划核算司编《税收月度快报》，2015 年 9 月。

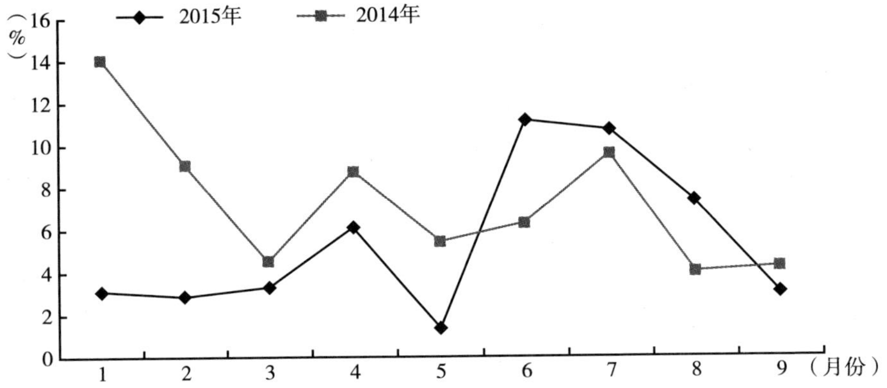

图 1　2015 年分月度税收收入增速

（三）2015年前三季度税收收入结构分析

2015 年前三季度税收收入结构分析（见表 3、图 2、图 3、图 4）。

表3　2015年前三季度税收收入运行状况

单位：亿元，%

指标		绝对数	同比增加	同比增长	占全部收入比重
税收收入		102536.22	5336.98	5.5	100.0
分产业	第一产业	144.68	-21.70	-13.0	0.1
	第二产业	45353.75	1069.04	2.4	44.2
	第三产业	57037.79	4289.64	8.1	55.6
分地区	东部	69809.56	4537.46	7.0	68.1
	中部	16735.19	346.03	2.1	16.3
	西部	15991.47	453.49	2.9	15.6
分级次	中央级	55992.87	2624.72	4.9	54.6
	地方级	46543.35	2712.26	6.2	45.4

资料来源：国家税务总局收入规划核算司编《税收月度快报》，2015年9月。

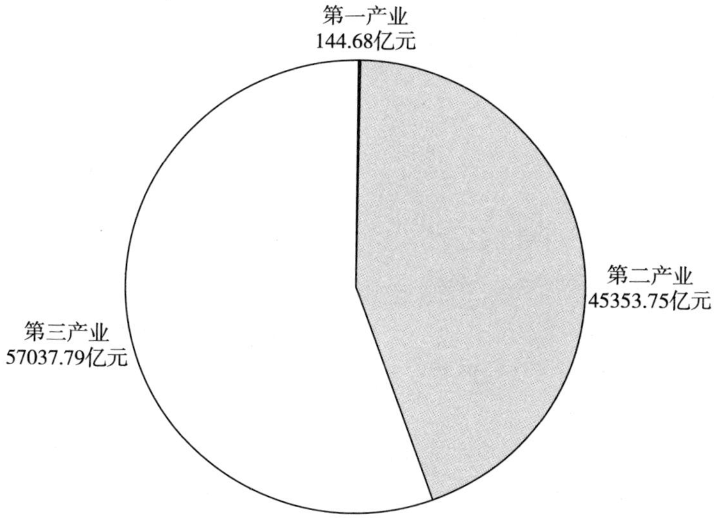

图2　2015年前三季度税收收入分产业结构

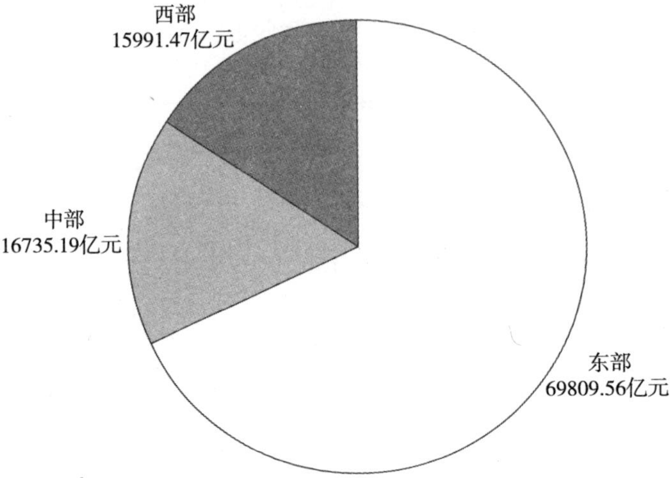

图 3　2015 年前三季度税收收入分地区结构

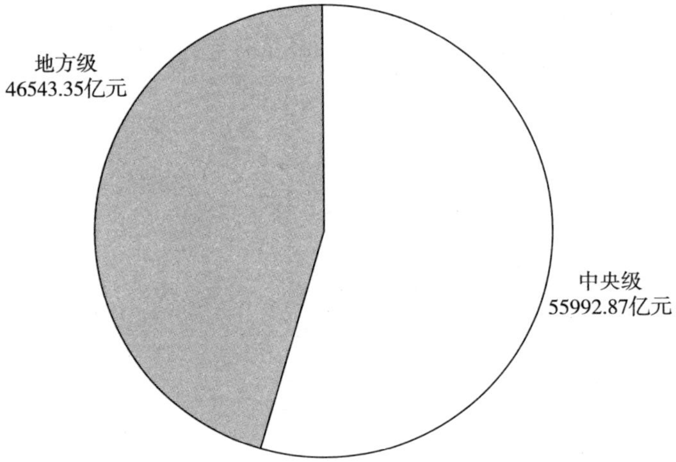

图 4　2015 年前三季度税收收入分级次结构

（1）分产业看，第一产业税收收入 144.68 亿元，比上年同期减少 21.70 亿元，同比降低 13.0%，仅占全部税收收入的 0.1%，即使是负增长对税收收入影响也不大；第二产业税收收入 45353.75 亿元，比上年同期增加 1069.04 亿元，同比增长 2.4%，占全部税收收入的 44.2%；第三产业税收收入 57037.79 亿元，比上年同期增加 4289.64

亿元，同比增长8.1%，占全部税收收入的55.6%。

（2）分地区看，东部地区税收收入69809.56亿元，同比增长7.0%，占全部税收收入的68.1%，由于占比较大，其增速较高对税收收入增速运行影响较大；中部地区税收收入16735.19亿元，同比增长2.1%，占全部税收收入的16.3%；西部地区税收收入15991.47亿元，同比增长2.9%，占全部税收收入的15.6%。

（3）分级次看，中央级税收收入55992.87亿元，同比增长4.9%，占全部税收收入的54.6%；地方级收入46543.35亿元，同比增长6.2%，占全部收入的45.4%。

中国2015年前三季度税收收入增速为5.5%，影响税收收入增速的主要因素：一是从产业看，第一产业税收负增长、第二产业税收增速低、第三产业税收增速高，第三产业成为维持税收收入增长的主要因素；二是从地区看，东部地区增速高，中部、西部增速低，中、西部经济欠发达省份成为影响税收收入增长的重要因素。

（四）2015年前三季度主要省份税收收入运行分析

从中国税收收入前10名的税源大省（市）看，除第8名（四川省）外，其他均为东部沿海经济发达省份。2015年前三季度主要税源大省税收收入增幅表现差异较大，税收收入前3名的广东省增速较大，为15.6%，比上年提升2.8个百分点；上海市增速为17.8%，较上年提升6.6个百分点；北京则保持在8.9%，较上年提升2.2个百分点。税收收入增幅回落最大的是辽宁省，同比增长-16.7%，回落15.1个百分点。天津由于税收增速下降较大，从上年的排位第8降为第11，湖北省替代天津市成为排名第10的税源省份。

2015年前三季度累计，10个主要税收省份合计69340.20亿元，比上年增加5095.22亿元，同比增长7.9%，占全国税收收入的67.6%，比上年提高1.5个百分点（见表4、图5）。

表 4　2015 年前三季度税收收入前 10 名省份运行状况

单位：亿元，%

省份名称	2015 年		2014 年		与 2014 年增速比较
	绝对数	同比增长	绝对数	同比增长	
税收收入	102536.22	5.5	97199.24	7.7	-2.2
1. 广东省	13638.56	15.6	11797.65	12.8	2.8
2. 上海市	11238.54	17.8	9537.00	11.2	6.6
3. 北京市	9910.13	8.9	9096.58	6.7	2.2
4. 江苏省	9562.50	8.7	8796.06	10.0	-1.3
5. 浙江省	6856.94	3.3	6639.30	5.6	-2.3
6. 山东省	6093.96	-0.8	6141.01	5.7	-6.5
7. 辽宁省	3072.60	-16.7	3660.94	-1.6	-15.1
8. 四川省	3013.75	2.0	2955.14	7.0	-5.0
9. 福建省	2991.90	1.6	2946.00	8.0	-6.4
10. 湖北省	2961.32	10.7	2675.30	14.9	-4.2
前 10 名合计	69340.20	7.9	64244.98	—	—
占全部税收比重	67.6	—	66.1	—	—

注：表中广东、浙江、山东、辽宁、福建 5 省税收收入均包含所辖计划单列市的税收收入。

资料来源：国家税务总局收入规划核算司编《税收月度快报》，2014 年 9 月、2015 年 9 月。

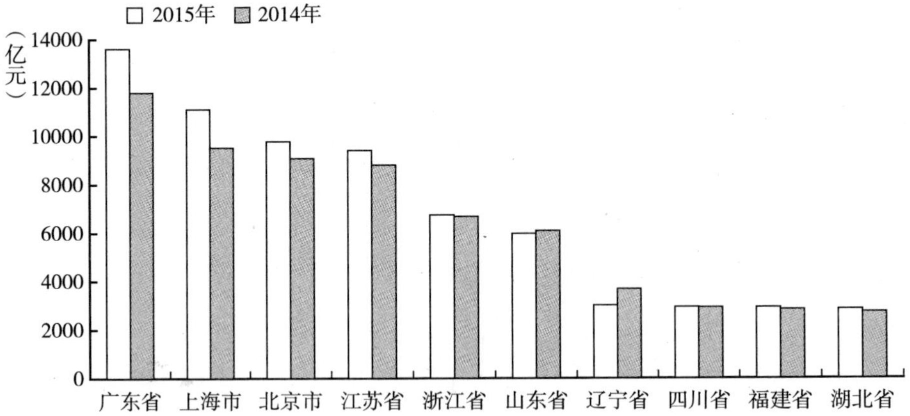

图 5　2015 年 1～9 月税收收入前 10 名税源大省（市）

二 2015年前三季度税收收入运行特点及原因

（一）2015年前三季度税收运行主要特点

（1）与上年同期比，税收收入增速降幅较大。1～9月税收收入增速比上年同期回落2.2个百分点。

（2）与生产经营相关的主体税种收入增速较上年有升有降。2015年1～9月，增值税同比增长1.1%，比上年同期增速下降6.3个百分点；消费税同比增长17.6%，比上年同期增速提高11.7个百分点；营业税同比增长9.6%，比上年同期增速提高8.3个百分点；企业所得税同比增长6.6%，比上年同期增速回落1.9个百分点。

（3）个人所得税中限售股转让个人所得税情况。1～9月，个人所得税6751.08亿元，比上年同期增加1055.57亿元，同比增长18.5%；其中，财产转让所得762.51亿元，比上年同期增加270.46亿元，同比增长55.0%。与证券市场有关的限售股转让所得231.96亿元，比上年同期增加116.73亿元，同比增长101.3%。个人所得税拉动税收增速提高1.1个百分点，其中限售股转让拉动税收增速提高0.1个百分点。

（4）房地产有关税收情况。1～9月，土地增值税实现2875.02亿元，比上年同期减少112.43亿元，同比下降3.8%；耕地占用税实现1377.27亿元，比上年同期减少26.17亿元，同比下降1.9%。房地产业税收实现12544.17亿元，比上年同期减少278.33亿元，同比下降2.2%。

（5）实体经济经营状况的恶化，对税收增速也有影响。从2012年起，规模以上工业企业利润总额增长乏力，2014年为64715.3亿元，同比增长3.3%；2015年1～8月为37663亿元，同比下降

1.9%。这是以前少有的现象。企业利润总额增速的下降，导致企业所得税税基即应纳税所得的下降，2014 年企业所得税拉动税收增速 2.1 个百分点，2015 年 1～9 月仅为 1.4 个百分点，比 2014 年减少 0.7 个百分点。

（6）海关代征进口税收减少，使税收增速下降。1～9 月，增值税同比减少 1485.93 亿元，同比降低 14.8%；消费税同比减少 94.14 亿元，同比下降 14.7%。海关代征税收比上年同期减少 1580.08 亿元，下拉税收增速 1.6 个百分点，扣除此因素，税收增速应为 7.1%，与经济增速基本同步。

2015 年前三季度税收收入及主要税种增长情况见表 5。

表 5　2015 年前三季度税收收入及主要税种增长情况

单位：亿元，%

税种名称	2015 年前三季度		2014 年前三季度		与 2014 年同期增速比较(个百分点)
	绝对数	同比增长	绝对数	同比增长	
税收收入合计	102536.22	5.5	97199.24	7.7	-2.2
其中:国内增值税	22720.29	1.1	22464.11	7.4	-6.3
国内消费税	7971.33	17.6	6776.73	5.9	11.7
营业税	14303.35	9.6	13046.00	1.3	8.3
企业所得税	22539.71	6.6	21151.45	8.5	-1.9
个人所得税	6751.08	18.5	5695.51	12.4	6.1
城市维护建设税	2886.49	7.1	2695.31	6.6	0.5
证券交易印花税	2054.29	410.0	402.74	14.3	395.7
城镇土地使用税	1564.19	7.2	1458.96	13.4	-6.2
土地增值税	2875.02	-3.8	2987.45	20.4	-24.2
房产税	1485.57	10.6	1343.68	16.7	-6.1
耕地占用税	1377.27	-1.9	1403.44	11.0	-12.9
契税	2809.72	-7.4	3033.04	6.9	-14.3

资料来源：国家税务总局收入规划核算司编《税收月度快报》，2015 年 9 月。

（二）证券交易印花税成为对税收增长贡献最大的税种

（1）2015 年 1 ~9 月，税收收入增长速度明显放缓，特别是过去作为影响税收增长的第一大税种的国内增值税，仅比上年同期增加 256.18 亿元，同比增长 1.1%，对税收增速的贡献度仅为 4.8%，仅拉动税收增速 0.264 个百分点，与 2013 年拉动税收增速 2.165 个百分点，对税收增长贡献度为 26.08%，形成巨大差异，增值税对税收增长的贡献度下降，是造成税收增速下滑的主要原因。

（2）作为非主要税种的证券交易印花税（以下简称证交税），尽管总量不大，但是由于受证券市场波动的影响，自 2014 年 11 月起，随着证券市场的活跃，证券交易印花税收入不断提高。2015 年 1 ~9 月，证交税累计实现 2054.29 亿元，较上年同期增加 1651.53 亿元，同比增长 410.0%。

从表 6 可以看出，证交税 2012 年对税收增速的贡献是 -0.1356 个百分点，也就是说由于证交税的减收，税收增速下降 0.1356 个百分点；2013 年、2014 年证交税对税收增速的贡献度都不大，仅分别占税收增加额的 1.81% 和 2.07%，对税收增速的拉动也只有 0.1498 个和 0.1652 个百分点。

表 6　证交税对税收收入增长贡献及贡献度

单位：%

时　间	2012 年	2013 年	2014 年	2015 年 1 ~9 月
贡　献	-0.1356	0.1498	0.1652	1.7020
贡献度	-1.21	1.81	2.07	30.94

注：根据历年《税收月度快报》有关数据计算得出。

这种情况在 2015 年出现巨大变化，1 ~9 月证交税对税收增速的贡献度高达 30.94%，拉动税收增速提高 1.702 个百分点，成为对税收增长贡献最大的税种。如果扣除证交税因素，税收收入增加3685.46亿元，同比仅增长3.8%。

近年来证券交易印花税收入情况如表7所示。2015年，证交税收入最高的6月为391.21亿元，比2012年全年还多86.55亿元，4月、5月、7月、8月月收入均高于2013年、2014年上半年。

表7　近年证券交易印花税收入情况

单位：亿元

月份＼年份	2012	2013	2014	2015
1	18.52	46.88	40.25	174.55
2	28.63	33.98	36.17	89.35
3	41.18	39.11	52.30	158.91
4	28.45	31.24	37.52	269.88
5	32.38	32.66	26.56	267.70
6	27.79	39.52	34.06	391.21
1~6月累计	176.95	223.38	226.86	1351.60
7	23.48	37.11	47.49	270.60
8	25.42	41.20	53.83	297.92
9	24.12	50.67	74.58	133.23
10	18.93	40.11	59.22	—
11	18.81	39.94	80.71	—
12	16.98	38.38	126.46	—
全年或1~9月累计	304.66	470.80	669.12	2054.29

资料来源：国家税务总局收入规划核算司编《税收月度快报》，2012年、2013年、2014年，2015年9月。

因此，证交税成为影响税收增长的第一大税种，如果没有证券市场的活跃，2015年的税收收入将面临非常严峻的形势。但是，进入9月后，股票成交额不断萎缩，证交税仅为133.23亿元。

三　2015年全年税收收入预测及2016年初步展望

（一）2015年全年税收收入预测

从2015年前三个季度税收运行情况看，尽管部分省份税收仍然保持了较高的增长速度，但全国大部分省份税收收入增速明显放缓，特别是中、西部经济欠发达地区税收收入增速低于全国平均水平，这些省份的税收收入在全国税收收入中所占份额尽管较小，但是省份较多，影响面广，尤其是东北三省老工业基地税收增速下降幅度较大，对税收收入增长的下拉力度明显，它们的税收运行状况对全国税收运行的影响不容忽视。到年末还有几个月，这种低速运行的情况不可能会有根本性改观，即使年末税收收入增长有翘尾因素，受经济运行的影响，2015年税收收入增速也不会高于上年。

我们根据2014年税收分季度运行情况，对2015年税收收入进行简单类比预测：2014年前三季度税收收入累计97199.24亿元，占2014年全年税收收入129541.07亿元的75.0%。2015年前三季度税收收入累计102536.22亿元，假设2015年仍保持2014年前三季度占全年收入的比重，2015年全年税收收入为136714.96亿元，同比增长5.5%；假设保持2014年前三季度同样的增长速度（5.5%），则2015年全年税收收入为136714.96亿元；两种方法预测值一致。考虑到后三个月的翘尾因素，估计2015年全年税收收入会高于前面的预测值，假如继续保持2014年全年比前三季度高0.3个百分点的情况，2015年全年增长5.8%，则2015年全年税收收入为137054.45亿元。我们取二者的平均数作为预测值，则2015年税收收入为136884.71亿元，同比增长5.7%（见表8）。

表 8　2015 年全年税收收入预测分析

单位：亿元，%

年份	第一季度累计		上半年累计		前三季度累计		全年累计	
	绝对数	同比增长	绝对数	同比增长	绝对数	同比增长	绝对数	同比增长
2011	25087. 54	33. 2	52429. 58	30. 1	77788. 22	27. 4	99564. 68	23. 3
2012	28555. 90	9. 4	60005. 07	10. 0	84214. 57	8. 3	110740. 04	11. 2
2013	29419. 16	3. 0	63426. 51	5. 7	90273. 08	7. 2	119942. 99	8. 3
2014	32337. 33	9. 9	68662. 91	8. 2	97199. 24	7. 7	129541. 07	8. 0
2015	33345. 59	3. 1	71895. 39	4. 7	102536. 22	5. 5	136884. 71	5. 7

（二）2016年中国税收形势初步展望

2015 年是中国“十二五”规划的收官之年。从前三季度的经济形势看，经济增长低于上年水平，增速为 6. 9%，较上年回落 0. 4 个百分点。固定资产投资、工业生产与销售、国内贸易及货币信贷增速均比上年回落较大。

从 2015 年前三季度税收收入的走势和全年预测分析来看，2015 年税收收入增长应低于上年，而且明显低于经济增速。

根据有关方面对 2016 年的经济预测，如果经济增长率保持在 6. 6% 左右，预计 2016 年全年税收总收入将增长 5. 0% ~6. 0%，税收收入初步估计为 143728. 95 亿 ~145097. 79 亿元。

需要说明的是，自 20 世纪 90 年代以来的税收收入增速超经济增速的现象，已从 2013 年起出现转折，2014 年、2015 年保持了这种态势，预计 2016 年仍将延续这种态势，进入一个税收收入增速低于经济增长增速时期。

四　几点看法和建议

（一）看法

（1）税收增速放缓的主要原因：一是固定资产投资增速下降，特别是房地产开发投资增速下滑，造成与房地产有关的税收收入下降。二是国际贸易不景气，进出口总额负增长，特别是进口额负增长，造成海关代征增值税和消费税负增长。

2015年全年税收收入增长情况，将取决于证券市场、固定资产投资以及国际贸易情况。证券市场已出现低迷态势，固定资产投资估计也不会有大的改观，进口由于受到人民币贬值预期的影响，前景不容乐观。

（2）证券市场能否延续1~8月的势头，其中关键是证券成交额的变化情况。在证券交易活跃的6月，以上海A股市场为例，每天的交易额均在万亿元以上，而进入9月后，仅为两三千亿元，成交额萎缩，直接后果就是证交税的减少，9月证交税仅为133.23亿元。如果回到以前年度的水平，税收增速将面临压力。

（3）固定资产投资难有彻底改观，国家战略已提出转方式、调结构的发展方式，固定资产投资应该不会像前几年那样，再有四万亿元甚至更多的投资，今后将更加注重内涵式发展，固定资产投资增速的下滑，必将减缓税收增速。

（4）实体经济受到虚拟经济的强烈冲击，不仅表现在股市对实业方面，还表现在随着“互联网+”的大力推进，传统的商业模式将被互联网替代方面（如网店取代实体店，造成华联、百盛、苏宁等效益锐减甚至倒闭），以实体店为代表的传统商业模式的经营规模将会萎缩，税收增速会因此下降。实体经济效益能否好转，将直接影响企业所得税的未来走势。

（二）建议

（1）保持股市持续健康发展，对税收增速较为重要。从1～9月税收增速情况看，股市繁荣，成交活跃，证交税才能持续增加。从税收角度理解股市发展，特别是在经济下滑情况下，股市繁荣为税收增长做出了巨大贡献。因此，保持股市正常波动，避免大起大落，十分必要。

（2）深入研究股市波动与投资增长的关系，找到股市投资与实体经济投资之间的关系。既不要因为股市的繁荣，过多地吸收本应投向实体经济的投资，也不要因为实体经济发展而影响股市的投资。建立二者之间良性互动的联系，共同为中国经济和税收做出贡献。

（3）进一步研究经济与税收的关系，通过税收看经济，特别是通过与税收有直接关系的税基（各税种对应的征税基础），建立税基统计指标，通过税基运行状况，反映经济运行状态。改从经济到税收为从税收到税基，从税基再到经济，切实合理地通过税收运行状况，研究税收运行背后的经济因素。

B.18

2015年中国股票市场回顾与2016年展望

朱平芳*

摘 要： 本文反思了中国股票市场2015年出现的罕见震荡及其内在的必然性，回顾了当年股票市场基本面和市场面的具体情况，对2015年"资金牛"转为"改革牛"背景下市场运行的板块特点进行了分析，对2016年证券市场的发展进行了展望，尤其对宏观基本面以及可能的热点进行了判断。

关键词： 中国股市 资金牛 改革牛

一 反思2015年中国股票市场的罕见震荡

对于中国股票市场，2015年是充满变化和挑战的一年。在"资金牛"和"改革牛"的刺激下，上半年的A股市场迎来了7年以来最大上涨幅度的一波牛市，在经历1月、2月的横盘震荡后，A股大盘于3月成功突破2009年牛市顶部3478点，之后大盘上行一路畅通，在6月初成功站上5000点。然而在6月下旬，市场风云突变，半月之内大盘由5100点暴跌20%至3800点，之后历经反弹与再下

* 朱平芳，上海社会科学院市值管理研究中心、上海社会科学院数量经济研究中心。

跌，11 月中旬徘徊在 3600 点上下。短期内发生如此罕见的震荡，千股跌停转向千股涨停，充分地把中国股票市场发展过程中所积累的弊端与问题集中地暴露出来。

中国股票市场虽然 20 多年来发展得很快，从上市公司数量到市值规模都已经达到或超过一些发达国家，但自身的弱点和问题也明显，如市场不成熟、制度不健全、监管不适应，以及上市公司和投资者结构不合理，短期投机炒作过多等，股指期货市场的正向效应难以正常发挥，深层次原因主要体现在以下几个方面。

（1）由于现货市场正向利差效应微弱，即股市没有长期分红效应和机制约束，持续的财富效应缺失。内幕交易长期清而难除，投机氛围难有改变。“花不美因根不实”，因此，股指期货市场的功能不可能有效发挥。

（2）中国股票市场有限的局部价值成长遇见不公的分配制度，市场参与者无法建立长期的投资理念，收益主要取决于资本利得，与成熟市场完全相反，这样无疑会滋生浓厚的投机意识。市场参与者只能依靠买卖差价获利，政策市、消息市的特征非常显著。

（3）股票市场长期微弱的负向利差特征为股指期货市场提供了正收益的舞台。而股指期货市场不受标的物的流通量限制，可以把流动性溢价的收益展现得淋漓尽致，尤其在投机风险高峰时刻两者不是互为抑制，而是相互助长的，导致风险不断提升。

（4）市场总是聪明的，现货市场的大多数参与者与衍生品市场的大多数参与者的平均专业知识储备相差悬殊。当中国股票市场处于非成熟、非有效的初级阶段时，持续的财富效应缺失会导致股指期货因这种专业知识储备的悬殊差异而被投机者利用，短期内很可能演变成对赌股指升跌的疯狂投机游戏。

发展至今的中国股票市场是还不成熟、非有效和欠完善的市场，散户和一些中小机构仍是市场交易主体，长期滋生的过度投机的温床始终存在。此时，相对应的股指期货市场难以实现其规避风险、套期保值与稳定市场的功能，有时还会加剧市场波动，助长过度投机。中国7年来的熊市期间，股市日交易额只有1000亿~2000亿元，而股指期货日交易额4000亿~5000亿元。2015年进入牛市后，股市日交易额只有1万亿~2万亿元，而股指期货日交易额达3万亿~4万亿元。当股指期货的交易量远远超过股市时，所谓做空是给股票套保的说法已经没有意义。股市若还算是一个投资场所，则股指期货就完全背离了其规避风险、套期保值与稳定市场的功能。中国股票市场的制度建设与理性投资者的培育还有相当长的路要走。

二 “资金牛”转为“改革牛”：2015年中国股票市场回顾

我们从时间维度对2015年中国股票市场进行基本面的回顾与梳理。

首先，2015年初，国务院总理李克强主持听取专家学者和企业界人士对《政府工作报告》的意见建议座谈会，提出进一步深化财税金融等重点领域改革，在强实体、促创新、惠民生、防风险等方面更大发力。央行与税务总局对接“一带一路”，推进人民币资本项可兑换并制定“一带一路”战略相关税收政策。

十二届全国人民代表大会第三次会议确定2015年经济社会发展的主要预期目标中，国内生产总值增长7%左右，居民消费价格涨幅3%左右，城镇新增就业1000万人以上，城镇登记失业率在4.5%以内，进出口增长6%左右，国际收支基本平衡，居民收入增长与经济发展同步。

中国人民银行行长周小川在会上向外界透露了部分央行改革的进展，例如改善境内外居民的个人投资渠道，准备新一轮《外汇管理办法》的修订。他提出，中国仍然坚持稳健的货币政策，并将力图改善杠杆率过高的局面。

国务院总理李克强主持召开国务院常务会议，确定2015年国务院立法工作重点，让改革发展沿着法治轨道前行；部署加快推进实施“中国制造2025”，实现制造业升级；听取中国北车南车重组进展情况汇报，强调以国资国企改革优化资源配置。部署盘活和统筹使用沉淀的存量财政资金，有效支持经济增长；确定加快发展电子商务的措施，培育经济新动力；决定适当扩大全国社保基金投资范围，更好惠民生、助发展。

国务院批准关于印发《中国制造2025》的通知。《中国制造2025》明确指出，通过政府引导、整合资源，实施国家制造业创新中心建设、智能制造、工业强基、绿色制造、高端装备创新等五项重大工程，实现长期制约制造业发展的关键共性技术突破，提升我国制造业的整体竞争力。

国务院总理李克强主持召开国务院常务会议，部署推进“互联网+”行动，促进形成经济发展新动能；决定降低工伤和生育保险费率，进一步减轻企业负担；确定设立中国保险投资基金，以金融创新更好地服务于实体经济；通过《中华人民共和国商业银行法修正案（草案)》。

李克强总理指出，新一轮科技革命和产业变革正在世界范围内孕育兴起，各国纷纷抢占未来产业制高点，发达国家加紧实施“再工业化”，我国产业转型、提质增效迫在眉睫。当前我国既要顶住经济下行压力实现稳增长，也必须在着力扩大需求的同时，通过优化产业结构有效改善供给，释放新的发展动能。

8月下旬针对金融稳定问题李克强总理指出金融稳定事关经济全局。近期完善人民币汇率中间价报价机制，是顺应国际金融市场走势的合理举措，但人民币汇率没有持续贬值的基础，可以保持在合理均衡水平上基本稳定。要继续推进金融体制改革，保持流动性合理充裕，增强服务实体经济的能力。维护金融市场稳定运行。加快相关制度建设，培育公开透明、长期稳定健康发展的资本市场。加强和完善风险管理，守住不发生区域性系统性风险底线。

进入第三季度后，国民经济依旧面临巨大压力，习近平总书记在中美访谈中指出，中国经济保持7%左右的增长速度可以做到，长期向好的趋势不会改变。习总书记主持召开中央全面深化改革领导小组第十六次会议强调，以开放促改革、促发展，是我国改革发展的成功实践。改革和开放相辅相成、相互促进，改革必然要求开放，开放也必然要求改革。要坚定不移实施对外开放的基本国策、实行更加积极主动的开放战略，坚定不移提高开放型经济水平，坚定不移引进外资和外来技术，坚定不移完善对外开放体制机制，以扩大开放促进深化改革，以深化改革促进扩大开放，为经济发展注入新动力、增添新活力、拓展新空间。

由此可见，2015 年是全面深化改革的开局之年，央企的改革稳步推进，顶层方案出台在即，地方国资改革有序开展，改革红利不断释放，国资改革贯彻 2015 年整年。

与此同时，2015 年货币政策宽松窗口进一步打开，相继于 2 月、4 月进行两次降准，2 月、5 月进行两次降息，6 月 28 日及 8 月 26 日央行实施双降，同时降息和定向降准。2015 年初，证监会正式发布《公司债券发行与交易管理办法》，扩大发行主体范围，丰富债券发行方式，增加债券交易场所，简化发行审核流程，力争扩大债券市场规模。4 月 18 日起，A 股市场全面放开“一人一户”限制。从 13 日起，如果投资者对证券公司的服务或佣金不满意，不必再费尽周折转户了，只需要到别的证券公司新开一个账户即可，大大增加了投资者的市场参与热情。在 6 月 A 股市场股灾之后，7 月 5 日证监会发布公告称，为维护股票市场稳定，中国证监会决定，充分发挥中国证券金融股份有限公司的作用，多渠道筹集资金，扩大业务规模，增强维护市场稳定的能力。中国人民银行将通过多种形式给予中国证券金融股份有限公司流动性支持。宽松货币政策实施不仅减轻经济下行压力，同时保证2015年资本市场资金相对宽裕，为股市健康发展提供保障。

在题材方面，2015上半年热点主要集中在3月、4月的“一带一路”和央企合并板块，中字头蓝筹股期间受到市场资金热捧，诞生如中国一重、中国中铁的翻倍股票，但随着6月初该板块龙头中国中车合并复盘股价遭遇腰斩，板块整体走势转弱，在6月股灾中遭遇重挫。上半年保险板块平均涨幅4.78%，银行平均涨幅14.4%，券商平均涨幅15.89%，三大金融板块垫底两市并严重落后于大盘指数。

与此同时，2015年延续并强化了2014年的国企改革主题。2015年7月，“四项改革”时点和内容均超过市场预期，促使国企改革概念股异常活跃；李克强总理推出的“互联网+”概念成为2015年最火热的概念主题，尤其在高层发表声明支持互联网金融后，多个省市政府出台了互联网金融产业发展规划，掀起了“互联网+”概念股的一波热潮；同时，习总书记提出“能源革命”让新能源汽车板块受益，新能源汽车上下游，尤其是充电桩、锂电池两个子板块在A股市场横盘期间爆发性上涨；除此之外，“工业4.0”作为体系性强的主题在2015年布局，李克强总理在多个场合指出要实施“中国制造2025”，推动了“工业4.0”主题的一轮上涨。可以看出，在A股市场剧烈波动期间，宏观政策的推动使得各个板块逐步走强。

我们预计年内波动范围不会太大，配合改革与转型的各种结构性机会还会不断涌现，上证指数波动中枢在3500点左右。

各类事件具体见表1、表2、表3、表4。

表1　国企改革催化剂事件

时　间	事　件
2013年11月16日	《中共中央关于全面深化改革若干问题的决定》积极推进混合所有制改革
2014年7月15日	国资委发布“四项改革”试点
2014年11月7日	国企改革领导小组成立，统筹研究解决改革中的重大问题和难点问题，跟踪督促国企改革进展情况
2015年5月31日	广州印发《广州市委广州市人民政府关于全面深化国资国企改革的意见》
2015年6月5日	中央深改小组在第十三次会议审议通过了一系列国企改革相关意见
2015年9月13日	中共中央、国务院正式发布《关于深化国有企业改革的指导意见》
2015年9月24日	国务院出台《关于国有企业发展混合所有制经济的意见》

表2　“互联网+”催化剂事件

时　期	时　间	互联网金融行业政策事件主要催化剂
政策认知期	2014年3月5日	《政府工作报告》提到，“促进互联网金融健康发展，完善金融监管协调机制”。这是“互联网金融”一词首次被写入《政府工作报告》
行业强化期	2014年11月27日	央行牵头制定互联网金融发展意见，建立和完善互联网金融的监管框架，在鼓励互联网金融创新发展的同时规范监管工作
	2014年12月18日	《私募股权众筹融资管理办法（试行）（征求意见稿）》明确规定股权众筹应当采取非公开发行方式
	2015年3月4日	李克强在作政府工作报告时强调，制定“互联网+”行动计划，推动移动互联网、云计算、大数据、物联网等与现代制造业结合
	2015年4月30日	国家发改委会同有关部门抓紧制定“互联网+”行动计划，拟分专项启动，进一步激发互联网经济新活力
	2015年6月25日	国务院要求加强风控，清查配资，市场风险偏好逆转

表 3 新能源汽车催化剂事件

时 期	时 间	事 件
政策认知期	2014 年 6 月 13 日	习近平总书记主持召开中央财经领导小组第六次会议,研究中国能源安全战略,并提出推动能源消费、能源供给、能源技术和能源体制四方面的“革命”
	2014 年 7 月 21 日	国务院印发《关于加快新能源汽车推广应用的指导意见》,提出要进一步加快新能源汽车推广应用,缓解能源和环境压力,促进汽车产业转型升级
行业强化期	2015 年 3 月 5 日	《政府工作报告》中明确指出:“要推广新能源汽车,治理机动车尾气,提高油品标准和质量”
	2015 年 5 月 9 日	工信部公布第四批免购置税新能源车型目录
	2015 年 5 月 20 日	财政部、工信部、国税总局三部委联合发布《关于节约能源使用新能源车船车船税优惠政策的通知》

表 4 “工业 4.0”催化剂事件

时 间	事 件
2015 年 2 月 26 日	工信部将支撑百家规模以上企业探索智能工厂
2015 年 2 月 28 日	工信部:2016 年建立 3D 打印产业体系
2015 年 3 月 5 日	2015 年政府工作报告提出支持工业互联网发展
2015 年 5 月 8 日	国务院发布《中国制造 2025》
2015 年 6 月 5 日	工信部:互联网 + 制造业空间广阔,正研究如何更好组合
2015 年 7 月 14 日	工信部部长:实施五大工程,推进“中国制造 2025”

三 2016年中国证券市场展望

站在 2015 年底看 2016 年的中国证券市场，市场前景展望并不像 2014 年及 2015 年那样清晰。2016 年中国整体经济增长依然面临压力，周期性的政策放松与推进结构性改革的紧迫性增强，类似 1997 ~ 2002 年经济下行压力推动政策放松与结构改革的情形（见图 1）。

因此，相比于2015年的“股债双牛”，我们认为，2016年市场的投资重点将是在宏观改革下寻找阶段性和结构性机会。

图1　CPI月度指数运行情况

资料来源：同花顺 iFind。

（一）2016年宏观经济运行预计平稳，财政政策有望积极，货币宽松不会改变将助力中国证券市场

1. 宏观经济将保持稳定增长

2015年第三季度中国经济活动增速出现下滑（见图2），政府通过宏观调控来保持经济稳定增长的立场更加坚决，从2015年第三季度开始，陆续出台了一系列逆周期宏观政策，包括降息降准，首套房首付比例下调，汽车行业购置税减免，公共项目资本金比例下调，以及大幅增加政策性金融债发行来补充长期投资项目资金等。预计未来两年结构性改革将有望取得实质性进展。因此，从2016年开始，中国经济增长在连续6年放缓之后可能企稳，预测GDP增速将稳定在6.8%左右。

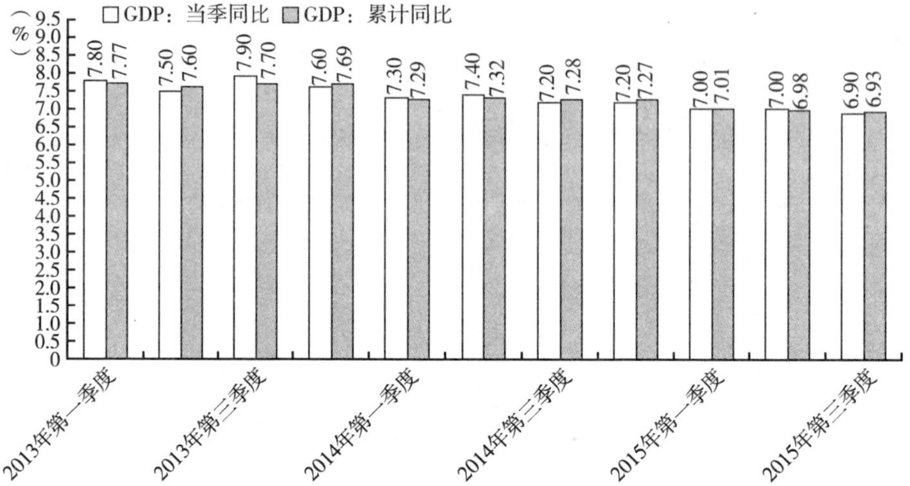

图 2　中国经济活动增速

资料来源：同花顺 iFind。

从行业角度看，中国将继续向服务型经济转型。即使在 2015 年股市大跌致使金融业增速回落的情况下，服务业也并没有受太大负面影响，第三季度第三产业同比增速反而加快至 8.6%。因此我们预测，第三产业尤其是消费服务业、物流行业和信息技术产业，在 2016 年仍将维持较快增长。同时，由于 2016 年的宏观政策环境将有利于推动中等收入群体的消费升级，大消费领域的高增长行业将因此受益。另外，当前经济周期性放缓将促进第二产业推动产业升级和技术进步，从而逐步完成产业改革。

从增长结构看，预计 2016 年固定资产投资增速将进一步下降，主要由于重工业行业去产能压力及三、四线城市房地产去库存的影响比市场预期的更加剧烈。截止到 2015 年前三季度，我国固定资产投资增速已加速下滑至 10.3%，创 2000 年以来新低，第一、二、三产业投资增速全面回落。从地区来看，仅中部地区投资增速有小幅上涨，东部和西部地区投资增速均出现回落。与此同时，房地产销售额增长停滞，边际上行的动能不足，政府出台的微刺激措施无法给予房地产行业投资足够动力，房地产开发投资月度降幅继续扩大；基建投资虽然仍是支撑固定资产投资的重点，但2015 年1 ~9 月累计同比增速已经回落到18. 1%，预计全年累计同比增速可能跌破18%。因此，我们预计固定资产投资回暖还需等待，2016 年或将持续保持增速下降趋势。

2. 通胀将保持较低水平

预期2016 年经济增长将保持稳定状态，2016 年 CPI 增速将处于较低水平，同时 PPI 增速仍将为负。考虑到2015 年总需求增长整体偏弱且未来一年内 CPI 仅会受猪价周期性冲击，预计 CPI 增长或将在整个 2016 年期间保持在 1. 3% 左右。另外，由于制造业持续低迷，去产能压力仍将存在，第二产业供需平衡仍需时间来恢复，因此预计2016 年 PPI 增速仍将为负，但下降速度将有所减缓。2013 年 3 月至2015 年 9 月的 CPI 和 PPI 水平见图 3。

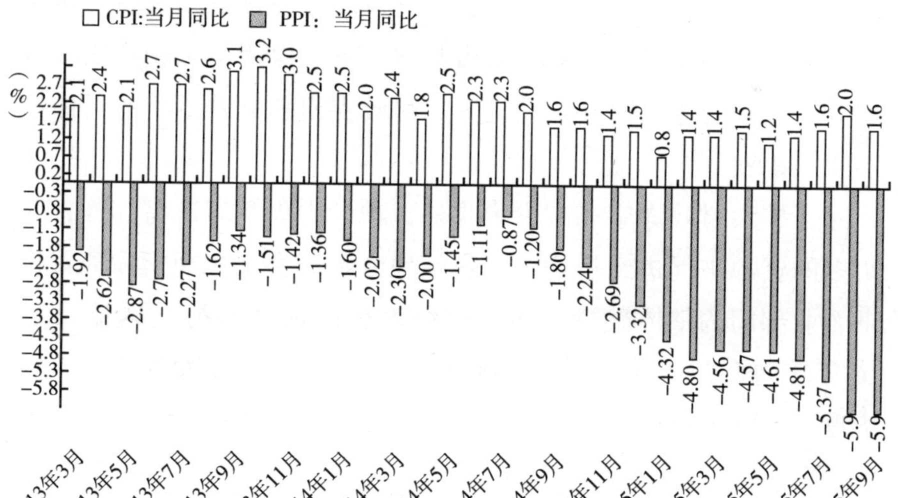

图 3　CPI 与 PPI 水平

资料来源：同花顺 iFind。

3. 财政政策对经济的支撑作用将进一步加强

逆周期的财政政策很可能将同时采取增加政府开支和减税的形式。2015 年 8 月 27 日，财政部部长楼继伟表示，将实施更有力度的财政政策，加大力度推进重大项目建设，提前下达 2016 年重大项目建设投资计划。11 月 9 日，国务院总理李克强强调要用好积极财政政策空间，合理加大减税力度，帮助企业渡难关、调结构、增后劲。当前我国经济运行呈现缓中趋稳的势头，但稳中向好的基础还不稳固，因此有力度的财政政策是经济发展的关键。由数据可明显看出，从 2015 年第二季度开始，财政支出已明显高于前两年，同时 2015 年财政赤字高达 16200 亿元，比上年度增加 2700 亿元，赤字规模占 GDP 比重约为 2. 3%，相较 2014 年提高了 0. 2 个百分点。可以看出，财政政策对经济的扶持力度在逐渐加大。预计预算赤字将从 2015 年的 1. 6 万亿元扩大至 2016 年的 2. 1 万亿元，国债发行量将明显增加，为政府主导的基础设施投资项目提供支持。政府投资的领域可能包括高端制造业、环保和新能源、城市基础设施、保障房和棚户区改造以及部分物流和交通运输基础设施等。财政支出和财政赤字的具体情况见图 4、图 5。

除了扩大财政赤字和减少税收外，预计中央政府还将加杠杆并调动更多的资源来促进经济增长，包括地方政府实施大规模债务置换以降低企业部门的整体融资成本、继续发行政策性银行金融债（预计 2016 年转向金融债规模可达 7000 亿元左右）以及加大盘活财政资金的力度，尤其是已经下发到地方政府项目但未能按计划支出的资金等。

4. 货币政策宽松，2016年证券市场资金流动性较强

当今的中国与世界联系非常紧密，近些年来，全球都处于货币宽松阶段，美国自从 2008 年金融危机以后一直维持着极度宽松的货币政策，美联储维持着几近于零的基准利率，向市场注入了大量的

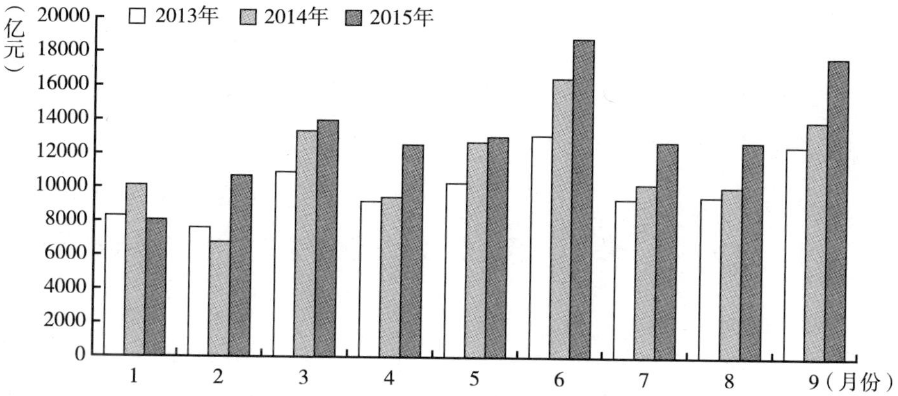

图 4　中国财政支出（当月值）

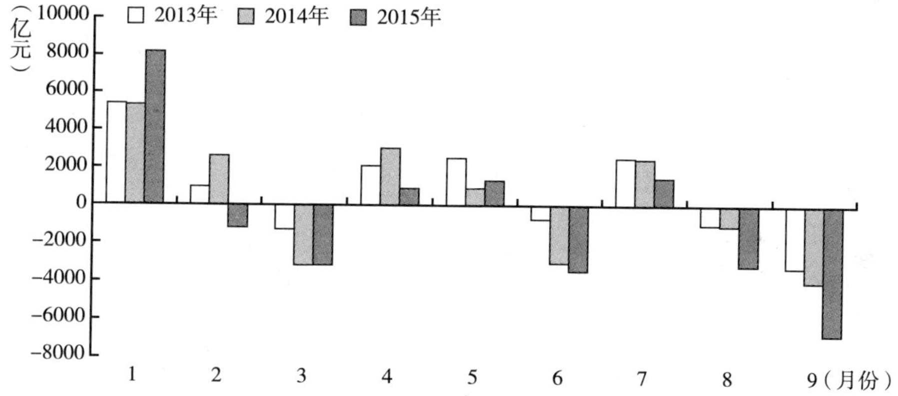

图 5　中国财政赤字（每月值）

美元，导致市场充斥着数以万亿计的富余美元；日本自安倍晋三上台后便启动了宽松货币政策，导致日元在两年时间里对人民币贬值程度超过 50%；2015 年初，欧洲央行也宣布了数额逾万亿欧元的量化宽松计划，通过购买主权债券向市场注入海量的欧元。各主要发达经济体争相推出宽松政策，大搞货币竞争性贬值，这无形中对人民币构成了巨大压力。从 2015 年数据来看，基准利率已经处于历史低位并且实际利率（存款基准利率减去 CPI）已经为负，我们认为

2016 年存款准备金率的下调空间更大。目前大型银行的存款准备金率仍高达 17.5%，高于历史平均水平，与现今的经济形势不符。我们预计，2016 年上半年央行还将对称降息一次，预计全年可能下调存款准备金率合计 600 个基点。随着基础货币扩张放缓，下调存款准备金率将有助于提高货币乘数，将货币供应量增速保持在合理水平。此外，下调存款准备金率可能还要配合增加 2016 年国债发行规模。

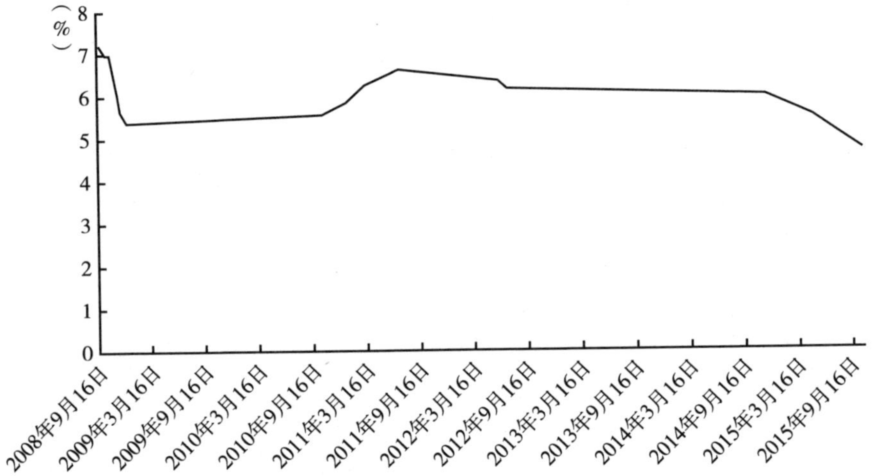

图 6　近几年中国中长期（1～3 年）贷款利率水平

在中国 A 股市场，自 2014 年 11 月 22 日中国人民银行决定下调金融机构人民币贷款和存款基准利率后，时隔 28 个月的降准、降息周期被开启，持续了一年的货币政策宽松导致市场利率大幅下行，沪深 300 指数代表的蓝筹股前向 12 个月的市盈率估值已经从当初的 7.5 倍扩张近 50% 到 11.5 倍左右，中小市值个股估值扩张幅度也较为明显，创业板指数 TTM 市盈率从 60 倍扩张到 74 倍，表明市场对无风险收益率下行已经有一定的反应。

（二）2016年中国股票市场“慢牛”可期

从市场运行的角度看我们也注意到中国资本市场的无风险利率已经很低；大类资产配置渠道偏少，股市是一个很重要的选择渠道；上市公司壳资源的稀缺及所具备的融资功能使其通过增发融资收购优质资产达到做大自己成为可能。习总书记已经不下5次提及股票市场的健康稳定发展和融资功能的发挥，保护中小投资者的利益。高层领导在不同场合也明确指出股票市场不能大起大落。这些都构成了股票市场指数逐步上行的动力。同时，目前中国经济增长下行趋势依旧，形势还没有完全好转。产能过剩和负债过多是值得高度重视的大问题。大量该死未死的僵尸企业和濒临死亡的企业苟延残喘，消耗资源；财务费用太高，大量资产用于偿还债务成本。这些都使得经济效率偏低，融资成本难以降低。还有IPO开闸，注册制实施的逐步临近等将制约股票市场的上行。

我们认为随着改革的推进，不利于中国股市上行的阻力和障碍将逐步减少。未来市场利率可能进一步下行，但对市场估值的边际支撑作用将递减。与增长及改革相关的预期主导风险溢价的阶段性上升及下降，市场估值也将对应波动。投资者信心将逐步恢复并增强，股票市场慢牛行情可期。

1. 资金面的宽松将助力市场的上行

从资金供给面看，资金总体较为宽裕：经历6月之后的股市明显波动之后，新增投资者数量、投资者活跃度、基金募集、“两融”规模等指标较峰值已经出现明显回落。在整体货币环境宽松格局下，预计2016年资金供给应该还是相对宽裕：新增投资者预计为1500万户左右；公募基金、私募基金、券商、保险等金融机构预计将带来4000亿~5000亿元的资金增量；养老金入市预计带来1000亿~2000亿元的资金；若2016年MSCI纳入A股或QFII/RQFII进一步放开，也有望带来500亿~1500亿元的资金供给。

与此同时，潜在入市资金充裕。6月后的股票市场波动导致资金外逃，在流动性充裕环境下债券等其他资产明显受益。从居民企业资产配置的变化可以看到，债券市场中发行最为市场化的公司债在第三季度出现井喷行情。在居民企业资产配置中，估算股票类资产占比已经从第二季度的20%下降至14%左右，房产、银行理财、债券和储蓄的配比有所上升。住房公积金管理条例的修订也有望带来一定规模的潜在入市资金。

2. 结构性改革带来热点机会

我们认为，中国将会进行必要的结构性改革，以提升潜在增长率、增强中期经济发展的可持续性。国企改革、财税改革、金融改革以及人口户籍制度改革将是2016年值得重点关注的改革热点。

（1）2016年及之后的几年，将是国企改革推进落实的重要时间段——利好国企改革的概念

随着国企改革纲领性文件的出台，2016年国企改革将步入落实阶段。预计将包括试点范围的进一步扩大以及更多具体改革动作的推进。央企方面需要关注强强联合及国有资本投资运营平台建设等；地方国企既要关注改革积极省份（上海、广东、重庆、山东等）的示范效果，也需要关注落后地区（东北、新疆等）后来居上的可能。

同时，国企改革很可能将侧重于提高企业的经营效率和整体竞争力。我们认为，国企改革的关键在于优化激励机制，促进企业的市场化运作，这不仅有利于释放部分闲置或利用不足的国有资产的价值，也将有效地降低企业部门的社保缴费负担。

（2）2016年财税体制改革的重点仍将是“营改增”——利好对应行业

我们预计，剩下4个行业（建筑业、金融业、房地产业和生活服务业）的营改增改革将于2016年上半年全面完成。2016年营改增

带来的减税效应可能达2000亿元左右。营改增是方式，最终还是寄希望于财税体制改革实现结构性的减税效果，鼓励服务业的发展，在刺激增长的同时达到调结构的目的。

（3）2016年的金融改革将进一步推进——利好地域、金融板块

从2013年开始，金融改革的步伐明显加快，国家陆续出台了一系列涉及金融改革的政策，如取消贷款利率下限、取消票据贴现利率管制、扩大人民币汇率浮动区间等，而国债期货、融资融券扩容、拟发行优先股等涉及股市债市的品种的推出更进一步理顺了市场投资结构。2015年3月的第十二届全国人民代表大会第三次会议上，李克强总理着重提出围绕服务实体经济推进金融改革。推动具备条件的民间资本依法发起设立中小型银行等金融机构，成熟一家，批准一家，不设限额。2015年11月，国际货币基金组织总裁拉加德表示支持将人民币纳入特别提款权，这使人民币加入SDR货币篮子几成定局，极大地加快了我国金融改革的节奏。同时，预计2016年，资本账户开放和人民币国际化将更进一步加强。中国预计将修改外汇管理相关法律，更加便利QFII/RQFII制度及资本市场互联互通制度（深港通等），试点QDII2制度，减少对跨境融资等方面的限制，升级和推广自贸区的开放试验，继续减少对外汇市场的干预及扩大汇率浮动区间等。金融开放也有助于“一带一路”构想等“走出去”战略的顺利实施。

（4）2016年“十三五”期间户籍制度改革将得到落实——利好房地产等消费板块

放宽“二孩”政策可能只是个开始，放开“二孩”有助于缓解中国人口老龄化的压力及优化人口结构。更重要的是2016年人口户籍制度的落实有望在未来许多年内释放巨大的增长潜力，推动内需增长、劳动参与率提高和总体劳动生产率改善。尽管中国城镇化率已经达到54%，但只有不到40%的人口拥有城镇户口。由于无法享受城市的社会福利待遇和公共服务，许多没有户口的居民已经开始对在城市落户

或进行长期投资感到犹豫。另外，户籍的差异阻碍了农村地区剩余劳动力向生产率更高的城市部门的转移。我们预计，“十三五”期间政府将取消城市和农村户口的差别，推动数量最多达3亿的农民工在城市落户。在推进户籍制度改革的同时，我们预计政府也将推进土地制度改革，以明确个人对农村土地的使用权并建立一个较为有效的农村土地使用权流转市场。我们认为，土地制度改革有望释放巨大的消费和投资需求潜力，其影响将堪比20世纪90年代的城镇住房制度改革。

3. 非金融行业业绩或将回升

2016年利率继续下降将为企业节省财务费用，也可能刺激总需求。目前A股市场非金融类上市公司财务费用占收入的比例是1.5%，利息支出占收入的比例是2.2%，这些都与银行的平均贷款资金成本密切相关。每25个基点的降息将使得利息支出降低5.6%（占利润的比例约为3%）。从行业层面看，对利率较为敏感的有色、煤炭等高杠杆行业，更有望受益于利率下行周期，同时历史数据也表明在利率下行周期中，非金融企业借贷成本随着基准利率下降而降低，财务费用增速也有所放缓。因此我们预测，2016年在非金融行业中，部分中上游行业收入负增长幅度有望逐步收窄。

另外，2016年多数大宗商品价格仍将维持低位，这有助于A股市场非金融类上市公司毛利率的温和扩张，中上游一些相关行业，如石油石化等负增长幅度有望逐步收窄；而环保和部分已经进行产业升级的行业（如新型机械、部分轻工制造等）有望维持稳健收入增速。

2016年将有更多国企推进改革，可能的减负增效措施有望带来管理费用的节省；“营改增”等税改将在2016年继续推进，有望减轻企业税负。财税体制改革将逐步降低间接税比重，提高直接税比重，同时在整体上起到减税效果。

与此同时，下游行业尤其是与消费升级相关产业的收入端将维持一定的增长。从目前情况来看，虽然经济整体低迷，但部分产业，如文化传媒互联网、新能源汽车、医疗保健、餐饮旅游等行业仍将维持较高景气度。

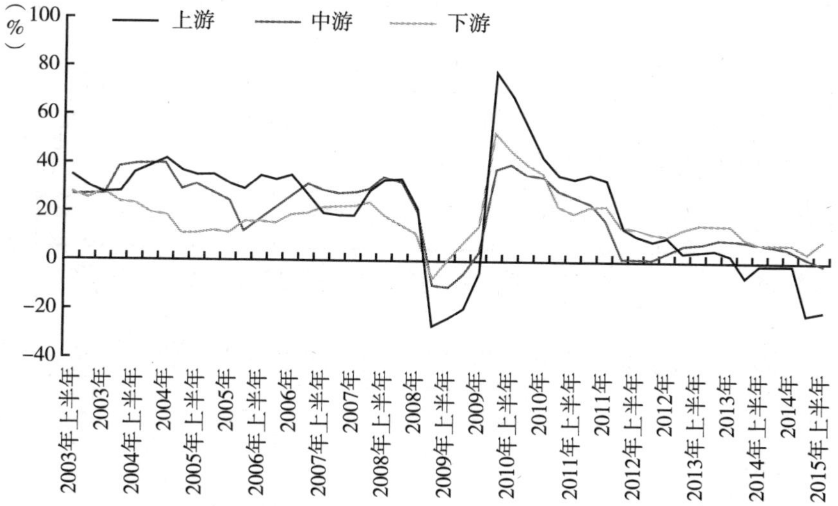

图7 A股上市公司收入累计同比增速

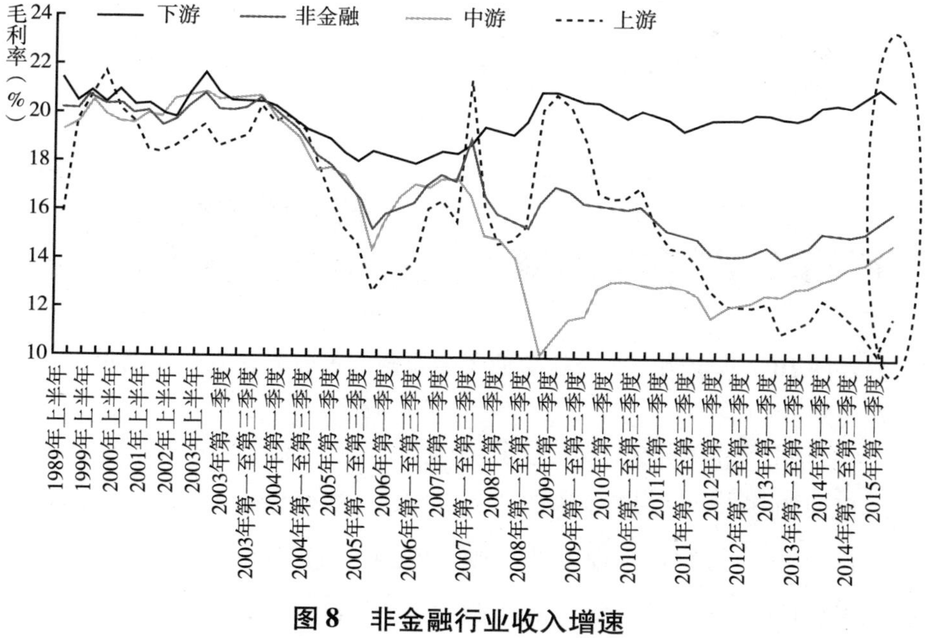

图8 非金融行业收入增速

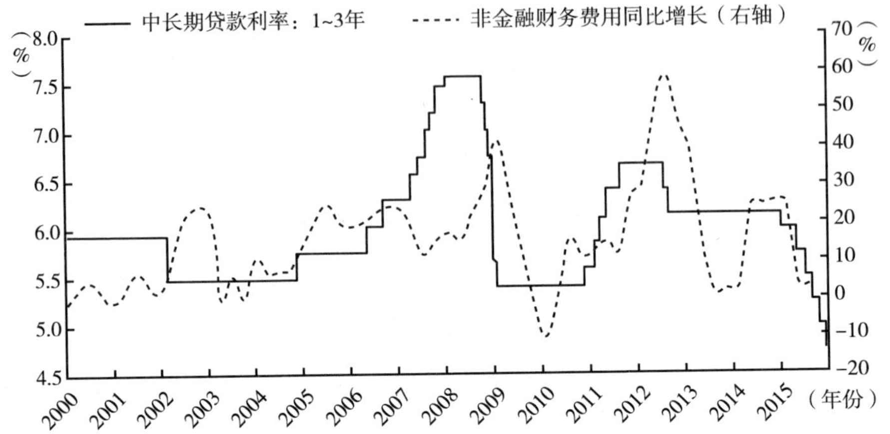

图 9　非金融行业中长期贷款利率及非金融财务费用增速

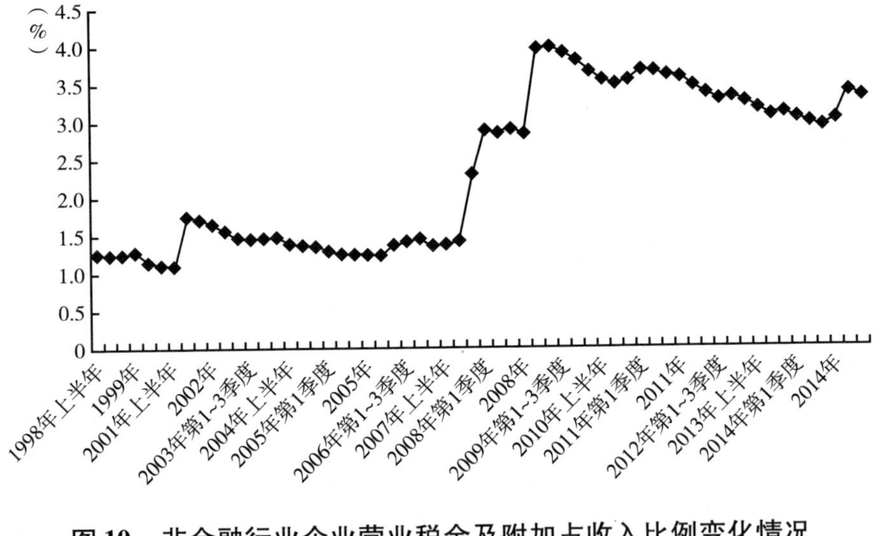

图 10　非金融行业企业营业税金及附加占收入比例变化情况

4. 下游行业将为2016年投资亮点

目前市场对“老经济持续不行”及“新经济是希望”的预期都在各自板块中有了较大程度的反映。在这样的情况下，自上而下的行业配置思路发挥作用的余地有所减小，而边际上可能更需要注重自下而上的研究和发掘。

预测2016年下游消费相关行业将保持平稳增长。总需求疲弱和原材料价格低位对于中上游行业的收入端影响相对较大。一些小额消费类型行业，如文化传媒、互联网、旅游等受益于大众消费升级，对冲了经济下行的不利影响，将在2016年继续维持较高景气度。

同时，在较弱的宏观背景之下仍能实现增长且估值相对合理的大消费、大健康相关行业，包括医疗保健、食品饮料、轻工制造、传媒互联网、保险等板块，在2016年将有不俗表现；有政策支持或者边际上可能会有变化的偏周期性板块，包括新能源与电力设备、环保、公路铁路物流等，也将会是2016年市场重点关注的主题。

因此，中国股票市场2016年的运行轨迹将发生明显变化，股票市场价值波动中枢不会有太大变化，很可能在3200点至4000点的范围内波动，稳定健康的“慢牛”值得预期。

台港澳经济篇

Taiwan, Hong Kong and Macao's Economy

B.19
台湾地区经济形势分析与展望（2015 ~2016年）

张冠华　熊俊莉*

摘　要：2015 年台湾地区经济下行压力加大，台湾统计部门预计全年经济增长率“保 1%”有风险。全球经济增长减缓、岛内产业竞争力下降以及两岸经济合作受政治因素影响速度放缓等，成为台湾经济下行的重要因素。台湾当局为减缓经济下行压力，积极运用财政政策、货币政策等工具，并计划提前实施“生产力 4.0”方案等，但因总体环境不利，预计台湾经济下行风险增大，预期增长目标难以实现。

* 张冠华、熊俊莉，中国社会科学院台湾研究所。

关键词：　台湾经济　低增长　两岸经济

2015 年，台湾地区经济形势较为严峻，有关统计部门预计经济增长率将由上年的 3.77% 大幅下降为 1.56%，其他岛内外机构甚至认为经济增长率“保 1%”也有困难。台湾当局虽积极推动一系列政策拉抬经济，并计划提前启动“生产力 4.0”方案，但短期内对拉抬台湾经济增长的效果有限。展望 2016 年，台湾经济受美国可能加息、新兴经济体增长放缓，以及岛内“大选”结果带来的经济政策及两岸关系存在不确定性等影响，较难明显复苏。

一　2015年经济现状

受国际经济环境等因素影响，2015 年台湾地区经济呈现明显下行态势。

1. 经济增长

2015 年全球经济下行压力持续增大，10 月 IMF 发布的《世界经济展望》预计全球经济 2015 年将增长 3.1%，比 2014 年低 0.3 个百分点，比 7 月的预测值又低 0.2 个百分点。在全球经济压力下，台湾地区全年经济增长率预测值从年初的 3.78% 下调至 8 月底的 1.56%，低于新加坡（3.0%）、中国香港（2.8%）和韩国（3.3%）。年内前两季度台湾 GDP 增长率分别为 3.84% 和 0.52%，8 月预测的第 3 季度和第 4 季度 GDP 增长率分别为 0.10% 和 1.90%。

从台湾发布的景气对策灯号指标看，由代表经济发展稳定的绿灯转为蓝绿灯，后又转为代表经济低迷的蓝灯，灯号分值（景气对策信号综合判断分数）由上年 8 月的 29 分连续下滑至 2015 年同期的 14 分，经济下行态势已较明显。

外需是台湾经济增长的重要动力，但年内受全球经济大环境影响快速衰退。商品贸易方面，自第2季度起，台湾主要出口产品包括电子、机械、通讯、化工等都转为衰退，9月出口衰退幅度达14.6%；服务贸易方面，以旅游和三角贸易为主的服务贸易出口增速快速回落。2015年上半年台湾经济增长2.14%，其中出口和进口分别贡献1.58个和-1.44个百分点，合计外部需求贡献0.14个百分点。

由于外需疲软，内需特别是消费对2015年台湾地区经济增长贡献相对增大。上半年民间消费在失业情况和薪资水平改善、股市上涨的带动下增长3.19%，但民间投资受外需不振等因素影响仅增长1.06%。“政府投资”下降幅度由2014年的-8.04%缩减至2015年前6个月的-1.13%。上半年民间消费和“政府消费”对GDP增长的贡献分别为1.72个和-0.18个百分点，固定资产投资占0.46个百分点，合计内部需求在经济增长率中的贡献为2.0个百分点。

2. 对外贸易与投资

年内台湾对外贸易明显衰退。1～9月台湾地区累计出口2124亿美元，同比下降9.4%；进口1738亿美元，同比下降16.5%；贸易顺差386亿美元，同比增长45.8%。出口大幅下降主要受以下因素影响：一是国际油价及出口商品物价大幅下滑，使台湾出口商品的价格与金额下降；二是全球经济不景气，欧洲、东盟以及大陆地区等对台湾进口需求减弱；三是来自新兴经济体工业品出口的竞争加剧，美欧等发达经济体实施“再工业化”和发展高端制造业，对台湾以电子资讯为主的工业产品出口造成“双面挤压”。

从进出口商品结构看，台湾地区出口长期高度集中于电子信息产品，受全球产业景气波动影响较大。1～9月，电子产品出口占台出口比重为33.5%，居第一位；其次依次是基本金属及制品（9.1%）、塑胶橡胶制品（7.5%）、机械产品（7.0%）及光学器材（6.1%）。同期，由于国际原油以及其他原材料价格大幅下滑，台湾农工原料和资本设备进口金额分别减少22.1%和1.4%。近年来台湾消费品进口快速增加，前9个月消费品进口仍维持4%的正增长，占台湾进口比重由2008年的7.5%提升至2015年前3季度的12.7%。

从对外贸易的地区看，年内美国经济复苏拉升进口需求，台湾对美国贸易呈回升态势，前9个月对美国出口增长0.9%，对美国出口比重由2013年的10.7%提升至12.2%。但对除美国外的其他主要贸易伙伴出口都出现衰退，对欧洲出口下降12.1%，对东盟（6国）出口下降13.3%，对大陆（含香港）出口下降11.1%。进口方面，前9个月台湾对大陆进口下降8.3%，对美国、日本、东盟、欧盟进口增长率分别为-4.5%、-7.5%、-15.5%、-8.8%。自2013年起台湾与东盟贸易快速增长的势头有所减缓，台湾对东盟出口所占比重在2013年达到19%的高点后已连续两年下滑，2015年前9个月约占18%。

台湾对外投资近年来持续扩张。年内前8个月台湾批准对外直接投资金额为86.7亿美元（不含大陆，下同），同比增长150%。除大陆以外的前5大投资地区为英属加勒比海地区（26.7亿美元，占30.8%）、英国（14.8亿美元，占17.1%）、越南（10.5亿美元，占12.1%）、泰国（7.7亿美元，占8.9%）及菲律宾（5.7亿美元，占6.6%）。从投资地区看，台商加快向东南亚投资布局，前8个月对东盟（6国）投资金额累计30.4亿美元，是上年同期的5.5倍。在投资产业分布上，金融保险业（48.3亿美元）、不动产业（9.4亿美元）和批发零售业（2.3亿美元）合计占对外投资总额的69%。制造业对外投资有所提升，其中电子零组件业投资前8个月增长了15倍。

台湾吸引外商直接投资持续衰退。年内1~8月台湾吸引外商直接投资27.2亿美元，同比下降11.4%，预计全年吸引外资总额将比2007年（国际金融危机爆发时）缩减超过60%。台湾当局为吸引外资，陆续向美洲、日本、欧洲派遣海外招商团，并选定离岸风力发电、电动客货车辆、移动宽带、半导体设备、电子材料、物流服务、数字内容、生技医药、信息服务等9大产业作为对外招商的重点，但包括“台北美国商会”在内的许多外商机构表示，台湾能源政策不明朗、劳动力和人才不足等降低了外商投资台湾的意愿。从流入外资的主要来源看，1~8月德国、日本对台投资分别大幅增长153.3%和42.1%，而美国对台投资下降33.9%。从外资产业分布看，服务业比重约占70.7%，传统制造业延续了上年的增长态势，包括塑料制品、成衣服饰、造纸等成为受外资青睐的领域。

台湾金融账逆差持续扩大，2015年前两季度除直接投资的资金净流出60.8亿美元外，在证券投资方面，台湾居民投资海外证券277亿美元，同比增长26.5%；海外资金投资岛内证券77.65亿美元，同比减少45.9%；总计净流出近200亿美元。加计民间汇回海外投资收益、存款及银行部门承做衍生性金融商品交易收益，净流出357.4亿美元，比上年同期增长了30.1%。其中第3季度外资因预期美国升息而自台湾地区净汇出达3000多亿元新台币（约100亿美元）。

3. 产业状况

前两季度农业生产附加值分别增长－5.0%和2.1%。台湾农业受气候因素影响较大，8月台风造成农（林渔牧）业损失约10亿元新台币，重要农业县市宜兰、台南等经济损失较严重。贸易方面，1~8月台湾农（林渔牧）业出口和进口分别为33.2亿美元和96.9亿美元，比上年同期分别增长了－7.7%和－8.7%，逆差63.7亿美元。台湾农产品逆差主要是由自美国、巴西等地大量进口黄豆、玉米等造成的。自两岸经济合作协议（ECFA）早收清单全面实施后，台湾地区农产品对大陆出口迅速增长。2009年台湾农产品出口大陆的仅占11.3%，排在日本、中国香港、美国之后，但2014年已增至

18.9%。2015 年前 8 个月对大陆农产品出口 6.7 亿美元，约占台湾农产品出口总额的 20.2%。

工业生产因外销订单大幅缩减而增长缓慢。年内外销订单出现金融危机以来最大降幅，增长率从 1 月的 8.1% 逐渐下降至 8 月的 -8.3%，1 ~8 月台湾外销订单（2884 亿美元）累计同比减少 2.9%。来自美国的订单快速增加，前 8 个月增长率为 10.7%，美国占比（27.3%）超过祖国大陆（含香港，24.5%）而重新成为台湾地区最大订单来源地。台湾主要外销接单产品中信息通讯产品占 27.6%、电子产品占 25.6%、精密仪器占 6.3%、基本金属占 5.7%。此外，外销订单的海外生产比重也在提升，从 2008 年的 47% 提升至 2015 年 8 月的 54.3%。台湾在全球电子资讯、通讯产业链中承担组装、代工等重要环节，但近年来代工厂产品附加价值低、技术创新不足等问题凸显，加上来自东南亚及祖国大陆等地厂商的竞争加剧，使台湾厂商争取外销订单的压力明显增大。外销订单缩减严重拖累工业生产，2015 年 1 ~8 月工业生产指数同比增长 0.5%，其中制造业生产指数同比增长 0.9%。制造业按四大类产业划分，金属机械工业、信息电子工业、化学工业和民生工业 1 ~8 月增长率分别为 -0.8%、2.8%、0.3% 和 -1.8%。从当前台湾的主要产业看，机械设备业、电子零组件业等在全球市场具有较强竞争力，前 8 个月分别增长了 13.4% 和 4.2%，但面板业面临严峻的竞争压力，同期生产指数下降 6.4%。为应对经济急转直下的形势，台湾当局预计将于 2015 年底推动“生产力 4.0”计划，9 年内投入 360 亿元新台币，先期辅导“农业 4.0”“制造业 4.0”“商业 4.0”三大类共 10 项产业，长期目标为推动产业向创新、智慧制造等方向转型发展。

2015 年服务业前两个季度增幅分别为 1.26% 和 0.40%，增速回落。岛内民众消费意愿与上年相比明显低迷，批发零售业、餐饮业等营业增长率都出现不同程度的下滑。按台湾地区经济主管部门统计，

1～8月商业总营业额为9.4万亿元新台币，同比下降2.2%，其中批发业同比下降3.4%。在传统的商业服务业市场低迷的同时，信息服务业成为台湾服务业发展的亮点。台湾当局鼓励企业进入云计算、大数据、物联网等产业及加强对研发创新投资的支持，带动信息服务业市场规模不断扩大。目前，信息服务业成为台湾服务业中成长最迅速的产业之一，2014年营业收入约2516亿元新台币，与2005年相比年平均增长率达5.2%。但总体看，台湾服务业面临的难题仍然存在，包括内需市场狭小、传统服务业比重高、附加价值低、吸纳就业不足，以及如何发展高端的现代服务业、提升服务业投资和如何创新等。WTO最新公布数据显示，台湾目前服务出口以旅游和三角贸易为主，2014年服务贸易出口在全球排名仅在第23位，占全球比重（571亿美元，1.2%）远低于“亚洲四小龙”的其他成员（韩国第16位，中国香港第15位，新加坡第11位）。

4. 金融与财政

年内台湾当局为应对经济下行及预防岛内金融市场波动，推出一系列稳定金融市场的举措，包括“拼出口、拼观光、救股市、扩大公共建设、产业升级”等五大方案，采取宽松货币政策，并启动“国安基金”、提高融券保证金等稳定股市，对稳定台湾金融与资本市场发挥了一定作用。

年内台湾货币政策保持宽松。货币供应方面，1～8月M1B和M2分别增长5.8%和6.4%。截至7月底，主要金融机构贷款额增长1.1%，对民营企业、“政府机关”、公营事业贷款分别增长1.4%、-2.7%和-2.2%。年内台湾自2011年9月以来首次进行降息，将重贴现率、担保放款融通利率及短期融通利率均调降0.125个百分点，分别降为1.75%、2.125%和4%。

在汇率方面，新台币对美元汇率出现较大波动。1～4月新台币升值约3%，但8月美国加息预期等因素使新台币兑美元贬幅最高达

6.7%，9月美国做出暂不加息决定后，新台币又呈现缓升态势。10月23日，1美元兑换新台币32.5元。

年内台股市剧烈震荡。上半年台股小幅攀升5.5%，由年初的9307点升至4月底的9820点，对拉动第一季度岛内民间消费和经济增长发挥一定作用。7～8月台股随全球股市波动大幅振荡，8月底台股指数跌至8175点，最高跌幅达16.8%，迫使台当局启动“国安基金”等进场护盘，此后到10月8日台湾股指逐步回升至8446点。1～8月台股总成交值15.3万亿元新台币，比上年同期下降4%。8月底外资持股市值占台股总市值的37.1%。

2015年9月底台湾地区外汇储备为4263亿美元，在全球排名居第4位，仅次于祖国大陆、日本及俄罗斯。

财政方面，2014年全年税收预计将超过预算1600亿元新台币。2015年1～7月台湾税收共计1.3万亿元新台币，比上年同期增长9.0%。其中，所得税增加19.2%，营业税增加4.1%，货物税增加7.5%，关税增加4.2%，证交税和土地增值税因股市、房市低迷分别下降12.7%和8%。财政支出方面，为刺激经济景气台湾当局计划更积极运用财政政策，对2016年财政预算进行调整，将财政支出的重点由过去的社会福利向经济、科技等方向倾斜。按预算，2016年财政收入将增加18446亿元新台币而支出增加19982亿元新台币，其中公共建设预算增加13.1%、科技预算增加5%，举债规模增加至2266亿元新台币。年内台湾地方县市债务压力增大，截至2015年6月台湾地区22县市债务累计达11998亿元新台币，除苗栗、宜兰已超过债务上限，云林、南投、屏东、嘉义等县市也都逼近举债上限。

5. 物价与就业

年内国际油价大幅滑落，台湾物价也随之走低。1～9月台湾地区CPI指数较上年同期下跌0.52%，批发物价指数（WPI）同比下跌9.12%。房价方面，近年来台湾当局出台一系列举措抑制房价上涨，使房价（不计入物价指数）高涨的态势得到控制，年内又通过“房地合一税”法案，预计对抑制房价将进一步发挥作用。2015 年以来台北市、新北市等地区房价下跌明显，房市交易量持续减少。

2015 年台湾地区失业情况持续改善。1～7 月台湾平均失业率降至3.7%以下，为近 15 年来同期最低水平。8 月以来企业经营压力增大，裁员、无薪假人数增多，失业率略回升至 3.9%。台湾人口出生率较低，老龄化问题日趋严重，劳动力不足已成为台湾经济的重要制约因素。在失业情况改善背景下，台湾当局为提振经济、解决企业用工问题，正考虑延长外劳工作年限、调涨外劳薪资，以及其他支持企业更方便使用外劳的政策。

收入方面，台湾当局已连续 5 年调升基本工资，月薪由 2007 年的 15840 元新台币升至 2015 年 7 月的 20008 元新台币，同期时薪由 66 元新台币升至 120 元新台币。2015 年上半年台湾实质平均薪资（50758 元新台币）同比增长 4.4%，创历史最高水平。

6. 两岸经济关系

2015 年两岸经济关系稳中有进。一是继续推进两岸经济协商。8 月 25 日海协会领导人与海基会领导人在福州举行第 11 次会谈，双方签署了《海峡两岸避免双重课税及加强税务合作协议》《海峡两岸民航飞行安全与适航合作协议》，同意继续推进 ECFA 后续货物贸易协议、争端解决协议、大陆居民经台湾中转等议题。二是 10 月 14 日两岸事务主管部门负责人在广州进行第四次会面，达成继续推进两岸货物贸易协议商谈，推动两岸环境保护协议商谈，推动服贸、租税、飞安等方面已签署的协议尽快生效，以及营造更为公平有效的投资环境等积极共识。三是两岸交流采取更加便民、利民的积极举措。7 月 6 日大陆方面启动对台湾居民来往大陆免签注以及实施卡式台胞证的试点；9 月 21 日起全面实行卡式台胞证，使台湾居民来往大陆更加便利，在大陆停留、居留更加方便。截至 9 月底，已签发的卡式台胞证达23.8万张。但两岸经济合作中面临的挑战也增多，两岸经济合作在岛内面临的政治阻力增大，全球经济变局对两岸贸易、投资格局影响加深，两岸经济交流传统动力减弱、新动力尚在孕育，两岸产业交流在总体互补形势下局部领域出现竞争性发展等，使两岸经济合作步入“深水区”。

两岸贸易年内出现负增长。按照商务部门统计，1 ~9 月两岸贸易额为1377.1亿美元，同比下降5.5%。其中，大陆对台出口335.5亿美元，同比下降2.8%；自台湾进口1041.6亿美元，同比下降6.3%。近年来台湾产品在祖国大陆地区市场占有率呈下滑趋势，年内两岸贸易占大陆对外贸易比重已降至4.7%（居第7位）。1 ~7 月大陆自韩国、日本进口商品比重分别占10%和8.6%，自台湾进口（8.5%）居第4位。

台商赴大陆投资金额连续3年下降。按照商务部门的统计，1 ~9 月大陆实际使用台资金额12.1亿美元，同比下降27.8%。截至2015年9月底，大陆累计批准台资项目94417个，实际利用台资金额623.6亿美元。按实际使用外资统计，台资在祖国大陆累计吸收境外投资比重由2010年的5.1%降至3.9%。当前，大陆台商普遍面临出口形势不佳、成本上升、竞争加剧以及二代接班意愿低等困难，对其在大陆地区的经营发展造成消极影响。尽管两岸服务贸易协议尚未落实，但岛内服务业仍积极赴大陆投资布局。据台湾“投审会”统计，台商投资大陆服务业金额由2008年的15.8亿美元提升至2014年的36.1亿美元（占35.1%），2015年前6个月台商投资大陆服务业占总投资比重高达44.8%。

2015年大陆企业赴台投资意愿有所下降。受岛内投资环境不佳、经济主管部门对陆资严格管控等因素影响，2015年1 ~9 月大陆企业赴台投资项目110个，金额1.0亿美元，同比减少62.1%。截至9月底，累计投资13.0亿美元，涵盖物流、餐饮、通讯、旅游、金融等多个行业。

年内大陆赴台旅游人数增速有所放缓。按台湾统计，前7个月大陆赴台总人数约240万人次，同比增长4.1%，但占台湾吸引游客总数比重由2013年的37.5%提升至41.1%。同期台湾赴大陆游客197万人，同比增长4.1%，占台出境游客总数的25.5%。大陆居民赴台旅游带动台湾航空、观光、餐饮、住宿等产业发展，成为台湾经济增长的重要来源之一。9月台湾当局为吸引更多大陆游客赴台旅游，将"个人游"限额由每天4000人放宽至每天5000人。

二　2016年经济展望

2015年下半年台湾经济下行压力增大。第3季度出口情况仍难好转，同时股市和房地产价格下跌使内需动力减弱，台湾"主计处"8月估算第3季度经济增长率为0.10%、全年经济增长率为1.56%。但10月岛内多家预测机构表示，全年经济预测值下调至1%以下的可能性大。

展望2016年，台湾统计部门预计经济增长将小幅复苏至2.7%。但从岛内外及两岸经济形势来看仍存在较多不确定因素。

从全球经济因素看，除美国外其他主要发达经济体复苏不明显，新兴经济体增长放缓，加上美国升息对全球金融市场的影响深化、欧洲移民问题带来的失业率升高及经济活动融合等不确定因素，使台湾地区出口和经济增长面临较为严峻的外部环境。

从两岸因素看，大陆作为台湾最大的贸易和投资伙伴，两岸经济合作仍将是台湾经济发展最重要的影响因素之一。大陆地区"一带一路""制造2025""自由贸易区建设"等都为两岸经济合作特别是台商参与提供了重要机遇。但两岸经济合作中面临的挑战也逐渐增大，特别是台湾2016年"大选"结果将成为两岸关系的最大的不确定因素。此外，中韩 FTA 已先于两岸服务贸易协议与货物贸易协议实施，其对两岸贸易与投资的影响将持续发酵。

从台湾内部因素看，目前岛内经济也较难找到拉动经济的亮点，在外部环境不佳的形势下，内部投资与消费难以拉动经济复苏企稳。长期来看，台湾缺少新的推动经济增长的内生动力，受国际经济波动影响的局面仍将持续，经济转型升级仍面临诸多瓶颈，经济增长短期内难有大的起色。2015 年 10 月初国际货币基金组织（IMF）将 2016 年台湾经济预测值由 4.1% 下调至 2.2%，台湾经济仍将处于低迷态势。

附表 1　台湾地区重要经济指标（2013～2015 年）

项　目		2013 年	2014 年	2015 年
经济	1. 经济增长率(%)	2.2	3.8	1.6(预测)
	2. 人均 GNP(美元)	22513	23298	23391(预测)
	3. 产业结构(GDP)(%)	100.0	100.0	100.0(第 2 季度)
	农业	1.7	1.88	1.94
	工业	33.2	34.09	35.73
	服务业	65.1	64.03	62.33
物价	1. 消费者物价年增长率(%)	0.79	1.20	-0.52(1～9 月)
	2. 批发物价年增长率(%)	-2.43	-0.57	-9.12(1～9 月)
工业生产	1. 工业生产年增长率(%)	0.65	6.37	0.52(1～8 月)
	2. 制造业生产年增长率(%)	0.56	6.63	0.90(1～8 月)
消费与投资	1. 民间消费年增长率(%)	2.02	2.95	3.19(1～6 月)
	2. 民间投资年增长率(%)	6.67	3.46	1.06(1～6 月)
贸易	1. 进口金额(亿美元)	2699.0	2740.3	1738(1～9 月)
	年增长率(%)	-0.21	1.5	-16.5
	2. 出口金额(亿美元)	3054.4	3137	2124(1～9 月)
	年增长率(%)	1.41	2.7	-9.4
	3. 出(入)超(亿美元)	355.4	396.7	386(1～9 月)
	4. 汇率(1 美元兑新台币)(平均)	29.77	30.37	32.8(8 月底)

续表

项目		2013 年	2014 年	2015 年
金融	1. 外汇储备(亿美元)(期底)	4168	4190	4263(9 月)
	2. 重贴现率(%)	1.875	1.875	1.75(10 月)
	3. 集中市场加权股价指数(期底)	8612	9307	8175(8 月)
劳动	1. 就业人数(万人)	1096.7	1107.9	1123(8 月)
	2. 失业人数(万人)	47.8	45.7	45.6(8 月)
	3. 失业率(%)	4.18	3.79	3.96(1~8 月)
两岸贸易(中国海关统计)	1. 两岸贸易额(亿美元)	1973.8	1983.1	1377.1(1~9 月)
	增长率(%)	16.7	0.6	-5.5
	2. 对台出口(亿美元)	406.4	462.8	335.5(1~9 月)
	增长率(%)	10.5	13.9	-2.8
	3. 自台进口(亿美元)	1566.4	1520.3	1041.6(1~9 月)
	增长率(%)	18.5	-2.8	-6.3
	4. 对台贸易逆差(亿美元)	1160	1057.5	706.1(1~9 月)
台商对大陆投资(商务部统计)	1. 台商对大陆投资项目(项)	2017	2318	2081(1~9 月)
	增长率(%)	-9.5	14.9	21.3
	2. 大陆实际利用台资额(亿美元)	20.9	20.2	12.1(1~9 月)
	增长率(%)	-26.7	-3.3	-27.8
陆商对台湾投资(台湾地区统计)	1. 陆商对台湾投资项目(项)	138	136	110(1~9 月)
	增长率(%)	0	-1.5	12.2
	2. 陆商对台湾投资金额(亿美元)	3.5	3.3	1.0(1~9 月)
	增长率(%)	5.4	-4.3	-62.1

B.20

2016年台湾经济形势分析与展望

彭素玲　陈馨蕙*

摘　要：　2015年前三个季度台湾总体经济走势平缓。本文从实质面、金融面等方面入手，分析了台湾的经济形势。在实质面上，国际商品贸易低迷，服务贸易成长低于预期，民间消费趋于保守，投资持续低迷，公共支出紧缩；在金融面上，货币形势宽松，物价年增长率平缓。展望2016年，在汇总台湾内、外多家研究机构对台湾经济增长预测值的基础上，本文认为台湾经济增长率在3%以下，预测区间在2.0%～3.3%。总体上来说，2016年台湾整体经济形势将呈现平缓增长趋势。

关键词：　台湾经济　实质面　金融面　国际贸易

一　台湾总体经济走势平缓

今年（2015年，下同）以来，台湾经济指标呈现下修调整趋势。自年初乐观上看4%以上的经济成长率，转为年底无法“保1”之窘境，情势严峻，变化速度之快出乎意料。根据主计总处8月发布之

* 彭素玲，中华经济研究院经济展望中心研究员兼主任；陈馨蕙，中华经济研究院经济展望中心助理研究员。

“居民所得统计及台湾经济情势展望”，第1、2季经济成长率分别为3.84%、0.52%，合计上半年仅成长2.14%；就第1季之成长贡献言，以净输出为支撑主力，对经济成长贡献达2.95个百分点；然而第2季因商品出口贸易负成长，加上服务输入因出岛旅客挹注，大幅成长，以致净输出对整体经济为负贡献2.20个百分点。不过，岛内需求因民间消费稳健成长支撑，仍有2.72个百分点之挹注，第2季勉强有0.52%之微幅成长。

不过第3季之总体经济数据愈益低迷，甚且出现负成长情形，造成全年经济成长率无法保1%。如观察现阶段相关经济指标，8月景气对策信号连续第3个月呈现蓝灯，综合判断分数维持低迷的14分，构成项目除机械及电机设备进口值相对稳定呈现绿灯外，其余均为黄蓝灯或蓝灯；景气领先，同时指针持续下跌，显示经济力道之疲软。此外，8月工业生产指数较上年同月减少5.46%，连续4个月负成长，且跌幅持续扩大。8月商业营业额较上年同月续减2.9%，若扣除春节因素，今年以来各月年增率皆为负成长。

此外，诸如商品贸易出口、进口，9月跌幅仍持续扩大；9月之采购经理人指数，不论是制造业采购经理人指数（PMI）还是非制造业经理人指数（NMI），得分都呈现紧缩，指数分别连续两三个月持续下滑；而8月制造业、服务业营业气候测验点都呈现持续下滑情形，显示此波经济走势萧条仍未有反转迹象。

由于台湾此波经济走势萧条夹杂中长期之成长结构以及短期循环波动因素，包括全球商品贸易成长趋缓，供应链在地化趋势，以及上年比较基期等情形，因而预估2015年、2016年台湾整体经济情势都将呈现平缓成长趋势。以下针对实质面、金融面形势分析其现况与可能变化趋势，并据以提出经由实证模型推估之成长预测值，同时分析汇整主要机构之预测资料及主要不确定因素，作为2016年台湾经济形势分析与展望之结论。

二　实质面成长平缓

（一）国际商品贸易低迷，服务贸易成长出乎预期

受全球经济景气趋缓之影响，岛外需求动能疲软，2015 年 9 月商品出口、进口持续衰退，年增率分别为 -14.6%、-24.4%，扣除春节因素，商品出口已连续 9 个月负成长，进口皆为负成长；累计 1～9月出口 2124.0 亿美元，较上年同期减 9.4%；进口 1738.4 亿美元，较上年同期减 16.5%。不过虽然商品出口、进口皆呈现衰退，但因物价跌幅更为剧烈，经由物价平减之后，出口、进口之衰退略有舒缓。

就出口结构观之，累计 1～9 月重化工业产品占商品出口比重持续维持在八成以上，达到 80.1%，出口金额较上年同期下跌 10.8%，农产加工品也有 -9.7% 之跌幅。各项主要出口产品皆呈下跌态势，仅交通运输设备因飞机进口而正向成长 3.3%；而出口比重占 33.5% 的电子产品较上年同期衰退 3.2%，因客户去库存化持续，出口已连续 7 个月衰退，对整体经济成长之负面冲击最为明显。

至于对各主要区域的商品出口，也多呈现明显衰退。如累计 1～9 月对中国大陆与香港出口较上年同期减 11.1%，对东盟六国出口减 13.3%，对日本出口减 2.9%，对欧洲出口减 12.1%，仅对美国出口正成长 0.9%。

就有关进口结构面看，累计 1～9 月农工原料进口占比为 70%，由于农工原料价格维持低档，进口金额较上年同期下跌 22.1%；资本设备占比增至 15.9%，年增率为 -1.4%；消费品占 12.7%，维持正成长 4.0%。就年增率观察，进口主要货品皆为负成长，以原油下跌 48.7% 为最多。累计 1～9 月自主要地区进口均较上年同期减少。

至于服务贸易部分，因新台币对日元、欧元大幅贬值，带动出台人次成长11.00%，大幅挹注国外购买，提升服务输入成长；但是旅客来台部分，因大陆旅客来台观光人数于第2季减2.92%（结束连续15季正成长），致整体来台旅客人次仅增1.55%，加之三角贸易毛利成长略缓，服务输出增幅明显回落。

综观商品与服务贸易表现，虽然全球经济景气放缓，中国大陆供应链在地化排挤台湾出口、国际产业竞争加剧以及农工原料价格下滑等，将对台湾出口造成不利影响。不过，因物联网、大数据等新兴商业模式之拓展，具有庞大商机，鉴于台湾于ICT产业之优势，或有利于此新兴产业领域之开展。而跨太平洋伙伴协议（TPP）于10月5日完成第一轮谈判，其经济规模可达28兆美元，约占全球生产总值的36%，高于欧盟（23%）及北美自由贸易区（26%）之比重。台湾虽被排除在外，但已表达加入意愿，由于TPP成员国对台湾贸易占比极大，加上全球各国加速洽签FTA，关税及非关税贸易障碍相继排除，能否顺利加入TPP对台湾经济将有相当深远的影响。

（二）民间消费转趋审慎保守

受全球以及台湾经济震荡影响，台湾现阶段之消费者信心持续悲观情势。根据“中央大学”台湾经济发展研究中心发布之消费者信心指数（CCI），9月较上月续降0.83点为85.32点，连续5个月呈现下滑，六项指标中仅“物价水平”较上月上升，“投资股票时机”持平，其余四项指标：“就业机会”、“家庭经济状况”、“经济景气”及“耐久性财货时机”皆下降。另根据国泰金控发布之“9月国民经济信心调查”，景气现况及展望的乐观指数已连续6个月下滑，就业、薪资及消费展望依旧疲弱，股市乐观指数续创历史新低，风险偏好续处低档，显示民众仍谨慎看待投资前景。

虽然8月失业率因受应届毕业生与暑期工读生持续投入劳动市场

影响而上升至3.90%，但仍为近15年来之新低，且1~8月之薪资（无论是经常薪资还是总平均薪资）都为新高。但是因2015年前9个月企业实施无薪假人数将近5000人，9月无薪假实施人数1233人达今年新高；8月初次认定失业给付申请件数攀升至9208件（含约聘教师人数），显示劳动市场虽为景气落后指标但受景气趋缓影响加深。由于经济情势严峻，企业裁员人数增加，造成民众消费意愿呈现保守，下半年乃至2016年都较难有明显改善迹象。

（三）台湾投资持续低迷

台湾投资因国际经济趋疲，2014年第4季及2015年第1季因民间投资力道转弱，加上政府投资及公营事业投资持续负成长，整体固定资本形成连两季呈现下跌，第2季因公营投资大幅成长22.8%，固定资本形成转为正成长1.33%。就投资主体观察，民间投资方面，虽然第2季资本设备进口减少2.08%，但日元贬值带动物价下跌（进口资本财价格跌6.88%），实质设备投资仍正成长，惟营建工程投资转呈衰退，整体民间固定投资仅成长0.38%。虽然投资成长有限，不过因电子供应链去库存化有限，实质存货变动大增407亿元（新台币，下同）后，第2季资本形成成长5.46%，对经济成长贡献1.20个百分点。

由于物联网（IOT）、大数据等带来了新兴应用商机，以及维持制程领先，半导体及相关供应链业者高阶产能投资可望延续；惟近期营建投资保守，约制成长力道；政府投资因多项大型公共建设已过执行高峰，金额可能缩减；公营事业投资因民营化潮流与趋势，投资规模预料也将缩减。并计公共投资与民间投资，并剔除物价后，2015年台湾之固定投资应仍可呈正向成长，惟幅度与力道薄弱，未能大幅扩张。

（四）公共支出紧缩

根据“行政院主计总处”统计资料，2015年第2季公共部门占GDP

比重降至18.42%（若以名目值计算占比为17.33%），由于公营事业投资较上年同期大幅成长22.8%（机器及设备投资成长38.25%）、政府投资跌幅缩小为负成长0.53%，以及政府消费转为正成长0.05%，2015年第2季公共支出对经济成长之贡献转为正0.24个百分点。

根据“审计部”资料，2014年一年以上公共债务未偿余额决算审定数为5.2兆元，连同未满一年公共债务未偿余额1900亿元，合计达5.5兆元，若加计潜藏负债13.2兆元，则总负债已达18兆6788亿余元。并且，因公务人员退抚基金、劳保劳退以及国民年金，未来几年将进入给付高峰期，年金保险收支给付制度已出现困境，2016年（预算编列）退抚及各项社会保险补助等支出合计达4675亿元，占岁出的23.4%，显示退抚及社会保险支出已成为财政沉重负担，并使公共支出规模因撙节支出而更趋减缩。

三　货币情势宽松，物价年增率平缓

（一）物价波动

根据“主计总处”资料，2015年9月消费者物价总指数（CPI）较上月涨0.68%，与上年同期相比涨0.28%，是年初以来首度年增率呈现正成长。累积1~9月平均值较上年同期跌0.52%，并已经连续三季负成长，隐有通货紧缩疑虑。不过，因核心CPI（不含新鲜蔬果鱼介及能源）都为正成长，故而一般认为通货紧缩于短期内应不至于出现负面影响。细看CPI七大类商品类别涨幅可知，9月CPI年增率为正成长主要来自蔬菜、水果与肉类的价格上涨，食物类（在低所得家庭中占比最高）涨幅最高，达5.85%，占CPI权数近10%的外食费涨幅亦达1.79%。故若依照所得层级别区分，低所得家庭较上月涨1.01%，较上年同期涨0.87%，是三种所得层级中涨幅最高者。

此外，参照中华经济研究院所编制之台湾制造业采购经理人指数可知，台湾制造业已连续13个月回报原物料价格呈现下降（低于50.0%），9月指数为32.1%。伊朗石油禁运解除，引发市场认为供给过多的疑虑，使得原油价格再度受挫，相关石化产品报价同步走跌，故化学暨生技医疗产业之原物料价格指数在8月来到指数创编以来最低点（21.8%）。此外，基础原物料产业与交通工具产业更已分别连续13个月与12个月回报原物料价格为下降，9月指数分别滑落至22.3%与22.2%，皆为2012年7月指数创编以来最低点。

虽然制造业回报原物料价格下降，但非制造业仍持续回报原物料价格为上升。景气复苏趋缓一度使得8月非制造业之原物料价格指数滑落至创编以来最低点（46.7%），惟9月指数随即回升3.9个百分点来到50.6%。八大产业中，住宿餐饮业（64.3%）、零售业（59.7%）、教育暨专业科学业（59.3%）与运输仓储业（54.8%）等回报原物料价格呈现上升。尽管非制造业之原物料价格仍上升，但非制造业已连续5个月回报服务收费价格为下降，且八大产业皆全数回报服务收费价格呈现下降。

（二）金融概况

1. 利率政策

9月24日台湾“央行”理监事因考虑经济情势低迷、物价走势平缓，决议降息半码，重贴现率、担保放款融通利率及短期融通年化利率分别降至1.75%、2.125%与4%，为2011年6月以来首度调整利率。10月2日台湾“央行”1500亿元364天期定期存单得标加权平均利率降至0.417%，低于市场预期的0.425%。

2. 汇率

新台币利率走势与美元、日元、韩元与人民币走势有一定关联性，因此，观察美元指数与亚洲重要货币表现能提供相关信息以推估新台币后续走势。

（1）美元指数

根据美国商务院9月25日发布数据，美国第2季GDP季增率转换年率上修至3.9%，超出市场预期之3.7%。此外，美国8月新屋销量来到55.2万栋，创7年高点。虽因中国经济成长趋缓，Fed 9月宣布暂缓升息，美元指数一度回跌至94.43，但仍维持在相对高点，因此亚洲货币走势相对承压。

（2）亚洲主要货币兑美元多走贬

2015年初以来亚洲主要货币兑美元多持续2014年以来之走贬趋势。在亚洲国家中，以马来西亚兑美元贬值幅度最大，2015年迄今贬值达18.21%（并计2014年跌幅超过25%以上），韩元与人民币兑美元分别贬值3.59%与1.98%，新台币兑美元则贬值约2.29%，仅日元兑美元微幅升值0.54%。

（三）房地产

9月住展风向球为28.6分，连续两个月亮出蓝灯，显示房市仍在低点震荡。主因两税合一等打房政策使得买方观望，同业纷纷推迟推案或降低坪数，产业未来景气看法与推案量均较过去保守（见表1）。

表1　台湾营造暨不动产业NMI指数汇整

	营造暨不动产（9月，%）	营造暨不动产（8月，%）	百分比变化	方向（Direction）	速度（Rate of Change）	趋势（Trend）连续月份
台湾NMI/PMI	41.1	38.9	2.2	紧缩	趋缓	5
商业活动/生产	32.9	27.1	5.8	紧缩	趋缓	5
新增订单	27.6	34.3	-6.7	紧缩	加快	4
人力雇用	50.0	40.0	10.0	持平	前月为紧缩	1
供货商交货时间	53.9	54.3	-0.4	上升	趋缓	2

续表

	营造暨不动产（9月，%）	营造暨不动产（8月，%）	百分比变化	方向（Direction）	速度（Rate of Change）	趋势（Trend）连续月份
存货	56.6	48.6	8.0	扩张	前月为紧缩	1
原物料价格	35.5	31.4	4.1	下降	趋缓	11
未完成订单	28.9	30.0	-1.1	紧缩	加快	6
服务输出/出口	41.7	37.5	4.2	紧缩	趋缓	4
服务输入/进口	47.8	34.8	13.0	紧缩	趋缓	2
服务收费价格	35.5	27.1	8.4	下降	趋缓	5
存货观感	56.6	60.0	-3.4	过高	趋缓	8
未来六个月的景气状况	11.8	20.0	-8.2	紧缩	加快	13

（四）股票市场

国际金融市场第3季创下欧债危机以来最大单季跌幅。其中，中国大陆股市震荡对台湾经济与金融的影响力特别显著，台湾加权指数一度挫低12.2%。股市震荡引发之财富效果以及主要国家之间相对汇率变化，使得台湾出口至中国大陆之产品销售量下跌。以汽车产业为例，大陆车市7月新车销售更比上年同期衰退6.6%，台湾相关汽车零件用品之出口亦同步受到冲击。

四　经济成长预测

（一）经济预测分析

1. 中华经济研究院之预测结果分析

因全球商品贸易成长趋缓，供应链在地化趋势，以及上年比较基期偏高影响，中华经济研究院预估2015年台湾经济成长率约为

0.90%，低于1%；2016年经济成长率约为2.27%，仍然和缓成长（详见附表1）。

以2015年实质岛内生产毛额之成长来源观察，内需为经济成长主要贡献来源，尤其民间消费实质成长2.75%，对经济成长贡献1.48个百分点，为当年经济成长之最主要支撑。上半年民间消费成长对小客车、行动装置等购买挹注下，稳健成长3.19%；下半年消费支出，虽然因经济前景不明，而转趋迟疑与保守，惟因科技产品持续推陈出新，劳动市场持续改善情形，较上年同期成长2.33%。

就岛内投资来看，民间投资为其主力成长来源，2015年因飞机采购以及半导体设备投资之挹注，民间投资实质规模2.85兆元，年增率1.43%，对经济成长贡献0.26个百分点；不但填补政府投资、公营事业投资规模持续缩减之负面效果，并自2014年起超越2007年之2.73兆元规模，回归成长轨道；然而2015年岛内投资规模3.508兆元，仍未有显著成长，仅略高于2007年之3.502兆元。

公共支出（包括政府消费、政府投资、公营事业投资等）在政府财政赤字紧缩预算情势下，持续对经济成长维持负贡献。根据“主计总处”总供需资料，2015年实质公共支出规模2.89兆元，年增率-1.71%，对经济成长贡献-0.32个百分点。

至于岛外净需求部分，商品出口、进口接连负成长，但因物价指数呈现跌幅，经平减后之实质输出、输入之衰退幅度已趋和缓；且服务输出（包含三角贸易部分）、输入之成长幅度有别，商品与服务输出、输入之年增率预估值分别为0.46%、1.40%。虽然输出、输入都为负成长，但因幅度差异，实质净输出规模1.23兆元，年增率-6.84%，对经济成长之重要性降低，贡献呈现负值。

在物价方面，国际油价持续低档，大宗物资价格走势平疲，且岛内物资供应充足，下半年趸售物价指数（WPI）年增率-5.53%，全年WPI年增率约-7.27%。另外，由于2015年前3季消费者物价指数（CPI）年增率俱为负值，预计第4季CPI年增率仍将持续跌势，惟幅度-0.28%，已有和缓迹象。

至于新台币兑美元汇率，因岛内经济成长走缓、物价走势低迷，且亚洲国家持续以竞贬、宽松货币策略提振经济，在内外因素影响下，2015年第4季平均汇率32.82，较上年同期贬值6.23%。全年平均汇价约31.90元，较上年贬值5.05%，贬值幅度为2002年以来最高。

虽然台湾经济景气走滑，但由于劳动市场为落后指标，失业率变化仍相对平缓，预测第4季失业率约3.78%，年平均失业率约3.76%，较上年之3.96%下降0.2个百分点。

由于此波经济景气震荡伴随中长期结构因素以及短期景气循环波动因素，2016年经济成长率呈现平缓走势，预估值约为2.27%，其中内外需求贡献相若，岛外需求（净输出）可望摆脱2015年之负贡献转为正成长，对经济成长提供正向支撑。

2. 主要机构对台湾经济预测结果汇整

有关主要机构对台湾经济成长预测值汇整详见附表2。就岛内机构发布资料观察，2015年经济成长之预测区间值在0.9%~3.35%，预测数字依据发布时间早晚而有相当落差，发布时点较早的预测机构，如台湾经济研究院、“中央研究院”、台湾综合研究院，发布值多在3%以上。而随着经济情势愈趋严峻，发布时点愈晚者，预测数值多向下修正。

国际机构则以牛津经济研究院（1.2%）及经济学人（1.3%）之预测值较低，不及1.5%，国际货币基金组织（IMF）及环球透视（Global Insight）看法较乐观，预估值仍有2.2%。外资券商之预测范围多下修至2%以下，以摩根大通预估值1.0%为最低，美银美林及花旗集团则仍有2%以上的预测值，分别为2.1%及2.0%。

至于2016年之经济成长，岛内外预测机构皆下修至3%以下，预测区间值在2.0%~3.3%，以穆迪信评及ING投顾之预估值最低，巴克莱银行预估值则为最高。

（二）主要不确定因素

1. 美国 Fed 升息期程、美元汇价以及主要国家之振兴经济政策动向

美国 Fed 在 9 月会后声明，因全球经济有下滑风险，因而决定暂缓升息。此举虽然纾解新兴市场国家资金外移压力①，若干国家之通货对美元汇率随之呈现修正、反转；但 Fed 仍不排除于 2015 年底调升短期利率的可能。相对于 Fed 升息与否之不确定性，其他国家则因经济成长不如预期，而接续不同形式之刺激景气方案，如中国大陆、日本、欧洲各国可能持续或扩大宽松政策、财政政策或扩大需求（如中国大陆、法国、德国之调升基本工资）等相关措施等。因措施之影响期程及力道深浅不同，对各国成长乃至全球经济之影响，仍待观察。

2. 中国大陆经济走缓程度，以及供应链在地化对全球经济影响

台商对外投资带动台湾输出成长及国际产业垂直分工，如以中国大陆市场为例，对中国大陆商品出口成长占总出口的贡献，于 2002～2007年平均达 49.6%；但 2015 年 1～9 月，台湾出口年增率 -9.4%，其中，对中国大陆出口负贡献达 2.9 个百分点，成为此波台湾经济走缓之重要原因之一。尤其，中国大陆成长模式由投资驱动转向扩张消费内需，由出口导向转向进口替代等。并且东南亚国家近年也推展供应链在地化政策，加上东盟经济共同体（ASEAN Economic Community，AEC）即将在 2015 年底落实，台湾对此区域的出口可能也将遭受影响。

3. 国际原油及原物料价格与新兴市场国家相对汇率走势

国际原油价格在美元强势、全球经济走缓而需求转弱，以及伊朗

① 根据国际金融研究院（IIF）9 月 28 日发布的报告，因为先前预期 Fed 升息，2015 年第 3 季，共同基金投资人已从 7 个主要新兴市场（巴西、匈牙利、印度尼西亚、印度、韩国、泰国、南非）净卖超 400 亿美元，是 2008 年金融海啸以来最大规模的资金外移。

将重回石油市场等因素影响下，持续维持低档。美国能源信息局（EIA）预估2015年油价将由上年的每桶98.89美元降至54.07美元。虽然低价能够刺激消费、压低企业成本支出，有助于推升民间消费及企业投资；但也可能重挫大宗物资出口国之经济成长、加重其财政赤字，且不利于相关技术之研发与投资意愿，甚而引发通货紧缩疑虑等，对全球经济成长与资源分配有不利影响。

附表1　中经院发布之台湾经济预测

新台币十亿元（2006年基期）	2015年				2014年	2015年	2016年
	第1季	第2季	第3季	第4季			
	实际值	实际值	预测值	预测值	实际值	预测值	预测值
实质岛内生产总值	3771.64	3831.58	3894.51	4138.49	15496.85	15636.22	15991.80
年增率(%)	3.84	0.52	-2.11	1.57	3.77	0.90	2.27
每人平均GNI(US$)*	5895.81	5792.89	5523.62	5752.37	23429.97	22964.70	23542.17
年增率(%)	3.53	0.60	-7.74	-3.97	3.50	-1.99	2.51
民间消费	2133.37	2121.77	2179.46	2163.29	8367.61	8597.89	8722.40
年增率(%)	3.53	2.85	2.00	2.66	2.95	2.75	1.45
固定资本形成	822.11	878.09	918.04	889.44	3484.80	3507.68	3582.63
年增率(%)	-0.20	1.33	1.65	-0.22	1.84	0.66	2.14
民间投资	712.63	718.07	752.34	670.93	2813.66	2853.97	2908.39
年增率(%)	1.76	0.38	1.31	2.36	3.46	1.43	1.91
财货与服务输出	2777.15	2802.16	2838.14	3103.26	11468.41	11520.71	11910.39
年增率(%)	6.13	-1.30	-3.92	1.45	5.90	0.46	3.38
财货与服务输入	2479.91	2561.34	2605.21	2646.36	10150.33	10292.82	10520.72
年增率(%)	2.71	2.15	-0.71	1.60	5.75	1.40	2.21
海关出口(亿美元)**	702.40	721.88	699.96	766.60	3136.96	2890.84	3005.32
年增率(%)	-4.18	-9.81	-13.82	-3.12	2.70	-7.85	3.96
海关进口(亿美元)**	568.29	598.39	570.66	618.66	2740.26	2355.99	2430.44
年增率(%)	-14.96	-14.90	-19.59	-6.15	1.53	-14.02	3.16
WPI(2006=100)**	89.04	87.76	87.28	91.61	95.89	88.92	89.99
年增率(%)	-8.50	-9.42	-9.41	-1.53	-0.56	-7.27	1.20

续表

新台币十亿元（2006 年基期）	2015 年				2014 年	2015 年	2016 年
	第 1 季	第 2 季	第 3 季	第 4 季			
	实际值	实际值	预测值	预测值	实际值	预测值	预测值
CPI(2006 = 100) **	102.45	103.29	104.40	103.83	103.97	103.49	104.56
年增率(%)	-0.59	-0.70	-0.27	-0.28	1.20	-0.46	1.03
M2 货币存量(日平均)	38279.39	38792.85	39025.25	39431.47	36576.69	38882.24	41167.58
年增率(%)	6.32	6.62	6.03	6.25	5.66	6.30	5.88
台币兑美元汇率 **	31.59	30.99	32.22	32.82	30.37	31.90	32.39
年增率(%) ***	-4.05	-2.73	-7.16	-6.23	-2.01	-5.05	-1.54
31~90 天期商业本票利率	0.64	0.63	0.59	0.58	0.62	0.61	0.63
失业率(%)	3.71	3.65	3.89	3.78	3.96	3.76	3.83

说明：* 有关每人平均 GNI 在此以美元表示。

** 表示 2015 年第 3 季资料为官方统计之粗估值，非预测值。

*** 有关汇率变动百分比，正值表示升值比率，负数表示贬值比率。

资料来源：中华经济研究院经济展望中心，2015 年 10 月 15 日。

附表 2　主要机构对台湾经济预测

机　构	预测机构	2015 年	2016 年
岛内机构	中华经济研究院(2015.10.15)	0.90[3.04]	2.27[3.21]
	元大宝华综合经济研究院(2015.9.23)	1.15[3.32]	2.3
	国泰-台大合作团队(2015.9.17)	1.70[3.40]	2.4
	主计总处(2015.8.14)	1.56[3.28]	2.7
	台湾经济研究院(2015.7.24)	3.11[3.70]	—
	“中央研究院”(2015.7.8)	3.24[3.38]	—
	台湾综合研究院(2015.6.16)	3.35[3.43]	—
国际机构	国际货币基金组织(IMF,2015.10.06)	2.2[3.8]	2.6[4.1]
	亚洲开发银行(ADB,2015.9.22)	1.6[3.4]	2.6[3.6]
	环球透视机构(GI,2015.9.15)	2.2[2.4]	2.7[2.7]
	Consensus Forecast(2015.9.7)	2.1[2.6]	3.0[2.3]
	牛津经济研究院(Oxford Economics,2015.9)	1.2[1.4]	3.2[3.3]

续表

机　构	预测机构	2015 年	2016 年
国际机构	经济学人(2015. 9)	1. 3[2. 6]	2. 8[2. 8]
	标准普尔(2015. 9)	1. 5[3. 3]	2. 2
	穆迪信评(2015. 9)	1. 5	2. 0
外资券商	美银美林(BoA Merrill Lynch,2015. 9)	2. 1[3. 2]	3. 1[3. 5]
	高盛(Goldman Sachs Asia, 2015. 9)	1. 6[3. 4]	3. 0[3. 3]
	巴克莱银行(2015. 9)	1. 4[2. 0]	3. 3[4. 0]
	野村综合证券(Nomura,2015. 9)	1. 7[2. 7]	3. 1[3. 4]
	摩根大通(JP Morgan Chase,2015. 9)	1. 0[1. 3]	2. 4[3. 1]
	花旗集团(Citigroup,2015. 9)	2. 0[2. 3]	2. 7[3. 2]
	澳盛银行(ANZ Bank,2015. 9)	1. 3[1. 94]	2. 04[3. 8]
	ING(2015. 9)	1. 6[2. 0]	2. 0[3. 3]

说明：[ ] 表示前次预测值。
资料来源：整理自机构资料。

B.21
香港经济形势分析与展望

陈李蔼伦*

摘　要：　2015年，全球经济增长逊于预期，货物及服务输出表现疲弱。然而，内部需求展现坚韧，令整体经济在前3季继续录得温和增长，劳工市场亦保持在全面就业的状态。短期内，全球经济前景仍充斥各种不明朗因素，包括美国联储局加息临近，加深与主要中央银行货币政策走向的分歧，相关的不确定性对全球经济及金融稳定构成下行风险。此外，先进经济体复苏缓慢、新兴市场经济普遍放缓，以及世界多处地缘政局紧张，种种不利因素，短期内相信仍会制约香港外贸的表现，预料香港经济在2015年全年温和增长2.4%，增幅与2014年全年的2.5%相若。通胀方面，全球通胀低企，进口价格偏软，加上本地成本压力大致温和，通胀于2015年前3季进一步缓和，短期内的上行风险有限。特区政府会密切留意物价走势。

全球金融市场大幅波动，美国加息临近，本地住宅物业市场在2015年第3季亦明显转趋淡静。交投活动下跌，整体楼价升幅放缓。随着政府持续努力提供足够的住宅用地，住宅单位的中期供应量已显著增加。政府未来会继续密切监察住宅物业市场的情况，并适

* 陈李蔼伦，香港特区政府财政司司长办公室，政府经济顾问。

时应对。

另外，过去一年内地和特区经济的关系在多项政策支持下不断深化。展望2016年，外围环境仍然充满挑战。不过，香港经济基调依然良好，加上内地经济保持中高速增长，进一步改革开放以及“一带一路”策略所带来的机遇，将会是香港经济发展的重要支柱。

关键词：　香港经济　香港楼市　香港长远经济发展策略

一　经济近况

2015年，全球经济表现并不理想，国际金融市场风起云涌，严峻复杂的外围环境，拖累香港外部环节的表现。美国经济在第一季增长大幅放缓，随后尽管在第二季反弹，但增长动力在第三季又再度回软，反映强美元及国际经济金融形势动荡不安的影响。欧元区在根深蒂固的结构性问题以及高企的失业率的拖累下，增长并未见显著提速。日本在第二季经济录得按季收缩，第三季数据依然疲弱。此外，主要新兴市场经济亦普遍放缓，大宗商品价格下跌，依赖商品出口的地区首当其冲。亚洲区内发展中国家仍普遍录得增长，当中，内地经济首三季按年增长6.9%，保持在中高速的合理区间，依然是世界经济增长的重要支柱。但全球需求积弱的影响下，亚洲出口在第二季及第三季以美元计算全线下滑，各地经济增速对比上一年都有不同程度的减慢。国际货币基金组织2015年三度调低全球经济增长预测，于10月的预测为3.1%，较2014年的增幅少0.3个百分点，亦是自2009年以来最低的年度增长率。

国际金融市况在2015年也起伏不定。希腊债务危机年初再现，美国加息的阴霾持续，欧洲央行在3月大幅扩大资产购买规模，各主要央行政策取向分歧显著，都令国际金融市场在这一年格外波动。特别是在夏季，在美国加息预期升温及对全球经济前景担忧的引领下，全球股市大幅下挫，资金流出新兴市场，汇率受压，如巴西、俄罗斯、马来西亚及印度尼西亚的货币，更曾一度贬值至多年新低，为疲弱的全球经济状况增添不稳定因素。

在这样的背景下，香港作为细小开放的经济体，经济表现难免受到影响。在外围环境波动不稳的情况下，香港的货物出口在2015年表现相当呆滞，在第二季及第三季转弱并出现下跌。整体服务输出亦受旅客人次减少和区内贸易及货运疲弱所拖累，在第三季轻微下跌。幸而，内部需求较为稳定，劳工市场处于全民就业状态，工资收入续有实质的增长，为香港在严峻的外围环境下提供缓冲。本地生产总值继2014年全年实质增长2.5%后，在2015年首三季继续温和增长，按年增幅分别为2.4%、2.8%和2.3%，首三季合计按年温和扩张2.5%。经季节性调整后，香港经济在2015年首三季按季增长分别为0.7%、0.4%和0.9%（见图1）。

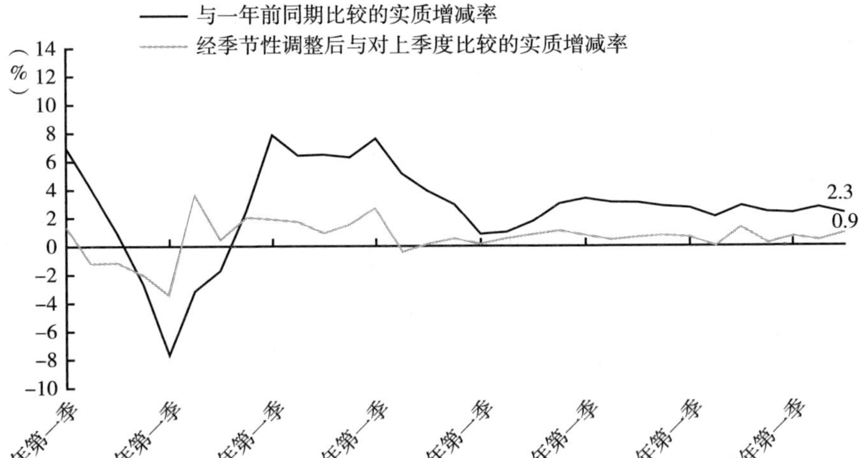

图1　香港经济继续温和增长

（一）对外贸易

香港整体货物出口（按本地生产总值口径计算）在2014年实质增长0.8%后，受全球经济反复不定、下行风险增加影响，2015年表现明显转差（见图2、图3），2015年首三季按年实质下跌2.2%。外围环境不稳，先进市场进口需求疲弱，区内贸易往来及生产活动持续不振，货物出口在第三季未见好转。先进市场当中，输往美国的出口转弱并微跌，而输往欧盟和日本的出口则延续跌势。输往不少主要亚洲经济体的出口亦显著下挫，其中原材料及半制成品和资本货物的出口下跌，反映全球需求不振，亚洲区内生产活动呆滞。

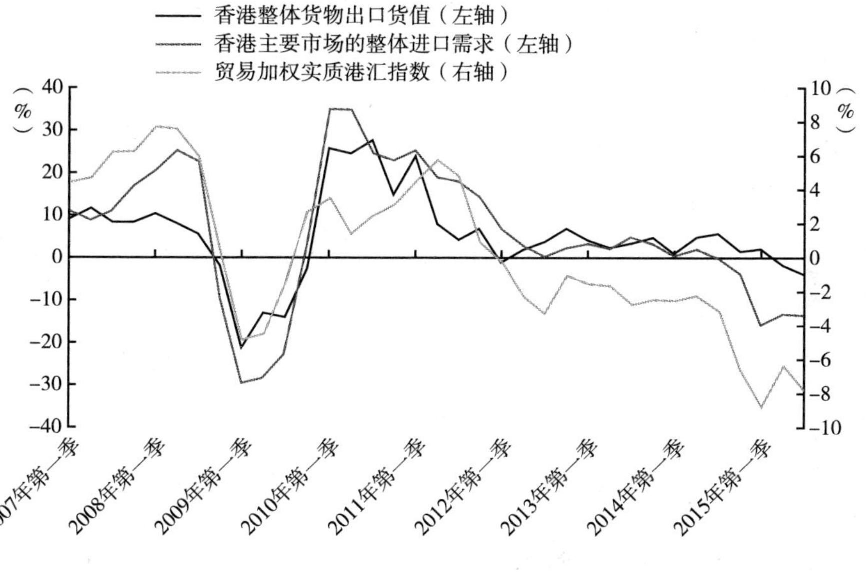

图2　2015年以来货物出口持续下行
（与一年前同期比较的增减率）

注：实质港汇指数以倒置显示，正数变动表示港元实质升值。

服务输出在第三季再度转弱并录得跌幅，较2014年同期实质下跌1.3%（见图4）。首三季实质按年微跌0.1%，表现较2014年

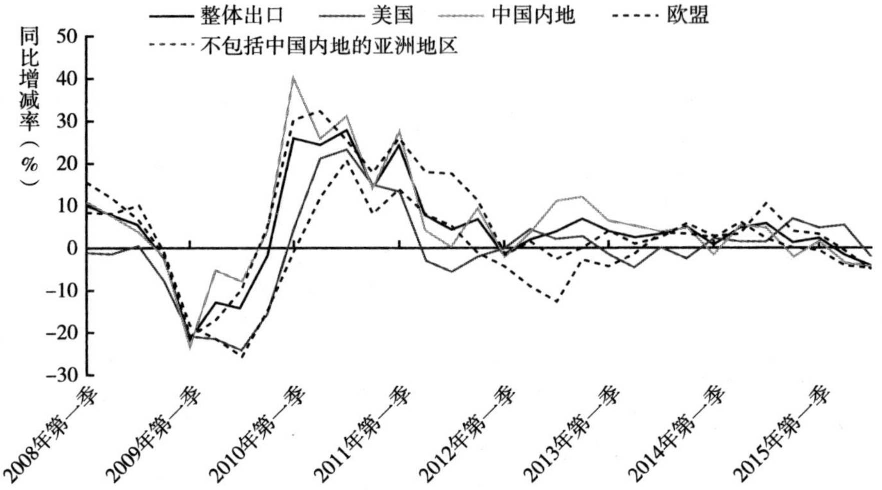

图 3　贸易表现转差是区内普遍现象

1.3%的升幅为低。服务输出在 2015 年表现转弱，主要由于访港旅客人次明显减少，以致旅游服务输出首三季均录得下跌。同样，外贸环境日趋严峻，区内贸易和货运往来显著下滑，亦拖累与贸易相关的服务输出及运输服务输出首三季的表现。另外，金融及其他商用服务输出在第二季录得强劲增长，在一定程度上为该季的服务输出提供支持，不过到第三季金融市况波动加剧，影响跨境金融服务及集资活动，相关项目的服务输出增幅亦同告放缓。

（二）内部需求

在外围环境持续不稳下，内部需求继续是香港经济增长的主要动力。私人消费开支经过 2015 年上半年强劲增长后，第三季维持稳健增长，按年实质上升 4.3%（见图 5）。尽管增速略为减慢，但首三季合计按年仍明显增长达 5.2%，高于 2014 年 2.9% 的增幅。第三季表现平稳，反映就业及收入情况大致稳定，而且服务及外访旅游开支续有扩张。零售业务方面，销货量于上半年仍有轻微增长，但到第三

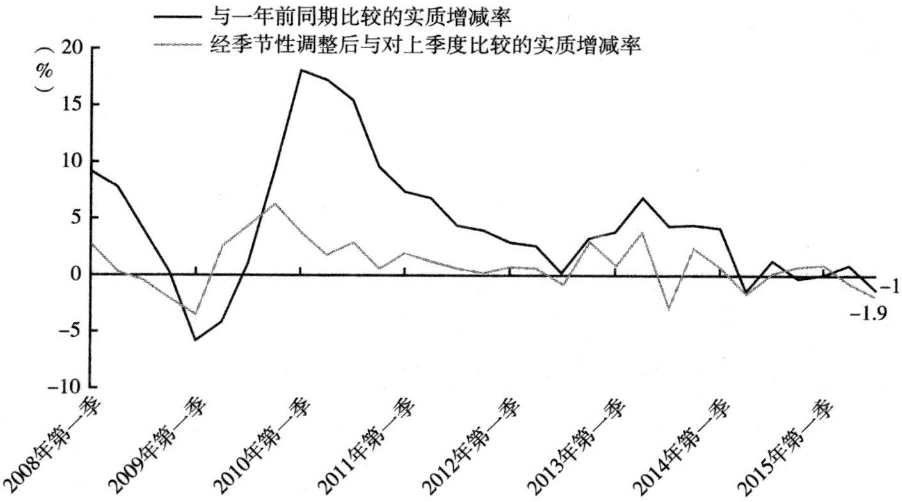

图 4　服务输出同样受制于疲弱的外围环境

季则转弱并录得按年下跌。这主要受到访港旅游业持续放缓所影响，至于全球经济前景愈趋不明朗，第三季全球股市大幅波动，某种程度上也可能削弱季内的本地消费意欲。

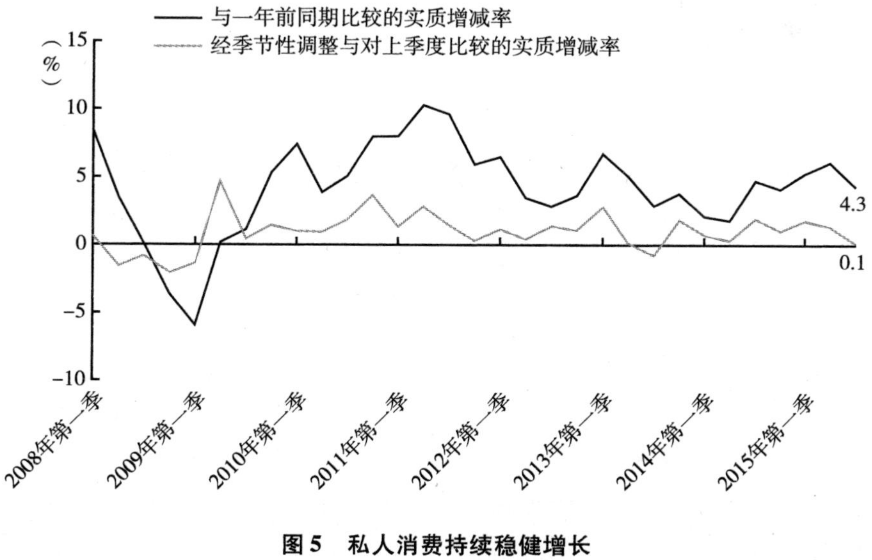

图 5　私人消费持续稳健增长

整体投资方面，本地固定资本形成总额继 2014 年实质微跌 0.2% 后，2015 年上半年曾经录得 6.3% 的按年上升，但到第三季再次转差，按年实质下跌 6.5%，主要反映私营机构机器及设备购置锐减。尽管机器及设备购置这个本地生产总值组成项目经常波动不定，近期疲弱表现相信与全球经济前景转差以及金融市场波动在季内加剧，企业越加关注业务前景有关。整体楼宇及建造开支继 2014 年的强劲增长后，2015 年首三季合计续有升幅。当中，大型基建工程于过往数年高速增长后，在此基础上再进一步上升的幅度有所递减，不过，私营机构楼宇建造活动续有稳定增长。

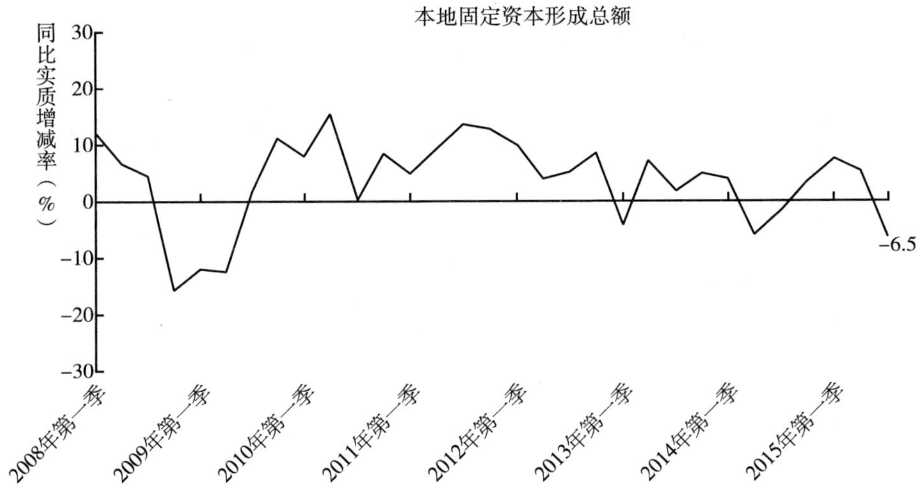

图 6　整体投资波动不定，在 2015 年第三季转跌

（三）劳工市场

劳工市场维持稳定。第三季，经季节性调整的失业率处于 3.3% 的低水平，就业不足率则维持在 1.4% 的水平（见图 7）。总就业人数在第三季贴近有记录以来的高位，加上私营机构职位空缺数目在 6

月仍然高企，两者均显示整体劳工需求情况仍然偏紧。此外，工资及收入续见稳定增长。基层劳工的全职雇员平均就业收入在首三季续有实质改善，扣除通胀后，实质上升 1.9%。第三季整体就业及收入情况维持良好。

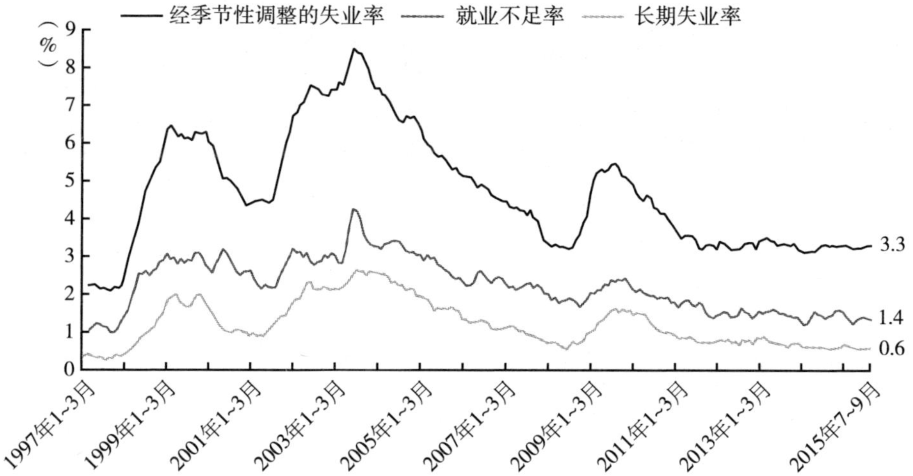

图 7　失业率维持低企

（四）通胀

2015 年首九个月，基本消费物价通胀保持缓和趋势（见图 8），反映本地成本升幅继续受控，以及输入通胀压力持续减退。劳工成本的增幅保持平稳，加上年初新订住宅及商业楼宇租金按年升幅加快的影响才刚开始缓慢浮现，两者皆令营商成本压力继续受控。外围方面，由于国际食品及商品价格偏软，本港主要进口伙伴的通胀低企，加上美元强势，外围价格压力持续减退。基本综合消费物价通胀率 2015 年首九个月平均为 2.5%，低于 2014 年全年的 3.5%。整体综合消费物价通胀率 2015 年首九个月平均为 3.3%，亦低于 2014 年全年的 4.4%。

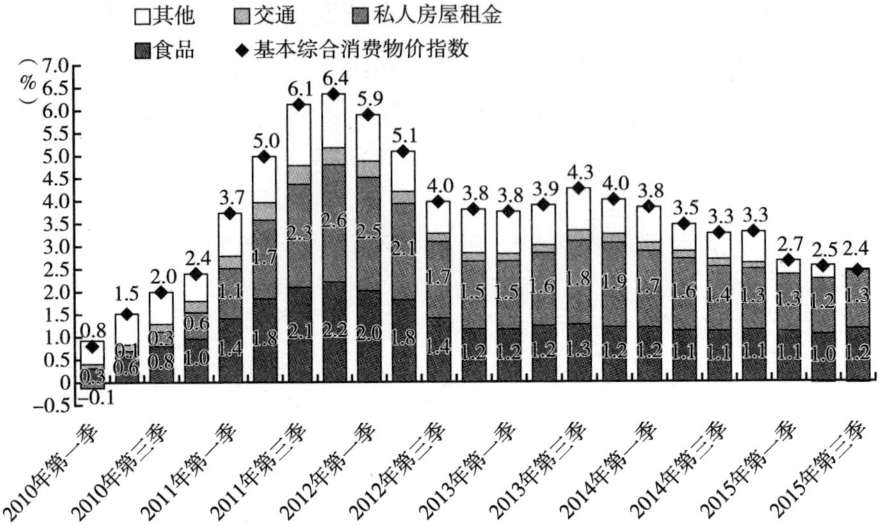

图8　通胀压力进一步缓和

二　宏观经济基本状况

（一）宏观经济基本面

全球经济环境近年来一直多变不稳，香港经济在2015年首三季仍能够保持温和增长及全民就业，既反映香港经济基调良好，亦确认特区政府努力维持经济和就业稳定的成果。另外，内地经济保持中高速增长，进一步改革开放以及“一带一路”策略所带来的机遇，将仍是香港经济发展的重要支柱。

香港经济良好的基本面亦得到国际信贷评级机构的认同。由于香港坐拥庞大的对外资产净值和充裕的政府财政储备，加上香港相对于其他高收入经济体具有较高的经济增长潜力，香港的长期外币及本币信贷评级获标准普尔评为最高的“AAA”级，前景为“稳定”，反映国际社会充分肯定香港稳健的经济基调及金融体系抵御冲击的能力。

（二）财政储备和长远财政计划

公共财政方面，由于特区政府多年来秉持审慎理财的宗旨，政府的财政储备状况保持良好。直至 2015 年 3 月底，特区政府拥有近 8300 亿港元（约 1070 亿美元）的财政储备（见图 9），超过本地生产总值的 36%，足以应付特区政府 25 个月的开支。

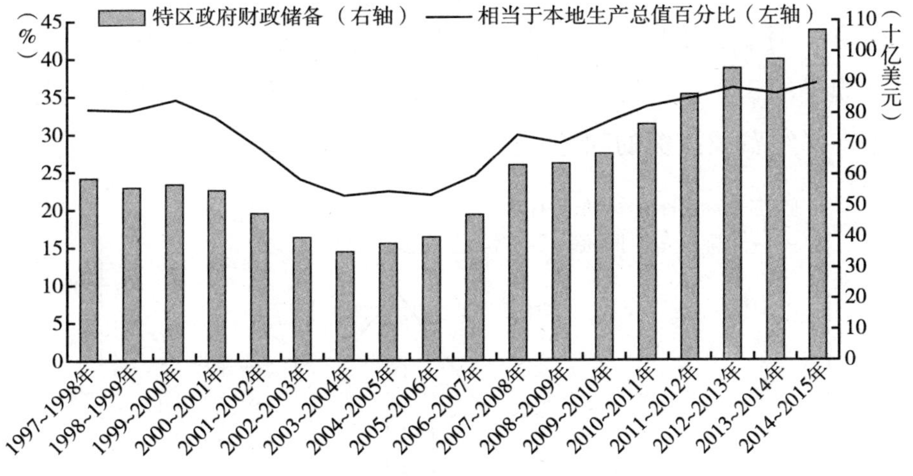

图 9　特区政府财政储备状况稳健

此外，特区政府在 2013 年成立长远财政计划工作小组，邀请学者及相关专家加入，共同研究如何在公共财政上为人口高龄化以及特区政府其他长远的财政承担做出更周全的规划。工作小组于 2014 年 3 月提交了第一阶段的工作报告，向财政司司长建议了一系列全面的财政措施，并且在 2015 年 3 月发表了第二阶段报告，就香港设立储蓄计划（即“未来基金”）做进一步深入研究，并对计划提出了可行方案。方案旨在加强财政纪律，增加投资收益，保障香港的长远利益。除此以外，工作小组也就加强特区政府资产管理向财政司司长提供意见，以更好应对未来的财政挑战。工作小组的使命，亦于第二阶段报告顺利发表后圆满结束。

（三）国际收支平衡

香港的对外头寸一向稳健。本港经常账自 1997 ~ 1998 年亚洲金融危机后多年来一直录得盈余，虽然自 2008 年金融危机以来外需复苏缓慢，但香港的经常账在 2015 年上半年仍录得 5.7 亿港元的盈余，经常账收支大致平衡。此外，香港的累计净国际投资仍然雄厚。于 2015 年 6 月底，净国际投资头寸达 10050 亿美元（见图 10），是整体经济规模的 3.3 倍，说明香港的对外头寸丰裕，并不存在依赖向外借贷来支撑消费及投资的问题。

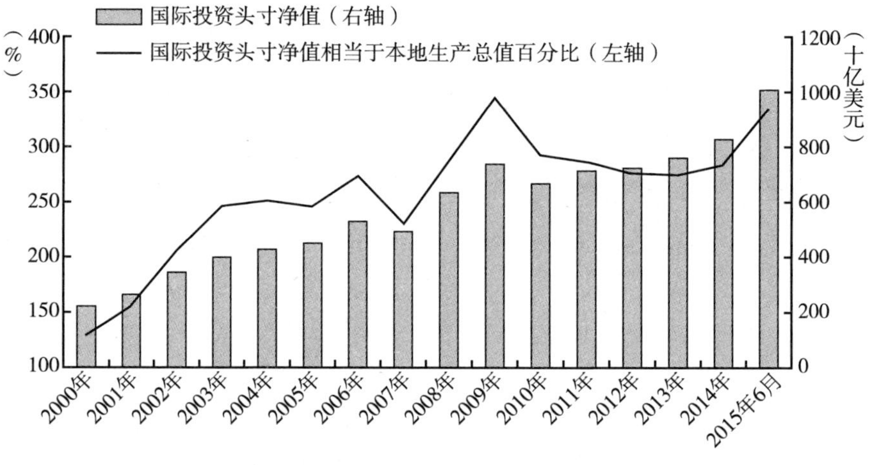

图 10　净国际投资头寸充裕

（四）金融体系稳健

香港的银行体系基础稳健，本港注册认可机构资本充裕，总资本充足比率于 2015 年 6 月底维持在 17.5% 的高水平（见图 11）。认可机构在遵从香港金融管理局根据《巴塞尔协定三》所规定的法定最低比率方面，迄今并未遇到困难。由2015年1月1日起，所有香港认可机构开始实施《巴塞尔协定三》的新流动性规定，认可机构以流动性覆盖比率（第一类机构）及流动性维持比率（第二类机构）作为计算流动性的指标。2015年6月底，第一类机构的季度平均流动性覆盖比率为131.7%，远高于2015年最低要求的60%。第二类机构的季度平均流动性维持比率为53.4%，亦远高于最低要求的25%。

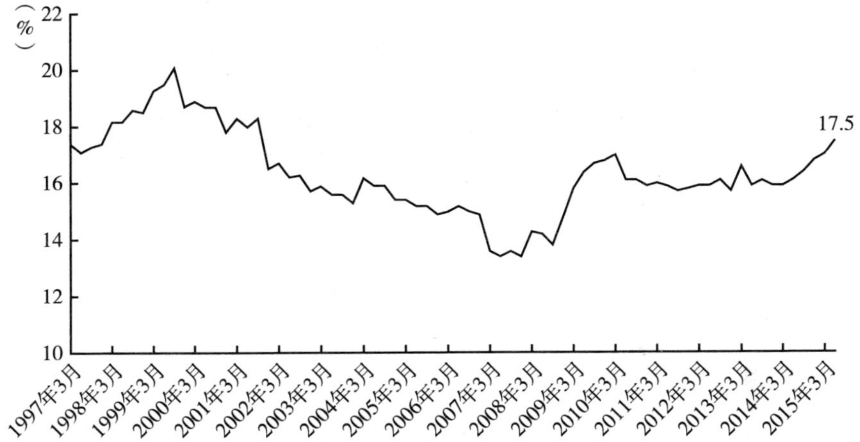

图11 银行资本充足率远高国际标准

香港一直跟随国际时间表实施《巴塞尔协定三》框架。第二阶段《巴塞尔协定三》标准在2015年开始实施，有关缓冲资本和流动性覆盖比率的规则由1月1日起生效，而有关这些标准及杠杆比率的披露要求则自3月31日起生效。为配合第二阶段资本标准实施，香港金融管理局亦公布由2016年1月1日起分阶段实行逆周期缓冲资本规定（按照《巴塞尔协定三》的过渡安排，以0.625%为起点），并指定五家认可机构为具本地系统重要性认可机构，由2016年起对其实施较高吸收亏损能力的资本要求。

本港银行体系的资产质素保持良好。特定分类贷款相对于贷款总额的比率在6月底维持在0.49%的低水平（见图12），而拖欠信用卡贷款的比率仅为0.23%。9月底，住宅按揭贷款拖欠比率维持在0.03%的低水平。

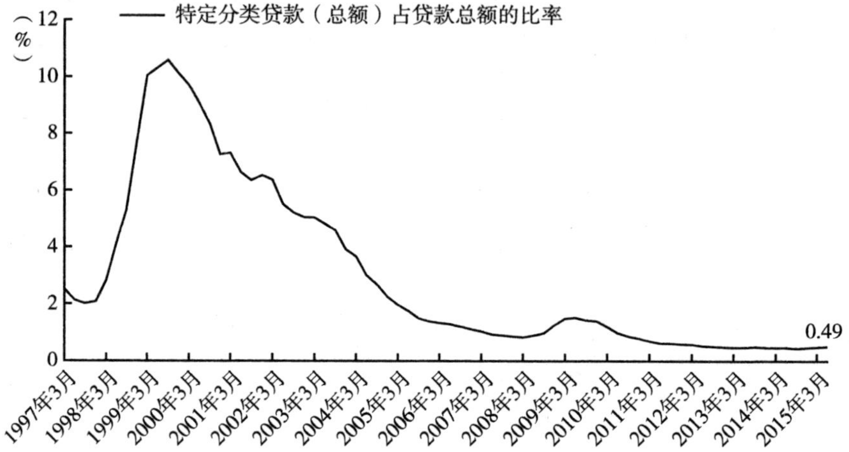

图12　银行不良贷款比率处于安全水平

三　楼市近况

住宅物业市场在2015年第三季明显转趋淡静。潜在买家忧虑美国快将加息，态度愈加审慎。市场情绪亦受到内地和香港股市出现显著调整影响。一手和二手市场的交投同告下跌，楼价升幅亦见放缓（见图13）。

送交土地注册处注册的住宅物业买卖合约总数在第三季为13552份，较上一季减少13%，较2014年同期更锐减32%。整体楼价升幅在第三季放缓至1.5%。按月升幅则由7月的0.9%减慢至9月的0.2%。在2015年首九个月，整体住宅售价仍累计上升10%。

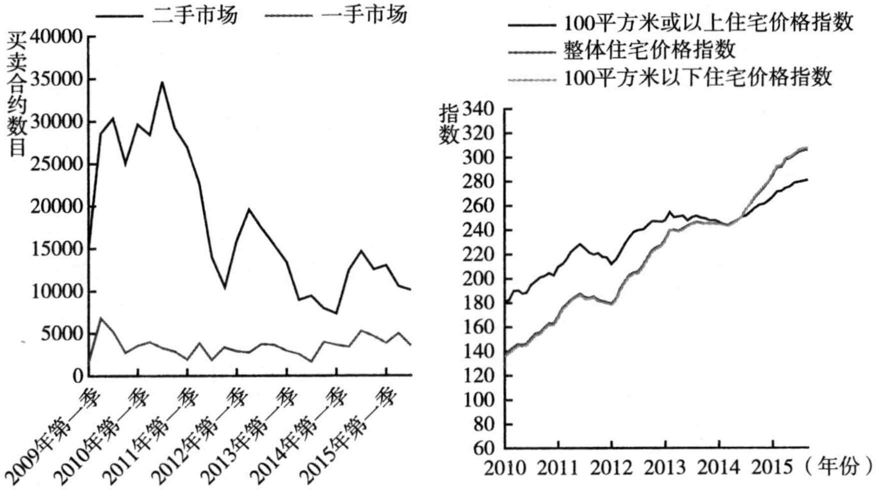

交投活动下挫　　住宅价格升幅放缓

图 13　楼市在第三季明显转趋淡静

增加土地供应以增加住宅供应，是政府确保楼市健康发展的首要政策。反映政府在这方面所作的努力，在 2015 年首三季动工的私人住宅单位较 2014 年同期飙升超过两倍（252%）至 14000 个。中期而言，未来数年的预测住宅单位总供应量由 6 月底估计的 83000 个，进一步增加至 9 月底估计的 86000 个。

在增加住宅供应方面，政府做了大量工作，以管理需求并降低楼市亢奋对金融稳定可能带来的风险。这些措施已取得显著成效。投机活动方面，短期转售（包括确认交易及 24 个月内转售）的成交宗数在第三季维持每月 50 宗的低水平，占总成交的 1.0%；2014 年同期为每月 84 宗，占总成交的 1.2%，2010 年 1 ~ 10 月（即开征“额外印花税”前）则为每月 2661 宗，占总成交的 20.0%。反映“买家印花税”的影响，以非本地个人及非本地公司名义购买物业的个案从 2014 年第三季的每月 126 宗，占总成交的 1.7%，跌至 2015 年第三季每月 64 宗，占总成交的 1.3%，远低于 2012 年 1 ~ 10 月平均每月

365 宗，占总成交的 4.5%。按揭贷款方面，季内新造按揭的平均按揭成数，由 2014 年同期的 56% 下降至 2015 年第三季的 51%，显著低于 2009 年 1～10 月（即香港金融管理局推出首轮住宅物业按揭贷款宏观审慎监管措施前）64% 的平均数。

不过，随着住宅售价在年内上升，2015 年 9 月整体楼价已较 1997 年的高峰大幅高出 77%。市民的置业购买力，即面积 45 平方米单位的按揭供款相对住户（不包括居于公营房屋的住户）入息中位数的比率，在第三季升至约 64%，高于 1995～2014 年 46% 的长期平均数（见图 14）。

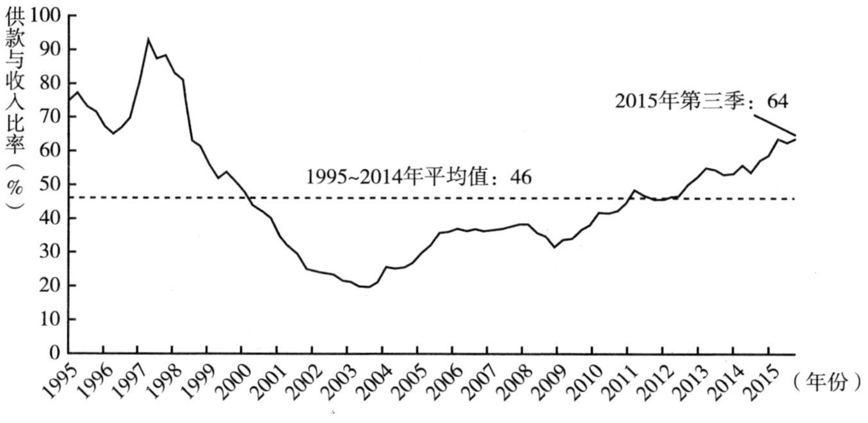

图 14　楼价续升，令置业购买力在年内恶化

注：指 45 平方米单位的按揭供款（假设按揭成数为 70% 及年期为 20 年）相对住户（不包括居于公营房屋的住户）入息中位数的比率。

展望未来，住宅物业市场将受制于诸多不明朗因素。外围方面，尽管美国联邦储备局加息的确切时间及步伐难以预测，但加息只是迟早的事。本地方面，随着政府持续努力提供足够的住宅用地，住宅单位的中期供应量已显著增加。在这些因素的同时影响下，未来住宅物业市场或出现较大幅波动。政府会继续密切监察有关情况，并适时应对。

四　未来经济展望

2015 年余下时间，全球经济料只有温和增长，下行风险依然显著。当中，先进经济体复苏缓慢，新兴市场经济放缓。全球需求不足，亚洲经济及区内贸易往来受到波及，短期内料将继续制约香港出口表现。此外，虽然国际金融市场经过夏季的一轮颠簸后于 10 月有所回稳，但美国加息意向未变，各主要中央银行货币政策走向分歧依然显著，加上不少地区的地缘政治局势紧张，都为全球经济短期前景增添风险。访港旅游业持续下行，以及区内贸易往来呆滞，服务输出短期内亦难言乐观。在反复不稳的外围环境下，内部需求料将仍然是香港经济增长的主要动力。特区政府在 2015 年 11 月预测，香港经济 2015 年全年增长 2.4% 。

展望 2016 年，外围环境依然充满挑战。国际货币基金组织在 2015 年 10 月下调 2016 年全球经济增长预测至 3.6% 。主要先进经济体中，美国经济复苏基础较好，2016 年有望继续温和增长，国际货币基金组织在 2015 年 10 月预测美国 2016 年的经济增长稍为加快至 2.8% ，这将有助于推动其入口需求，为疲弱不振的全球需求带来支持。不过，美国联储局在持续经济复苏的基础上，料仍会推进货币正常化，逐步调升利率，而加息步伐相信仍要视乎往后美国经济数据好坏。由于全球经济金融已持续多年处于极低息的不寻常情况，利率正常化的路途必然风险重重，稍有不慎将会引起新一轮的全球资金急剧转向及金融市场波动，2015 年夏季出现的异常震荡，正好警示未来国际市场仍面对重重风险，不容忽视。

欧元区虽然一再推出新的货币宽松措施，仍然只录得温和增长，而且通缩风险挥之不去，反映结构性问题对其经济的持续拖累，需要长时间和持之以恒的努力去解决。事实上，不少成员国的经济仍受高失业、高负债和竞争力弱等深层次问题困扰，限制欧元区的经济增长。国际货币基金组织在 2015 年 10 月预测欧元区 2016 年的经济增长仅 1.6%。此外，虽然希腊退出欧元区的严峻风险已大为减退，但背后的问题并未完全解决，往后希腊仍需要落实在第三轮救助计划协议中的改革方案，以及与国际债权人就债务重组进行商讨，其他欧元区成员仍要推动供应面的改革以增强竞争力，高债务成员国务必要进一步改善公共财政，当中的难度不容低估。

日本经济要重拾动力也面对相当多的阻力。日本在 2013 年推出积极进取的货币政策和灵活的财政政策，并在 2014 年 10 月加大量宽力度，但自 2014 年 4 月调升销售税率后，经济表现欠佳。2015 年第二季再度出现经济按季收缩，通缩的阴霾未散，反映政策刺激效力递减，以及受结构性问题持续拖累，需要通过进一步落实改革来解决，前面复苏路途或仍有颠簸。事实上，日本政府债务与国内生产总值之比率超过 200%，在发达国家中排在首位，需要采取措施改善公共财政。日本人口老龄化的现况也是相对比较严重。在低速增长及高企的公共债务基础上，应对这些挑战将会格外艰辛。国际货币基金组织于 10 月下调 2016 年日本经济预测至只有 1.0% 的增长，并催促日本必须加快改革步伐。

新兴市场经济体短期亦面对不少挑战。踏入 2015 年，在美国加息预期逐步升温和全球需求积弱等不利影响下，加上各地自身供应面的制约，已令新兴市场经济增长普遍放缓，资金在年中更大量流出新兴市场，以致其股市及汇率下挫，经济基调较弱者面对的压力更大。展望 2016 年，新兴市场经济表现能否改善，还要视乎往后发达国家最终需求的恢复能否加快，国际商品价格能否稳定，世界各地地缘政局的演变，乃至美国货币政策正常化速度及联储局与市场沟通的策略等。根据国际货币基金组织预测，新兴市场和发展中经济体的增长在 2016 年将回升，亚洲发展中地区依然是世界经济的重要支柱。

当中，内地经济基调仍然稳中向好，料将仍保持中高速增长，是亚洲经济乃至全球经济的重要增长动力。内地在国内外复杂多变的形势下，坚持稳中求进，经济增长要求质和量并重。面对经济增长短期下行压力，已数度推出不同的政策措施，反映其充裕的政策空间，以确保经济可稳健增长。同时，更坚定不移全面深化改革，致力调整经济结构，创新转型，并推动“一带一路”等发展策略，以保持长期增长的可持续性。国家在2016年将踏入“十三五”规划时期，是迈向全面建成小康社会的关键阶段，坚持发展将是重要的一环，为了在重要领域和关键环节改革上取得决定性的成果，未来改革开放势必提升至新台阶。

总括而言，香港经济仍面对很多挑战。外围环境要视乎先进经济体的复苏力度，以及新兴市场经济增长会否改善。假若全球经济改善，外部需求好转，区内贸易往来将会恢复，香港货物及服务出口的下行压力也可望逐步减退。更重要的是，国家深化改革进一步开放，“一带一路”的推进，相信会为香港中长期带来许多机遇。本地方面，就业及收入情况稳定，本地消费料仍有支持。过去两年访港旅游业的弱势若可扭转，则可为服务输出移除一个不利因素。然而，美国加息的步伐未明，各主要央行政策取向的分歧显著，往后仍须密切留意这方面如何发展，以及对全球经济金融甚至资产市场的潜在影响。香港经济基调依然良好，相信有能力抵御美联储退市下外围不稳带来的冲击。

物价方面，鉴于全球通胀低企，进口价格偏软，加上本地成本压力温和，工资增长平稳，通胀的上行风险在短期内有限。展望2016年的物价走势，除了要视乎汇率、主要贸易市场的进口价格、国际商品价格等多方面的外围因素外，亦要取决于各主要央行的货币政策取向。美国虽然加息临近，但联储局短期内应仍会保持金融体系的流动性，其资产负债表不会大幅缩减。欧洲及日本中央银行则继续量宽。

因此，全球金融市场游离资金泛滥的情况在未来一段时间似乎不会有太大变化。国际食品及商品价格在往后大幅波动的风险仍然存在，为未来通胀的走向增加不明朗因素。本地方面的通胀压力则要视乎本地经济情况，特区政府会继续留意影响通胀走势的内外因素，并将于2016年2月公布对2016年本地经济增长及通胀的预测。

五　长远经济发展方向

“背靠祖国、面向世界”是香港最大的竞争优势。事实上，国家自改革开放以来，经济增长和发展速度惊人，现已一跃成为全球第二大经济体及最大的贸易实体，并是推动世界经济的重要动力。香港必须乘着这个优势，拓展商机，令香港经济更上一层楼。一方面，香港要继续促进与内地的经济融合，把握好内地市场发展的机遇，协助香港企业拓展内地业务、引领海外资金进入内地市场和支持内地企业“走出去”；另一方面，香港要致力于保持自身的竞争力，同时扩大和深化本地产业发展。

（一）深化与内地经济合作

自香港回归祖国后，内地与香港的经济融合一日千里。在贸易范畴上，内地是香港最大的货物贸易伙伴，双边贸易在2014年占香港整体货物贸易总额超过一半。此外，内地亦是香港最大的服务贸易伙伴，在2013年占香港服务出口总额高达36%。当中，又以旅游服务输出的贡献最大，占香港对内地的服务出口总额超过六成。这反映“个人游”政策自2003年实施以来，对本港经济增长带来重大贡献。

为促进服务业的交流和合作，内地与香港于2003年签订《内地与香港关于建立更紧密经贸关系的安排》（CEPA），双方至今已签订十份补充协议，共有403项服务贸易开放措施，涵盖不同的服务领域，包括分销、金融服务、运输及物流等，都是香港拥有比较优势的服务领域。而在 2014 年 12 月，香港与内地在 CEPA 的框架下签署《关于内地在广东与香港基本实现服务贸易自由化的协议》，是以准入前国民待遇加负面清单的方式制定的自由贸易协议。广东对香港服务业开放 153 个服务贸易分部门，占全部服务贸易分部门的 95.6%。而在投资便利化方面，香港服务提供者在广东设立公司及合同章程审批将改为备案管理。有关协议已在 2015 年 3 月 1 日起实施，令粤港率先基本实现服务贸易自由化，有助于港商在多个服务领域早着先机开拓广东市场，深化粤港两地服务业合作，提升两地服务业的竞争力。协议的模式及内容，也为未来内地全境基本实现与香港服务贸易自由化的目标树立楷模。

除了 CEPA 以外，国家近来推出的一系列改革开放措施也为香港带来了重大发展机遇。国务院于 2014 年末正式批准广东等省市特定区域设立自由贸易园区，而广东自贸区亦于 2015 年 4 月 21 日正式挂牌，未来将利用临近港珠澳的地位和优势，发展建设成粤港澳深度合作示范区，使香港高端服务业发展获得新空间和新平台，从而带动珠三角乃至华南地区经济结构的战略性调整和经济质量的提升。此外，深圳前海早前亦发布了《前海深港现代服务业合作区促进深港合作工作方案》，包括五十条政策措施，在土地、市场、体制等方面为香港服务业拓展发展空间，推动深港合作进一步加速。

香港与内地的经济融合亦反映于两地的金融产业上。香港作为区内的国际金融中心，截至 2015 年 9 月，香港的股票市场有 920 家主要业务在内地的上市企业。内地企业的市值占总市值的比例超过六成，而所涉及的成交量更超出总成交量的七成。在 2015 年前三季 84 家新上市企业中，有 43 家企业来自内地。此外，香港在国家大力支持下，成为全球最大的离岸人民币业务中心，为各地的企业和金融机构提供平台，进行人民币支付、融资和投资等不同金融活动，大大提升了香港的国际金融中心地位。自 2004 年 1 月开始发展，香港银行提供的人民币服务包括存款、人民币兑换、汇款和人民币银行卡等，随后业务范围不断扩大。2014 年 11 月，港人每日兑换人民币的上限亦获准放宽，便利了港人进行与人民币相关的投资，亦有利于市场推出更多元化的人民币投资产品。截至 2015 年 9 月底，共有 145 间香港认可机构开展了人民币业务，人民币存款总额达 8954 亿元人民币，在最近 5 年内增加接近 5 倍，占香港外币存款总额的 20.4%。与此同时，人民币贷款业务也从 2010 年 7 月开始稳步发展，在 2015 年 9 月底，人民币贷款余额已增至 2854 亿元人民币。人民币债券业务更进一步促进香港债券市场的发展。截至 2015 年 9 月底，共有 538 笔人民币债券在港发行，筹集资金总额 6587 亿元人民币。同时，香港亦不断丰富离岸人民币投资产品，近年已推出了人民币定价的黄金交易所买卖基金、离岸人民币债券指数交易所买卖基金及人民币期货等。

为了令两地的资本市场更进一步融合，内地和香港两地证监会于 2014 年发表联合公告，香港和上海两地股市建立互联互通试点机制，允许两地投资者通过当地证券公司或经纪商买卖规定范围内的对方交易所上市的股票。试点机制于同年 11 月 17 日正式启动，至今运行整体畅顺。此举一方面提高了内地投资者在海外投资的参与度，有助于内地资本项目逐步开放及人民币国际化的进程，同时亦提高了香港离岸人民币市场的流动性，巩固和提升了香港作为国际金融中心及离岸人民币业务中心的地位。鉴于沪港通试点的成功，两地交易所及监管机构正就深港通试点进行筹备工作，并会于时机成熟时开通。

除此以外，为深化内地与香港的金融合作，促进内地与香港资本市场共同发展，中国证监会和香港证监会开展了内地与香港公开募集证券投资基金互认工作（基金互认），并于 2015 年 5 月就基金互认有关工作安排正式签署了监管合作备忘录。通过基金互认，两地的证监会将允许符合条件的内地与香港基金在对方市场向公众投资者进行销售。基金互认是国家资本市场对外开放的重要内容，也是内地与香港基金市场相互开放的一个重要里程碑，将会进一步增进内地与香港资本市场的互联互通。基金互认已于 2015 年 7 月正式实施，并期望可于年底前有首批获认可的基金产品推出。

另外，国家提出建设“一带一路”的战略构想无疑为香港带来了非常大的发展机遇。香港作为国际金融、商贸和航运中心，可以为“走出去”的内地企业提供多元化的高增值专业服务，包括融资、跨境贸易结算、风险管理、审计会计、法律仲裁等。香港亦可借此深化与沿线国家的经贸联系。同时，香港已积极响应由国家倡议成立的“亚洲基础设施投资银行”（亚投行），希望利用香港在金融业上的优势，支持亚投行的筹建和营运。展望将来，国家“十三五”规划建议明确指出要“提升港澳在国家经济发展和对外开放中的地位和功能”，并支持香港巩固国际金融、航运、贸易三大中心地位，参与国家双向开放、“一带一路”建设。由此可见，内地与香港的融合将会在“十三五”期间得以进一步深化。

（二）提升本港竞争力

在加强与内地经济合作的同时，香港亦必须不断提升自己的竞争力，走向高增值的知识型经济，才能在世界舞台上继续占一席位。因此，特区政府一直大力投资教育。经过多年持续投放资源，专上教育人士占劳动人口的比例已由 2004 年的 27.7% 上升至 2014 年的 36.4%（见图 15），同期劳动生产力平均每年增长 2.5%，较许多先进经济体及亚洲新兴经济体为佳。为推动本地科研发展，政府和高等教育机构在 2013 年的研究经费开支合计接近 86 亿港元，较 2003 年增加了 72%，推进香港继续向知识型经济转型。特区政府一直投放大量资源，提升人力质素，推动经济多元化。然而，个别行业长期人力短缺，不利于经济持续和多元发展，故在确保本地市民优先就业的大前提下，考虑适当、有限度和有针对性地输入人力资源，为劳动市场注入新动力。此外，特区政府亦会继续大力投放资源于基础建设投资，深化区域经济融合。随着港珠澳大桥和广深港高铁等跨境基建未来相继建成，珠三角地区内的人流和物流将会更加方便，有利于生产要素更有效地分配和使用，从而提升香港乃至整个珠三角地区的中长期发展潜力。

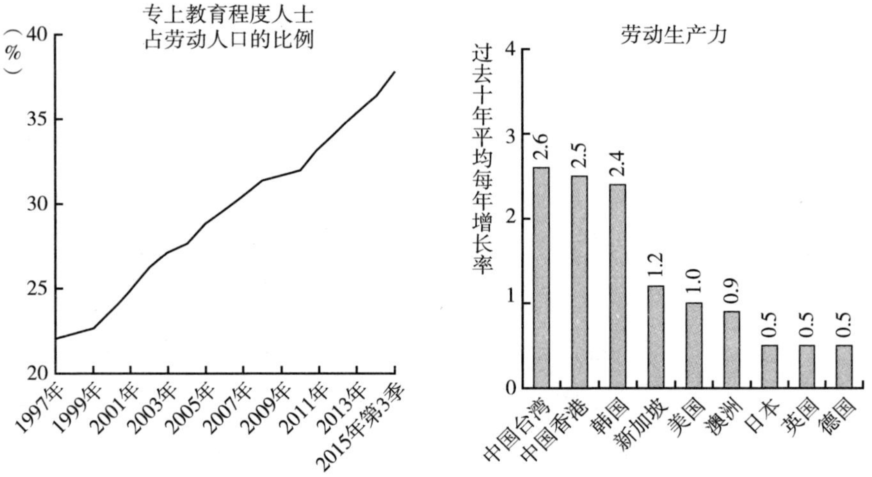

图 15　香港继续迈向知识型经济

香港的制度优势和国际化视野同样是香港经济竞争力的来源。凭着金融体系稳健、税制简单、资本自由流动、市场运作透明而高效、法制和监管健全等优势，香港成功地吸引世界各地的商业机构来港发展。香港优良的营商环境得到广泛认同，在世界银行营商环境调查中位居前列，2015 年共有 1401 家跨国企业在香港设立地区总部，6503 家公司在港设立地区或当地办事处。另外，香港亦是重要的国际金融中心，在 2015 年 9 月公布的全球金融中心指数排名第三。在整体竞争优势方面，瑞士洛桑国际管理发展学院在《2015 年世界竞争力年报》中评出的具有竞争力的经济体中，香港排名第二，仅次于美国。特区政府将致力于保持香港经济的制度优势，并且优化营商环境，继续担当连接全球商家的桥梁，巩固香港在国际商贸活动中的作用。

香港长远的经济竞争力，亦系于妥善处理本港人口高龄化所带来的挑战。根据最新的推算，本港 65 岁及以上的长者人口比例将会由 2014 年的 15% 大幅上升至 2064 年的 36%。长者人口比例增加，将令医疗、福利等开支急速上升。同时，劳动人口比例减低，经济潜在增长率下降，对政府收入和公共开支的可持续性亦会有深远影响。为未雨绸缪，政府将设立“未来基金”，并与香港金融管理局商讨具体细节和安排。这项储蓄计划可望于 2015 年内落实。另外，经济发展委员会亦于 2015 年 3 月举行第七次会议，因应政府的人口政策措施，就如何提高劳动人口生产力和加强培训方面提供意见。

此外，充足与稳定的土地供应，亦有助于香港长远的社会经济发展，也是纾缓物业市场供求偏紧的根本办法。因此，特区政府已多管齐下增加土地供应，以确保楼市健康平稳发展，而有关措施亦已渐见成效。此外，考虑到香港社会、经济和环境的变迁，发展局已开展了“香港 2030 +：跨越 2030 年的规划远景与策略”的研究，根据最新情况，更新全港发展策略，为香港的长远发展谋划和预备足够的土地空间容量。

（三）推动本地产业发展

特区政府一向不遗余力推动本地产业发展。除了从多方面支持本地中小企业，协助它们应对目前充满挑战的外围环境外，特区政府亦会继续从政策、基建配套和培育人才等多方面支持本地产业发展，并且配合市场的敏锐触觉，抓紧发展机遇，使香港经济可以在固有的优势及基础上，继续蓬勃发展。

贸易和物流业、旅游业、金融业与工商及专业服务是香港经济的传统支柱行业，多年来一直推动香港经济快速发展。在本年度的政府财政预算案中，特区政府建议以双管齐下的方式，巩固香港的支柱产业。一方面，特区政府积极利用香港的国际金融、贸易和商业枢纽地位，把握内地“一带一路”策略所带来的新机遇；另一方面，特区政府推出各项新措施，以助产业朝高增加值方向发展。在金融发展方面，特区政府检讨并与内地有关当局商讨启动深港通和优化沪港通的安排，以加强与内地市场的联系，而金融发展局在 2015 年 1 月也提出多项培育人才的建议，以促进香港作为国际金融中心的持续发展。

另外，特区政府适度有为，在市场主导的前提下，对推动新产业的发展非常积极，让香港的经济基础更加多元化、更扎实。事实上，香港拥有着公平透明的市场制度、自由开放的投资环境、简单税制和低税率，营商环境十分优良，再加上香港是全球资讯最发达的地区之一，商业支持服务完善，知识产权保护制度健全，这一切都有利于初创企业的发展。特区政府一直致力于改善本地初创和科技企业的生态环境，对相关的企业提供资金和技术上的支持，以配合香港经济高增加值发展的大方向。除此以外，香港文化创意产业的潜力也非常大，政府与业界将继续紧密合作，致力于推动产业发展，营造有利于创意的社会环境和氛围，扩大本地和开拓外地市场。

B.22
澳门经济分析与展望

华侨大学“澳门经济分析与预测”课题组 *

摘　要：　受博彩旅游服务出口显著下跌的影响，2014 年澳门经济出现略微下跌。2015 年上半年澳门特区经济继续萎缩 25.4%。取决于博彩业的表现，预计下半年澳门经济可能收缩 10% ~15%，预计 2015 年全年澳门实质本地生产总值继续收缩 15% ~20%。会展、零售、酒店、餐饮、中医药、创意文化等产业作为澳门经济适度多元化的着力点，成为澳门展开新一轮转型升级的“先锋”。“区域金融中心”也是澳门经济适度多元化发展道路上的另一个发展策略。横琴将继续打造澳门产业多元化主平台。

关键词：　澳门经济　博彩收入　横琴发展　区域性金融中心　经济适度多元化

2014 年外部环境复杂多变，在建设“世界旅游休闲中心”和“区域商贸服务平台”的发展定位下，澳门积极发展会展、零售、酒店、餐饮等多元化产业，虽受博彩旅游服务出口显著下跌的影响，但澳门经济仅出现略微下跌。2014 年全年澳门本地实质生产总值（GDP）为

---

* 课题主笔人：陈燕武；课题参加单位：华侨大学数量经济研究院、澳门发展策略研究中心。

4085亿元（澳门元，未特别注明全文同），实质收缩0.4%，其中上半年实质增长10.2%，下半年下跌10.2%。2014年澳门人均本地实质生产总值为657520元（约81175美元），在全世界排名第三位，仅次于卡塔尔和列支敦士登。经济收缩的主要原因是博彩服务出口实质减少7.9%，而其他旅游服务出口实质轻微下跌0.3%。除博彩旅游外，本地生产总值其他组成部分在2014年均有不同程度的升幅，其中固定资本投资大幅增加35.2%、私人消费及政府最终消费支出分别上升5.9%及7.1%、货物出口增加20.7%以及货物进口上升16.7%，而服务进口减少13.8%。由于内部需求表现较理想抵销了大部分博彩旅游服务出口下跌的影响，全年经济只有轻微收缩。

2014年澳门博彩业收入为3527.14亿元，较2013年下降了2.5%，为14年以来的首次下滑。2014年澳门全年总出口货值为99.1亿元，较2013年增加9%；总进口货值为899.5亿元，较2013年增加11%。对外商品贸易总额达998.7亿元，较2013年的901.1亿元增长10.8%。2014年澳门全年失业率为1.7%，为有此项调查以来最低的年失业率，较2013年的失业率下降0.1个百分点，本地居民失业率为2.3%，较2013年下降0.1个百分点；总体就业人口月工作收入中位数为1.33万元，较2013年上升10.8%。住户就业方面，2014年每户平均就业人数有1.8人，与2013年相同；住户月工作收入中位数为2.7万元，较2013年上升12.5%。在博彩收入下滑的影响下，澳门特区政府的财政盈余也在过去5年里首次出现缩水，较2013年下跌6.2%至903亿元。澳门特区政府的“2015年度现金分享计划”于2015年7月6日起实施，澳门特区政府向60.75万永久居民每人发放9000元，向6.82万非永久性居民每人发放5400元，涉及的财政开支约为58.36亿元。2008年以来，澳门特区政府累计向民众发放红包315亿元。

2014年澳门银行业发展良好。至2014年底，澳门银行业总资产为 11744 亿元，较 2013 年增长 18.6%；总存款 7911 亿元，较 2013 年增长 16.2%；总贷款 6897 亿元，较 2013 年增长 29%；税后盈利 96 亿元，较 2013 年上升 26.1%。澳门银行资产首次破万亿元、净利近百亿元。作为澳门金融产业的重要组成部分，至 2014 年底，澳门银行的国际资产总额为 10098 亿元，较 2013 年增长 19.6%，作为国际资产主要组成部分的外地非银行贷款为 3506 亿元，较 2013 年增长 26.4%；澳门银行的国际负债总额为 9578 亿元，较 2013 年则增长 19.8%。澳门居民及特区政府存放于本地银行的各类外币存款，仍然是国际负债的主要组成部分，这类存款从 2013 年底的 3758 亿元上升至 2014 年底的 4259 亿元，增长 13.3%。保险业作为澳门金融产业的重要组成部分，2014 年总保费收入为 88.6 亿元，较 2013 年增长 29.7%，其中人寿保费为 69 亿元，较 2013 年增长 39%；财险的保费收入为 19.6 亿元，较 2013 年增长 5%。

2014 年澳门人民币总存款余额为 1034.14 亿人民币元，较 2013 年增长 20.48%，其中个人客户存款余额为 327.55 亿人民币元，较 2013 年增长 20.72%。全年跨境贸易人民币结算总额为 2247.48 亿人民币元，较 2013 年大幅度增长 50.6%。自 2004 年中国银行澳门分行正式获批成为人民币清算行后，澳门至今已成为境外少数几个人民币存款、结算量双双突破千亿人民币元的地区。澳门的人民币存款余额近 10 年以来增幅超过千倍，是离岸人民币存款第五大地区。

2014 年澳门社保总收入 140.05 亿元，较 2013 年增长 8.61%；2014 年社保总支出 28.48 亿元，较 2013 年增加 5.2 亿元，增幅约为 22.77%，主要受福利金调升、申领人数增加和公务员加薪等因素影响。其中，包括养老金在内的各项福利金和津贴支出达 26.1 亿元，占比为总开支的 91.7%。投资方面，社保基金的投资资产总值约 374.81 亿元，按定期存款和金融投资投放资金的比重计算，2014 年投资的平均收益为 2.88%，较 2013 年略升。

根据2015年度《全球经济自由度指数》报告，澳门总体经济自由度评分为70.3分，在全球178个经济体中排名第34位，在亚太地区42个经济体中排名第9位，继续明显高于世界及区内的平均水平，但相对2014年报告中的71.3分略低，在全球178个经济体中的排名也相对2013年报告中的第29名有所滑落，在亚太地区经济体中的排名相对2013年报告中的第7名有所滑落。美国布鲁金斯学会与摩根大通公布的“2014年全球城市经济表现前300”排名中，澳门位居榜首。报告指出，尽管澳门博彩业有所调整，但蓬勃的旅游业、入境旅客突破3150万人次，为澳门奠定榜首之席。联合国辖下世界旅游组织（UNWTO）在2015年1月发表的年结报告中，回顾了2013年全球国际旅游收益最高的十大地区或国家的表现，澳门排名第5位，旅客收益超过4000亿元。2014年12月18日凌晨横琴口岸实现24小时通关，对珠港澳区域合作起到非常积极的推动作用。

关于国际评级公司对澳门的最新评级，惠誉国际评级有限公司在2015年9月4日发布新闻稿指出，尽管澳门经济在2015年上半年持续收缩，但基于特区政府稳健的财政实力以及良好的对外收支状况，决定维持澳门特区政府的AA-信贷评级，评级展望为“稳定”。在当前经济进入调整的发展阶段下，上述评级凸显了澳门特区政府保持其各项信贷优势的能力。而中国评级机构大公国际资信评估有限公司在2015年7月16日发布评级报告，则维持中国澳门特别行政区本、外币信用等级AA+，评级展望稳定。大公国际资信评估有限公司表示，澳门偿债环境保持稳定，虽然受外部环境恶化及内部经济结构调整困难的双重影响，短期内财富创造能力遭遇重挫，但充足的偿债来源仍可保障政府本、外币偿债能力。

2015年版城市竞争力蓝皮书《中国城市竞争力报告》中，澳门的综合竞争力在全国294个城市中排名第9位、可持续竞争力排名第4位，“宜居城市”方面排名第16位，其中以排水管密度衡量“宜居”则排名第5位。值得一提的是，澳门在“宜居城市竞争力”排名方面从“2013年版城市竞争力蓝皮书”的第2位到“2014年版”的第12位，再到“2015年版”的第16名。报告中还具体分析了城市间的“宜商”指数，把各城的人均存款余额作为评价指标之一，澳门排第4位，名次较前一年跌1位。

2014年12月18日，商务部副部长与澳门特区政府经济财政司司长在澳门签署了《内地与澳门CEPA关于内地在广东与澳门基本实现服务贸易自由化的协议》（以下简称《协议》）。《协议》于2015年3月1日起正式实施。另外，海关总署继续每半年发布一次新的“澳门CEPA项下新增零关税货物原产地标准表”。预计在“十二五”末期澳门与内地在服务贸易方面基本实现自由化。

一　澳门地区总体经济状况

进入2015年，受众多不利因素影响，外部需求疲弱，这导致澳门旅游博彩服务出口大幅调整，澳门经济持续下行，2015年上半年澳门经济实质收缩25.4%。

1. 上半年澳门总体经济持续下行

2015年第1季度本地生产总值较2014年同期实质收缩24.5%，经济收缩的主要原因是服务出口大幅下跌，其中，博彩服务出口较2014年同期大幅下跌39.7%，其他旅游服务出口亦减少17.7%。另外，内部需求稳固，私人消费、政府最终消费、私人投资和货物出口增加，缓减经济收缩的影响。量度整体价格变动的本地生产总值内含平减物价指数较2014年同期上升5.6%。第2季度本地生产总值较2014年同期实质收缩26.4%，经济继续调整。服务出口下跌仍然为经济收缩的主因，其中博彩服务出口较2014年同期减少40.5%，其他旅游服务出口亦下跌21.5%。2015年上半年澳门经济实质收缩

25.4%。其中博彩服务出口较2014年同期减少40.1%，其他旅游服务出口亦下跌19.6%，内部需求稳固，投资上升15.8%，私人消费及政府最终消费支出亦保持稳定增长，缓解了经济收缩的幅度。

2015年第1季度澳门私人消费稳步向上。尽管经济下行压力未消除，但就业情况仍然理想，总就业人数及收入再创新高，支持私人消费开支较2014年同期上升6.7%。住户在本地及外地的最终消费支出分别增加4.7%及10.6%。政府最终消费支出上升6.8%。其中，雇员报酬增加3.6%，购入货物及服务净值上升11.6%。2015年第2季度私人消费轻微增长。尽管失业率较2014年同期微升0.1个百分点至1.8%，但整体就业情况及工作收入仍然稳定，支持私人消费开支较2014年同期上升2.0%。住户在本地及外地的最终消费支出分别增加1.3%及7.2%。政府最终消费支出较2014年同期上升5.7%。其中，雇员报酬增加4.4%，购入货物及服务净值上升8.1%。

2015年第1季度投资强劲增长，反映在投资的固定资本形成总额较2014年同期上升32.2%。受惠于多项在建的大型旅游娱乐设施，私人投资较2014年同期增长28.1%，其中，建筑及设备投资分别上升30.6%及12.9%。政府投资较2014年同期大幅上升208.7%，公共建筑投资增加221.0%，而设备投资较2014年同期减少23.9%。2015年第2季度投资继续保持增长。固定资本形成总额较2014年同期上升3.2%，私人投资增长1.6%，其中建筑投资由多项在建的大型旅游娱乐设施所带动上升3.1%，但设备投资下跌8.3%；政府投资较2014年同期上升36.0%，公共建筑投资增加45.2%，而设备投资减少19.4%。

2015年第1季度总出口货值为27.02亿元，较2014年同期上升9.25%；总进口货值为222.51亿元，较2014年同期上升3.1%。首季的货物贸易逆差扩大至195.5亿元，对外商品贸易总额达249.53亿元，较2014年同期增加3.73%。2015年第2季度总出口货值为

27.5 亿元，较 2014 年同期上升 8.2%；总进口货值为 204.8 亿元，较 2014 年同期下跌 3.5%。货物贸易逆差为 177.3 亿元。2015 年上半年总出口货值为 54.52 亿元，较 2014 年同期上升 8.7%；总进口货值为 426.7 亿元，较 2014 年同期微跌 0.3%。2015 年上半年的货物贸易逆差扩大至 372.1 亿元。2015 年上半年对外商品贸易总额达 481.2 亿元，较 2014 年同期的 478.3 亿元微增 0.6%。

服务贸易方面，2015 年第 1 季度澳门服务贸易持续倒退。服务出口欠佳，博彩服务出口较 2014 年同期大幅度下跌 39.7%，旅客人数及消费呈负增长，使其他旅游服务出口亦减少 17.7%；博彩服务及其他旅游服务出口同步下跌，拖累整体服务出口较 2014 年同期收缩 35.6%。受服务出口表现逊色影响，服务进口亦大幅减少 37.9%。2015 年第 2 季度服务贸易未见改善。博彩服务出口跌幅扩大至 40.5%，其他旅游服务出口亦减少 21.5%，拖累整体服务出口大幅收缩 35.9%。服务出口表现逊色，影响服务进口亦减少 35.5%。2015 年第 1 季度赌收累计 650.33 亿元，较 2014 年同期下跌 36.6%。2015 年第 2 季度赌收累计 571.16 亿元，上半年赌收累计 1221.48 亿元，较 2014 年同期下跌 37%。

2. 公共财政表现受博彩业影响大幅收缩

受博彩收入下滑的影响，2014 年度政府公共财政盈余为 902.96 亿元，比 2013 年下跌 6.2%。其中政府公共财政收入为 1560.71 亿元，较 2013 年增长 0.4%。公共开支 657.75 亿元，较 2013 年增长 11.1%，其中投资计划开支 72.55 亿元，较 2013 年增长 3.2%。

2015 年第 1 季度公共财政收入为 282.98 亿元，较 2014 年同期减少 32.9%。其中来自博彩的税收为 239.36 亿元，较 2014 年同期减少 33.1%，占整体财政收入的 85%。以土地溢价金为主的财产收益为 4.5 亿元，投资资产出售的收入为 2.75 亿元。2015 年第 1 季度公共开支 117.89 亿元，较 2014 年同期减少 67%。2015 年第 1 季度政府财政盈余为165.1亿元，较2014年同期减少52.9%。2015年上半年澳门特区政府公共财政收入为551.32亿元，较2014年同期下跌33.9%。其中来自博彩的税收为457.2亿元，比2014年下滑35.6%，但已达到预算执行的53%，亦占整体财政收入的82.8%。以土地溢价金为主的财产收益为11.17亿元，比2014年大幅减少43.7%，仍达到预算执行的64.8%。投资资产出售的收入为5.29亿元，比2014年大幅增长191.4%。2015年上半年公共财政开支达299.13亿元，比2014年上升30%，亦已达到执行率的34%，其中投资计划开支近10.24亿元，比2014年增长25.4%，执行率仅为7%。2015年上半年公共财政盈余252.18亿元，虽然比2014年同期下跌58.3%，但相比全年预算盈余的188.05亿元，执行率仍然高达134.1%。

3. 旅客消费总量和人均消费量均出现缩水

2014年澳门全年旅客总消费额达617.5亿元，较2013年的595.4亿元上升3.7%；全年旅客人均消费额为1959元，较2013年减少3.5%。其中内地访澳旅客人均消费仍最高，为2354元，较2013年下跌8.2%；其次为新加坡和日本旅客，人均消费分别为1904元及1846元。旅客在澳门消费主要为购物、住宿及餐饮，分别占消费总额的48.7%、25.7%及18.6%。2014年澳门有营运的酒店及公寓共99间，包括66间酒店及33间公寓，酒店业收益共278.7亿元，较2013年增加10.2%。酒店业对经济贡献的增加值总额共145.5亿元，较2013年上升18.1%。

2015年第1季度旅客总消费为133.6亿元，较2014年同期的159.5亿元减少16.2%。留宿旅客消费为104.0亿元，较2014年同期下跌21.1%，不过夜旅客消费则上升6.7%至29.6亿元。旅客人均消费为1802元，较2014年同期减少13.1%。2015年第2季度旅客总消费为122.5亿元，较2014年同期的162.6亿元下跌24.7%，同时亦较2015年第1季度的133.6亿元减少8.3%。第2季度留宿旅客消费为95.8亿元，较2014年同期下跌30.4%，不过夜旅客消费则上升7.3%至26.7亿元。2015年第2季度旅客人均消费为1668元，较2014年同期减少22.1%，较2015年第1季度下跌7.4%。

4. 旅游人数出现缩水，旅游物价指数增幅放缓

2014年来澳旅客为31525632人次，较2013年上升7.5%，其中参团旅客达12334084人次，较2013年大幅增长26.2%。内地旅客为2125.2万人次，较2013年上升14.1%。2015年第1季度入境旅客总数为741.2万人次，较2014年同期减少3.6%。酒店住客共235.6万人次，较2014年同期减少11.5%；平均入住率为78.9%，较2014年同期减少7.8个百分点。2015年第2季度入境旅客总数为734.4万人次，较2014年同期减少3.3%。2015上半年入境旅客1475.65万人次，较2014年同期减少3.5%，其中内地旅客人数则较2014年同期减少4.2%。参团旅客共494.4万人次，较2014年同期增加1.4%。2015年上半年酒店住客共490.8万人次，较2014年同期减少7.6%；平均入住率为78.1%，较2014年同期下跌7.8%。

2014年澳门全年旅游物价平均指数为132.76，较2013年上升5.15%，低于2013年6.8%的年增幅，其中住宿、餐饮、衣履和食品及烟酒等旅游商品和服务的价格增幅较大，分别为8.73%、6.37%、5.73%及5.22%，而交通及通讯和杂项价格指数则分别下跌0.82%及0.57%。2015年第1季度旅游物价指数为146.19，较2014年同期上升1.51%。其中上升较明显的大类为餐饮、衣履、娱乐及文化活动，升幅均在5%以上。但由于三、四星级酒店客房租金普遍较2014年同期低，使得住宿价格指数下跌4.33%。2015年第2季度旅游物价指数为134.61，较2014年同期轻微上升0.82%，升幅为12年以来最低。2015年上半年，澳门旅游物价指数较2014年同期上升1.18%，其中餐饮、娱乐及文化活动、食品及烟酒的价格指数均上升4%以上，而住宿价格指数则下跌3.7%。

5. 零售业总体跌幅较大

2014 年全年零售业销售总额达 676. 6 亿元，较 2013 年增加 1%。2015 年第 1 季度零售业销售总额为 162. 8 亿元，较 2014 年第 4 季度的 173. 3 亿元下跌 6%，较 2014 年同期的 183 亿元下跌 11%。2015 年第 2 季度零售业销售总额为 142. 6 亿元，较第 1 季度下跌 12%，较 2014 年同期下跌 13%，跌幅较明显的有钟表及珠宝、汽车、皮具制品、成人服装和百货商品，分别比 2014 年同期下跌 29%、29%、22%、16% 和 15%。通讯设备和化妆品及卫生用品则比 2014 年同期分别上升 37% 和 20%。2015 年上半年零售业销售额 305. 4 亿元，较 2014 年同期下跌 12%。

6. 澳门机场稳定发展

2014 年澳门国际机场旅客运输量达 548 万人次，比 2013 年上升了 9%；机场货运量为 2. 8 万吨，较 2013 年上升 8. 7%，为连续七年负增长后首次实现正增长；机场航班升降架次超过 5. 2 万次，比 2013 年上升了 7. 4%；机场公务机升降架次为 2791 架次，比 2013 年上升 29. 15%。2014 年澳门国际机场的营运商总收入预计突破 43. 8 亿元，比 2013 年上升 6. 6%。其中机场专营公司收入突破 10. 4 亿元，较 2013 年增长 13. 6%。作为中小型机场，持续第三年盈利，同时航空收入保持两位数增长，其中，航机升降收费已经连续三年零增长，停机费用是 0. 04% 的增长，让利于航空运输企业，共同成长。

2015 年上半年澳门机场运输旅客超过 278 万人次，同比增长 6. 6%；货物运输 13960 公吨，同比增长 7. 7%；航机升降超过 2. 7 万架次，同比增长 6. 9%，其中公务机升降超过 1300 架次，同比增长超过 14%；机场总收入同比增长 19%。旅客市场方面，澳门国际机场上半年新加入 3 家航空公司，加开 4 个新航点，已可连接到世界 38 个目的地。同时，多个基建项目正在全面进行中，包括众多扩建工程、更新工程以及资料系统建设和升级。预计 2015 年全年旅客人次可达573万人次，货物运输29343公吨，升降架次5.5万架次，公务机升降2958架次。2015年12月8日将迎来澳门国际机场的20岁生日，20周年系列宣传庆祝活动将陆续展开，欢庆周年的同时亦将反馈乘客。

7. 会展活动次数有所增加，但大规模会议有所减少

2014年澳门共举办会议或展览活动1055项，其中会议968项，展览87项，较2013年分别增加4项和21项。全年入场总人数达261.5万人次，较2013年增加28.6%。2015年第1季度澳门举行会议190项，比2014年同期减少6项；与会者达19152人次，比2014年同期减少40.1%，主要是由大规模会议减少所致。同期展览共10项，比2014年同期减少3项。展览的入场观众有230028人次，比2014年同期减少12.8%；2015年上半年共举办424项会展活动，较2014年同期增加45项；入场总数有654162人次，较2014年同期减少19.6%。会议有398项，较2014年同期增加50项，但与会者总数（40367人次）较2014年同期减少17.4%；200人及以上的会议（44项）较2014年同期减少4项。展览共26项，较2014年同期减少5项，入场观众则减少19.7%至613795人次；入场观众达2万人次及以上的展览共12项，较2014年同期减少4项。2015上半年，25项主办机构资料表明，展览收入为7811万元，支出为8664万元。有关展览共吸引了1749位参展商及35597名专业观众。

作为澳门经济适度多元化的切入点，会展业拉动酒店、餐饮、物流、宣传、民航、零售、旅游等十多个行业，并吸引高消费会展商务客，增加数千个职位空缺，多方面推动经济适度多元化。成功的会展项目可汇聚全球各地客商、专业买家，带来更多高端商务旅客，这些买家有更高的消费能力。2014年旅客人均消费1959元。澳门经济学会的调查显示，会展商务客人均消费高达1.2万元。会展业作为新兴产业，创造不少就业机会及创业机会。澳门管理协会2014年发表的

《澳门会议展览业人力资源及经济拉动效应调查报告》显示，会展从业人员由2001年的不足200人，发展至2014年的3000多人，未来四年还需增聘2000人。人力资源向上流动的机会亦较传统行业高和快，会展产业链中的广告、公关、商务接待和搭建等领域适合澳门青年创业。目前澳门特区政府将会展业作为澳门“第二龙头”产业来培育。除会展业以外，政府近年加强推动文化创意产业及中医药产业发展。澳门会展业亦配合上述新兴产业发展，以会展业为平台，强化新兴产业的宣传推广，加快产业化进程，最终共同推动经济适度多元化。

8. 通货膨胀问题仍较为严重，但涨幅有所收窄

2014年澳门全年综合消费物价指数为101.11，年通货膨胀率为6.05%，较2013年的5.5%有所上升，再次进入高位线，升幅最明显的为住房及燃料、食物及非酒精饮品，分别上升11.93%及6.11%；而通讯价格指数则下跌0.31%。2015年第1季度综合消费物价平均指数为104.10%，较2014年同期上升5.01%，其中住房及燃料、医疗上升较大，分别为10.97%和5.54%；甲类及乙类消费物价平均指数较2014年同期分别上升5.45%及4.43%。2015年第2季度综合消费物价平均指数较2014年同期上升4.79%；甲类及乙类消费物价平均指数较2014年同期分别上升5.25%及3.84%。2015年上半年综合消费物价平均指数较2014年同期上升4.92%，甲类及乙类消费物价平均指数较2014年同期分别上升5.35%及4.14%。甲类消费物价指数反映澳门50%的住户，其每月平均开支在10000～29999元；而乙类消费物价指数反映澳门30%的住户，其每月平均开支在30000～54999元。

9. 不动产成交量和成交金额均下跌较大

2014年全年楼宇单位买卖共7625个，较2013年减少36.7%；成交金额498亿元，较2013年减少27%。2014年住宅单位平均成交

价为每平方米 99795 元，较 2013 年上升 22%。住宅楼花和现货住宅的每平方米平均成交价分别为 156164 元和 85219 元，分别较 2013 年上升 48.1% 和 28.8%。办公室及工业单位平均价分别为每平方米 121112 元和 54250 元，分别较 2012 年大幅上升 62.5% 和 60.9%。

2015 年第 1 季度楼宇单位买卖共 1114 个，较 2014 年同期减少 43.74%，成交金额 60.9 亿元，较 2014 年同期大幅缩减 50%。住宅单位平均成交价为每平方米 89541 元，与 2014 年同期基本持平。2015 年第 2 季度楼宇单位买卖共 1864 个，较 2014 年同期下降 24.3%，成交金额 117.4 亿元，较 2014 年同期下降 33.4%。住宅单位平均成交价为每平方米 95345 元，较 2014 年同期下跌 14.5%。总体上 2015 年上半年澳门不动产交易数量和金额较 2014 年同期分别下降 38.0% 和 45.4%，均有较大的跌幅。

10. CEPA 货物继续呈现较快增长态势，投资合作力度不断增强

2014 年是《内地与澳门关于建立更紧密经贸关系的安排》（CEPA）签署 11 周年，内地与澳门经贸往来更趋紧密。2014 年 1 ~ 11 月，拱北海关验放的澳门 CEPA（《内地与澳门关于建立更紧密经贸关系的安排》）货物受惠货值创下新高，受惠货值 825 万美元，比 2013 年同期增长 57.1%，居内地进口口岸首位。截至 2014 年 11 月底，近 11 年共 1725 票澳门 CEPA 零关税货物从拱北海关进口，受惠货值达 3252 万美元，税款优惠 1907 万元，年均增长率分别为 43% 和 35%。2004 ~ 2014 年的 10 年间，澳门零关税货物累计出口金额达 5.48 亿元，豁免税款 4000 多万元。

2014 年 12 月签署的《关于内地在广东与澳门基本实现服务贸易自由化的协议》为澳门企业和居民到内地投资和就业创设了更佳的市场环境，为澳门中小微企业、专业人才、青年提升服务业方面的能力和素质创造了新的机会，亦为澳门经济适度多元发展提供了新的动力。在 CEPA 框架下，内地对澳门货物贸易已全面实现自由化，“十

二五”期末将基本实现澳门对内地服务贸易自由化。2014 年 12 月 18 日凌晨横琴口岸实现 24 小时通关，这将给澳门的旅游业发展和推动与香港、广东的区域合作提供一个重要机遇。

2015 年上半年，澳门与内地贸易额为 21.4 亿美元，较 2014 年同期上升 38.4%。其中，澳门从内地进口 20.4 亿美元，较 2014 年同期上升 31%；而澳门对内地的出口为 1 亿美元，较 2014 年同期下降 8%。2015 年上半年澳门在内地获批新投资项目 212 个，较 2014 年同期上升 31.7%，实际使用澳门资金 5.3 亿美元，较 2014 年同期上升 62.2%。截至 2015 年 6 月底，内地累计批准澳资项目 14044 个，实际使用澳门资金 124.3 亿美元。按实际使用外资统计，澳门资金占内地累计吸收境外投资总额的 0.8%。

二　下半年澳门地区经济收缩将收窄，全年经济收缩在15%~20%

展望 2015 年下半年，作为澳门支柱产业的博彩业将开始逐步恢复，澳门其他新兴产业也将加快产业化进程，最终共同推动澳门经济适度多元化发展。

1. 2016年世界经济将缓慢复苏

2015 年全球经济连续第五年放缓。由于全球经济前景略为减弱且变得更加不确定，经济合作和发展组织（经合组织，OECD）不断下调世界经济增长预期，2015 年 9 月 16 日发布的报告中预计 2015 年、2016 年两年全球经济增长率分别为 3% 和 3.6%，比 6 月公布的预测数分别减少 0.1 个百分点和 0.2 个百分点。发达经济体的经济正在复苏，其中欧元区经济的复苏步伐比人们所预期的更加缓慢，美国表现最好，但美国经济的强劲不足以提振全球其他地区的总体前景。新兴经济体状况恶化，中国内地经济增长放缓超过预期，特别是巴西经济出现比预期更加严重的衰退。OECD 称，2015 年全球经济增速仍将保持较低水平，预计经济增长将在 2016 年增强，但围绕未来潜在增长的疑虑继续加强。2015 年、2016 年美国经济增长率分别为 2.4% 和 2.6%，欧元区经济增长率分别为 1.6% 和 1.9%，巴西经济增长率分别为 2.8% 和 -0.7%，预计澳门经济在 2015 年将有 15% ~ 20% 的收缩，在 2015 年基数相对较低的基础上 2016 年可能将增长 5%。

2. 博彩收入跌幅有收窄趋势

2015 年上半年澳门累计博彩毛收入 1221.48 亿元，较 2014 年同期下跌 37%。2015 年 7 月澳门博彩毛收入 186.88 亿元，较 2014 年同期下跌 34.5%。2015 年 8 月，澳门博彩毛收入 186.23 亿元，同比下跌 35.5%，已是连续 15 个月下跌。澳门特区政府于 9 月 1 日宣布，由于博彩毛收入低于每月平均 200 亿元，将立即启动财政开支紧缩措施，并要求各公共部门由即日起实行紧缩财政开支措施，涉及年度预算约 14 亿元。措施不影响民生福利开支，包括本年度的现金分享，及投资与发展开支计划。这是回归以来澳门特区政府首度宣布紧缩开支。

3. 旅客人数有所回升

澳门统计暨普查局资料显示，2015 年 7 月澳门入境旅客共 264.89 万人次，较 6 月回升 17.8%，较 2014 年同期减少 3.8%；7 月参团旅客为 82 万人次，较 6 月回升 16.3%，较 2014 年同期减少 22.3%。其中，内地团客同比减少 19.1%；酒店及公寓平均入住率 80.6%，高于 2015 年上半年各月，较 2014 年同期减少 6%。8 月澳门入境旅客有 303.3 万人次，较 7 月回升 14.5%，较 2014 年同期则减少 1.7%。

4. 通货膨胀问题有所改善

进入下半年通胀有所收窄。2015 年 7 月澳门综合消费物价指数为106.13，较6月微升0.22%，较2014年同期上升4.76%。升幅主要由住屋租金及外出用膳收费上调带动。2015年8月综合消费物价指数为106.34，较7月微升0.19%，较2014年同期上升4.64%。升幅仍然由住屋租金及外出用膳收费上调带动，而汽油和石油气价格回落及旅行团收费下调缓减了上升速度。有关物价指数升幅自5月以来持续收窄，8月较7月的4.76%再减少0.12个百分点。有学者表示，由于旅客量有所减少，估计短期内消费物价指数涨幅将会收窄。

5. 澳门向“区域金融中心”的目标努力

2014年澳门人民币清算量突破1.2万亿人民币元。2015年以来，澳门人民币使用量的全球排名从第11位提升至第8位。2015年上半年澳门人民币清算金额也达9970亿人民币元，市场同比增37.3%。2015年上半年澳门人民币存款余额达1288亿人民币元，跨境人民币结算近1100亿人民币元，较2014年同期增长58%，显示澳门地区人民币业务的地位在逐步提升，在人民币国际化进程中发挥越来越重要的作用。

2015年8月6日中国银行澳门分行获批作为澳门人民币清算行，为葡语系国家银行同业提供人民币清算服务。这是澳门人民币清算行成立10年多以来，首次得以把服务范围扩大至港澳及东盟以外地区。此次澳门特区获批拓宽人民币清算服务范围，不仅使澳门企业与葡语系国家及拉美地区资金往来更加便利，更为银行业拓展葡语系国家及拉美地区业务带来更多机遇。

早在2000年国际货币基金组织就已经把澳门与卢森堡、摩纳哥、开曼、中国香港等一同界定为全球离岸金融中心。目前澳门银行业的国际资产已经占总资产的85.3%，且澳门金融业的监管符合国际标准。澳门银行业经过回归后十五年的发展，在产品多样化、业务国际化、经营多元化、操作电子化等方面取得了令人满意的进展。特别是澳门银行业高度国际化，业务广泛分布在亚洲及欧洲地区，使银行业突破了澳门市场容量有限的瓶颈。

澳门银行业既有靠近内地市场的优势，又有熟悉欧洲等国际经贸市场经验的优势，还有澳门的葡语系国家经贸平台优势。对澳门银行业而言，目前可以与广东有关方面共同研究推动各项金融创新工作的可行性，拓展澳门银行业务范围。比如，推进各项人民币业务发展，争取开办人民币贷款业务，拓展与港元、澳门元区域流通，开展与葡语系国家人民币结算业务；澳门银行业将关注和支持落户横琴中医药产业园、动漫园等澳门企业跨境金融服务需求，并配合澳门特区政府的扶持措施，重点支持相关行业有潜力的中小企业，以培育潜在客户群；研究开办异地资产抵押融资业务，为朝着跨境方向发展的公司客户提供充足的金融支持。澳门银行业将与周边地区同行优势互补发展，分工合作，共同打造金融中心经济圈，提升澳门在全球金融业中的竞争力。

6. 横琴将奋力为澳门提供产业多元化主平台

自从2009年8月国务院正式颁布《横琴总体发展规划》以来，横琴开发正式上升为国家战略，成为我国首个面向世界、优先港澳的粤港澳紧密合作示范区，全国唯一的“一岛两制”国家级新区。2009年以来，横琴以“十大建设”为统揽，为粤澳合作搭建平台，从基础设施到产业项目全面推进，累计完成固定资产投资约620亿人民币元，年均增长80.9%，横琴岛澳门大学新校区建成移交，面积是原校区的20倍，2014年9月全面启用；总投资135.8亿人民币元的横琴市政基础设施（BT）项目基本建成，一次性规划建设长达33.4公里的全国最长的“共同管沟”投入使用。在占地430万平方米的横琴商业地产中，澳门地产商占63.5%，重大涉澳项目投资额超过560亿人民币元。横琴励骏友谊广场从建成之日起，就成为澳门中小企业的聚集地。澳门特区政府推荐的33个重点文化创意项目进入横琴粤澳合作产业园。“粤澳合作中医药科技产业园”是粤澳合作产业园的首个项目。“粤澳合作中医药科技产业园”商业孵化中心启用后已有11家澳门企业进驻，涵盖医疗、养生、交易、研发、检测检验、综合服务等中医药产业的多个领域，为澳门中小型企业提供进园项目孵化、进入内地市场的试点。2014年12月16日正式启动的澳门青年横琴创业谷鼓励和扶持澳门青年人到横琴创业，助力澳门产业多元化发展。

金融业方面，澳门金融业与横琴新区的合作前景令人期待。一方面，横琴的基础设施建设、投资项目落地等，会带来大量的信贷与结算等业务需求。澳门金融业将充分利用国际业务经验和资金成本较低的优势，为其提供资金融通或搭建低成本的融资平台，加快横琴的发展。另一方面，两地金融业要积极探索金融创新，在跨境人民币直贷、跨境抵押贷款、跨境保险、跨境电子支付、跨境投资、投融资业务、产业投资基金等业务创新领域取得更大的突破。

总而言之，受多种因素影响，目前澳门经济发展放缓，进入调整巩固期。近期澳门经济将由非常态的高速增长逐步转为常态的稳定发展；由依赖投资及龙头（优势）单一产业驱动发展的模式，亦将转向由孕育新兴（创新）产业的多元产业驱动；经济波动与发展并行的现象将在未来一段时间内存在；市场主导与行政适度有为联动是推动多元发展的必要元素之一；而在产业多元方面，跨域多元与本土多元结合，国际（跨域）品牌与澳门特色品牌中小企业共存。面对未来经济无可避免出现波动，澳门特区政府将贯彻“施政为民、发展为民”的理念，透过市场主导与政府适度有为的有机结合，把“经济波动幅度”尽量控制在“合理区间”内，以减轻经济波动对市场及居民生活的影响，尤其是中小企业营商环境和就业市场的健康化。

澳门特区政府对澳门未来经济形势审慎、乐观。审慎者认为中短期澳门经济发展将遇到不少困难和挑战，经济增长可能继续下调，必须审慎。乐观者则认为澳门经济发展前景仍相对较好，在国家的支持下，澳门应适度发展多元经济，构建“一个中心、一个平台”，深化区域合作，保持经济韧力，面对经济发展的新常态，保持经济稳定，谋划长远，建立可持续发展的根基，力求调速不转势。

附　　录

Appendix

B.23
统计资料

1978～2016 年我国主要经济指标

年份	GDP 增长率（%）	第一产业增加值增长率（%）	第二产业增加值增长率（%）	第三产业增加值增长率（%）	交通运输仓储邮政业增加值增长率（%）
1978	11.7	4.1	15.0	13.7	9.8
1979	7.6	6.1	8.2	7.9	8.3
1980	7.8	-1.5	13.6	6.0	4.3
1981	5.2	7.0	1.9	10.4	1.9
1982	9.1	11.5	5.6	13.0	11.4
1983	10.9	8.3	10.4	15.2	9.5
1984	15.2	12.9	14.5	19.3	14.9
1985	13.5	1.8	18.6	18.2	13.8
1986	8.8	3.3	10.2	12.0	13.9
1987	11.6	4.7	13.7	14.4	9.6
1988	11.3	2.5	14.5	13.2	12.5
1989	4.1	3.1	3.8	5.4	4.2

续表

年份	GDP 增长率(%)	第一产业增加值增长率(%)	第二产业增加值增长率(%)	第三产业增加值增长率(%)	交通运输仓储邮政业增加值增长率(%)
1990	3.8	7.3	3.2	2.3	8.3
1991	9.2	2.4	13.9	8.9	10.6
1992	14.2	4.7	21.2	12.4	10.1
1993	14.0	4.7	19.9	12.2	12.5
1994	13.1	4.0	18.4	11.1	8.5
1995	10.9	5.0	13.9	9.8	11.0
1996	10.0	5.1	12.1	9.4	11.0
1997	9.3	3.5	10.5	10.7	9.2
1998	7.8	3.5	8.9	8.4	10.6
1999	7.6	2.8	8.1	9.3	12.2
2000	8.4	2.4	9.4	9.7	8.6
2001	8.3	2.8	8.4	10.3	8.8
2002	9.1	2.9	9.8	10.4	7.1
2003	10.0	2.5	12.7	9.5	6.1
2004	10.1	6.3	11.1	10.1	14.5
2005	11.3	5.2	12.1	12.2	11.2
2006	12.7	5.0	13.4	14.1	10.0
2007	14.2	3.7	15.1	16.0	11.8
2008	9.6	5.4	9.9	10.4	7.3
2009	9.2	4.2	9.9	9.6	4.2
2010	10.4	4.3	12.3	9.8	9.8
2011	9.3	4.3	10.3	9.4	9.9
2012	7.7	4.3	7.9	8.1	6.8
2013	7.7	3.8	7.8	8.3	7.2
2014	7.3	4.1	7.3	7.8	6.9
2015	7.0	3.9	6.0	8.4	6.8
2016	6.6	3.8	5.6	8.2	6.6

续表

年份	批发和零售业增加值增长率(%)	全社会固定资产投资规模(现价,亿元)	全社会固定资产投资名义增长率(%)	全社会固定资产投资实际增长率(%)	工业出厂品价格指数上涨率(%)
1978	23.1	899	19.9	19.5	0.1
1979	8.7	977	8.7	4.7	1.5
1980	-1.9	911	-6.8	-8.5	0.5
1981	29.5	961	5.5	2.9	0.2
1982	-0.7	1230	28.0	25.1	-0.2
1983	21.2	1430	16.2	13.3	-0.1
1984	24.7	1833	28.2	23.9	1.4
1985	33.5	2543	38.8	30.1	8.7
1986	9.4	3121	22.7	15.8	3.8
1987	14.7	3791	21.5	14.1	7.9
1988	11.8	4747	25.2	10.0	15.0
1989	-10.7	4410	-7.1	-12.9	18.6
1990	-5.3	4518	2.4	-3.0	4.1
1991	5.2	5595	23.8	15.0	6.2
1992	10.5	8080	44.4	25.3	6.8
1993	8.6	13072	61.8	27.8	24.0
1994	8.2	17043	30.4	18.1	19.5
1995	8.2	20019	17.5	10.9	14.9
1996	7.6	22974	14.8	10.3	2.9
1997	8.8	24941	8.6	6.7	-0.3
1998	6.5	28406	13.9	14.1	-4.1
1999	8.7	29855	5.1	5.5	-2.4
2000	9.4	32918	10.3	9.1	2.8
2001	9.1	37213	13.1	12.6	-1.3
2002	8.8	43500	16.9	16.7	-2.2
2003	9.9	55567	27.7	25.0	2.3
2004	6.6	70477	26.8	20.1	6.1
2005	13.0	88774	26.0	24.0	4.9

续表

年份	批发和零售业增加值增长率(%)	全社会固定资产投资规模(现价,亿元)	全社会固定资产投资名义增长率(%)	全社会固定资产投资实际增长率(%)	工业出厂品价格指数上涨率(%)
2006	19.5	109998	23.9	22.1	3.0
2007	20.2	137324	24.8	20.2	3.1
2008	15.9	172828	25.9	15.6	6.9
2009	12.1	224599	30.0	33.2	-5.4
2010	14.3	278122	23.8	19.5	5.5
2011	12.6	311485	23.9	15.6	6.0
2012	9.8	374676	20.3	19.0	-1.7
2013	10.1	447074	19.3	18.9	-1.9
2014	9.1	512763	15.3	14.7	-1.9
2015	9.2	566712	10.5	11.8	-4.3
2016	8.7	621684	9.7	10.5	-3.9

年份	固定资产投资价格指数上涨率(%)	居民消费价格指数上涨率(%)	城镇居民实际人均可支配收入增长率(%)	农村居民实际人均纯收入增长率(%)	新增货币发行(亿元)
1978	0.3	1.5	-2.4	6.7	NA
1979	3.8	2.1	19.6	17.6	NA
1980	1.9	7.0	6.2	18.2	NA
1981	2.5	2.6	1.6	10.7	50
1982	2.4	1.9	5.8	21.1	43
1983	2.6	1.2	4.3	14.7	91
1984	3.4	1.7	12.5	12.7	262
1985	6.7	7.6	0.1	11.7	196
1986	6.0	6.5	13.8	3.2	231
1987	6.4	7.3	2.4	5.2	236
1988	13.9	18.8	-2.3	6.4	680
1989	6.7	18.0	0.0	-1.6	210
1990	5.6	3.1	8.5	1.8	300
1991	7.6	3.4	7.2	2.0	533

续表

年份	固定资产投资价格指数上涨率(%)	居民消费价格指数上涨率(%)	城镇居民实际人均可支配收入增长率(%)	农村居民实际人均纯收入增长率(%)	新增货币发行(亿元)
1992	15.3	6.4	9.7	5.9	1158
1993	26.6	14.7	9.5	3.2	1529
1994	10.4	24.1	8.5	5.0	1424
1995	5.9	17.1	4.9	5.3	597
1996	4.0	8.3	3.9	9.0	917
1997	1.7	2.8	3.4	4.6	1376
1998	-0.2	-0.8	5.8	4.3	1027
1999	-0.4	-1.4	9.3	3.8	2251
2000	1.1	0.4	6.4	2.1	1197
2001	0.4	0.7	8.5	4.2	1036
2002	0.2	-0.8	13.4	4.8	1589
2003	2.2	1.2	9.0	4.3	2468
2004	5.6	3.9	7.7	6.8	1722
2005	1.6	1.8	9.6	6.2	2563
2006	1.5	1.5	10.4	7.4	3041
2007	3.9	4.8	12.2	9.5	3303
2008	8.9	5.9	8.4	8.0	3844
2009	-2.4	-0.7	9.8	8.5	4028
2010	3.6	3.3	7.8	10.9	6381
2011	6.5	5.4	8.4	11.4	6120
2012	1.1	2.6	9.7	10.7	3911
2013	0.3	2.6	7.0	9.3	3915
2014	0.5	2.0	6.8	9.2	1726
2015	-1.1	1.6	6.5	8.1	1560
2016	-0.7	2.1	6.0	7.1	1632

续表

年份	社会消费品零售总额（亿元）	社会消费品零售总额名义增长率(%)	社会消费品零售总额实际增长率(%)	贷款余额（亿元）	新增贷款（亿元）
1978	1559	32.7	31.8	1850	187
1979	1800	15.5	13.2	2040	190
1980	2140	18.9	12.2	2415	375
1981	2350	9.8	7.3	2861	446
1982	2570	9.4	7.3	3181	320
1983	2849	10.9	9.2	3590	409
1984	3376	18.5	15.2	4766	1176
1985	4305	27.5	17.2	5905	1139
1986	4950	15.0	8.5	7590	1685
1987	5820	17.6	9.6	9032	1442
1988	7440	27.8	7.9	10551	1519
1989	8101	8.9	-7.6	14360	3809
1990	8300	2.5	0.3	17681	3321
1991	9416	13.4	10.2	21338	3657
1992	10994	16.8	10.8	26323	4985
1993	14270	29.8	14.7	32943	6620
1994	18623	30.5	7.2	39976	7033
1995	23614	26.8	10.5	50544	10568
1996	28360	20.1	13.2	61156	10612
1997	31253	10.2	9.3	74913	13757
1998	33378	6.8	9.7	86523	11610
1999	35648	6.8	10.1	93733	7210
2000	39106	9.7	11.4	99370	5637
2001	43055	10.1	11.0	112314	12944
2002	48136	11.8	13.3	131293	18979
2003	52516	9.1	9.2	158995	27702
2004	59501	13.3	10.2	178197	19202
2005	68353	14.9	14.0	194690	16493

续表

年份	社会消费品零售总额（亿元）	社会消费品零售总额名义增长率（%）	社会消费品零售总额实际增长率（%）	贷款余额（亿元）	新增贷款（亿元）
2006	79145	15.8	14.6	225347	30657
2007	93572	18.2	13.9	261691	36344
2008	114830	22.7	15.9	303395	41704
2009	132678	15.5	16.9	399685	96290
2010	156998	18.3	14.8	473247	79511
2011	183919	17.1	11.7	547947	74700
2012	210307	14.3	12.1	629910	81963
2013	237810	13.1	11.5	719000	89090
2014	262394	12.0	10.9	816800	97800
2015	300989	10.7	10.2	941829	125029
2016	331389	10.1	9.4	1075781	133952

年份	财政收入（亿元）	财政收入增长率（%）	财政支出（亿元）	财政支出增长率（%）	财政收支差额（亿元）
1978	1132	29.5	1122	33.0	10.2
1979	1146	1.2	1282	14.2	-135.4
1980	1160	1.2	1229	-4.1	-68.9
1981	1176	1.4	1138	-7.4	37.4
1982	1212	3.1	1230	8.0	-17.7
1983	1367	12.8	1409	14.6	-42.6
1984	1643	20.2	1701	20.7	-58.2
1985	2005	22.0	2004	17.8	0.6
1986	2122	5.8	2205	10.0	-82.9
1987	2199	3.6	2262	2.6	-62.8
1988	2357	7.2	2491	10.1	-134.0
1989	2665	13.1	2824	13.3	-158.9
1990	2937	10.2	3084	9.2	-146.5
1991	3149	7.2	3387	9.8	-237.1
1992	3483	10.6	3742	10.5	-258.8

续表

年份	财政收入（亿元）	财政收入增长率(%)	财政支出（亿元）	财政支出增长率(%)	财政收支差额(亿元)
1993	4349	24. 8	4642	24. 1	-293. 4
1994	5218	20. 0	5793	24. 8	-574. 5
1995	6242	19. 6	6824	17. 8	-581. 5
1996	7408	18. 7	7938	16. 3	-529. 6
1997	8651	16. 8	9234	16. 3	-582. 4
1998	9876	14. 2	10798	16. 9	-922. 2
1999	11444	15. 9	13188	22. 1	-1743. 6
2000	13395	17. 0	15886	20. 5	-2491. 3
2001	16386	22. 3	18903	19. 0	-2516. 5
2002	18904	15. 4	22053	16. 7	-3149. 5
2003	21715	14. 9	24650	11. 8	-2934. 7
2004	26396	21. 6	28487	15. 6	-2090. 4
2005	31649	19. 9	33930	19. 1	-2281. 0
2006	38760	22. 5	40423	19. 1	-2162. 5
2007	51322	32. 4	49781	23. 2	1540. 4
2008	61330	19. 5	62593	25. 7	-1262. 3
2009	68518	11. 7	76300	21. 9	-7781. 6
2010	83101	21. 3	89874	17. 8	-6772. 7
2011	103874	25. 0	109248	21. 6	-5373. 4
2012	117210	12. 8	125712	15. 1	-8000. 0
2013	129210	10. 1	140212	10. 9	11002
2014	140350	8. 6	151662	8. 2	-11312
2015	150722	7. 4	167222	10. 3	-16500
2016	160971	6. 8	182626	9. 2	-21655

续表

年份	城乡储蓄存款余额（亿元）	城乡储蓄存款余额增长率(%)	货币和准货币(M2)（亿元）	货币和准货币(M2)增长率(%)	社会融资总额(亿元)
1978	211	15.7	NA	NA	NA
1979	281	33.4	NA	NA	NA
1980	400	42.2	NA	NA	NA
1981	524	31.1	NA	NA	NA
1982	675	29.0	NA	NA	NA
1983	892	32.1	NA	NA	NA
1984	1215	36.1	NA	NA	NA
1985	1623	33.6	5199	NA	NA
1986	2238	38.0	6721	29.3	NA
1987	3081	37.7	8331	24.0	NA
1988	3822	24.0	10100	21.2	NA
1989	5196	36.0	11950	18.3	NA
1990	7120	37.0	15293	28.0	NA
1991	9242	29.8	19350	26.5	NA
1992	11759	27.2	25402	31.3	NA
1993	15203	29.3	34880	37.3	NA
1994	21519	41.5	46923	34.5	NA
1995	29662	37.8	60750	29.5	NA
1996	38521	29.9	76095	25.3	NA
1997	46280	20.1	90995	19.6	NA
1998	53407	15.4	104498	14.8	NA
1999	59622	11.6	119898	14.7	NA
2000	64332	7.9	134610	12.3	NA
2001	73762	14.7	158302	17.6	NA
2002	86911	17.8	185007	16.9	20112
2003	103617	19.2	221223	19.6	34113
2004	119555	15.4	254107	14.9	28629
2005	141051	18.0	298756	17.6	30008

续表

年份	城乡储蓄存款余额（亿元）	城乡储蓄存款余额增长率（%）	货币和准货币（M2）（亿元）	货币和准货币（M2）增长率（%）	社会融资总额（亿元）
2006	161587	14.6	345604	15.7	42697
2007	172534	6.8	403442	16.7	59664
2008	217885	26.3	475167	17.8	69804
2009	260772	19.7	606225	27.6	139105
2010	303302	16.3	725852	19.7	140191
2011	343636	13.3	851591	17.3	128286
2012	391970	14.1	974149	14.4	157605
2013	447602	12.0	1106525	13.6	172900
2014	497742	11.2	1228400	12.2	165000
2015	548004	10.1	1389314	13.1	154627
2016	598968	9.3	1564368	12.6	153945

年份	进口总额（亿美元）	进口总额增长率（%）	出口总额（亿美元）	出口总额增长率（%）	货物贸易顺差（亿美元）
1978	108.9	51.0	102.0	34.4	-7
1979	156.8	44.0	135.8	33.1	-21
1980	200.2	27.7	181.2	33.4	-19
1981	220.1	10.0	220.1	21.5	0
1982	192.9	-12.4	223.2	1.4	30
1983	213.9	10.9	222.3	-0.4	8
1984	274.1	28.1	261.4	17.6	-13
1985	422.5	54.1	273.5	4.6	-149
1986	429.0	1.5	309.4	13.1	-120
1987	432.2	0.7	394.4	27.5	-38
1988	552.8	27.9	475.2	20.5	-78
1989	591.4	7.0	525.4	10.6	-66
1990	533.5	-9.8	620.9	18.2	87
1991	637.9	19.6	719.1	15.8	81
1992	805.9	26.3	849.4	18.1	44

续表

年份	进口总额（亿美元）	进口总额增长率（%）	出口总额（亿美元）	出口总额增长率（%）	货物贸易顺差（亿美元）
1993	1039.6	29.0	917.4	8.0	-122
1994	1156.1	11.2	1210.1	31.9	54
1995	1320.8	14.2	1487.8	22.9	167
1996	1388.3	5.1	1510.5	1.5	122
1997	1423.7	2.5	1827.9	21.0	404
1998	1402.4	-1.5	1837.1	0.5	435
1999	1657.0	18.2	1949.3	6.1	292
2000	2250.9	35.8	2492.0	27.8	241
2001	2435.5	8.2	2661.0	6.8	226
2002	2951.7	21.2	3256.0	22.4	304
2003	4127.6	39.8	4382.3	34.6	255
2004	5612.3	36.0	5933.3	35.4	321
2005	6599.5	17.6	7619.5	28.4	1020
2006	7914.6	19.9	9689.8	27.2	1775
2007	9561.2	20.8	12204.6	26.0	2643
2008	11325.7	18.5	14306.9	17.2	2981
2009	10059.2	-11.2	12016.1	-16.0	1957
2010	13962.4	38.8	15777.5	31.3	1815
2011	17435	24.9	18983.8	20.3	1549
2012	18178	4.3	20489	7.9	2303
2013	19504	7.3	22096	7.9	2592
2014	19582	0.4	23443	6.1	3861
2015	17728	-9.5	22910	-2.3	5182
2016	17201	-3.0	22770	-0.6	5569

注：1989 年以后的新增贷款包括全部金融机构。2011 年以后固定资产投资不含农户。

表中 2015 年、2016 年数据为预测数。

（娄峰整理）

Abstract

In 2015, the global economy recovers, the economic growth rate in the world's major economies is at a slowdown, and the global trade growth rate has been at a low level since the 2008 international financial crisis. Faced with this complex domestic and international situation and changes, especially with the challenge of the downward pressure on the economy, China's macro-control mechanisms adhere to the maintaining of stability, and actively lead the economic development to the New Normal. The Central Government is making efforts to promote reform and opening up to the outside world, and it is strengthening innovation in its macro-control mechanisms in order to effectively resolve various risks and challenges, so that it can maintain steady and rapid economic development, social harmony and stability. It is expected that China's economic growth rate will be around 7% in 2015, and its consumption growth rate will generally be stable, import and export growth will decline, its trade surplus will continue to expand, the difference between CPI and PPI prices will expand, and the people's income will steadily increase.

The year 2016 is the first year of China's 13th Five-Year Plan, and it the decisive period for establishing an affluent society. At present, China's economic development is in the New Normal, the Government should focus on a steady growth and on trying to increase efficiency in its active fiscal policy, which would be helpful for increasing government investment, expanding the scale of its fiscal deficit, accelerating the construction of a new local tax system, and avoiding local government debt risks. China's economic growth will remain in the New Normal operating period probably in the years 2015 and 2016; employment and prices will remain basically stable, and the Chinese economy will not appear to crash.

China's development is faced with both a great deal of important strategic opportunities and severe challenges with many contradictions and risks. In order to improve the quality and efficiency of development, the government should adjust and optimize the industrial structure, promote development driven by innovation, protect and improve the people's livelihood, accelerate the improvement of all aspects of institutional mechanisms, deepen the full range of the opening up, properly deal with the external environmental changes, and promote a long-term, stable and healthy development of China's economy.

Contents

Ⅱ Economic Growth and Industry Development

B. 3 Prospects for the Trend in China's Economic Fluctuation During "the 13th Five-Year Plan" Period *Liu Shucheng* / 028

Abstract: First of all, this paper analyses the situation of China's macroeconomic fluctuations during the first year of "the 13th Five-Year Plan". Based on this analysis, the paper foresees that there will be four possibilities for China's macroeconomic trends in "the 13th Five-Year Plan" Period: long-lasting deceleration of the economic growth rate, long-lasting stagnation of the economic growth rate, rapid acceleration of the economic growth rate, and following the normalization of economic fluctuation, a reasonably normal fluctuation of economic growth. This paper explains that the New Normal does not imply a slowdown of the economy, and it illustrates that the macroeconomic control policies to continue with "the weak stimulus" and "hold to the lower limit" will be more and more passive. As foreseen in this paper, the proposals for "the 13th Five-Year Plan" by the Central Committee of the Party in 2015, and its implementation at the beginning of 2016, will be part of China's economic development under the New Normal circumstances; they will be an important strategic deployment of China's economic development in the future, and they will form a long-lasting power for the promotion of China's economic growth. In this way, China's economic growth is expected to avoid a bottom-out in 2015 and is expected to enter a new cycle of rising growth during the New Normal of "the 13th Five-Year Plan" Period.

Keywords: The 13th Five-Year Plan; Macroeconomy; Economic Fluctuations; New Normal

Abstract: In 2015, China's industrial growth has been slow to stabilize, consumption continues to grow steadily, and real estate sales continue to pick up. Despite the fact that investment in infrastructure has grown with fluctuation, there is still a strong investment willingness. Besides, the efforts to get rid of overcapacity are increasing, and the stock market risk is under control. Under the complicated domestic and international situation, the correction of China's economic growth will continue and is expected to reach its lowest point. It is predicted that the export growth rate will be at around 5%, the investment growth rate will be around 11%, and the real consumption growth rate will be 10.5% in 2016. China's economy is expected to achieve a smooth recovery during the 13th Five-Year Plan. The government should connect stable growth with economic transformation. At the same time, the government should accelerate the development and consolidation of economic growth in the New Normal by continuously improving environmental development, economic structure, and the microfoundation of environmental adaption.

Keywords: Economic Growth; New Normal; Economic Transformation

B. 5 The Forecast for National Economic Development in 2015

Zhao Kun, *Wang Baolin* / 046

Abstract: In 2015, the world economic recovery has been weaker than expected, and the turmoils within the international financial market have intensified. China's economic structure and development mode are undergoing profound adjustments, the economic downward pressure is increasing, and the economy faces more difficulties and challenges. Facing the complicated domestic and international environment for economic development, the Central Government is supporting stable growth, is proposing accurate regulation and control, and is focusing on stabilizing the economic growth, structural adjustment, and deepening reforms in crucial areas. Besides, the Government is guarding against and defusing potential risks, strengthening and improving the livelihood of the people, and making economic and social development generally stable. At the beginning of the 13th Five-Year Plan in 2016, China will still have a lot of room for development, and the economic fundamentals will not have changed. With the policy of steady growth, promoting reform, structural adjustment, improving people's livelihood, and anti-risk measures, China's economic development will still have good support.

Keywords: National Economy; Development Forecast; Macroeconomic Regulation and Control

B. 6 Situation Analysis and Policy Suggestion for the Industrial Economy

Yuan Lei, *Jin Bei* / 054

Abstract: In the first three quarters of 2015, the industrial growth faced great downside pressure, and the growth rate fell to the lowest level since the reform and the opening up. However, the adjustment of industrial structure had made positive progress, and the quality of industrial growth had improved. The decline of the potential output growth rate is the fundamental reason for the downturn of the industrial economy. In the coming period, the change in China's potential output growth rate will depend on the development and adjustment of the economy itself, and it will also depend on the speed, breadth and depth of the economic restructuring and the reform of the institutional mechanisms. The annual industrial output growth in 2015 and 2016 is expected to reach around 5.8% and 5.5% respectively. The forecasts for the growth of the added-value of Enterprises above Designated Size in 2015 and 2016 are 6% and 5.7% respectively. In the current context, the government should reduce the forecast for industrial economic growth, avoid the introduction of large-scale economic stimulus policies, accelerate the reform of the system and mechanisms to promote the adjustment of industrial economic structure, and give full play to the role of the market mechanism to promote industrial enterprise innovation.

Keywords: Industrial Economy; Potential Output Growth; Industrial Economic Growth

Abstract: In 2015, the industrial production growth rate has fallen; PPI, PMI and other indicators show that the industrial economic downward pressure has increased; due to the sluggish performance in the world's major economies, global industrial product exports have continued to decline;

current investments have continued to fall, but the rate of decline in industrial profits has slowed down. With consumption as the main force driving economic growth, the product output in the automobile industry and other industrial sectors appears to change, and the sales in the real estate market appear to have signs of recovery, driving investments towards stabilization with a sign of bottoming-out. The industrial economic synthetic index shows that the industrial operation is still adjusting onto a low level and an economic downward pressure exists; on the early warning index, industrial added value growth, investment growth, power consumption growth, enterprise benefit growth, as well as the price index, are in the "over cold" range. In the future, to keep sustainable industrial growth sustainable, we should enhance the strength of governmental supervision, establish a fair and open market environment, and strive to deal with the relationship between the structural adjustment and the upgrading of traditional industries; moreover, we must also promote the positive role of financial management in stabilizing industrial growth.

Keywords: Industrial Growth; Industrial Prosperity Index; Warning Index

Ⅲ Macro – economy Policy and Macro – economic Regulation and Control

Abstract: In 2015, China's economy is maintaining a steady development, new growth momentum is gradually taking shape, and the vitality of the main body of microeconomics has been released. However, the structural problems in the economic operation still stand out. The contradictions in industrial structure have become critical, the real estate market is still in an adjustment period, the financing capacity of local governments has declined, and enterprises face numerous operational difficulties. Meanwhile, the large restructuring of the global economic and political landscape will also affect China's economic development. However, China is still in a condition to maintain high-speed growth. The growth of the GDP in 2016 is expected to be around 6.5%, and the actual economic growth rate is slightly lower than the potential growth rate of about 7%. To overcome the current economic difficulties, the government should make its priority to adjust the economic structure, taking into account economic growth and prevention of financial risks, and focus on the balance of "steady growth, structural adjustment, anti-risk".

Keywords: Macroeconomic; Low Inflation; Policies

Abstract: The year 2016 is the starting year of the " Thirteenth Five-Year Plan" period, designed to comprehensively promote reform and the opening up and to implement the top-level design of the country. As for the growth of China's economic development, the growth of the GDP in the 6.0% –7.5% range is relatively reasonable, and would render the development good both in quality and in efficiency. As for the new driving factors of economic development, China should persist in implementing a strategy based on innovation. In terms of the New Normal planning in China, the " Thirteenth Five-Year Plan" should play a guiding role. As for improvements in investments, the main targets should be diversification of the subjects of investment, the marketization of investment decisions and the improvement of the investment structure . In the development of China's real economy, the development of new industries and high-tech industries should be underlined. The innovation in China's economic macro-control will be reflected in some aspects such as implementing the active financial policy and steady monetary policy.

Keywords: " Thirteenth Five-Year Plan " Period; Economic Development; Policy Choices

Abstract: In 2015, China's economy preliminarily interrupted the growth deceleration trend since 2011, but its recovery process stagnated and has brought about a new trough in the economic cycle . In 2016, China's economy should still adopt a proactive fiscal policy and prudent monetary policies. Through the counter-cycle operation of accommodative demand management, China's economic expansion would be resumed and sustained, and effectively promote the normalization of its comprehensive economic condition, so as to achieve the final transition of the business cycle from depression to prosperity.

Keywords: China's Economy; Growth, Fluctuation and Inflation; Demand Management

Abstract: The economic climate has stopped its downward trend since the second quarter of 2015 and is expected to keep roughly stable in the "partial cold" range. Influenced by the policy of keeping the growth of the economy stable, it is unlikely to change to a downwards-oriented trend and step into the "cold" state in a short time. We predict that the GDP growth rate in 2015 and 2016 will reach about 6.9% and 6.8% respectively, and meanwhile the annual inflation rate should be about 1.5% and 1.9% respectively. The cycles of economics and inflation should also be viewed as a wavelet in the "New Normal" stage.

Keywords: Business Cycle; Economic Situations; Monitoring and Early Warning; Forecasting

Ⅳ Analysis of Consumption, Investment and Trade Situation

Abstract: China's current economic growth is slowing down and tends to be stable, and the same is true for the manufacturing industry. The non-manufacturing industry maintains fairly rapid growth, and the market sizes of the logistics and production industries are growing stably. Employment activity remains stable. The market prices show signs of stabilization at a low level. Meanwhile, the economic structure has also been optimized, the most significant feature of which is that consumption has become the driving force of economic growth. And the income distribution reform might promote an increase in consumption. In addition, the improvement of economic efficiency is the primary problem that needs to be solved in the current economic development. Regarding "expenditure reduction", the only way to improve quality and efficiency is by transforming the development mode and reducing costs.

Keywords: Economic Development; Consumption-driven Economy; Cost Reduction

Abstract: In 2015, China's economic development presents slowdown trends, and its economy faces downward pressure. Through speeding up reform of interest rate marketization, perfecting the middle price mechanism and deposit insurance system, speeding up the opening of capital account, reforming the financial institutions and deposit reserve appraisal system, the Central Bank of China is implementing a series of measures to stabilize economic conditions. In 2015, an overall steady financial operation and further optimized financial structures are present in China, which are reflected in some aspects such as a gradual recovery in the growth of the money supply, a drop of growth in the total stock of social financing compared with the previous year, an increase in the size of loans, a fall-after-rise trend in the market interest rates. However, China's financial system still faces many issues such as an increase in financial risks and the local debt risk, a weakened demand for credit, and downward financial profitability. Looking forward to 2016, our country will create a good financial environment for economic stability, and increase its liquidity on the market.

Keywords: Financial Operations; Financial Risk; Financial Policy

Abstract: In 2015, the condition of investments in China presented a downward trend in the first three quarters while it presented an upward trend in the fourth quarter, and the full-year growth rate is expected to remain steady at around 7%. There are some favorable factors for the growth of investments in 2016, such as: a good historical period, the government's determination, the "Thirteenth Five-Year Plan" and good policies. However, at the same time, there are also the following disadvantages: a lack of attractive aspects for investments to be made in the manufacturing sector, an absence of construction funds, a soft housing market, and some enterprises and local governments are not doing their duties. The forecast for 2016 is: China's investment growth rate will be higher than 11%, its consumption growth rate will be higher than that of 2015, China's economic growth rate will remain at around 7%. Therefore, fiscal and monetary policies, encouraging innovation policies and measures, etc. should be proposed.

Keywords: Economic Development; Investment Growth

Abstract: On the 2015 international market, the dollar appreciates sharply, and the commodity prices decline simultaneously, resulting in the bizarre downward trend of world economy and trade. In recent years, the growth rate of China's foreign trade has always been running low, and has even "dived below the surface" during the year 2015, which has puzzled many people. It can be surmised that China's foreign trade is in fact fluctuating in a reasonable range and in a normal orbit. The growth rate of China's foreign trade shows a rare decrease in both exports (a decrease of 3.5%) and imports (a decrease of 16.5%), which is just a superficial phenomenon. There is more and more probability of a decline in the world economy in 2016, while China's foreign trade is expected to dive downward. It is suggested that the government should implement a proactive reform policy and the central bank should implement a loose monetary policy. Since China possesses ample time to set policies, it should deal calmly and give priority to lifting the financial restrictions on private enterprises. If a new recession in the world's economy occurs in 2016, China's foreign trade will drop substantially; if it is weak, dollar-denominated exports will decline slightly and imports will decrease moderately.

Keywords: Two-speed Drop; Appreciation of the USD; Decline in Commodity Prices; Decline in the World's Economy

V Market Price and Income Distribution

Abstract: In 2015, China's employment situation has been generally stable. The unemployment rate has remained at a low level, the number of new urban jobs has grown steadily, the supply and demand on the human resources market is nearly balanced, and rural labor employment has steadily increased. However, employment in China also faces some problems. The participation rate of the labor force has continued to decline, wages have increased slowly, the recruitment intentions of enterprises are declining, and the structural employment problem is becoming more and more obvious. To ensure that the employment situation in 2016 will not deteriorate further, the government needs to improve public pioneering work, to strictly monitor and manage the wage offenses committed by enterprises so as to narrow the income gap among workers, to strengthen targeted vocational training in order to eliminate structural unemployment, and to regulate the labor relations to promote decent work for workers at the bottom of the ladder.

Keywords: Employment Situation; Unemployment Rate; Pioneering Work; Supply and Demand Gap

B. 17 Analysis and Forecast for China's Tax Situation in 2015

Fu Guangjun / 223

Abstract: The first quarter of China's tax revenue shows a significant low-speed running trend in 2015, a year for which the growth rate is much lower than the economic growth rate of 3. 5 percent; the cumulative growth rate in the second quarter is 4. 7%, but still below the economic growth rate of 2. 2 percent; the cumulative growth rate in the third quarter is 5. 5%, which narrows the gap of the economic growth rate of 1. 4 percent. Some of the main categories of taxes on income growth over the previous year rise and some of them fall. The growth rate of the principle sources of tax revenue in the coastal province has picked up, and the growth rate of most provinces over the previous year has slowed down, which directly affects the growth rate of the national tax revenue which shows a downward trend. In 2015, if China's macroeconomic situation is still in the New Normal, the tax revenue will also enter a period of a moderately fast growth rate, and will continue to keep pace with the economic growth.

Keywords: Tax Situation; Tax Revenue

B. 18 Chinese Stock Market Review in 2015 and Its Prospects for 2016

Zhu Pingfang / 239

Abstract: This paper reflected on the rare concussion and its inherent inevitability on the Chinese stock market, reviewed the specific circumstances of the stock market fundamentals and market fundamentals, and analyzed the characteristics of the plate in the market running under the reform of cattle in 2015. The development of the securities market in 2016 was prospected. In particular, the macro fundamentals and the potential of the hot spots were judged.

Keywords: Stock Market in China; Fund Bull; Reformation Bull

Ⅵ Taiwan, Hong Kong and Macao's Economy

Abstract: In 2015, Taiwan's economy has been weak. Economic growth has been forecast below 1% , which is caused by three main factors: the global economic environment slowdown, the decline of industrial competitiveness, the slowdown in cross-strait economic cooperation by politics. At the end of this year, positive financial, monetary and industrial policies will have been strongly advanced by Taiwan authorities. However, the overall adverse situation is expected to give rise to an increasingly dark economic backdrop. Looking forward to the year 2016, we are not too optimistic about official economic forecasts for Taiwan.

Keywords: Taiwan Economy; Low Growth; Cross-strait Economy

Abstract: Taiwan's economy maintained steady development in the first three quarters of 2015. From the substantive and financial aspects, this paper analyzes the economic situation in Taiwan. On the substantive side, the international commodity trade downturns, the growth of service trade is lower than expected, private consumption tends towards the conservative, and public spending cuts austerity. On the financial side, the monetary situation is loose, and prices are rising smoothly. Based on summarizing the forecast for the economic growth of Taiwan, this paper argues that Taiwan's economic growth rate will be 3% or less in 2016, and the forecast range is about 2% -3.3%. Overall, the economic situation in Taiwan in 2016 will show a flat growth trend.

Keywords: Taiwan's Economy; Substantive Aspects; Financial Aspects; International Trade

Abstract: In 2015, the global economic growth has been worse than expected, and the output of goods and services has been weak. However, in the first three quarters, strong internal demand made the economy reach a moderate growth rate, and made the labor market maintain a state of full employment. In the short term, uncertain factors still exist in the global economy, including the U. S. Federal Reserve's raising interest rates, deepening differences with the central bank's monetary policy in the principle countries; these aspects pose a downside risk to global economic and financial stability. In addition, the slow recovery of developed economies, the slow growth of the markets in emerging countries, and the unstable conditions in many countries, will restrict the performance of foreign trade in Hong Kong in the short term. Therefore, in the year

2015, Hong Kong's economic growth rate is expected to reach 2.4%, which is similar to the 2.5% of the previous year, 2014. Inflation in Hong Kong was mitigated in the first three quarters of 2015, and the local housing market was quite dull in the same period. In 2016, Hong Kong's economy is expected to be in a fair condition, in spite of the many challenges, due to the positive relationship between Hong Kong and the Chinese Mainland.

Keywords: Hong Kong's Economy; Hong Kong's Property Market; Hong Kong's Economic Development Strategy In The Long Run

Abstract: Influenced by a significant drop in the gambling industry and service trade exports, Macao's economy in 2014 fell slightly. The real growth rate of the first half of 2015 continued to shrink by 25.4%. Depending on the performance of the gambling industry, the expected economic contraction in the second half of 2015 may be 10% –15%. It is estimated that the real GDP of 2015 may shrink by 15% –20%. As the focus of Macao's economic moderate diversification, the exhibition, retail, hotel, catering, traditional Chinese medicine, creative culture industries as well as other industries became the pioneers of a new round of transformation and upgrading of Macao's Economy. "Regional financial center" is another development strategy of Macao's economic moderate diversification. Hengqin will continue to perform as a main platform for the industrial diversification of Macao.

Keywords: Macao's Economy; Revenue of Gambling Industry; HengQin Development; Regional Financial Center; Economic Moderate Diversification

Ⅶ Appendix

皮书起源

“皮书”起源于十七、十八世纪的英国，主要指官方或社会组织正式发表的重要文件或报告，多以“白皮书”命名。在中国，“皮书”这一概念被社会广泛接受，并被成功运作、发展成为一种全新的出版型态，则源于中国社会科学院社会科学文献出版社。

皮书定义

皮书是对中国与世界发展状况和热点问题进行年度监测，以专业的角度、专家的视野和实证研究方法，针对某一领域或区域现状与发展态势展开分析和预测，具备权威性、前沿性、原创性、实证性、时效性等特点的连续性公开出版物，由一系列权威研究报告组成。皮书系列是社会科学文献出版社编辑出版的蓝皮书、绿皮书、黄皮书等的统称。

皮书作者

皮书系列的作者以中国社会科学院、著名高校、地方社会科学院的研究人员为主，多为国内一流研究机构的权威专家学者，他们的看法和观点代表了学界对中国与世界的现实和未来最高水平的解读与分析。

皮书荣誉

皮书系列已成为社会科学文献出版社的著名图书品牌和中国社会科学院的知名学术品牌。2011 年，皮书系列正式列入“十二五”国家重点图书出版规划项目；2012~2014 年，重点皮书列入中国社会科学院承担的国家哲学社会科学创新工程项目；2015 年，41 种院外皮书使用“中国社会科学院创新工程学术出版项目”标识。

法律声明

“皮书系列”（含蓝皮书、绿皮书、黄皮书）之品牌由社会科学文献出版社最早使用并持续至今，现已被中国图书市场所熟知。“皮书系列”的LOGO（ ）与“经济蓝皮书”“社会蓝皮书”均已在中华人民共和国国家工商行政管理总局商标局登记注册。“皮书系列”图书的注册商标专用权及封面设计、版式设计的著作权均为社会科学文献出版社所有。未经社会科学文献出版社书面授权许可，任何使用与“皮书系列”图书注册商标、封面设计、版式设计相同或者近似的文字、图形或其组合的行为均系侵权行为。

经作者授权，本书的专有出版权及信息网络传播权为社会科学文献出版社享有。未经社会科学文献出版社书面授权许可，任何就本书内容的复制、发行或以数字形式进行网络传播的行为均系侵权行为。

社会科学文献出版社将通过法律途径追究上述侵权行为的法律责任，维护自身合法权益。

欢迎社会各界人士对侵犯社会科学文献出版社上述权利的侵权行为进行举报。电话：010－59367121，电子邮箱：fawubu@ssap.cn。

社会科学文献出版社

权威报告·热点资讯·特色资源

皮书数据库

ANNUAL REPORT(YEARBOOK)
DATABASE

当代中国与世界发展高端智库平台

WWW.PISHU.COM.CN

皮书俱乐部会员服务指南

1. 谁能成为皮书俱乐部成员?

- 皮书作者自动成为俱乐部会员
- 购买了皮书产品（纸质书/电子书）的个人用户

2. 会员可以享受的增值服务

- 免费获赠皮书数据库100元充值卡
- 加入皮书俱乐部，免费获赠该纸质图书的电子书
- 免费定期获赠皮书电子期刊
- 优先参与各类皮书学术活动
- 优先享受皮书产品的最新优惠

3. 如何享受增值服务?

（1）免费获赠100元皮书数据库体验卡

第1步 刮开附赠充值的涂层（右下）；

第2步 登录皮书数据库网站（www.pishu.com.cn），注册账号；

第3步 登录并进入“会员中心”—“在线充值”—“充值卡充值”，充值成功后即可使用。

（2）加入皮书俱乐部，凭数据库体验卡获赠该书的电子书

第1步 登录社会科学文献出版社官网（www.ssap.com.cn），注册账号；

第2步 登录并进入“会员中心”—“皮书俱乐部”，提交加入皮书俱乐部申请；

第3步 审核通过后，再次进入皮书俱乐部，填写页面所需图书、体验卡信息即可自动兑换相应电子书。

4. 声明

解释权归社会科学文献出版社所有

皮书俱乐部会员可享受社会科学文献出版社其他相关免费增值服务，有任何疑问，均可与我们联系。

图书销售热线：010-59367070/7028
图书服务QQ：800045692
图书服务邮箱：duzhe@ssap.cn

数据库服务热线：400-008-6695
数据库服务QQ：2475522410
数据库服务邮箱：database@ssap.cn

欢迎登录社会科学文献出版社官网（www.ssap.com.cn）和中国皮书网（www.pishu.cn）了解更多信息

社会科学文献出版社 SOCIAL SCIENCES ACADEMIC PRESS (CHINA) 皮书系列

卡号：231457023585

密码：

S 子库介绍
ub-Database Introduction

中国经济发展数据库

涵盖宏观经济、农业经济、工业经济、产业经济、财政金融、交通旅游、商业贸易、劳动经济、企业经济、房地产经济、城市经济、区域经济等领域，为用户实时了解经济运行态势、把握经济发展规律、洞察经济形势、做出经济决策提供参考和依据。

中国社会发展数据库

全面整合国内外有关中国社会发展的统计数据、深度分析报告、专家解读和热点资讯构建而成的专业学术数据库。涉及宗教、社会、人口、政治、外交、法律、文化、教育、体育、文学艺术、医药卫生、资源环境等多个领域。

中国行业发展数据库

以中国国民经济行业分类为依据，跟踪分析国民经济各行业市场运行状况和政策导向，提供行业发展最前沿的资讯，为用户投资、从业及各种经济决策提供理论基础和实践指导。内容涵盖农业，能源与矿产业，交通运输业，制造业，金融业，房地产业，租赁和商务服务业，科学研究，环境和公共设施管理，居民服务业，教育，卫生和社会保障，文化、体育和娱乐业等 100 余个行业。

中国区域发展数据库

以特定区域内的经济、社会、文化、法治、资源环境等领域的现状与发展情况进行分析和预测。涵盖中部、西部、东北、西北等地区，长三角、珠三角、黄三角、京津冀、环渤海、合肥经济圈、长株潭城市群、关中-天水经济区、海峡经济区等区域经济体和城市圈，北京、上海、浙江、河南、陕西等 34 个省份及中国台湾地区。

中国文化传媒数据库

包括文化事业、文化产业、宗教、群众文化、图书馆事业、博物馆事业、档案事业、语言文字、文学、历史地理、新闻传播、广播电视、出版事业、艺术、电影、娱乐等多个子库。

世界经济与国际政治数据库

以皮书系列中涉及世界经济与国际政治的研究成果为基础，全面整合国内外有关世界经济与国际政治的统计数据、深度分析报告、专家解读和热点资讯构建而成的专业学术数据库。包括世界经济、世界政治、世界文化、国际社会、国际关系、国际组织、区域发展、国别发展等多个子库。

权威·前沿·原创

社会科学文献出版社

皮书系列

2016年

盘点年度资讯　预测时代前程

社会科学文献出版社 学术传播中心 编制

社长致辞

我们是图书出版者，更是人文社会科学内容资源供应商；

我们背靠中国社会科学院，面向中国与世界人文社会科学界，坚持为人文社会科学的繁荣与发展服务；

我们精心打造权威信息资源整合平台，坚持为中国经济与社会的繁荣与发展提供决策咨询服务；

我们以读者定位自身，立志让爱书人读到好书，让求知者获得知识；

我们精心编辑、设计每一本好书以形成品牌张力，以优秀的品牌形象服务读者，开拓市场；

我们始终坚持“创社科经典，出传世文献”的经营理念，坚持“权威、前沿、原创”的产品特色；

我们“以人为本”，提倡阳光下创业，员工与企业共享发展之成果；

我们立足于现实，认真对待我们的优势、劣势，我们更着眼于未来，以不断的学习与创新适应不断变化的世界，以不断的努力提升自己的实力；

我们愿与社会各界友好合作，共享人文社会科学发展之成果，共同推动中国学术出版乃至内容产业的繁荣与发展。

社会科学文献出版社社长

中国社会学会秘书长

谢寿光

2016年1月

社会科学文献出版社成立于1985年，是直属于中国社会科学院的人文社会科学专业学术出版机构。

成立以来，特别是1998年实施第二次创业以来，依托于中国社会科学院丰厚的学术出版和专家学者两大资源，坚持“创社科经典，出传世文献”的出版理念和“权威、前沿、原创”的产品定位，社科文献立足内涵式发展道路，从战略层面推动学术出版五大能力建设，逐步走上了智库产品与专业学术成果系列化、规模化、数字化、国际化、市场化发展的经营道路。

先后策划出版了著名的图书品牌和学术品牌“皮书”系列、“列国志”、“社科文献精品译库”、“全球化译丛”、“全面深化改革研究书系”、“近世中国”、“甲骨文”、“中国史话”等一大批既有学术影响又有市场价值的系列图书，形成了较强的学术出版能力和资源整合能力。2015年社科文献出版社发稿5.5亿字，出版图书约2000种，承印发行中国社科院院属期刊74种，在多项指标上都实现了较大幅度的增长。

凭借着雄厚的出版资源整合能力，社科文献出版社长期以来一直致力于从内容资源和数字平台两个方面实现传统出版的再造，并先后推出了皮书数据库、列国志数据库、“一带一路”数据库、中国田野调查数据库、台湾大陆同乡会数据库等一系列数字产品。数字出版已经初步形成了产品设计、内容开发、编辑标引、产品运营、技术支持、营销推广等全流程体系。

在国内原创著作、国外名家经典著作大量出版，数字出版突飞猛进的同时，社科文献出版社从构建国际话语体系的角度推动学术出版国际化。先后与斯普林格、博睿、牛津、剑桥等十余家国际出版机构合作面向海外推出了“皮书系列”“改革开放30年研究书系”“中国梦与中国发展道路研究丛书”“全面深化改革研究书系”等一系列在世界范围内引起强烈反响的作品；并持续致力于中国学术出版走出去，组织学者和编辑参加国际书展，筹办国际性学术研讨会，向世界展示中国学者的学术水平和研究成果。

此外，社科文献出版社充分利用网络媒体平台，积极与中央和地方各类媒体合作，并联合大型书店、学术书店、机场书店、网络书店、图书馆，逐步构建起了强大的学术图书内容传播平台。学术图书的媒体曝光率居全国之首，图书馆藏率居于全国出版机构前十位。

上述诸多成绩的取得，有赖于一支以年轻的博士、硕士为主体，一批从中国社科院刚退出科研一线的各学科专家为支撑的300多位高素质的编辑、出版和营销队伍，为我们实现学术立社，以学术品位、学术价值来实现经济效益和社会效益这样一个目标的共同努力。

作为已经开启第三次创业梦想的人文社会科学学术出版机构，我们将以改革发展为动力，以学术资源建设为中心，以构建智慧型出版社为主线，以“整合、专业、分类、协同、持续”为各项工作指导原则，全力推进出版社数字化转型，坚定不移地走专业化、数字化、国际化发展道路，全面提升出版社核心竞争力，为实现“社科文献梦”奠定坚实基础。

经 济 类

经济类皮书涵盖宏观经济、城市经济、大区域经济，
提供权威、前沿的分析与预测

经济蓝皮书

2016 年中国经济形势分析与预测

李　扬 / 主编　　2015 年 12 月出版　　定价 :79.00 元

◆　本书为总理基金项目，由著名经济学家李扬领衔，联合中国社会科学院等数十家科研机构、国家部委和高等院校的专家共同撰写，系统分析了 2015 年的中国经济形势并预测 2016 年我国经济运行情况。

世界经济黄皮书

2016 年世界经济形势分析与预测

王洛林　张宇燕 / 主编　　2015 年 12 月出版　　定价 :79.00 元

◆　本书由中国社会科学院世界经济与政治研究所的研究团队撰写，2015 年世界经济增长继续放缓，增长格局也继续分化，发达经济体与新兴经济体之间的增长差距进一步收窄。2016 年世界经济增长形势不容乐观。

产业蓝皮书

中国产业竞争力报告（2016）NO.6

张其仔 / 主编　　2016 年 12 月出版　　估价 :98.00 元

◆　本书由中国社会科学院工业经济研究所研究团队在深入实际、调查研究的基础上完成。通过运用丰富的数据资料和最新的测评指标，从学术性、系统性、预测性上分析了 2015 年中国产业竞争力，并对未来发展趋势进行了预测。

G20 国家创新竞争力黄皮书

二十国集团（G20）国家创新竞争力发展报告（2016）

李建平　李闽榕　赵新力 / 主编　　2016 年 11 月出版　估价 :138.00 元

◆　本报告在充分借鉴国内外研究者的相关研究成果的基础上，紧密跟踪技术经济学、竞争力经济学、计量经济学等学科的最新研究动态，深入分析 G20 国家创新竞争力的发展水平、变化特征、内在动因及未来趋势，同时构建了 G20 国家创新竞争力指标体系及数学模型。

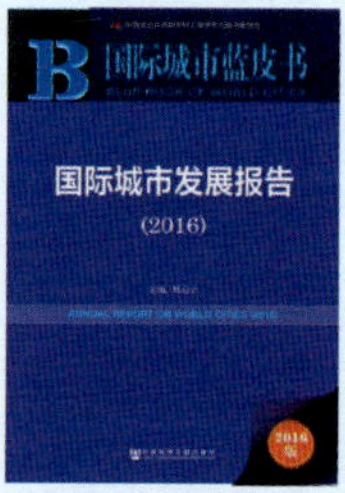

国际城市蓝皮书

国际城市发展报告（2016）

屠启宇 / 主编　　2016 年 1 月出版　　估价 :79.00 元

◆　本书作者以上海社会科学院从事国际城市研究的学者团队为核心，汇集同济大学、华东师范大学、复旦大学、上海交通大学、南京大学、浙江大学相关城市研究专业学者。立足动态跟踪介绍国际城市发展实践中，最新出现的重大战略、重大理念、重大项目、重大报告和最佳案例。

金融蓝皮书

中国金融发展报告（2016）

李　扬　王国刚 / 主编　2015 年 12 月出版　定价 :79.00 元

◆　本书由中国社会科学院金融研究所组织编写，概括和分析了 2015 年中国金融发展和运行中的各方面情况，研讨和评论了 2015 年发生的主要金融事件。本书由业内专家和青年精英联合编著，有利于读者了解掌握 2015 年中国的金融状况，把握 2016 年中国金融的走势。

农村绿皮书

中国农村经济形势分析与预测（2015 ～ 2016）

中国社会科学院农村发展研究所　国家统计局农村社会经济调查司 / 著
2016 年 4 月出版　估价 :69.00 元

◆　本书描述了 2015 年中国农业农村经济发展的一些主要指标和变化，以及对 2016 年中国农业农村经济形势的一些展望和预测。

西部蓝皮书

中国西部发展报告（2016）

姚慧琴　徐璋勇 / 主编　　2016 年 7 月出版　　估价 :89.00 元

◆　本书由西北大学中国西部经济发展研究中心主编，汇集了源自西部本土以及国内研究西部问题的权威专家的第一手资料，对国家实施西部大开发战略进行年度动态跟踪，并对 2016 年西部经济、社会发展态势进行预测和展望。

民营经济蓝皮书

中国民营经济发展报告 No.12（2015 ~ 2016）

王钦敏 / 主编　2016 年 1 月出版　估价 :75.00 元

◆　改革开放以来，民营经济从无到有、从小到大，是最具活力的增长极。本书是中国工商联课题组的研究成果，对 2015 年度中国民营经济的发展现状、趋势进行了详细的论述，并提出了合理的建议。是广大民营企业进行政策咨询、科学决策和理论创新的重要参考资料，也是理论工作者进行理论研究的重要参考资料。

经济蓝皮书夏季号

中国经济增长报告（2015 ~ 2016）

李　扬 / 主编　2016 年 8 月出版　估价 :69.00 元

◆　中国经济增长报告主要探讨 2015~2016 年中国经济增长问题，以专业视角解读中国经济增长，力求将其打造成一个研究中国经济增长、服务宏微观各级决策的周期性、权威性读物。

中三角蓝皮书

长江中游城市群发展报告（2016）

秦尊文 / 主编　2016 年 10 月出版　估价 :69.00 元

◆　本书是湘鄂赣皖四省专家学者共同研究的成果，从不同角度、不同方位记录和研究长江中游城市群一体化，提出对策措施，以期为将“中三角”打造成为继珠三角、长三角、京津冀之后中国经济增长第四极奉献学术界的聪明才智。

社会政法类

社会政法类皮书聚焦社会发展领域的热点、难点问题，
提供权威、原创的资讯与视点

社会蓝皮书

2016 年中国社会形势分析与预测

李培林　陈光金　张　翼 / 主编　2015 年 12 月出版　定价 :79.00 元

◆　本书由中国社会科学院社会学研究所组织研究机构专家、高校学者和政府研究人员撰写，聚焦当下社会热点，对 2015 年中国社会发展的各个方面内容进行了权威解读，同时对 2016 年社会形势发展趋势进行了预测。

法治蓝皮书

中国法治发展报告 No.14（2016）

李　林　田　禾 / 主编　　2016 年 3 月出版　　估价 :105.00 元

◆　本年度法治蓝皮书回顾总结了 2015 年度中国法治发展取得的成就和存在的不足，并对 2016 年中国法治发展形势进行了预测和展望。

反腐倡廉蓝皮书

中国反腐倡廉建设报告 No.6

李秋芳　张英伟 / 主编　2017 年 1 月出版　　估价 :79.00 元

◆　本书抓住了若干社会热点和焦点问题，全面反映了新时期新阶段中国反腐倡廉面对的严峻局面，以及中国共产党反腐倡廉建设的新实践新成果。根据实地调研、问卷调查和舆情分析，梳理了当下社会普遍关注的与反腐败密切相关的热点问题。

生态城市绿皮书

中国生态城市建设发展报告（2016）

刘举科　孙伟平　胡文臻 / 主编　2016 年 6 月出版　估价 :98.00 元

◆　报告以绿色发展、循环经济、低碳生活、民生宜居为理念，以更新民众观念、提供决策咨询、指导工程实践、引领绿色发展为宗旨，试图探索一条具有中国特色的城市生态文明建设新路。

公共服务蓝皮书

中国城市基本公共服务力评价（2016）

钟　君　吴正杲 / 主编　2016 年 12 月出版　估价 :79.00 元

◆　中国社会科学院经济与社会建设研究室与华图政信调查组成联合课题组，从 2010 年开始对基本公共服务力进行研究，研创了基本公共服务力评价指标体系，为政府考核公共服务与社会管理工作提供了理论工具。

教育蓝皮书

中国教育发展报告（2016）

杨东平 / 主编　2016 年 5 月出版　估价 :79.00 元

◆　本书由国内的中青年教育专家合作研究撰写。深度剖析 2015 年中国教育的热点话题，并对当下中国教育中出现的问题提出对策建议。

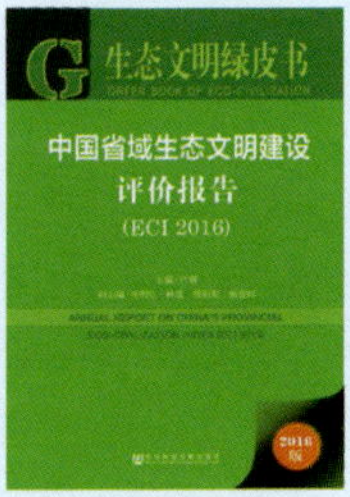

生态文明绿皮书

中国省域生态文明建设评价报告（ECI 2016）

严耕 / 主编　2016 年 12 月出版　估价 :85.00 元

◆　本书基于国家最新发布的权威数据，对我国的生态文明建设状况进行科学评价，并开展相应的深度分析，结合中央的政策方针和各省的具体情况，为生态文明建设推进，提出针对性的政策建议。

行业报告类

行业报告类皮书立足重点行业、新兴行业领域，
提供及时、前瞻的数据与信息

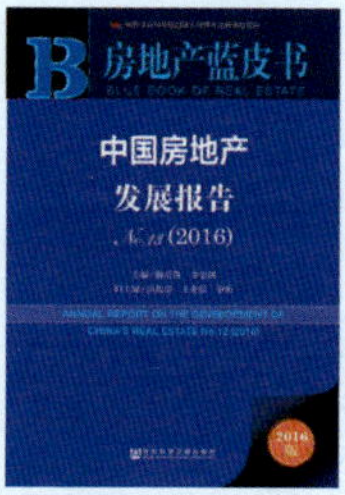

房地产蓝皮书

中国房地产发展报告 No.13（2016）

魏后凯　李景国 / 主编　　2016 年 5 月出版　　估价 :79.00 元

◆　蓝皮书秉承客观公正、科学中立的宗旨和原则，追踪 2015 年我国房地产市场最新资讯，深度分析，剖析因果，谋划对策，并对 2016 年房地产发展趋势进行了展望。

旅游绿皮书

2015 ~ 2016 年中国旅游发展分析与预测

宋　瑞 / 主编　　2016 年 1 出版　　估价 :98.00 元

◆　本书中国社会科学院旅游研究中心组织相关专家编写的年度研究报告，对 2015 年旅游行业的热点问题进行了全面的综述并提出专业性建议，并对 2016 年中国旅游的发展趋势进行展望。

互联网金融蓝皮书

中国互联网金融发展报告（2016）

李东荣 / 主编　　2016 年 8 月出版　　估价 :79.00 元

◆　近年来，许多基于互联网的金融服务模式应运而生并对传统金融业产生了深刻的影响和巨大的冲击，“互联网金融”成为社会各界关注的焦点。 本书探析了 2015 年互联网金融的特点和 2016 年互联网金融的发展方向和亮点。

资产管理蓝皮书

中国资产管理行业发展报告（2016）

智信资产管理研究院 / 编著　　2016 年 6 月出版　　估价 :89.00 元

◆　中国资产管理行业刚刚兴起，未来将中国金融市场最有看点的行业，也会成为快速发展壮大的行业。本书主要分析了 2015 年度资产管理行业的发展情况，同时对资产管理行业的未来发展做出科学的预测。

老龄蓝皮书

中国老龄产业发展报告（2016）

吴玉韶 党俊武 / 编著
2016 年 9 月出版　估价 :79.00 元

◆　本书着眼于对中国老龄产业的发展给予系统介绍，深入解析，并对未来发展趋势进行预测和展望，力求从不同视角、不同层面全面剖析中国老龄产业发展的现状、取得的成绩、存在的问题以及重点、难点等。

金融蓝皮书

中国金融中心发展报告（2016）

王　力　黄育华 / 编著　　2017 年 11 月出版　　估价 :75.00 元

◆　本报告将提升中国金融中心城市的金融竞争力作为研究主线，全面、系统、连续地反映和研究中国金融中心城市发展和改革的最新进展，展示金融中心理论研究的最新成果。

流通蓝皮书

中国商业发展报告（2016）

荆林波 / 编著　2016 年 5 月出版　　估价 :89.00 元

◆　本书是中国社会科学院财经院与利丰研究中心合作的成果，从关注中国宏观经济出发，突出了中国流通业的宏观背景，详细分析了批发业、零售业、物流业、餐饮产业与电子商务等产业发展状况。

国别与地区类

国别与地区类皮书关注全球重点国家与地区，
提供全面、独特的解读与研究

美国蓝皮书

美国研究报告（2016）

黄　平　郑秉文 / 主编　2016 年 7 月出版　估价 :89.00 元

◆　本书是由中国社会科学院美国所主持完成的研究成果，它回顾了美国 2015 年的经济、政治形势与外交战略，对 2016 年以来美国内政外交发生的重大事件以及重要政策进行了较为全面的回顾和梳理。

拉美黄皮书

拉丁美洲和加勒比发展报告（2015~2016）

吴白乙 / 主编　2016 年 5 月出版　估价 :89.00 元

◆　本书对 2015 年拉丁美洲和加勒比地区诸国的政治、经济、社会、外交等方面的发展情况做了系统介绍，对该地区相关国家的热点及焦点问题进行了总结和分析，并在此基础上对该地区各国 2016 年的发展前景做出预测。

日本经济蓝皮书

日本经济与中日经贸关系研究报告（2016）

王洛林　张季风 / 编著　2016 年 5 月出版　估价 :79.00 元

◆　本书系统、详细地介绍了 2015 年日本经济以及中日经贸关系发展情况，在进行了大量数据分析的基础上，对 2016 年日本经济以及中日经贸关系的大致发展趋势进行了分析与预测。

俄罗斯黄皮书

俄罗斯发展报告（2016）

李永全 / 编著　2016 年 7 月出版　估价 :79.00 元

◆　本书系统介绍了 2015 年俄罗斯经济政治情况，并对 2015 年该地区发生的焦点、热点问题进行了分析与回顾；在此基础上，对该地区 2016 年的发展前景进行了预测。

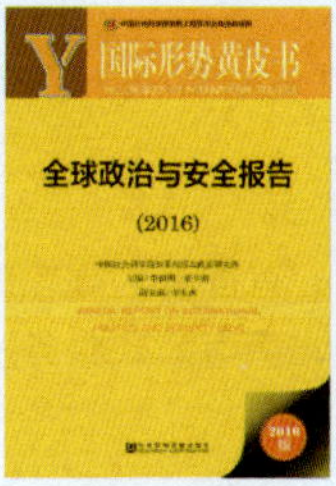

国际形势黄皮书

全球政治与安全报告（2016）

李慎明　张宇燕 / 主编　2015 年 12 月出版　定价 :69.00 元

◆　本书旨在对本年度全球政治及安全形势的总体情况、热点问题及变化趋势进行回顾与分析，并提出一定的预测及对策建议。作者通过事实梳理、数据分析、政策分析等途径，阐释了本年度国际关系及全球安全形势的基本特点，并在此基础上提出了具有启示意义的前瞻性结论。

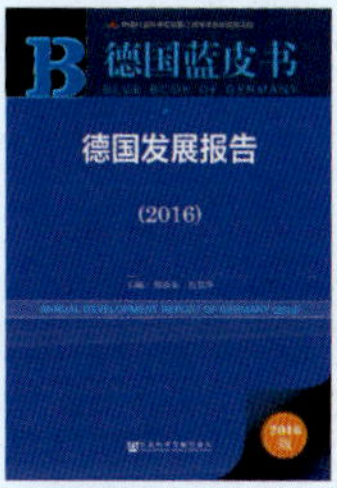

德国蓝皮书

德国发展报告（2016）

郑春荣　伍慧萍 / 主编　2016 年 6 月出版　估价 :69.00 元

◆　本报告由同济大学德国研究所组织编撰，由该领域的专家学者对德国的政治、经济、社会文化、外交等方面的形势发展情况，进行全面的阐述与分析。

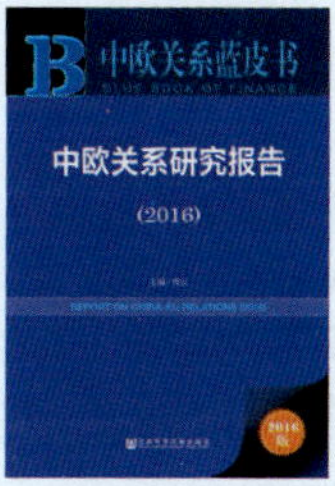

中欧关系蓝皮书

中欧关系研究报告（2016）

周弘 / 编著　2016 年 12 月出版　估价 :98.00 元

◆　本书由欧洲所暨欧洲学会推出，旨在分析、评估和预测年度中欧关系发展态势。本报告的作者均为欧洲方面的专家，他们对欧洲与中国在各个领域的发展情况进行了深入地分析和研究，对读者了解和把握中欧关系是非常有益的参考。

地方发展类

地方发展类皮书关注中国各省份、经济区域，
提供科学、多元的预判与资政信息

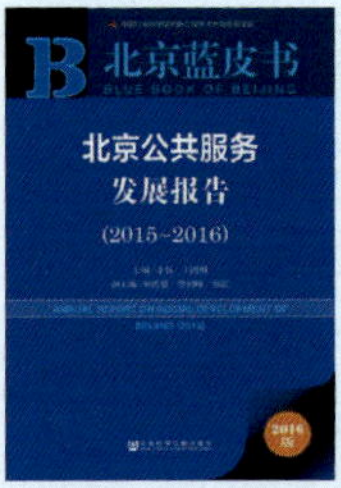

北京蓝皮书

北京公共服务发展报告（2015~ 2016）

施昌奎 / 主编　　2016 年 1 月出版　估价：69.00 元

◆　本书是由北京市政府职能部门的领导、首都著名高校的教授、知名研究机构的专家共同完成的关于北京市公共服务发展与创新的研究成果。

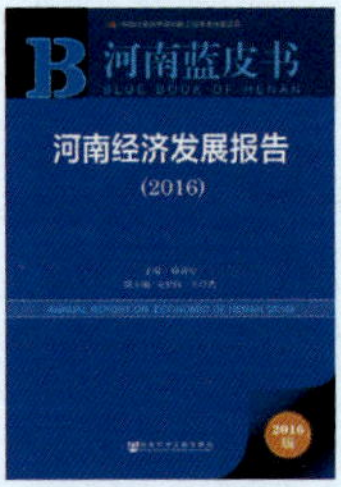

河南蓝皮书

河南经济发展报告（2016）

河南省社会科学院 / 编著　　2016 年 12 月出版　估价 :79.00 元

◆　本书以国内外经济发展环境和走向为背景，主要分析当前河南经济形势，预测未来发展趋势，全面反映河南经济发展的最新动态、热点和问题，为地方经济发展和领导决策提供参考。

京津冀蓝皮书

京津冀发展报告（2016）

文　魁　祝尔娟 / 编著　　2016 年 4 月出版　估价 :89.00 元

◆　京津冀协同发展作为重大的国家战略，已进入顶层设计、制度创新和全面推进的新阶段。本书以问题为导向，围绕京津冀发展中的重要领域和重大问题，研究如何推进京津冀协同发展。

文化传媒类

文化传媒类皮书透视文化领域、文化产业，
探索文化大繁荣、大发展的路径

新媒体蓝皮书

中国新媒体发展报告 No.7（2016）

唐绪军 / 主编　　2016 年 6 月出版　　估价 :79.00 元

◆　本书是由中国社会科学院新闻与传播研究所组织编写的关于新媒体发展的最新年度报告，旨在全面分析中国新媒体的发展现状，解读新媒体的发展趋势，探析新媒体的深刻影响。

移动互联网蓝皮书

中国移动互联网发展报告（2016）

官建文 / 编著　　2016 年 6 月出版　　估价 :79.00 元

◆　本书着眼于对中国移动互联网 2015 年度的发展情况做深入解析，对未来发展趋势进行预测，力求从不同视角、不同层面全面剖析中国移动互联网发展的现状、年度突破以及热点趋势等。

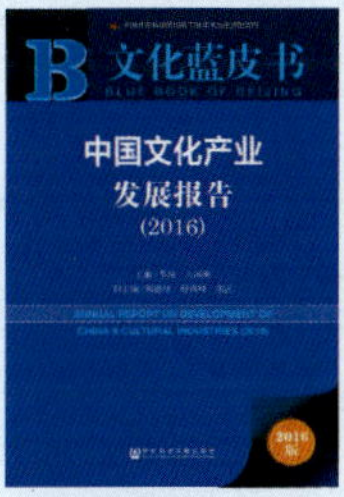

文化蓝皮书

中国文化产业发展报告（2016）

张晓明　王家新　章建刚 / 主编　　2016 年 4 月出版　　估价 :79.00 元

◆　本书由中国社会科学院文化研究中心编写。从 2012 年开始，中国社会科学院文化研究中心设立了国内首个文化产业的研究类专项资金——“文化产业重大课题研究计划”，开始在全国范围内组织多学科专家学者对我国文化产业发展重大战略问题进行联合攻关研究。本书集中反映了该计划的研究成果。

经济类

G20国家创新竞争力黄皮书
二十国集团（G20）国家创新竞争力发展报告（2016）
著(编)者:李建平 李闽榕 赵新力
2016年11月出版 / 估价:138.00元

产业蓝皮书
中国产业竞争力报告（2016）NO.6
著(编)者:张其仔 2016年12月出版 / 估价:98.00元

城市创新蓝皮书
中国城市创新报告（2016）
著(编)者:周天勇 旷建伟 2016年8月出版 / 估价:69.00元

城市蓝皮书
中国城市发展报告 NO.9
著(编)者:潘家华 魏后凯 2016年9月出版 / 估价:69.00元

城市群蓝皮书
中国城市群发展指数报告（2016）
著(编)者:刘士林 刘新静 2016年10月出版 / 估价:69.00元

城乡一体化蓝皮书
中国城乡一体化发展报告（2015～2016）
著(编)者:汝信 付崇兰 2016年7月出版 / 估价:85.00元

城镇化蓝皮书
中国新型城镇化健康发展报告（2016）
著(编)者:张占斌 2016年5月出版 / 估价:79.00元

创新蓝皮书
创新型国家建设报告（2015～2016）
著(编)者:詹正茂 2016年11月出版 / 估价:69.00元

低碳发展蓝皮书
中国低碳发展报告（2016）
著(编)者:齐晔 2016年3月出版 / 估价:89.00元

低碳经济蓝皮书
中国低碳经济发展报告（2016）
著(编)者:薛进军 赵忠秀 2016年6月出版 / 估价:85.00元

东北蓝皮书
中国东北地区发展报告（2016）
著(编)者:马克 黄文艺 2016年8月出版 / 估价:79.00元

工业化蓝皮书
中国工业化进程报告（2016）
著(编)者:黄群慧 吕铁 李晓华 等
2016年11月出版 / 估价:89.00元

管理蓝皮书
中国管理发展报告（2016）
著(编)者:张晓东 2016年9月出版 / 估价:98.00元

国际城市蓝皮书
国际城市发展报告（2016）
著(编)者:屠启宇 2016年1月出版 / 估价:79.00元

国家创新蓝皮书
中国创新发展报告（2016）
著(编)者:陈劲 2016年9月出版 / 估价:69.00元

金融蓝皮书
中国金融发展报告（2016）
著(编)者:李扬 王国刚 2015年12月出版 / 定价:79.00元

京津冀产业蓝皮书
京津冀产业协同发展报告（2016）
著(编)者:中智科博（北京）产业经济发展研究院
2016年6月出版 / 估价:69.00元

京津冀蓝皮书
京津冀发展报告（2016）
著(编)者:文魁 祝尔娟 2016年4月出版 / 估价:89.00元

经济蓝皮书
2016年中国经济形势分析与预测
著(编)者:李扬 2015年12月出版 / 定价:79.00元

经济蓝皮书·春季号
2016年中国经济前景分析
著(编)者:李扬 2016年5月出版 / 估价:79.00元

经济蓝皮书·夏季号
中国经济增长报告（2015～2016）
著(编)者:李扬 2016年8月出版 / 估价:99.00元

经济信息绿皮书
中国与世界经济发展报告（2016）
著(编)者:杜平 2015年12月出版 / 定价:89.00元

就业蓝皮书
2016年中国本科生就业报告
著(编)者:麦可思研究院 2016年6月出版 / 估价:98.00元

就业蓝皮书
2016年中国高职高专生就业报告
著(编)者:麦可思研究院 2016年6月出版 / 估价:98.00元

临空经济蓝皮书
中国临空经济发展报告（2016）
著(编)者:连玉明 2016年11月出版 / 估价:79.00元

民营经济蓝皮书
中国民营经济发展报告 NO.12（2015～2016）
著(编)者:王钦敏 2016年1月出版 / 估价:75.00元

农村绿皮书
中国农村经济形势分析与预测（2015～2016）
著(编)者:中国社会科学院农村发展研究所
国家统计局农村社会经济调查司
2016年4月出版 / 估价:69.00元

农业应对气候变化蓝皮书
气候变化对中国农业影响评估报告 No.2
著(编)者:矫梅燕 2016年8月出版 / 估价:98.00元

企业公民蓝皮书
中国企业公民报告 NO.4
著(编)者:邹东涛　2016年1月出版 / 估价:79.00元

气候变化绿皮书
应对气候变化报告（2016）
著(编)者:王伟光 郑国光　2016年11月出版 / 估价:98.00元

区域蓝皮书
中国区域经济发展报告（2015～2016）
著(编)者:梁昊光　2016年5月出版 / 估价:79.00元

全球环境竞争力绿皮书
全球环境竞争力报告（2016）
著(编)者:李建平 李闽榕 王金南
2016年12月出版 / 估价:198.00元

人口与劳动绿皮书
中国人口与劳动问题报告 NO.17
著(编)者:蔡昉 张车伟　2016年11月出版 / 估价:69.00元

商务中心区蓝皮书
中国商务中心区发展报告 NO.2（2016）
著(编)者:魏后凯 李国红　2016年1月出版 / 估价:89.00元

世界经济黄皮书
2016年世界经济形势分析与预测
著(编)者:王洛林 张宇燕　2015年12月出版 / 定价:79.00元

世界旅游城市绿皮书
世界旅游城市发展报告（2016）
著(编)者:鲁勇 周正宇 宋宇　2016年6月出版 / 估价:88.00元

西北蓝皮书
中国西北发展报告（2016）
著(编)者:孙发平 苏海红 鲁顺元
2015年12月出版 / 估价:79.00元

西部蓝皮书
中国西部发展报告（2016）
著(编)者:姚慧琴 徐璋勇　2016年7月出版 / 估价:89.00元

县域发展蓝皮书
中国县域经济增长能力评估报告（2016）
著(编)者:王力　2016年10月出版 / 估价:69.00元

新型城镇化蓝皮书
新型城镇化发展报告（2016）
著(编)者:李伟 宋敏 沈体雁　2016年11月出版 / 估价:98.00元

新兴经济体蓝皮书
金砖国家发展报告（2016）
著(编)者:林跃勤 周文　2016年7月出版 / 估价:79.00元

长三角蓝皮书
2016年全面深化改革中的长三角
著(编)者:张伟斌　2016年10月出版 / 估价:69.00元

中部竞争力蓝皮书
中国中部经济社会竞争力报告（2016）
著(编)者:教育部人文社会科学重点研究基地
南昌大学中国中部经济社会发展研究中心
2016年10月出版 / 估价:79.00元

中部蓝皮书
中国中部地区发展报告（2016）
著(编)者:宋亚平　2016年12月出版 / 估价:78.00元

中国省域竞争力蓝皮书
中国省域经济综合竞争力发展报告（2015～2016）
著(编)者:李建平 李闽榕 高燕京
2016年2月出版 / 估价:198.00元

中三角蓝皮书
长江中游城市群发展报告（2016）
著(编)者:秦尊文　2016年10月出版 / 估价:69.00元

中小城市绿皮书
中国中小城市发展报告（2016）
著(编)者:中国城市经济学会中小城市经济发展委员会
中国城镇化促进会中小城市发展委员会
《中国中小城市发展报告》编纂委员会
中小城市发展战略研究院
2016年10月出版 / 估价:98.00元

中原蓝皮书
中原经济区发展报告（2016）
著(编)者:李英杰　2016年6月出版 / 估价:88.00元

自贸区蓝皮书
中国自贸区发展报告（2016）
著(编)者:王力 王吉培　2016年10月出版 / 估价:69.00元

社会政法类

北京蓝皮书
中国社区发展报告（2016）
著(编)者:于燕燕　2017年2月出版 / 估价:79.00元

殡葬绿皮书
中国殡葬事业发展报告（2016）
著(编)者:李伯森　2016年4月出版 / 估价:158.00元

城市管理蓝皮书
中国城市管理报告（2016）
著(编)者:谭维克 刘林　2017年2月出版 / 估价:118.00元

城市生活质量蓝皮书
中国城市生活质量报告（2016）
著(编)者:张连城 张平 杨春学 郎丽华
2016年7月出版 / 估价:89.00元

城市政府能力蓝皮书
中国城市政府公共服务能力评估报告（2016）
著(编)者:何艳玲　2016年7月出版 / 估价:69.00元

创新蓝皮书
中国创业环境发展报告（2016）
著(编)者:姚凯 曹祎遐　2016年1月出版 / 估价:69.00元

慈善蓝皮书
中国慈善发展报告（2016）
著(编)者:杨团　2016年6月出版 / 估价:79.00元

地方法治蓝皮书
中国地方法治发展报告 NO.2（2016）
著(编)者:李林 田禾　2016年1月出版 / 估价:98.00元

法治蓝皮书
中国法治发展报告 NO.14（2016）
著(编)者:李林 田禾　2016年3月出版 / 估价:105.00元

反腐倡廉蓝皮书
中国反腐倡廉建设报告 NO.6
著(编)者:李秋芳 张英伟　2017年1月出版 / 估价:79.00元

非传统安全蓝皮书
中国非传统安全研究报告（2015～2016）
著(编)者:余潇枫 魏志江　2016年5月出版 / 估价:79.00元

妇女发展蓝皮书
中国妇女发展报告 NO.6
著(编)者:王金玲　2016年9月出版 / 估价:148.00元

妇女教育蓝皮书
中国妇女教育发展报告 NO.3
著(编)者:张李玺　2016年10月出版 / 估价:78.00元

妇女绿皮书
中国性别平等与妇女发展报告（2016）
著(编)者:谭琳　2016年12月出版 / 估价:99.00元

公共服务蓝皮书
中国城市基本公共服务力评价（2016）
著(编)者:钟君 吴正杲　2016年12月出版 / 估价:79.00元

公共管理蓝皮书
中国公共管理发展报告（2016）
著(编)者:贡森 李国强 杨维富
2016年4月出版 / 估价:69.00元

公共外交蓝皮书
中国公共外交发展报告（2016）
著(编)者:赵启正 雷蔚真　2016年4月出版 / 估价:89.00元

公民科学素质蓝皮书
中国公民科学素质报告（2016）
著(编)者:李群 许佳军　2016年3月出版 / 估价:79.00元

公益蓝皮书
中国公益发展报告（2016）
著(编)者:朱健刚　2016年5月出版 / 估价:78.00元

国际人才蓝皮书
海外华侨华人专业人士报告（2016）
著(编)者:王辉耀 苗绿　2016年8月出版 / 估价:69.00元

国际人才蓝皮书
中国国际移民报告（2016）
著(编)者:王辉耀　2016年2月出版 / 估价:79.00元

国际人才蓝皮书
中国海归发展报告（2016）NO.3
著(编)者:王辉耀 苗绿　2016年10月出版 / 估价:69.00元

国际人才蓝皮书
中国留学发展报告（2016）NO.5
著(编)者:王辉耀 苗绿　2016年10月出版 / 估价:79.00元

国家公园蓝皮书
中国国家公园体制建设报告（2016）
著(编)者:苏杨 张玉钧 石金莲 刘锋 等
2016年10月出版 / 估价:69.00元

海洋社会蓝皮书
中国海洋社会发展报告（2016）
著(编)者:崔凤 宋宁而　2016年7月出版 / 估价:89.00元

行政改革蓝皮书
中国行政体制改革报告（2016）NO.5
著(编)者:魏礼群　2016年4月出版 / 估价:98.00元

华侨华人蓝皮书
华侨华人研究报告（2016）
著(编)者:贾益民　2016年12月出版 / 估价:98.00元

环境竞争力绿皮书
中国省域环境竞争力发展报告（2016）
著(编)者:李建平 李闽榕 王金南
2016年11月出版 / 估价:198.00元

环境绿皮书
中国环境发展报告（2016）
著(编)者:刘鉴强　2016年5月出版 / 估价:79.00元

基金会蓝皮书
中国基金会发展报告（2016）
著(编)者:刘忠祥　2016年4月出版 / 估价:69.00元

基金会绿皮书
中国基金会发展独立研究报告（2016）
著(编)者:基金会中心网 中央民族大学基金会研究中心
2016年6月出版 / 估价:88.00元

基金会透明度蓝皮书
中国基金会透明度发展研究报告（2016）
著(编)者:基金会中心网 清华大学廉政与治理研究中心
2016年9月出版 / 估价:85.00元

教师蓝皮书
中国中小学教师发展报告（2016）
著(编)者:曾晓东 鱼霞　2016年6月出版 / 估价:69.00元

教育蓝皮书
中国教育发展报告（2016）
著(编)者:杨东平　2016年5月出版 / 估价:79.00元

科普蓝皮书
中国科普基础设施发展报告（2016）
著(编)者:任福君　2016年6月出版 / 估价:69.00元

科学教育蓝皮书
中国科学教育发展报告（2016）
著(编)者:罗晖 王康友　2016年10月出版 / 估价:79.00元

劳动保障蓝皮书
中国劳动保障发展报告（2016）
著(编)者:刘燕斌　2016年8月出版 / 估价:158.00元

连片特困区蓝皮书
中国连片特困区发展报告（2016）
著(编)者:游俊 冷志明 丁建军
2016年3月出版 / 估价:98.00元

民间组织蓝皮书
中国民间组织报告（2016）
著(编)者:黄晓勇　2016年12月出版 / 估价:79.00元

民调蓝皮书
中国民生调查报告（2016）
著(编)者:谢耘耕　2016年5月出版 / 估价:128.00元

民族发展蓝皮书
中国民族发展报告（2016）
著(编)者:郝时远 王延中 王希恩
2016年4月出版 / 估价:98.00元

女性生活蓝皮书
中国女性生活状况报告 NO.10（2016）
著(编)者:韩湘景　2016年4月出版 / 估价:79.00元

汽车社会蓝皮书
中国汽车社会发展报告（2016）
著(编)者:王俊秀　2016年1月出版 / 估价:69.00元

青年蓝皮书
中国青年发展报告（2016）NO.4
著(编)者:廉思 等　2016年4月出版 / 估价:69.00元

青少年蓝皮书
中国未成年人互联网运用报告（2016）
著(编)者:李文革 沈杰 季为民
2016年11月出版 / 估价:89.00元

青少年体育蓝皮书
中国青少年体育发展报告（2016）
著(编)者:郭建军 杨桦　2016年9月出版 / 估价:69.00元

区域人才蓝皮书
中国区域人才竞争力报告 NO.2
著(编)者:桂昭明 王辉耀
2016年6月出版 / 估价:69.00元

群众体育蓝皮书
中国群众体育发展报告（2016）
著(编)者:刘国永 杨桦　2016年10月出版 / 估价:69.00元

人才蓝皮书
中国人才发展报告（2016）
著(编)者:潘晨光　2016年9月出版 / 估价:85.00元

人权蓝皮书
中国人权事业发展报告 NO.6（2016）
著(编)者:李君如　2016年9月出版 / 估价:128.00元

社会保障绿皮书
中国社会保障发展报告（2016）NO.8
著(编)者:王延中　2016年4月出版 / 估价:99.00元

社会工作蓝皮书
中国社会工作发展报告（2016）
著(编)者:民政部社会工作研究中心
2016年8月出版 / 估价:79.00元

社会管理蓝皮书
中国社会管理创新报告 NO.4
著(编)者:连玉明　2016年11月出版 / 估价:89.00元

社会蓝皮书
2016年中国社会形势分析与预测
著(编)者:李培林 陈光金 张翼
2015年12月出版 / 定价:79.00元

社会体制蓝皮书
中国社会体制改革报告（2016）NO.4
著(编)者:龚维斌　2016年4月出版 / 估价:79.00元

社会心态蓝皮书
中国社会心态研究报告（2016）
著(编)者:王俊秀 杨宜音　2016年10月出版 / 估价:69.00元

社会组织蓝皮书
中国社会组织评估发展报告（2016）
著(编)者:徐家良 廖鸿　2016年12月出版 / 估价:69.00元

生态城市绿皮书
中国生态城市建设发展报告（2016）
著(编)者:刘举科 孙伟平 胡文臻
2016年9月出版 / 估价:148.00元

生态文明绿皮书
中国省域生态文明建设评价报告（ECI 2016）
著(编)者:严耕　2016年12月出版 / 估价:85.00元

世界社会主义黄皮书
世界社会主义跟踪研究报告（2015～2016）
著(编)者:李慎明　2016年4月出版 / 估价:258.00元

水与发展蓝皮书
中国水风险评估报告（2016）
著(编)者:王浩　2016年9月出版 / 估价:69.00元

体育蓝皮书
长三角地区体育产业发展报告（2016）
著(编)者:张林　2016年4月出版 / 估价:79.00元

体育蓝皮书
中国公共体育服务发展报告（2016）
著(编)者:戴健　2016年12月出版 / 估价:79.00元

土地整治蓝皮书
中国土地整治发展研究报告 NO.3
著(编)者:国土资源部土地整治中心
2016年5月出版 / 估价:89.00元

土地政策蓝皮书
中国土地政策发展报告（2016）
著(编)者:高延利 李宪文 唐健
2016年12月出版 / 估价:69.00元

危机管理蓝皮书
中国危机管理报告（2016）
著(编)者:文学国 范正青　2016年8月出版 / 估价:89.00元

形象危机应对蓝皮书
形象危机应对研究报告（2016）
著(编)者:唐钧　2016年6月出版 / 估价:149.00元

医改蓝皮书
中国医药卫生体制改革报告（2016）
著(编)者:文学国　房志武　2016年11月出版 / 估价:98.00元

医疗卫生绿皮书
中国医疗卫生发展报告 NO.7（2016）
著(编)者:申宝忠 韩玉珍　2016年4月出版 / 估价:75.00元

政治参与蓝皮书
中国政治参与报告（2016）
著(编)者:房宁　2016年7月出版 / 估价:108.00元

政治发展蓝皮书
中国政治发展报告（2016）
著(编)者:房宁 杨海蛟　2016年5月出版 / 估价:88.00元

智慧社区蓝皮书
中国智慧社区发展报告（2016）
著(编)者:罗昌智 张辉德　2016年7月出版 / 估价:69.00元

中国农村妇女发展蓝皮书
农村流动女性城市生活发展报告（2016）
著(编)者:谢丽华　2016年12月出版 / 估价:79.00元

宗教蓝皮书
中国宗教报告（2016）
著(编)者:邱永辉　2016年5月出版 / 估价:79.00元

行业报告类

保健蓝皮书
中国保健服务产业发展报告 NO.2
著(编)者:中国保健协会 中共中央党校
2016年7月出版 / 估价:198.00元

保健蓝皮书
中国保健食品产业发展报告 NO.2
著(编)者:中国保健协会
中国社会科学院食品药品产业发展与监管研究中心
2016年7月出版 / 估价:198.00元

保健蓝皮书
中国保健用品产业发展报告 NO.2
著(编)者:中国保健协会
国务院国有资产监督管理委员会研究中心
2016年2月出版 / 估价:198.00元

保险蓝皮书
中国保险业创新发展报告（2016）
著(编)者:项俊波　2016年12月出版 / 估价:69.00元

保险蓝皮书
中国保险业竞争力报告（2016）
著(编)者:项俊波　2015年12月出版 / 估价:99.00元

采供血蓝皮书
中国采供血管理报告（2016）
著(编)者:朱永明 耿鸿武　2016年8月出版 / 估价:69.00元

彩票蓝皮书
中国彩票发展报告（2016）
著(编)者:益彩基金　2016年4月出版 / 估价:98.00元

餐饮产业蓝皮书
中国餐饮产业发展报告（2016）
著(编)者:邢颖　2016年4月出版 / 估价:69.00元

测绘地理信息蓝皮书
测绘地理信息转型升级研究报告（2016）
著(编)者:库热西·买合苏提　2016年12月出版 / 估价:98.00元

茶业蓝皮书
中国茶产业发展报告（2016）
著(编)者:杨江帆 李闽榕　2016年10月出版 / 估价:78.00元

产权市场蓝皮书
中国产权市场发展报告（2015～2016）
著(编)者:曹和平　2016年5月出版 / 估价:89.00元

产业安全蓝皮书
中国出版传媒产业安全报告（2016）
著(编)者:北京印刷学院文化产业安全研究院
2016年4月出版 / 估价:69.00元

产业安全蓝皮书
中国文化产业安全报告（2016）
著(编)者:北京印刷学院文化产业安全研究院
2016年4月出版 / 估价:89.00元

产业安全蓝皮书
中国新媒体产业安全报告（2016）
著(编)者:北京印刷学院文化产业安全研究院
2016年5月出版 / 估价:69.00元

大数据蓝皮书
网络空间和大数据发展报告（2016）
著(编)者:杜平　2016年2月出版 / 估价:69.00元

电子商务蓝皮书
中国电子商务服务业发展报告 NO.3
著(编)者:荆林波 梁春晓　2016年5月出版 / 估价:69.00元

电子政务蓝皮书
中国电子政务发展报告（2016）
著(编)者:洪毅 杜平　2016年11月出版 / 估价:79.00元

杜仲产业绿皮书
中国杜仲橡胶资源与产业发展报告（2016）
著(编)者:杜红岩 胡文臻 俞锐
2016年1月出版 / 估价:85.00元

房地产蓝皮书
中国房地产发展报告 NO.13（2016）
著(编)者:魏后凯 李景国　2016年5月出版 / 估价:79.00元

服务外包蓝皮书
中国服务外包产业发展报告（2016）
著(编)者:王晓红 刘德军
2016年6月出版 / 估价:89.00元

服务外包蓝皮书
中国服务外包竞争力报告（2016）
著(编)者:王力 刘春生 黄育华
2016年11月出版 / 估价:85.00元

工业和信息化蓝皮书
世界网络安全发展报告（2016）
著(编)者:洪京一　2016年4月出版 / 估价:69.00元

工业和信息化蓝皮书
世界信息化发展报告（2016）
著(编)者:洪京一　2016年4月出版 / 估价:69.00元

工业和信息化蓝皮书
世界信息技术产业发展报告（2016）
著(编)者:洪京一　2016年4月出版 / 估价:79.00元

工业和信息化蓝皮书
世界制造业发展报告（2016）
著(编)者:洪京一　2016年4月出版 / 估价:69.00元

工业和信息化蓝皮书
移动互联网产业发展报告（2016）
著(编)者:洪京一　2016年4月出版 / 估价:79.00元

工业设计蓝皮书
中国工业设计发展报告（2016）
著(编)者:王晓红 于炜 张立群
2016年9月出版 / 估价:138.00元

互联网金融蓝皮书
中国互联网金融发展报告（2016）
著(编)者: 李东荣　2016年8月出版 / 估价:79.00元

会展蓝皮书
中外会展业动态评估年度报告（2016）
著(编)者:张敏　2016年1月出版 / 估价:78.00元

节能汽车蓝皮书
中国节能汽车产业发展报告（2016）
著(编)者:中国汽车工程研究院股份有限公司
2016年12月出版 / 估价:69.00元

金融监管蓝皮书
中国金融监管报告（2016）
著(编)者:胡滨　2016年4月出版 / 估价:89.00元

金融蓝皮书
中国金融中心发展报告（2016）
著(编)者:王力 黄育华　2017年11月出版 / 估价:75.00元

金融蓝皮书
中国商业银行竞争力报告（2016）
著(编)者:王松奇　2016年5月出版 / 估价:69.00元

经济林产业绿皮书
中国经济林产业发展报告（2016）
著(编)者:李芳东 胡文臻 乌云塔娜 杜红岩
2016年12月出版 / 估价:69.00元

客车蓝皮书
中国客车产业发展报告（2016）
著(编)者:姚蔚　2016年2月出版 / 估价:85.00元

老龄蓝皮书
中国老龄产业发展报告（2016）
著(编)者:吴玉韶 党俊武　2016年9月出版 / 估价:79.00元

流通蓝皮书
中国商业发展报告（2016）
著(编)者:荆林波　2016年5月出版 / 估价:89.00元

旅游安全蓝皮书
中国旅游安全报告（2016）
著(编)者:郑向敏 谢朝武　2016年5月出版 / 估价:128.00元

旅游绿皮书
2015～2016年中国旅游发展分析与预测
著(编)者:宋瑞　2016年1月出版 / 估价:98.00元

煤炭蓝皮书
中国煤炭工业发展报告（2016）
著(编)者:岳福斌　2016年12月出版 / 估价:79.00元

民营企业社会责任蓝皮书
中国民营企业社会责任年度报告（2016）
著(编)者:中华全国工商业联合会
2016年7月出版 / 估价:69.00元

民营医院蓝皮书
中国民营医院发展报告（2016）
著(编)者:庄一强　2016年10月出版 / 估价:75.00元

能源蓝皮书
中国能源发展报告（2016）
著(编)者:崔民选 王军生 陈义和
2016年8月出版 / 估价:79.00元

农产品流通蓝皮书
中国农产品流通产业发展报告（2016）
著(编)者:贾敬敦 张东科 张玉玺 张鹏毅 周伟
2016年1月出版 / 估价:89.00元

期货蓝皮书
中国期货市场发展报告(2016)
著(编)者:李群 王在荣　2016年11月出版 / 估价:69.00元

企业公益蓝皮书
中国企业公益研究报告（2016）
著(编)者:钟宏武 汪杰 顾一 黄晓娟 等
2016年12月出版 / 估价:69.00元

企业公众透明度蓝皮书
中国企业公众透明度报告 (2016) NO.2
著(编)者:黄速建 王晓光 肖红军
2016年1月出版 / 估价:98.00元

企业国际化蓝皮书
中国企业国际化报告（2016）
著(编)者:王辉耀　2016年11月出版 / 估价:98.00元

企业蓝皮书
中国企业绿色发展报告 NO.2（2016）
著(编)者:李红玉 朱光辉　2016年8月出版 / 估价:79.00元

企业社会责任蓝皮书
中国企业社会责任研究报告（2016）
著(编)者:黄群慧 钟宏武 张蒽 等
2016年11月出版 / 估价:79.00元

企业社会责任能力蓝皮书
中国上市公司社会责任能力成熟度报告（2016）
著(编)者:肖红军 王晓光 李伟阳
2016年11月出版 / 估价:69.00元

汽车安全蓝皮书
中国汽车安全发展报告（2016）
著(编)者:中国汽车技术研究中心
2016年7月出版 / 估价:89.00元

汽车电子商务蓝皮书
中国汽车电子商务发展报告（2016）
著(编)者:中华全国工商业联合会汽车经销商商会
北京易观智库网络科技有限公司
2016年5月出版 / 估价:128.00元

汽车工业蓝皮书
中国汽车工业发展年度报告（2016）
著(编)者:中国汽车工业协会 中国汽车技术研究中心
丰田汽车（中国）投资有限公司
2016年4月出版 / 估价:128.00元

汽车蓝皮书
中国汽车产业发展报告（2016）
著(编)者:国务院发展研究中心产业经济研究部
中国汽车工程学会 大众汽车集团（中国）
2016年8月出版 / 估价:158.00元

清洁能源蓝皮书
国际清洁能源发展报告（2016）
著(编)者:苏树辉 袁国林 李玉崙
2016年11月出版 / 估价:99.00元

人力资源蓝皮书
中国人力资源发展报告（2016）
著(编)者:余兴安　2016年12月出版 / 估价:79.00元

融资租赁蓝皮书
中国融资租赁业发展报告（2015～2016）
著(编)者:李光荣 王力　2016年1月出版 / 估价:89.00元

软件和信息服务业蓝皮书
中国软件和信息服务业发展报告（2016）
著(编)者:洪京一　2016年12月出版 / 估价:198.00元

商会蓝皮书
中国商会发展报告NO.5（2016）
著(编)者:王钦敏　2016年7月出版 / 估价:89.00元

上市公司蓝皮书
中国上市公司社会责任信息披露报告（2016）
著(编)者:张旺 张杨　2016年11月出版 / 估价:69.00元

上市公司蓝皮书
中国上市公司质量评价报告（2015～2016）
著(编)者:张跃文 王力　2016年11月出版 / 估价:118.00元

设计产业蓝皮书
中国设计产业发展报告（2016）
著(编)者:陈冬亮 梁昊光　2016年3月出版 / 估价:89.00元

食品药品蓝皮书
食品药品安全与监管政策研究报告（2016）
著(编)者:唐民皓　2016年7月出版 / 估价:69.00元

世界能源蓝皮书
世界能源发展报告（2016）
著(编)者:黄晓勇　2016年6月出版 / 估价:99.00元

水利风景区蓝皮书
中国水利风景区发展报告（2016）
著(编)者:兰思仁　2016年8月出版 / 估价:69.00元

私募市场蓝皮书
中国私募股权市场发展报告（2016）
著(编)者:曹和平　2016年12月出版 / 估价:79.00元

碳市场蓝皮书
中国碳市场报告（2016）
著(编)者:宁金彪　2016年11月出版 / 估价:69.00元

体育蓝皮书
中国体育产业发展报告（2016）
著(编)者:阮伟 钟秉枢 2016年7月出版 / 估价:69.00元

投资蓝皮书
中国投资发展报告（2016）
著(编)者:谢平 2016年4月出版 / 估价:128.00元

土地市场蓝皮书
中国农村土地市场发展报告（2016）
著(编)者:李光荣 高传捷 2016年1月出版 / 估价:69.00元

网络空间安全蓝皮书
中国网络空间安全发展报告（2016）
著(编)者:惠志斌 唐涛 2016年4月出版 / 估价:79.00元

物联网蓝皮书
中国物联网发展报告（2016）
著(编)者:黄桂田 龚六堂 张全升
2016年1月出版 / 估价:69.00元

西部工业蓝皮书
中国西部工业发展报告（2016）
著(编)者:方行明 甘犁 刘方健 姜凌 等
2016年9月出版 / 估价:79.00元

西部金融蓝皮书
中国西部金融发展报告（2016）
著(编)者:李忠民 2016年8月出版 / 估价:75.00元

协会商会蓝皮书
中国行业协会商会发展报告（2016）
著(编)者:景朝阳 李勇 2016年4月出版 / 估价:99.00元

新能源汽车蓝皮书
中国新能源汽车产业发展报告（2016）
著(编)者:中国汽车技术研究中心
日产（中国）投资有限公司 东风汽车有限公司
2016年8月出版 / 估价:89.00元

新三板蓝皮书
中国新三板市场发展报告（2016）
著(编)者:王力 2016年6月出版 / 估价:69.00元

信托市场蓝皮书
中国信托业市场报告（2015～2016）
著(编)者:用益信托工作室
2016年2月出版 / 估价:198.00元

信息安全蓝皮书
中国信息安全发展报告（2016）
著(编)者:张晓东 2016年2月出版 / 估价:69.00元

信息化蓝皮书
中国信息化形势分析与预测（2016）
著(编)者:周宏仁 2016年8月出版 / 估价:98.00元

信用蓝皮书
中国信用发展报告（2016）
著(编)者:章政 田侃 2016年4月出版 / 估价:99.00元

休闲绿皮书
2016年中国休闲发展报告
著(编)者:宋瑞
2016年10月出版 / 估价:79.00元

药品流通蓝皮书
中国药品流通行业发展报告（2016）
著(编)者:佘鲁林 温再兴
2016年8月出版 / 估价:158.00元

医药蓝皮书
中国中医药产业园战略发展报告（2016）
著(编)者:裴长洪 房书亭 吴滌心
2016年3月出版 / 估价:89.00元

邮轮绿皮书
中国邮轮产业发展报告（2016）
著(编)者:汪泓 2016年10月出版 / 估价:79.00元

智能养老蓝皮书
中国智能养老产业发展报告（2016）
著(编)者:朱勇 2016年10月出版 / 估价:89.00元

中国SUV蓝皮书
中国SUV产业发展报告 （2016）
著(编)者:靳军 2016年12月出版 / 估价:69.00元

中国金融行业蓝皮书
中国债券市场发展报告（2016）
著(编)者:谢多 2016年7月出版 / 估价:69.00元

中国上市公司蓝皮书
中国上市公司发展报告（2016）
著(编)者:中国社会科学院上市公司研究中心
2016年9月出版 / 估价:98.00元

中国游戏蓝皮书
中国游戏产业发展报告（2016）
著(编)者:孙立军 刘跃军 牛兴侦
2016年4月出版 / 估价:69.00元

中国总部经济蓝皮书
中国总部经济发展报告（2015～2016）
著(编)者:赵弘 2016年9月出版 / 估价:79.00元

资本市场蓝皮书
中国场外交易市场发展报告（2016）
著(编)者:高峦 2016年8月出版 / 估价:79.00元

资产管理蓝皮书
中国资产管理行业发展报告（2016）
著(编)者:智信资产管理研究院
2016年6月出版 / 估价:89.00元

文化传媒类

传媒竞争力蓝皮书
中国传媒国际竞争力研究报告（2016）
著(编)者:李本乾 刘强
2016年11月出版 / 估价:148.00元

传媒蓝皮书
中国传媒产业发展报告（2016）
著(编)者:崔保国 2016年5月出版 / 估价:98.00元

传媒投资蓝皮书
中国传媒投资发展报告（2016）
著(编)者:张向东 谭云明
2016年6月出版 / 估价:128.00元

动漫蓝皮书
中国动漫产业发展报告（2016）
著(编)者:卢斌 郑玉明 牛兴侦
2016年7月出版 / 估价:79.00元

非物质文化遗产蓝皮书
中国非物质文化遗产发展报告（2016）
著(编)者:陈平 2016年5月出版 / 估价:98.00元

广电蓝皮书
中国广播电影电视发展报告（2016）
著(编)者:国家新闻出版广电总局发展研究中心
2016年7月出版 / 估价:98.00元

广告主蓝皮书
中国广告主营销传播趋势报告 NO.9
著(编)者:黄升民 杜国清 邵华冬 等
2016年10月出版 / 估价:148.00元

国际传播蓝皮书
中国国际传播发展报告（2016）
著(编)者:胡正荣 李继东 姬德强
2016年11月出版 / 估价:89.00元

纪录片蓝皮书
中国纪录片发展报告（2016）
著(编)者:何苏六 2016年10月出版 / 估价:79.00元

科学传播蓝皮书
中国科学传播报告（2016）
著(编)者:詹正茂 2016年7月出版 / 估价:69.00元

两岸创意经济蓝皮书
两岸创意经济研究报告（2016）
著(编)者:罗昌智 董泽平 2016年12月出版 / 估价:98.00元

两岸文化蓝皮书
两岸文化产业合作发展报告（2016）
著(编)者:胡惠林 李保宗 2016年7月出版 / 估价:79.00元

媒介与女性蓝皮书
中国媒介与女性发展报告(2015~2016)
著(编)者:刘利群 2016年8月出版 / 估价:118.00元

媒体融合蓝皮书
中国媒体融合发展报告（2016）
著(编)者:梅宁华 宋建武 2016年7月出版 / 估价:79.00元

全球传媒蓝皮书
全球传媒发展报告（2016）
著(编)者:胡正荣 李继东 唐晓芬
2016年12月出版 / 估价:79.00元

少数民族非遗蓝皮书
中国少数民族非物质文化遗产发展报告（2016）
著(编)者:肖远平（彝） 柴立（满）
2016年6月出版 / 估价:128.00元

视听新媒体蓝皮书
中国视听新媒体发展报告（2016）
著(编)者:国家新闻出版广电总局发展研究中心
2016年7月出版 / 估价:98.00元

文化创新蓝皮书
中国文化创新报告（2016）NO.7
著(编)者:于平 傅才武 2016年7月出版 / 估价:98.00元

文化建设蓝皮书
中国文化发展报告（2016）
著(编)者:江畅 孙伟平 戴茂堂
2016年4月出版 / 估价:108.00元

文化科技蓝皮书
文化科技创新发展报告（2016）
著(编)者:于平 李凤亮 2016年10月出版 / 估价:89.00元

文化蓝皮书
中国公共文化服务发展报告（2016）
著(编)者:刘新成 张永新 张旭 2016年10月出版 / 估价:98.00元

文化蓝皮书
中国公共文化投入增长测评报告（2016）
著(编)者:王亚南 2016年12月出版 / 估价:79.00元

文化蓝皮书
中国少数民族文化发展报告（2016）
著(编)者:武翠英 张晓明 任乌晶
2016年9月出版 / 估价:69.00元

文化蓝皮书
中国文化产业发展报告（2016）
著(编)者:张晓明 王家新 章建刚
2016年4月出版 / 估价:79.00元

文化蓝皮书
中国文化产业供需协调检测报告（2016）
著(编)者:王亚南 2016年2月出版 / 估价:79.00元

文化蓝皮书
中国文化消费需求景气评价报告（2016）
著(编)者:王亚南 2016年2月出版 / 估价:79.00元

文化品牌蓝皮书
中国文化品牌发展报告（2016）
著(编)者:欧阳友权　2016年4月出版 / 估价:89.00元

文化遗产蓝皮书
中国文化遗产事业发展报告（2016）
著(编)者:刘世锦　2016年3月出版 / 估价:89.00元

文学蓝皮书
中国文情报告（2015～2016）
著(编)者:白烨　2016年5月出版 / 估价:69.00元

新媒体蓝皮书
中国新媒体发展报告NO.7（2016）
著(编)者:唐绪军　2016年7月出版 / 估价:79.00元

新媒体社会责任蓝皮书
中国新媒体社会责任研究报告（2016）
著(编)者:钟瑛　2016年10月出版 / 估价:79.00元

移动互联网蓝皮书
中国移动互联网发展报告（2016）
著(编)者:官建文　2016年6月出版 / 估价:79.00元

舆情蓝皮书
中国社会舆情与危机管理报告（2016）
著(编)者:谢耘耕　2016年8月出版 / 估价:98.00元

地方发展类

安徽经济蓝皮书
芜湖创新型城市发展报告（2016）
著(编)者:张志宏　2016年4月出版 / 估价:69.00元

安徽蓝皮书
安徽社会发展报告（2016）
著(编)者:程桦　2016年4月出版 / 估价:89.00元

安徽社会建设蓝皮书
安徽社会建设分析报告（2015～2016）
著(编)者:黄家海 王开玉 蔡宪
2016年4月出版 / 估价:89.00元

澳门蓝皮书
澳门经济社会发展报告（2015～2016）
著(编)者:吴志良 郝雨凡　2016年5月出版 / 估价:79.00元

北京蓝皮书
北京公共服务发展报告（2015～2016）
著(编)者:施昌奎　2016年1月出版 / 估价:69.00元

北京蓝皮书
北京经济发展报告（2015～2016）
著(编)者:杨松　2016年6月出版 / 估价:79.00元

北京蓝皮书
北京社会发展报告（2015～2016）
著(编)者:李伟东　2016年7月出版 / 估价:79.00元

北京蓝皮书
北京社会治理发展报告（2015～2016）
著(编)者:殷星辰　2016年6月出版 / 估价:79.00元

北京蓝皮书
北京文化发展报告（2015～2016）
著(编)者:李建盛　2016年5月出版 / 估价:79.00元

北京旅游绿皮书
北京旅游发展报告（2016）
著(编)者:北京旅游学会　2016年7月出版 / 估价:88.00元

北京人才蓝皮书
北京人才发展报告（2016）
著(编)者:于淼　2016年12月出版 / 估价:128.00元

北京社会心态蓝皮书
北京社会心态分析报告（2015～2016）
著(编)者:北京社会心理研究所
2016年8月出版 / 估价:79.00元

北京社会组织管理蓝皮书
北京社会组织发展与管理（2015～2016）
著(编)者:黄江松　2016年4月出版 / 估价:78.00元

北京体育蓝皮书
北京体育产业发展报告（2016）
著(编)者:钟秉枢 陈杰 杨铁黎
2016年10月出版 / 估价:79.00元

北京养老产业蓝皮书
北京养老产业发展报告（2016）
著(编)者:周明明 冯喜良　2016年4月出版 / 估价:69.00元

滨海金融蓝皮书
滨海新区金融发展报告（2016）
著(编)者:王爱俭 张锐钢　2016年9月出版 / 估价:79.00元

城乡一体化蓝皮书
中国城乡一体化发展报告•北京卷（2015～2016）
著(编)者:张宝秀 黄序　2016年5月出版 / 估价:79.00元

创意城市蓝皮书
北京文化创意产业发展报告（2016）
著(编)者:张京成 王国华　2016年12月出版 / 估价:69.00元

创意城市蓝皮书
青岛文化创意产业发展报告（2016）
著(编)者:马达 张丹妮　2016年6月出版 / 估价:79.00元

创意城市蓝皮书
台北文化创意产业发展报告（2016）
著(编)者:陈耀竹 邱琪瑄 2016年11月出版 / 估价:89.00元

创意城市蓝皮书
无锡文化创意产业发展报告（2016）
著(编)者:谭军 张鸣年 2016年10月出版 / 估价:79.00元

创意城市蓝皮书
武汉文化创意产业发展报告（2016）
著(编)者:黄永林 陈汉桥 2016年12月出版 / 估价:89.00元

创意城市蓝皮书
重庆创意产业发展报告（2016）
著(编)者:程宇宁 2016年4月出版 / 估价:89.00元

地方法治蓝皮书
南宁法治发展报告（2016）
著(编)者:杨维超 2016年12月出版 / 估价:69.00元

福建妇女发展蓝皮书
福建省妇女发展报告（2016）
著(编)者:刘群英 2016年11月出版 / 估价:88.00元

甘肃蓝皮书
甘肃经济发展分析与预测（2016）
著(编)者:朱智文 罗哲 2016年1月出版 / 估价:79.00元

甘肃蓝皮书
甘肃社会发展分析与预测（2016）
著(编)者:安文华 包晓霞 2016年1月出版 / 估价:79.00元

甘肃蓝皮书
甘肃文化发展分析与预测（2016）
著(编)者:安文华 周小华 2016年1月出版 / 估价:79.00元

甘肃蓝皮书
甘肃县域社会发展评价报告（2016）
著(编)者:刘进军 柳 民 王建兵
2016年1月出版 / 估价:79.00元

甘肃蓝皮书
甘肃舆情分析与预测（2016）
著(编)者:陈双梅 郝树声 2016年1月出版 / 估价:79.00元

甘肃蓝皮书
甘肃商务发展报告（2016）
著(编)者:杨志武 王福生 王晓芳
2016年1月出版 / 估价:69.00元

广东蓝皮书
广东全面深化改革发展报告（2016）
著(编)者:周林生 涂成林 2016年11月出版 / 估价:69.00元

广东蓝皮书
广东社会工作发展报告（2016）
著(编)者:罗观翠 2016年6月出版 / 估价:89.00元

广东蓝皮书
广东省电子商务发展报告（2016）
著(编)者:程晓 邓顺国 2016年7月出版 / 估价:79.00元

广东社会建设蓝皮书
广东省社会建设发展报告（2016）
著(编)者:广东省社会工作委员会
2016年12月出版 / 估价:99.00元

广东外经贸蓝皮书
广东对外经济贸易发展研究报告（2015~2016）
著(编)者:陈万灵 2016年5月出版 / 估价:89.00元

广西北部湾经济区蓝皮书
广西北部湾经济区开放开发报告（2016）
著(编)者:广西北部湾经济区规划建设管理委员会办公室
广西社会科学院广西北部湾发展研究院
2016年10月出版 / 估价:79.00元

广州蓝皮书
2016年中国广州经济形势分析与预测
著(编)者:庾建设 沈奎 谢博能 2016年6月出版 / 估价:79.00元

广州蓝皮书
2016年中国广州社会形势分析与预测
著(编)者:张强 陈怡霓 杨秦 2016年6月出版 / 估价:79.00元

广州蓝皮书
广州城市国际化发展报告（2016）
著(编)者:朱名宏 2016年11月出版 / 估价:69.00元

广州蓝皮书
广州创新型城市发展报告（2016）
著(编)者:尹涛 2016年10月出版 / 估价:69.00元

广州蓝皮书
广州经济发展报告（2016）
著(编)者:朱名宏 2016年7月出版 / 估价:69.00元

广州蓝皮书
广州农村发展报告（2016）
著(编)者:朱名宏 2016年8月出版 / 估价:69.00元

广州蓝皮书
广州汽车产业发展报告（2016）
著(编)者:杨再高 冯兴亚 2016年9月出版 / 估价:69.00元

广州蓝皮书
广州青年发展报告（2015～2016）
著(编)者:魏国华 张强 2016年7月出版 / 估价:69.00元

广州蓝皮书
广州商贸业发展报告（2016）
著(编)者:李江涛 肖振宇 荀振英
2016年7月出版 / 估价:69.00元

广州蓝皮书
广州社会保障发展报告（2016）
著(编)者:蔡国萱 2016年10月出版 / 估价:65.00元

广州蓝皮书
广州文化创意产业发展报告（2016）
著(编)者:甘新 2016年8月出版 / 估价:79.00元

广州蓝皮书
中国广州城市建设与管理发展报告（2016）
著(编)者:董皞 陈小钢 李江涛 2016年7月出版 / 估价:69.00元

广州蓝皮书
中国广州科技和信息化发展报告（2016）
著(编)者:邹采荣 马正勇 冯 元 2016年8月出版 / 估价:79.00元

广州蓝皮书
中国广州文化发展报告（2016）
著(编)者:徐俊忠 陆志强 顾涧清 2016年7月出版 / 估价:69.00元

贵阳蓝皮书
贵阳城市创新发展报告•白云篇（2016）
著(编)者:连玉明 2016年10月出版 / 估价:89.00元

贵阳蓝皮书
贵阳城市创新发展报告•观山湖篇（2016）
著(编)者:连玉明 2016年10月出版 / 估价:89.00元

贵阳蓝皮书
贵阳城市创新发展报告•花溪篇（2016）
著(编)者:连玉明 2016年10月出版 / 估价:89.00元

贵阳蓝皮书
贵阳城市创新发展报告•开阳篇（2016）
著(编)者:连玉明 2016年10月出版 / 估价:89.00元

贵阳蓝皮书
贵阳城市创新发展报告•南明篇（2016）
著(编)者:连玉明 2016年10月出版 / 估价:89.00元

贵阳蓝皮书
贵阳城市创新发展报告•清镇篇（2016）
著(编)者:连玉明 2016年10月出版 / 估价:89.00元

贵阳蓝皮书
贵阳城市创新发展报告•乌当篇（2016）
著(编)者:连玉明 2016年10月出版 / 估价:89.00元

贵阳蓝皮书
贵阳城市创新发展报告•息烽篇（2016）
著(编)者:连玉明 2016年10月出版 / 估价:89.00元

贵阳蓝皮书
贵阳城市创新发展报告•修文篇（2016）
著(编)者:连玉明 2016年10月出版 / 估价:89.00元

贵阳蓝皮书
贵阳城市创新发展报告•云岩篇（2016）
著(编)者:连玉明 2016年10月出版 / 估价:89.00元

贵州房地产蓝皮书
贵州房地产发展报告NO.3（2016）
著(编)者:武廷方 2016年6月出版 / 估价:89.00元

贵州蓝皮书
册亨经济社会发展报告(2016)
著(编)者:黄德林 2016年1月出版 / 估价:69.00元

贵州蓝皮书
贵安新区发展报告（2016）
著(编)者:马长青 吴大华 2016年4月出版 / 估价:69.00元

贵州蓝皮书
贵州法治发展报告（2016）
著(编)者:吴大华 2016年5月出版 / 估价:79.00元

贵州蓝皮书
贵州民航业发展报告（2016）
著(编)者:申振东 吴大华 2016年10月出版 / 估价:69.00元

贵州蓝皮书
贵州人才发展报告（2016）
著(编)者:于杰 吴大华 2016年9月出版 / 估价:69.00元

贵州蓝皮书
贵州社会发展报告（2016）
著(编)者:王兴骥 2016年5月出版 / 估价:79.00元

海淀蓝皮书
海淀区文化和科技融合发展报告（2016）
著(编)者:陈名杰 孟景伟 2016年5月出版 / 估价:75.00元

海峡西岸蓝皮书
海峡西岸经济区发展报告（2016）
著(编)者:福建省人民政府发展研究中心
福建省人民政府发展研究中心咨询服务中心
2016年9月出版 / 估价:65.00元

杭州都市圈蓝皮书
杭州都市圈发展报告（2016）
著(编)者:董祖德 沈翔 2016年5月出版 / 估价:89.00元

杭州蓝皮书
杭州妇女发展报告（2016）
著(编)者:魏颖 2016年4月出版 / 估价:79.00元

河北经济蓝皮书
河北省经济发展报告（2016）
著(编)者:马树强 金浩 刘兵 张贵
2016年3月出版 / 估价:89.00元

河北蓝皮书
河北经济社会发展报告（2016）
著(编)者:周文夫 2016年1月出版 / 估价:79.00元

河北食品药品安全蓝皮书
河北食品药品安全研究报告（2016）
著(编)者:丁锦霞 2016年6月出版 / 估价:79.00元

河南经济蓝皮书
2016年河南经济形势分析与预测
著(编)者:胡五岳 2016年2月出版 / 估价:69.00元

河南蓝皮书
2016年河南社会形势分析与预测
著(编)者:刘道兴 牛苏林 2016年4月出版 / 估价:69.00元

河南蓝皮书
河南城市发展报告（2016）
著(编)者:谷建全 王建国 2016年3月出版 / 估价:79.00元

河南蓝皮书
河南法治发展报告（2016）
著(编)者:丁同民 闫德民 2016年6月出版 / 估价:79.00元

河南蓝皮书
河南工业发展报告（2016）
著(编)者:龚绍东 赵西三 2016年1月出版 / 估价:79.00元

河南蓝皮书
河南金融发展报告（2016）
著(编)者:河南省社会科学院
2016年6月出版 / 估价:69.00元

河南蓝皮书
河南经济发展报告（2016）
著(编)者:河南省社会科学院
2016年12月出版 / 估价:79.00元

河南蓝皮书
河南农业农村发展报告（2016）
著(编)者:吴海峰 2016年4月出版 / 估价:69.00元

河南蓝皮书
河南文化发展报告（2016）
著(编)者:卫绍生 2016年3月出版 / 估价:79.00元

河南商务蓝皮书
河南商务发展报告（2016）
著(编)者:焦锦淼 穆荣国 2016年4月出版 / 估价:88.00元

黑龙江产业蓝皮书
黑龙江产业发展报告（2016）
著(编)者:于渤 2016年10月出版 / 估价:79.00元

黑龙江蓝皮书
黑龙江经济发展报告（2016）
著(编)者:曲伟 2016年1月出版 / 估价:79.00元

黑龙江蓝皮书
黑龙江社会发展报告（2016）
著(编)者:张新颖 2016年1月出版 / 估价:79.00元

湖南城市蓝皮书
区域城市群整合（主题待定）
著(编)者:童中贤 韩未名 2016年12月出版 / 估价:79.00元

湖南蓝皮书
2016年湖南产业发展报告
著(编)者:梁志峰 2016年5月出版 / 估价:98.00元

湖南蓝皮书
2016年湖南电子政务发展报告
著(编)者:梁志峰 2016年5月出版 / 估价:98.00元

湖南蓝皮书
2016年湖南经济展望
著(编)者:梁志峰 2016年5月出版 / 估价:128.00元

湖南蓝皮书
2016年湖南两型社会与生态文明发展报告
著(编)者:梁志峰 2016年5月出版 / 估价:98.00元

湖南蓝皮书
2016年湖南社会发展报告
著(编)者:梁志峰 2016年5月出版 / 估价:88.00元

湖南蓝皮书
2016年湖南县域经济社会发展报告
著(编)者:梁志峰 2016年5月出版 / 估价:98.00元

湖南蓝皮书
湖南城乡一体化发展报告（2016）
著(编)者:陈文胜 刘祚祥 邝奕轩 等
2016年7月出版 / 估价:89.00元

湖南县域绿皮书
湖南县域发展报告 NO.3
著(编)者:袁准 周小毛 2016年9月出版 / 估价:69.00元

沪港蓝皮书
沪港发展报告（2015～2016）
著(编)者:尤安山 2016年4月出版 / 估价:89.00元

吉林蓝皮书
2016年吉林经济社会形势分析与预测
著(编)者:马克 2016年2月出版 / 估价:89.00元

济源蓝皮书
济源经济社会发展报告（2016）
著(编)者:喻新安 2016年4月出版 / 估价:69.00元

健康城市蓝皮书
北京健康城市建设研究报告（2016）
著(编)者:王鸿春 2016年4月出版 / 估价:79.00元

江苏法治蓝皮书
江苏法治发展报告 NO.5（2016）
著(编)者:李力 龚廷泰 2016年9月出版 / 估价:98.00元

江西蓝皮书
江西经济社会发展报告（2016）
著(编)者:张勇 姜玮 梁勇 2016年10月出版 / 估价:79.00元

江西文化产业蓝皮书
江西文化产业发展报告（2016）
著(编)者:张圣才 汪春翔 2016年10月出版 / 估价:128.00元

经济特区蓝皮书
中国经济特区发展报告（2016）
著(编)者:陶一桃 2016年12月出版 / 估价:89.00元

辽宁蓝皮书
2016年辽宁经济社会形势分析与预测
著(编)者:曹晓峰 张晶 梁启东
2016年12月出版 / 估价:79.00元

拉萨蓝皮书
拉萨法治发展报告（2016）
著(编)者:车明怀 2016年7月出版 / 估价:79.00元

洛阳蓝皮书
洛阳文化发展报告（2016）
著(编)者:刘福兴 陈启明 2016年7月出版 / 估价:79.00元

南京蓝皮书
南京文化发展报告（2016）
著(编)者:徐宁 2016年12月出版 / 估价:79.00元

内蒙古蓝皮书
内蒙古反腐倡廉建设报告 NO.2
著(编)者:张志华 无极 2016年12月出版 / 估价:69.00元

浦东新区蓝皮书
上海浦东经济发展报告（2016）
著(编)者:沈开艳 陆沪根 2016年1月出版 / 估价:69.00元

青海蓝皮书
2016年青海经济社会形势分析与预测
著(编)者:赵宗福 2015年12月出版 / 估价:69.00元

人口与健康蓝皮书
深圳人口与健康发展报告（2016）
著(编)者:陆杰华 罗乐宣 苏杨
2016年11月出版 / 估价:89.00元

山东蓝皮书
山东经济形势分析与预测（2016）
著(编)者:李广杰 2016年11月出版 / 估价:89.00元

山东蓝皮书
山东社会形势分析与预测（2016）
著(编)者:涂可国 2016年6月出版 / 估价:89.00元

山东蓝皮书
山东文化发展报告（2016）
著(编)者:张华 唐洲雁 2016年6月出版 / 估价:98.00元

山西蓝皮书
山西资源型经济转型发展报告（2016）
著(编)者:李志强 2016年5月出版 / 估价:89.00元

陕西蓝皮书
陕西经济发展报告（2016）
著(编)者:任宗哲 白宽犁 裴成荣
2016年1月出版 / 估价:69.00元

陕西蓝皮书
陕西社会发展报告（2016）
著(编)者:任宗哲 白宽犁 牛昉
2016年1月出版 / 估价:69.00元

陕西蓝皮书
陕西文化发展报告（2016）
著(编)者:任宗哲 白宽犁 王长寿
2016年1月出版 / 估价:65.00元

陕西蓝皮书
丝绸之路经济带发展报告（2016）
著(编)者:任宗哲 石英 白宽犁
2016年8月出版 / 估价:79.00元

上海蓝皮书
上海传媒发展报告（2016）
著(编)者:强荧 焦雨虹 2016年1月出版 / 估价:69.00元

上海蓝皮书
上海法治发展报告（2016）
著(编)者:叶青 2016年5月出版 / 估价:69.00元

上海蓝皮书
上海经济发展报告（2016）
著(编)者:沈开艳 2016年1月出版 / 估价:69.00元

上海蓝皮书
上海社会发展报告（2016）
著(编)者:杨雄 周海旺 2016年1月出版 / 估价:69.00元

上海蓝皮书
上海文化发展报告（2016）
著(编)者:荣跃明 2016年1月出版 / 估价:74.00元

上海蓝皮书
上海文学发展报告（2016）
著(编)者:陈圣来 2016年1月出版 / 估价:69.00元

上海蓝皮书
上海资源环境发展报告（2016）
著(编)者:周冯琦 汤庆合 任文伟
2016年1月出版 / 估价:69.00元

上饶蓝皮书
上饶发展报告（2015～2016）
著(编)者:朱寅健 2016年3月出版 / 估价:128.00元

社会建设蓝皮书
2016年北京社会建设分析报告
著(编)者:宋贵伦 冯虹 2016年7月出版 / 估价:79.00元

深圳蓝皮书
深圳法治发展报告（2016）
著(编)者:张骁儒 2016年5月出版 / 估价:69.00元

深圳蓝皮书
深圳经济发展报告（2016）
著(编)者:张骁儒 2016年6月出版 / 估价:89.00元

深圳蓝皮书
深圳劳动关系发展报告（2016）
著(编)者:汤庭芬 2016年6月出版 / 估价:79.00元

深圳蓝皮书
深圳社会建设与发展报告（2016）
著(编)者:张骁儒 陈东平 2016年6月出版 / 估价:79.00元

深圳蓝皮书
深圳文化发展报告(2016)
著(编)者:张骁儒 2016年1月出版 / 估价:69.00元

四川法治蓝皮书
四川依法治省年度报告 NO.2（2016）
著(编)者:李林 杨天宗 田禾
2016年3月出版 / 估价:108.00元

四川蓝皮书
2016年四川经济形势分析与预测
著(编)者:杨钢 2016年1月出版 / 估价:89.00元

四川蓝皮书
四川城镇化发展报告（2016）
著(编)者:侯水平 范秋美 2016年4月出版 / 估价:79.00元

四川蓝皮书
四川法治发展报告（2016）
著(编)者:郑泰安 2016年1月出版 / 估价:69.00元

四川蓝皮书
四川企业社会责任研究报告（2015～2016）
著(编)者:侯水平 盛毅 2016年4月出版 / 估价:79.00元

四川蓝皮书
四川社会发展报告（2016）
著(编)者:郭晓鸣 2016年4月出版 / 估价:79.00元

四川蓝皮书
四川生态建设报告（2016）
著(编)者:李晟之 2016年4月出版 / 估价:79.00元

四川蓝皮书
四川文化产业发展报告（2016）
著(编)者:侯水平 2016年4月出版 / 估价:79.00元

体育蓝皮书
上海体育产业发展报告（2015～2016）
著(编)者:张林 黄海燕 2016年10月出版 / 估价:79.00元

体育蓝皮书
长三角地区体育产业发展报告（2015～2016）
著(编)者:张林 2016年4月出版 / 估价:79.00元

天津金融蓝皮书
天津金融发展报告（2016）
著(编)者:王爱俭 孔德昌 2016年9月出版 / 估价:89.00元

图们江区域合作蓝皮书
图们江区域合作发展报告（2016）
著(编)者:李铁 2016年4月出版 / 估价:98.00元

温州蓝皮书
2016年温州经济社会形势分析与预测
著(编)者:潘忠强 王春光 金浩 2016年4月出版 / 估价:69.00元

扬州蓝皮书
扬州经济社会发展报告（2016）
著(编)者:丁纯 2016年12月出版 / 估价:89.00元

长株潭城市群蓝皮书
长株潭城市群发展报告（2016）
著(编)者:张萍 2016年10月出版 / 估价:69.00元

郑州蓝皮书
2016年郑州文化发展报告
著(编)者:王哲 2016年9月出版 / 估价:65.00元

中医文化蓝皮书
北京中医药文化传播发展报告（2016）
著(编)者:毛嘉陵 2016年5月出版 / 估价:79.00元

珠三角流通蓝皮书
珠三角商圈发展研究报告（2016）
著(编)者:王先庆 林至颖 2016年7月出版 / 估价:98.00元

遵义蓝皮书
遵义发展报告（2016）
著(编)者:曾征 龚永育 2016年12月出版 / 估价:69.00元

国别与地区类

阿拉伯黄皮书
阿拉伯发展报告（2015～2016）
著(编)者:罗林 2016年11月出版 / 估价:79.00元

北部湾蓝皮书
泛北部湾合作发展报告（2016）
著(编)者:吕余生 2016年10月出版 / 估价:69.00元

大湄公河次区域蓝皮书
大湄公河次区域合作发展报告（2016）
著(编)者:刘稚 2016年9月出版 / 估价:79.00元

大洋洲蓝皮书
大洋洲发展报告（2015～2016）
著(编)者:喻常森 2016年10月出版 / 估价:89.00元

德国蓝皮书
德国发展报告（2016）
著(编)者:郑春荣 伍慧萍
2016年5月出版 / 估价:69.00元

东北亚黄皮书
东北亚地区政治与安全（2016）
著(编)者:黄凤志 刘清才 张慧智 等
2016年5月出版 / 估价:69.00元

东盟黄皮书
东盟发展报告（2016）
著(编)者:杨晓强 庄国土 2016年12月出版 / 估价:75.00元

东南亚蓝皮书
东南亚地区发展报告（2015～2016）
著(编)者:厦门大学东南亚研究中心 王勤
2016年4月出版 / 估价:79.00元

俄罗斯黄皮书
俄罗斯发展报告（2016）
著(编)者:李永全 2016年7月出版 / 估价:79.00元

非洲黄皮书
非洲发展报告 NO.18（2015～2016）
著(编)者:张宏明 2016年9月出版 / 估价:79.00元

国际形势黄皮书
全球政治与安全报告（2016）
著(编)者:李慎明　张宇燕
2015年12月出版 / 定价:69.00元

韩国蓝皮书
韩国发展报告（2016）
著(编)者:牛林杰　刘宝全
2016年12月出版 / 估价:89.00元

加拿大蓝皮书
加拿大发展报告（2016）
著(编)者:仲伟合　2016年4月出版 / 估价:89.00元

拉美黄皮书
拉丁美洲和加勒比发展报告（2015～2016）
著(编)者:吴白乙　2016年5月出版 / 估价:89.00元

美国蓝皮书
美国研究报告（2016）
著(编)者:郑秉文　黄平
2016年6月出版 / 估价:89.00元

缅甸蓝皮书
缅甸国情报告（2016）
著(编)者:李晨阳　2016年8月出版 / 估价:79.00元

欧洲蓝皮书
欧洲发展报告（2015～2016）
著(编)者:周弘　黄平　江时学
2016年7月出版 / 估价:89.00元

日本经济蓝皮书
日本经济与中日经贸关系研究报告（2016）
著(编)者:王洛林　张季风
2016年5月出版 / 估价:79.00元

日本蓝皮书
日本研究报告（2016）
著(编)者:李薇　2016年4月出版 / 估价:69.00元

上海合作组织黄皮书
上海合作组织发展报告（2016）
著(编)者:李进峰　吴宏伟　李伟
2016年7月出版 / 估价:98.00元

世界创新竞争力黄皮书
世界创新竞争力发展报告（2016）
著(编)者:李闽榕　李建平　赵新力
2016年1月出版 / 估价:148.00元

土耳其蓝皮书
土耳其发展报告（2016）
著(编)者:郭长刚　刘义　2016年7月出版 / 估价:69.00元

亚太蓝皮书
亚太地区发展报告（2016）
著(编)者:李向阳　2016年1月出版 / 估价:69.00元

印度蓝皮书
印度国情报告（2016）
著(编)者:吕昭义　2016年5月出版 / 估价:89.00元

印度洋地区蓝皮书
印度洋地区发展报告（2016）
著(编)者:汪戎　2016年5月出版 / 估价:89.00元

英国蓝皮书
英国发展报告（2015～2016）
著(编)者:王展鹏　2016年10月出版 / 估价:89.00元

越南蓝皮书
越南国情报告（2016）
著(编)者:广西社会科学院　罗梅　李碧华
2016年8月出版 / 估价:69.00元

越南蓝皮书
越南经济发展报告（2016）
著(编)者:黄志勇　2016年10月出版 / 估价:69.00元

以色列蓝皮书
以色列发展报告（2016）
著(编)者:张倩红　2016年9月出版 / 估价:89.00元

中东黄皮书
中东发展报告 No.18（2015～2016）
著(编)者:杨光　2016年10月出版 / 估价:89.00元

中欧关系蓝皮书
中欧关系研究报告（2016）
著(编)者:周弘　2016年12月出版 / 估价:98.00元

中亚黄皮书
中亚国家发展报告（2016）
著(编)者:孙力　吴宏伟　2016年8月出版 / 估价:89.00元

皮书起源

“皮书”起源于十七、十八世纪的英国，主要指官方或社会组织正式发表的重要文件或报告，多以“白皮书”命名。在中国，“皮书”这一概念被社会广泛接受，并被成功运作、发展成为一种全新的出版形态，则源于中国社会科学院社会科学文献出版社。

皮书定义

皮书是对中国与世界发展状况和热点问题进行年度监测，以专业的角度、专家的视野和实证研究方法，针对某一领域或区域现状与发展态势展开分析和预测，具备原创性、实证性、专业性、连续性、前沿性、时效性等特点的公开出版物，由一系列权威研究报告组成。

皮书作者

皮书系列的作者以中国社会科学院、著名高校、地方社会科学院的研究人员为主，多为国内一流研究机构的权威专家学者，他们的看法和观点代表了学界对中国与世界的现实和未来最高水平的解读与分析。

皮书荣誉

皮书系列已成为社会科学文献出版社的著名图书品牌和中国社会科学院的知名学术品牌。2011 年，皮书系列正式列入“十二五”国家重点出版规划项目；2012~2015 年，重点皮书列入中国社会科学院承担的国家哲学社会科学创新工程项目；2016 年，46 种院外皮书使用“中国社会科学院创新工程学术出版项目”标识。

中国皮书网

www.pishu.cn

发布皮书研创资讯，传播皮书精彩内容

引领皮书出版潮流，打造皮书服务平台

栏目设置：

- □ 资讯：皮书动态、皮书观点、皮书数据、皮书报道、皮书发布、电子期刊
- □ 标准：皮书评价、皮书研究、皮书规范
- □ 服务：最新皮书、皮书书目、重点推荐、在线购书
- □ 链接：皮书数据库、皮书博客、皮书微博、在线书城
- □ 搜索：资讯、图书、研究动态、皮书专家、研创团队

中国皮书网依托皮书系列“权威、前沿、原创”的优质内容资源，通过文字、图片、音频、视频等多种元素，在皮书研创者、使用者之间搭建了一个成果展示、资源共享的互动平台。

自 2005 年 12 月正式上线以来，中国皮书网的 IP 访问量、PV 浏览量与日俱增，受到海内外研究者、公务人员、商务人士以及专业读者的广泛关注。

2008 年、2011 年，中国皮书网均在全国新闻出版业网站荣誉评选中获得“最具商业价值网站”称号；2012 年，获得“出版业网站百强”称号。

2014 年，中国皮书网与皮书数据库实现资源共享，端口合一，将提供更丰富的内容，更全面的服务。

皮书数据库
中国社会科学院 社会科学文献出版社

首页 数据库检索 学术资源群 我的文献库 皮书全动态 有奖调查 皮书报道 皮书研究 联系我们 读者荐购 搜索报告

权威报告　热点资讯　海量资源

当代中国与世界发展的高端智库平台

皮书数据库 www.pishu.com.cn

皮书数据库是专业的人文社会科学综合学术资源总库，以大型连续性图书——皮书系列为基础，整合国内外相关资讯构建而成。包含六大子库，涵盖两百多个主题，囊括了近十几年间中国与世界经济社会发展报告，覆盖经济、社会、政治、文化、教育、国际问题等多个领域。

皮书数据库以篇章为基本单位，方便用户对皮书内容的阅读需求。用户可进行全文检索，也可对文献题目、内容提要、作者名称、作者单位、关键字等基本信息进行检索，还可对检索到的篇章再做二次筛选，进行在线阅读或下载阅读。智能多维度导航，可使用户根据自己熟知的分类标准进行分类导航筛选，使查找和检索更高效、便捷。

权威的研究报告，独特的调研数据，前沿的热点资讯，皮书数据库已发展成为国内最具影响力的关于中国与世界现实问题研究的成果库和资讯库。

皮书俱乐部会员服务指南

1. 谁能成为皮书俱乐部成员?

- 皮书作者自动成为俱乐部会员
- 购买了皮书产品（纸质书/电子书）的个人用户

2. 会员可以享受的增值服务

- 免费获赠皮书数据库100元充值卡
- 加入皮书俱乐部，免费获赠该纸质图书的电子书
- 免费定期获赠皮书电子期刊
- 优先参与各类皮书学术活动
- 优先享受皮书产品的最新优惠

3. 如何享受增值服务?

（1）免费获赠100元皮书数据库体验卡

第1步 刮开皮书附赠充值的涂层（右下）；

第2步 登录皮书数据库网站（www.pishu.com.cn），注册账号；

第3步 登录并进入“会员中心”—“在线充值”—“充值卡充值”，充值成功后即可使用。

（2）加入皮书俱乐部，凭数据库体验卡获赠该书的电子书

第1步 登录社会科学文献出版社官网（www.ssap.com.cn），注册账号；

第2步 登录并进入“会员中心”—“皮书俱乐部”，提交加入皮书俱乐部申请；

第3步 审核通过后，再次进入皮书俱乐部，填写页面所需图书、体验卡信息即可自动兑换相应电子书。

4. 声明

解释权归社会科学文献出版社所有

皮书俱乐部会员可享受社会科学文献出版社其他相关免费增值服务，有任何疑问，均可与我们联系。
图书销售热线：010-59367070/7028 图书服务QQ：800045692 图书服务邮箱：duzhe@ssap.cn
数据库服务热线：400-008-6695 数据库服务QQ：2475522410 数据库服务邮箱：database@ssap.cn
欢迎登录社会科学文献出版社官网（www.ssap.com.cn）和中国皮书网（www.pishu.cn）了解更多信息

皮书大事记
(2015)

☆ 2015年11月9日，社会科学文献出版社2015年皮书编辑出版工作会议召开，会议就皮书装帧设计、生产营销、皮书评价以及质检工作中的常见问题等进行交流和讨论，为2016年出版社的融合发展指明了方向。

☆ 2015年11月，中国社会科学院2015年度纳入创新工程后期资助名单正式公布，《社会蓝皮书：2015年中国社会形势分析与预测》等41种皮书纳入2015年度“中国社会科学院创新工程学术出版资助项目”。

☆ 2015年8月7~8日，由中国社会科学院主办，社会科学文献出版社和湖北大学共同承办的“第十六次全国皮书年会（2015）：皮书研创与中国话语体系建设”在湖北省恩施市召开。中国社会科学院副院长李培林，国家新闻出版广电总局原副总局长、中国出版协会常务副理事长邬书林，湖北省委宣传部副部长喻立平，中国社会科学院科研局局长马援，国家新闻出版广电总局出版管理司副司长许正明，中共恩施州委书记王海涛，社会科学文献出版社社长谢寿光，湖北大学党委书记刘建凡等相关领导出席开幕式。来自中国社会科学院、地方社会科学院及高校、政府研究机构的领导及近200个皮书课题组的380多人出席了会议，会议规模又创新高。会议宣布了2016年授权使用“中国社会科学院创新工程学术出版项目”标识的院外皮书名单，并颁发了第六届优秀皮书奖。

☆ 2015年4月28日，“第三届皮书学术评审委员会第二次会议暨第六届优秀皮书奖评审会”在京召开。中国社会科学院副院长李培林、蔡昉出席会议并讲话，国家新闻出版广电总局原副局长、中国出版协会常务副理事长邬书林也出席本次会议。会议分别由中国社会科学院科研局局长马援和社会科学文献出版社社长谢寿光主持。经分学科评审和大会汇评，最终匿名投票评选出第六届“优秀皮书奖”和“优秀皮书报告奖”书目。此外，该委员会还根据《中国社会科学院皮书管理办法》，审议并投票评选出2015年纳入中国社会科学院创新工程项目的皮书和2016年使用“中国社会科学院创新工程学术出版项目”标识的院外皮书。

☆ 2015年1月30~31日，由社会科学文献出版社皮书研究院组织的2014年版皮书评价复评会议在京召开。皮书学术评审委员会部分委员、相关学科专家、学术期刊编辑、资深媒体人等近50位评委参加本次会议。中国社会科学院科研局局长马援、社会科学文献出版社社长谢寿光出席开幕式并发表讲话，中国社会科学院科研成果处处长薛增朝出席闭幕式并做发言。

皮书数据库
www.pishu.com.cn

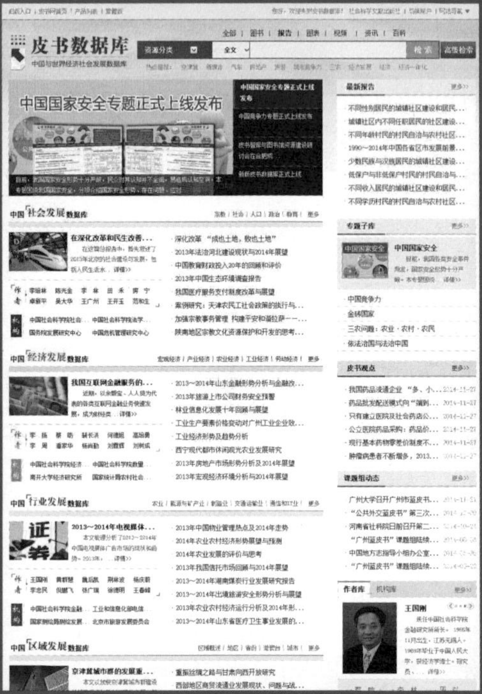

皮书数据库三期

• 皮书数据库（SSDB）是社会科学文献出版社整合现有皮书资源开发的在线数字产品，全面收录“皮书系列”的内容资源，并以此为基础整合大量相关资讯构建而成。

• 皮书数据库现有中国经济发展数据库、中国社会发展数据库、世界经济与国际政治数据库等子库，覆盖经济、社会、文化等多个行业、领域，现有报告30000多篇，总字数超过5亿字，并以每年4000多篇的速度不断更新累积。

• 新版皮书数据库主要围绕存量+增量资源整合、资源编辑标引体系建设、产品架构设置优化、技术平台功能研发等方面开展工作，并将中国皮书网与皮书数据库合二为一联体建设，旨在以“皮书研创出版、信息发布与知识服务平台”为基本功能定位，打造一个全新的皮书品牌综合门户平台，为您提供更优质更到位的服务。

更多信息请登录

中国皮书网
http://www.pishu.cn

中国皮书网
http://www.pishu.cn

皮书微博
http://weibo.com/pishu

皮书博客
http://blog.sina.com.cn/pishu

皮书微信
皮书说

请到各地书店皮书专架 / 专柜购买，也可办理邮购

咨询 / 邮购电话： 010-59367028　59367070　　**邮　　箱：** duzhe@ssap.cn
邮购地址： 北京市西城区北三环中路甲29号院3号楼华龙大厦13层读者服务中心
邮　　编： 100029
银行户名： 社会科学文献出版社
开户银行： 中国工商银行北京北太平庄支行
账　　号： 0200010019200365434
网上书店： 010-59367070　qq：1265056568
网　　址： www.ssap.com.cn　　www.pishu.cn